OEUVRES

DE POTHIER.

TRAITÉS DU DROIT DE DOMAINE DE PROPRIÉTÉ, DE LA POSSESSION, DE LA PRESCRIPTION QUI RÉSULTE DE LA POSSESSION.

TOME DIXIÈME.

SE TROUVE

Chez MM. les Secrétaires caissiers des facultés de droit;
Chez MM. les Greffiers des tribunaux de première instance;
Et chez les principaux Libraires de la France et de l'étranger.

DE L'IMPRIMERIE DE J.-L. CHANSON,
RUE DES GRANDS-AUGUSTINS, N° 10.

OEUVRES

DE POTHIER.

NOUVELLE ÉDITION,

ORNÉE DU PORTRAIT DE L'AUTEUR,

PUBLIÉE

PAR M. SIFFREIN.

——

TOME DIXIÈME.

A PARIS,

CHEZ L'ÉDITEUR,

RUE SAINT-JEAN-DE-BEAUVAIS, N° 1;

ET CHEZ CHANSON, IMPRIMEUR-LIBRAIRE,

RUE DES GRANDS-AUGUSTINS, N° 10.

M. DCCCXXI.

TABLE

TRAITÉ

DU DROIT DE DOMAINE DE PROPRIÉTÉ.

SECONDE PARTIE.

CHAPITRE PREMIER.

CHAPITRE II.

TRAITÉ DE LA POSSESSION.

TRAITÉ DE LA PRESCRIPTION

QUI RÉSULTE DE LA POSSESSION.

FIN DE LA TABLE.

TRAITÉ
DU DROIT DE DOMAINE
DE PROPRIÉTÉ.

CHAPITRE PRÉLIMINAIRE.

1. On considère, à l'égard des choses qui sont dans le commerce, deux espèces de droits ; le droit que nous avons dans une chose, qu'on appelle *jus in re ;* et le droit que nous avons par rapport à une chose, qu'on appelle *jus ad rem.*

Le *jus in re* est le droit que nous avons dans une chose, par lequel elle nous appartient, au moins à certains égards.

Le *jus ad rem* est le droit que nous avons, non dans la chose, mais seulement par rapport à la chose, contre la personne qui a contracté envers nous l'obligation de nous la donner.

C'est celui qui naît des obligations, et qui ne consiste que dans l'action personnelle que nous avons contre la personne qui a contracté l'obligation, ou qui y a succédé, aux fins qu'elle soit condamnée à nous donner la chose, si elle est en son pouvoir; ou en nos dommages et intérêts résultants de l'inexécution de l'obligation.

C'est ce *jus ad rem* qui a fait la matière de notre Traité des Obligations, et de ceux qui ont suivi sur les différentes espèces de contrats. Nous allons traiter du *jus in re.*

2. Il y a plusieurs espèces de *jus in re,* qu'on appelle aussi *droits réels.*

La principale est le droit de domaine de propriété.

Les autres espèces de droits réels qui émanent de celui-ci, et qui en sont comme des démembrements, sont les droits de domaine de supériorité, tels que les seigneuries féodale ou censuelle; le droit de rente foncière; les droits de servitudes, tant ceux des servitudes personnelles, que ceux des servitudes prédiales; le droit d'hypothèque.

Nous avons déja traité du droit de rente foncière dans notre Traité du Bail à Rente; nous ne traiterons dans celui-ci que du droit de domaine, qu'on appelle aussi *droit de propriété*. Nous le diviserons en deux parties. Nous verrons, dans la première, ce que c'est que le domaine de propriété; en quoi il consiste; quelles sont les différentes manières de l'acquérir et de le perdre. Dans la seconde, nous traiterons des actions qui naissent du droit de propriété. Nous ajouterons un Traité de la possession.

PREMIÈRE PARTIE.

Ce que c'est que le droit de domaine de propriété; des manières dont il s'acquiert, et dont il se perd.

CHAPITRE PREMIER.

Ce que c'est que le droit de domaine de propriété; et en quoi il consiste.

3. Il n'y a aujourd'hui (1), à l'égard des meubles, qu'une seule espèce de domaine, qui est le domaine de propriété. Il en est de même des héritages qui sont en franc-aleu.

---

(1) Par l'ancien droit romain, il y avoit, tant à l'égard des meubles que des immeubles, deux espèces de domaines : le *dominium civile* ou *quiritarium*, et le *dominium naturale* ou *bonitarium*. Justinien, en la loi unique, *Cod. de nud. jur. quir.*, ayant aboli cette différence, nous n'en dirons rien. *Voyez* nos *Pandectes*, t. de acq. rer. dom. n. 1.

A l'égard des héritages tenus en fief ou en censive, on distingue deux espèces de domaines; le domaine direct, et le domaine utile.

Le domaine direct qu'ont les seigneurs de fief ou de censive sur les héritages qui sont tenus d'eux en fief ou en censive, est le domaine ancien, originaire et primitif de l'héritage, dont on a détaché le domaine utile par l'aliénation qui en a été faite, lequel, en conséquence, n'est plus qu'un domaine de supériorité, et n'est autre chose que le droit qu'ont les seigneurs de se faire reconnoître comme seigneurs par les propriétaires et possesseurs des héritages tenus d'eux, et d'exiger certains devoirs et redevances recognitifs de leur seigneurie.

Cette espèce de domaine n'est point le domaine de propriété qui doit faire la matière du présent traité; on doit plutôt l'appeler *domaine de supériorité.*

Le domaine utile d'un héritage renferme tout ce qu'il y a d'utile; comme d'en percevoir les fruits, d'en disposer à son gré, à la charge de reconnoître à seigneur celui qui en a le domaine direct.

C'est, à l'égard des héritages, le domaine utile qui s'appelle domaine de propriété. Celui qui a ce domaine utile se nomme propriétaire, ou seigneur utile; celui qui a le domaine direct s'appelle simplement seigneur. Il est bien le propriétaire de son droit de seigneurie; mais ce n'est pas lui, c'est le seigneur utile qui est proprement le propriétaire de l'héritage.

4. Le domaine de *propriété* est ainsi appelé parceque c'est le droit par lequel une chose m'est *propre* et m'appartient privativement à tous autres.

Ce droit de propriété, considéré par rapport à ses effets, doit se définir le droit de disposer à son gré d'une chose, sans donner néanmoins atteinte au droit d'autrui, ni aux lois: *Jus de re liberè disponendi,* ou *Jus utendi et abutendi.*

5. Ce droit a beaucoup d'étendue. Il comprend, 1° le droit d'avoir tous les fruits qui naissent de la chose, soit que ce soit le propriétaire qui les perçoive, soit qu'ils soient perçus par d'autres sans droit.

2° Le droit de se servir de la chose, non seulement pour les usages auxquels elle est naturellement destinée, mais pour quelque usage que ce soit qu'il en voudra faire : par exemple, quoique les chambres d'une maison ne soient destinées qu'à loger des hommes, le propriétaire a droit d'y loger des bestiaux, si bon lui semble.

3° Ce droit de disposer renferme celui qu'a le propriétaire de changer la forme de sa chose, *putà*, en faisant d'une terre labourable un pré ou un étang ; *aut vice versâ*.

Il a droit de convertir sa chose, non seulement en une meilleure forme, mais, si bon lui semble, en une pire, en faisant, par exemple, d'une bonne terre labourable, une terre non labourable, une terre en friche, qui ne serve qu'au pâturage des bestiaux.

4° Ce droit de disposer comprend aussi le droit qu'a le propriétaire de perdre entièrement sa chose, si bon lui semble. Par exemple, le propriétaire d'un beau tableau a droit de faire passer dessus une couleur pour l'effacer ; le propriétaire d'un livre a droit de le jeter au feu, si bon lui semble, ou de le déchirer.

5° Le droit d'empêcher tous autres de s'en servir, sauf ceux qui auroient ce droit en vertu de quelque droit de servitude, ou auxquels il en auroit, par quelque convention, concédé un certain usage.

6° Le droit de disposer comprend le droit qu'a le propriétaire d'aliéner sa chose, et pareillement d'accorder à d'autres dans sa chose tels droits qu'il voudra, ou d'en permettre seulement tel usage qu'il jugera à propos.

6. Quoique le droit de propriété renferme tous ces droits, le propriétaire ne peut pas néanmoins toujours les exercer ; il peut en être empêché, ou par un défaut de sa personne, ou par quelque imperfection de son droit de propriété.

7. Les défauts dans la personne du propriétaire sont l'âge de minorité, la démence, l'interdiction, la sujétion d'une femme mariée à la puissance de son mari.

On distingue dans le droit de propriété, de même que dans tous les autres droits, le fond du droit et l'exercice du droit.

Un mineur propriétaire a bien le fond de tous les droits que son droit de propriété renferme, mais il n'en a pas l'exercice, jusqu'à ce qu'il soit devenu *usant de ses droits* par la majorité, ou d'une partie de ses droits par le mariage, ou par des lettres de bénéfice d'âge.

En attendant, c'est le tuteur de ce mineur qui a l'exercice des droits renfermés dans le droit de propriété des choses qui appartiennent au mineur ; en conséquence, c'est lui qui a le droit de percevoir les fruits des héritages de ce mineur, pour les employer au profit de ce mineur. C'est lui qui a le droit de vendre les meubles du mineur, pour les employer au profit du mineur, soit au paiement de ses dettes, soit en achat d'héritages ou de rentes. C'est lui qui a le droit de donner à bail ou à loyer les héritages du mineur ; mais il n'a pas le droit de les vendre, si ce n'est pour de justes causes, en vertu du décret du juge, et en observant les formalités requises pour l'aliénation des biens des mineurs. La raison est, que le tuteur n'a cet exercice des droits que renferme la propriété des biens de son mineur, que pour l'avantage et l'intérêt de son mineur, et qu'il n'a pas l'exercice de ceux qui y seroient contraires.

Tout ce que nous venons de dire du propriétaire mineur s'applique pareillement au propriétaire en démence, ou interdit pour prodigalité. Il a bien dans sa personne le fond des droits que renferme la propriété de ses biens ; mais sa démence ou son interdiction le prive de la faculté de les exercer : c'est au curateur de l'interdit qu'il appartient de les exercer pour l'avantage et l'intérêt de l'interdit.

Lorsqu'une femme, en se mariant, passe sous la puissance de son mari, elle conserve le droit de propriété de ses biens : elle a en conséquence le fond des droits que renferme ce droit de propriété ; mais la puissance en laquelle elle est de son mari, la prive de la faculté de les exercer à son gré, ne pouvant aliéner ni disposer de rien de ce qui lui appartient, sans l'autorisation de son mari, comme nous l'avons vu en notre Traité de la Puissance du Mari.

8. L'imperfection du droit de propriété peut aussi priver

le propriétaire d'une partie des droits que nous avons dit être renfermés dans le droit de propriété, lesquels n'y sont renfermés que lorsque la propriété est une propriété pleine et parfaite.

Une propriété est pleine et parfaite, lorsqu'elle est perpétuelle, et que la chose n'est pas chargée de droits réels envers d'autres personnes que le propriétaire.

Au contraire, elle est imparfaite, lorsqu'elle doit se résoudre au bout d'un certain temps, ou par l'évènement d'une certaine condition.

La propriété d'un héritage est aussi imparfaite, lorsque l'héritage est chargé de droits réels envers d'autres que le propriétaire : car ces droits réels sont autant de droits qui ont été détachés de la propriété.

La propriété est sur-tout très imparfaite, lorsqu'elle est chargée d'un droit d'usufruit : elle est appelée, en ce cas, propriété nue, *nuda proprietas*.

9. Celui qui n'a qu'un droit de propriété résoluble d'un héritage, est privé d'une partie des droits que la propriété renferme lorsqu'elle est parfaite. Quoique la propriété, lorsqu'elle est parfaite, renferme le droit d'en mésuser et de la perdre, il n'est pas permis à celui qui n'a qu'une propriété résoluble d'un héritage, de le dégrader au préjudice de celui à qui il doit retourner par droit de réversion, ou appartenir à titre de substitution. Il ne lui est pas permis d'en changer la forme; et lorsque le temps de la réversion ou de la substitution est arrivé, lui ou ses héritiers sont tenus des dommages et intérêts résultants de toutes les dégradations qui s'y trouvent.

10. Celui qui n'a qu'une propriété résoluble d'un héritage, ne peut non plus ni l'aliéner, ni y concéder des droits à d'autres, que pour le temps que doit durer son droit de propriété : aussitôt que le temps auquel il doit se résoudre est arrivé, la propriété qu'il a aliénée, en quelques mains qu'elle ait passé et qu'elle se trouve, se résout de même que si elle étoit encore par-devers lui; pareillement, tous les droits qu'il y a concédés à d'autres, se résolvent.

C'est le cas de la règle, *Soluto jure dantis, solvitur jus accipientis.*

11. Observez que si celui qui a acquis de bonne foi un héritage, de celui qui n'en avoit qu'une propriété résoluble, l'a possédé pendant tout le temps requis pour la prescription avec la même bonne foi, ignorant toujours que celui de qui il a acquis l'héritage n'en eût qu'une propriété résoluble, il acquiert, par droit de prescription, ce qui manquoit à la propriété qui lui a été transférée, laquelle, de résoluble qu'elle étoit, devient une propriété perpétuelle. La prescription peut donner le droit de propriété à celui qui a acquis de bonne foi un héritage, de celui qui n'en étoit pas le propriétaire, et qui n'a pu par conséquent lui transférer aucun droit de propriété : la prescription peut, par la même raison, donner ce qui manquoit à la perfection de la propriété de celui qui a acquis de bonne foi un héritage, de celui qu'il croyoit en avoir la propriété parfaite, et qui, n'ayant qu'une propriété résoluble, ne lui avoit transféré qu'une propriété résoluble.

Pareillement, lorsque ceux qui ont acquis quelque droit réel dans un héritage, de celui qui n'en avoit qu'une propriété résoluble, ont possédé ce droit de bonne foi pendant le temps requis pour la prescription, dans l'opinion que celui de qui ils l'ont acquis avoit la propriété perpétuelle de l'héritage, ils acquièrent, par la prescription, ce qui manquoit à la perfection du droit qu'ils ont acquis, lequel, de droit résoluble qu'il étoit, devient un droit perpétuel. *Voyez*, sur le droit d'usucapion et de prescription, pour les cas auxquels ce droit a lieu, ce que nous en disons *infrà*, en notre *Traité des Prescriptions, part.* 2.

12. Celui qui n'a qu'une propriété imparfaite d'un héritage, par rapport aux droits réels que d'autres personnes y ont, est aussi privé de plusieurs droits qui sont renfermés dans le droit de propriété, lorsqu'elle est parfaite.

Par exemple, le propriétaire d'un héritage chargé d'usufruit n'a aucun droit aux fruits qui naissent de son héritage pendant tout le temps que doit durer l'usufruit; ils appartiennent pendant tout ce temps à l'usufruitier. Il ne peut, sans le consentement de l'usufruitier, ni changer la forme de l'héritage, ni y rien détruire, ni y rien construire, ni y imposer aucune servitude, ni généralement y faire aucune chose qui puisse donner atteinte à l'usufruit.

Pareillement, le propriétaire d'un héritage chargé de quelque droit réel que ce soit, ne peut rien faire dans son héritage qui puisse donner atteinte à ce droit. Par exemple, si l'héritage dont j'ai la propriété est chargé, envers le voisin, d'un droit de passage, il ne m'est pas permis de rien faire dans le lieu de mon héritage par où ce voisin a ce droit de passage, qui puisse nuire à ce droit de passage. Pareillement, si l'héritage dont j'ai la propriété est chargé d'un droit de rente foncière, je n'ai pas le droit d'en mésuser, et de le dégrader, que j'aurois si j'avois une propriété parfaite; mais je suis obligé de le conserver en bon état, pour la sûreté de la rente qui y est à prendre, comme nous l'avons vu en notre *Traité du Bail à rente.*

13. Nous avons défini le droit de propriété, le droit de disposer à son gré d'une chose; et nous avons ajouté, *sans donner néanmoins atteinte au droit d'autrui.* Cela doit s'entendre non seulement du droit actuel que d'autres y ont, mais encore du droit de ceux auxquels la chose doit passer un jour. Cela doit s'entendre non seulement des droits réels que d'autres ont dans l'héritage, auxquels le propriétaire qui n'a qu'une propriété résoluble ou imparfaite ne peut donner atteinte, comme nous l'avons vu jusqu'à présent; cela s'entend aussi du droit des propriétaires et possesseurs des héritages voisins, auquel le propriétaire d'un héritage, quelque parfait que soit son droit de propriété, ne peut donner atteinte, ni par conséquent faire dans son héritage ce que les obligations qui naissent du voisinage ne lui permettent pas de faire dans son héritage au préjudice de ses voisins. *Voyez* ce que nous en avons dit au second Appendice que nous avons ajouté à la fin de notre *Traité du Contrat de Société.*

14. Enfin dans notre définition, après ces termes, *sans donner atteinte au droit d'autrui,* nous avons ajouté, *ni aux lois :* car, quelque étendu que soit le droit qu'a un

propriétaire de faire de sa chose ce que bon lui semble, il ne peut pas néanmoins en faire ce que les lois ne lui permettent pas d'en faire. Par exemple, quoique le propriétaire d'un champ puisse y planter tout ce que bon lui semble, il ne lui est pas néanmoins permis d'y faire une plantation de tabac; y ayant des lois qui défendent ces plantations dans le royaume, comme contraires aux intérêts de la ferme du tabac.

Pareillement, quoique le droit de propriété d'une chose renferme le droit de la vendre et de la transporter où bon lui semble, il n'est pas néanmoins permis de transporter son blé hors du royaume, lorsqu'il y a une loi qui en défend l'exportation. Il n'est pas permis à un marchand de vendre une quantité considérable de blé dans ses greniers, sur-tout dans un temps de disette, au préjudice des lois de police, qui ordonnent de le mener et de le vendre au marché.

Pareillement, quoique la propriété d'une chose renferme le droit d'en mésuser et de la perdre, un marchand, propriétaire d'une quantité considérable de blé, qui, en différant trop long-temps de le vendre, dans l'espérance que le prix du blé enchériroit, l'auroit laissé perdre dans un temps de disette, seroit coupable envers le public d'une injustice considérable, la loi naturelle ne lui permettant pas de laisser perdre une marchandise d'une première nécessité, au préjudice du besoin que le public en a.

15. Le domaine de propriété, de même que tous les autres droits, tant *in re* qu'*ad rem*, suppose nécessairement une personne dans laquelle ce droit subsiste, et à qui il appartienne.

Il n'est pas nécessaire que ce soit une personne naturelle, telles que sont les personnes des particuliers, à qui le droit appartienne : ce droit, de même que toutes les autres espèces de droits, peut appartenir à des corps et à des communautés qui n'ont qu'une personne civile et intellectuelle.

Lorsqu'un propriétaire étant mort, personne ne veut accepter sa succession, cette succession jacente est considérée comme étant une personne civile, et comme la continuation de celle du défunt; et c'est dans cette personne fictive que subsiste le domaine de propriété de toutes les choses qui appartenoient au défunt, de même que tous les autres droits actifs et passifs du défunt : *Hæreditas jacens personæ defuncti locum obtinet.*

16. Le droit de propriété étant, comme nous l'avons vu *suprà, n.* 4, le droit par lequel une chose nous appartient privativement à tous autres, il est de l'essence de ce droit, que deux personnes ne puissent avoir, chacune pour le total, le domaine de propriété d'une même chose : *Celsus ait : Duorum in solidum dominium esse non potest; l.* 5, §. 15, ff. *commod.*

C'est pourquoi, lorsque j'ai le droit de propriété d'une chose, un autre ne peut, *per rerum naturam*, devenir propriétaire de cette chose, que je ne cesse entièrement de l'être; et il ne peut en avoir la propriété pour aucune part., qu'en cessant par moi d'avoir la propriété que j'avois pour la part qu'il en auroit. La raison est, que *propre* et *commun* sont les contradictoires. Si on suppose qu'un autre que moi soit propriétaire d'une chose dont je suis propriétaire, dès-lors cette chose est commune entre nous, et si elle est commune, on ne peut plus dire qu'elle me soit propre pour le total, et que j'en aie la propriété pour le total; car *propre* et *commun* sont deux choses contradictoires.

En cela le *jus in re* est différent du *jus ad rem*, plusieurs personnes pouvant être, chacune pour le total, créanciers d'une même chose, soit par une même obligation, lorsqu'elle a été contractée envers plusieurs créanciers solidaires, comme nous l'avons vu en notre *Traité des Obligations, part.* 2, *chap.* 3, *art.* 7, soit par différentes obligations, soit d'un même débiteur, soit de différents débiteurs. La raison de différence est, qu'il n'est pas possible que ce qui m'appartient, appartienne en même temps à un autre; mais rien n'empêche que la même chose qui m'est due ne soit aussi due à un autre.

17. Plusieurs ne peuvent, à la vérité, avoir la propriété de la même chose pour le total; mais ils peuvent avoir cette propriété en commun, chacun pour une certaine part. Cela n'est pas contraire à ce que nous avons dit, que la propriété est le droit par lequel une chose nous appartient

privativement à tous autres ; car ce droit de propriété qu'ils ont en commun, est le droit par lequel la chose leur appartient en commun, privativement à tous autres : et entre eux la part que chacun y a, lui appartient à lui seul privativement, même à ses copropriétaires ; car la part que l'un a dans la chose commune n'est pas la part de l'autre, et chacun n'a le droit que de disposer de sa part.

Ces parts que chacun de ceux qui ont le droit de propriété d'une chose en commun, ont dans la chose commune, ne sont pas des parts réelles, qui ne peuvent être formées que par la division de la chose ; ce sont des parts intellectuelles. C'est en ce sens qu'il est dit, en la loi 66, §. 2, ff. *de legat.* 2° : *Plures in uno fundo dominium juris intellectu, non divisione corporis, obtinent.*

Plusieurs peuvent même être propriétaires en commun d'une chose qui n'est pas susceptible de parties, même intellectuelles, tel qu'est un droit de servitude qui appartient à plusieurs copropriétaires d'une maison à qui la servitude est due. Quoique, en ce cas, chacun des copropriétaires de ce droit de servitude le soit pour le total, ce droit n'étant pas susceptible de parties, cela ne donne néanmoins aucune atteinte à la maxime exposée au nombre précédent, *Duorum in solidum dominium esse non potest ;* car cette maxime s'entend en ce sens, que plusieurs ne peuvent être chacun séparément propriétaires pour le total d'une même chose : mais plusieurs peuvent être propriétaires d'une même chose en commun. Or, dans notre espèce, chacun des copropriétaires n'est pas propriétaire séparément du droit de servitude ; ils ne le sont qu'en commun ; ils ne le sont *totaliter* que tous ensemble.

18. Le domaine de propriété, de même que le *jus ad rem,* suppose une cause qui le produit dans la personne qui a ce droit. Mais il y a cette différence, que le domaine de propriété d'une chose que j'ai acquise à un titre, ne peut m'appartenir à un autre titre, si ce n'est pour ce qui manquoit à ce que j'en ai acquis d'abord ; au lieu qu'une même chose peut m'être due par différents titres : *Non ut ex pluribus causis idem nobis deberi potest, itâ ex pluri-*

bus causis idem potest nostrum esse: l. 156, ff. *de Reg.*
Jur. Dominium non potest nisi ex unâ causâ contingere;
l. 3, §. 4, *de acq. possess.*

La raison de différence est, qu'il est impossible que j'acquière ce qui m'appartient déja. C'est pourquoi, lorsque j'ai une fois acquis la propriété d'une chose en vertu d'un titre, ne pouvant plus l'acquérir, elle ne peut m'appartenir qu'en vertu du seul titre par lequel je l'ai acquise : au contraire, rien n'empêche qu'une chose qui m'est déja due par un titre, me soit encore due par un autre titre. Par exemple, je suppose que Pierre m'a vendu une certaine chose; il fait ensuite son testament, par lequel il me la lègue. Cette chose m'est due par les héritiers de Pierre, à deux titres, et en vertu de la vente que Pierre m'en a faite, et en vertu du legs. J'ai contre eux deux actions pour cette même chose, l'action *ex empto,* et l'action *ex testamento;* et si cette chose qui m'a été vendue par Pierre, m'avoit aussi été léguée par Paul, elle me seroit due par les héritiers de Pierre et par les héritiers de Paul.

CHAPITRE II.

Comment s'acquiert le domaine de propriété; et comment il se perd.

19. Les manières d'acquérir le domaine de propriété d'une chose par le droit naturel et des gens, se réduisent à trois; l'occupation, l'accession, et la tradition. L'occupation fera la matière des deux premières sections de ce chapitre. Nous traiterons, dans la première, de l'occupation des choses qui n'appartiennent à personne; dans la seconde, des prises faites sur l'ennemi. L'accession fera la matière de la troisième. La tradition fera la matière de la quatrième. Nous rapporterons, dans une cinquième section, les manières d'acquérir le domaine de propriété qui sont du droit civil. Nous traiterons, dans une sixième, des personnes par lesquelles nous pouvons acquérir le domaine de propriété. Nous verrons, dans une septième section, comment se perd le domaine de propriété.

SECTION PREMIÈRE.

De l'occupation des choses qui n'appartiennent à personne.

20. L'occupation est le titre par lequel on acquiert le domaine de propriété d'une chose qui n'appartient à personne, en s'en emparant dans le dessein de l'acquérir : *Quod enim nullius est,* dit Gaïus, *id ratione naturali occupanti conceditur ;* l. 3, ff. *de acq. rer. dom.*

Nous verrons, dans un premier article, quelles sont les choses qui n'appartiennent à personne, dont le domaine de propriété peut être acquis par le premier occupant. Nous parcourrons ensuite les différentes espèces d'occupations, qui sont la chasse, la pêche, l'oiselerie, l'invention, et l'occupation simplement dite.

Comme la chasse mérite un article particulier, elle fera la matière du second article. Nous traiterons de la pêche et de l'oiselerie dans un troisième ; dans un quatrième, de l'invention ; dans un cinquième, de l'occupation simplement dite.

ARTICLE PREMIER.

Quelles sont les choses qui n'appartiennent à personne, dont le domaine de propriété peut être acquis à titre d'occupation.

21. Dieu a le souverain domaine de l'univers, et de toutes les choses qu'il renferme : *Domini est terra et plenitudo ejus, orbis terrarum, et universi qui habitant in eo.*

C'est pour le genre humain qu'il a créé la terre et toutes les créatures qu'elle renferme, et il lui en a accordé un domaine subordonné au sien : *Quid est homo,* s'écrie le Psalmiste, *quia reputas eum ?.... Constituisti eum super omnia opera manuum tuarum, omnia subjecisti sub pedibus ejus, etc.*

Dieu fit cette donation au genre humain, par ces paroles qu'il adressa à nos premiers parents, après leur création : *Multiplicamini et replete terram, et subjicite eam, et dominamini piscibus maris, etc.* Genes. 1, 28.

Les premiers hommes eurent d'abord en commun toutes les choses que Dieu avoit données au genre humain. Cette communauté n'étoit pas une communauté positive, telle que celle qui est entre plusieurs personnes qui ont en commun le domaine d'une chose dans laquelle elles ont chacune leur part; c'étoit une communauté que ceux qui ont traité de ces matières appellent *communauté négative*, laquelle consistoit en ce que ces choses qui étoient communes à tous, n'appartenoient pas plus à aucun d'eux qu'aux autres, et qu'aucun ne pouvoit empêcher un autre de prendre, dans ces choses communes, ce qu'il jugeoit à propos d'y prendre, pour s'en servir dans ses besoins. Pendant qu'il s'en servoit, les autres devoient la lui laisser; mais après qu'il avoit cessé de s'en servir, si la chose n'étoit pas de celles qui se consument par l'usage qu'on en fait, cette chose rentroit dans la communauté négative, et un autre pouvoit s'en servir de même.

Le genre humain s'étant multiplié, les hommes partagèrent entre eux la terre, et la plupart des choses qui étoient sur sa surface : ce qui échut à chacun d'eux commença à lui appartenir privativement à tous autres : c'est l'origine du droit de propriété.

Tout n'entra pas dans ce partage; plusieurs choses restèrent, et plusieurs sont encore aujourd'hui demeurées dans cet ancien état de communauté négative.

Ces choses sont celles que les jurisconsultes appellent *res communes*. Marcien en rapporte plusieurs espèces; l'air, l'eau qui coule dans les rivières, la mer et les rivages : *Naturali jure omnium communia sunt illa; aër, aqua profluens, et mare, et per hoc littora maris;* l. 2, §. 1, ff. *de divis. rer.*

Entre les animaux, ceux qu'on appelle animaux domestiques, tels que sont les chevaux, les ânes, les moutons, les chèvres, les bœufs, les chiens, les poules, les oies, etc., sont entrés dans le partage des biens qui s'est fait entre les hommes, et sont des choses dont les particuliers ont le domaine de propriété, de même que de tous les autres biens; domaine qu'ils conservent, quand même ils en auroient perdu la possession.

A l'égard des animaux sauvages, *feræ naturæ*, ils sont restés dans l'ancien état de communauté négative.

Toutes ces choses qui sont demeurées dans l'ancien état de communauté négative sont appelées *res communes*, par rapport au droit que chacun a de s'en emparer. Elles sont aussi appelées *res nullius*, parceque aucun n'en a la propriété, tant qu'elles demeurent en cet état, et ne peut l'acquérir qu'en s'en emparant.

22. Ce sont ces choses qui n'appartiennent à personne, en tant qu'elles sont restées dans la communauté négative, qui sont susceptibles de l'acquisition qui se fait à titre d'occupation.

Il y a d'autres choses qui n'appartiennent à personne, telles que sont celles qui sont *divini juris*, comme une église, un cimetière, etc. *Res sacræ, religiosæ et sanctæ in nullius bonis sunt;* l. 6, §. 2, ff. *de divis. rer. :* mais personne n'a pour cela le droit de s'en emparer.

Les biens vacants d'une personne qui n'a laissé aucuns héritiers, n'appartiennent non plus proprement à personne : mais les particuliers n'ont pas le droit de s'en emparer ; c'est le fisc qui a ce droit privativement aux particuliers.

ARTICLE II.

De la chasse.

23. La chasse est une espèce de titre d'occupation, par lequel un chasseur acquiert le domaine de propriété du gibier dont il s'empare.

Nous verrons, dans un premier paragraphe, quels sont les principes du droit romain sur la chasse. Dans un second, nous exposerons quels sont ceux à qui appartient le droit de chasse, suivant notre jurisprudence françoise ; dans un troisième, en quoi il consiste.

§. I. Quels étoient les principes du droit romain sur la chasse.

24. Chez les Romains, la chasse étoit permise à tout le monde. La raison étoit, que les animaux sauvages, soit quadrupèdes, soit volatiles, tant qu'ils sont *in laxitate natu-*

rali, étant dans l'ancien état de communauté négative, et n'appartenant à personne, chacun a le droit de s'en emparer, et d'en acquérir la propriété en s'en emparant : *Omnia animalia quæ terrâ, mari capiuntur, id est feræ bestiæ, et volucres, et pisces, capientium fiunt;* l. 1, §. 1, ff. *de acquir. rer. dom.*

Il n'importe, à cet égard, que quelqu'un s'empare de ces animaux sauvages sur son héritage ou sur l'héritage d'autrui : *Nec interest utrùm in suo fundo quisque capiat, an in alieno;* l. 3, §. 1.

Le propriétaire de l'héritage peut bien défendre à celui qui vient sur son héritage pour y chasser, d'y entrer. *Planè*, ajoute le jurisconsulte, *qui in fundum alienum ingreditur venandi aucupandive gratiâ, potest à domino, si is præviderit, prohiberi ne ingrederetur;* d. §. 1. C'est une suite du droit de propriété de l'héritage; *suprà, n.* 5.

Mais si ce chasseur, contre la défense du propriétaire de l'héritage, est entré sur l'héritage, en aura-t-il moins acquis le domaine du gibier dont il s'est emparé sur cet héritage? Cujas, *Observ.* IV, 2, dit qu'il n'en acquiert pas en ce cas le domaine. Vinnius rejette cette opinion : sa raison est, que le propriétaire a bien contre ce chasseur l'action *injuriarium*, parceque étant propriétaire de l'héritage, il a eu le droit de lui défendre d'y passer; mais n'étant pas propriétaire des animaux sauvages dont le chasseur s'est emparé sur son héritage, il n'a aucune raison pour empêcher que ce chasseur n'en ait acquis le domaine en s'en emparant.

25. Observez que pour qu'un chasseur soit censé s'être emparé de l'animal, et en avoir acquis le domaine, il n'est pas précisément nécessaire qu'il ait mis la main dessus; il suffit que, de quelque façon que ce soit, l'animal ait été en son pouvoir, de manière à ne pouvoir s'échapper. C'est pourquoi, si ayant tendu un piège dans un lieu où j'avois droit de le tendre, un sanglier s'y est pris de manière à ne pouvoir s'échapper, j'en ai dès-lors acquis le domaine; et si quelqu'un l'avoit débarrassé du piège et l'avoit laissé aller,

j'aurois contre lui là même action que j'aurois contre un homme qui auroit jeté ma tasse dans la rivière.

En seroit-il de même si j'avois tendu le piége dans un lieu où je n'avois pas droit de le tendre? Proculus paroît décider qu'il n'importe en quel lieu je l'aie tendu : *In laqueum quem venandi causâ posueras aper incidit ; quùm in eo hæreret, exemptum eum abstuli : nùm tibi videor tuum aprum abstulisse ? Et si tuum putas fuisse, si solutum eum in silvam dimisissem, eo casu tuus esse desiisset, an maneret ? Quam actionem mecum haberes, si desiisset tuus esse, nùm in factum dari oportet, quæro ? Respondit : Laqueum videamus, ne intersit in publico an in privato posuerim, et si in privato posui, utrùm in meo, an in alieno posuerim ? Et si in alieno, utrùm permissu ejus cujus fundus erat, an non permissu ejus posuerim? Prætereà utrùm in eo hæserit aper et expedire se non possit ipse, an diutiùs luctando expediturus se fuerit ?* Proculus ne s'arrête qu'à cette dernière distinction ; et sans s'arrêter à toutes les autres, il continue ainsi : *Summam tamen hanc puto esse, ut si in meam potestatem pervenit, meus factus sit ; sin autem aprum meum factum in suam naturalem laxitatem dimisisses, eo facto meus esse desiisset ; et actionem mihi in factum dari oportere, veluti responsum est, quùm quidam poculum alterius ex nave ejecisset ;* l. 55, ff. *de acq. rer. dom.*

Dans notre jurisprudence, celui qui auroit tendu un piége ou des collets dans un lieu où il n'a pas droit d'en tendre, ne seroit pas écouté à prétendre que le gibier qui s'y seroit pris lui appartenoit, ni à intenter aucune action contre ceux qui s'en seroient emparés : on ne peut pas même dire que le gibier, en se prenant aux piéges ou aux collets qu'il a tendus, fût tombé en son pouvoir; car il n'étoit pas en son pouvoir de l'y aller prendre, le propriétaire du lieu, ou ses gens, ayant le droit de l'empêcher de s'y transporter.

26. Les jurisconsultes romains ont aussi agité la question, s'il suffisoit que j'eusse blessé l'animal, pour que je fusse censé en avoir dès-lors acquis le domaine, que je ne

perdois que lorsque j'en avois abandonné la poursuite; de
manière que si, pendant que j'étois à la poursuite de cet
animal que j'ai blessé, un autre s'en fût emparé, il fût
censé me l'avoir volé. C'étoit l'avis du jurisconsulte Tré-
batius. Gaïus embrasse l'opinion contraire, par la raison
qu'un animal que nous avons blessé, n'est pas pour cela en
notre pouvoir, pouvant arriver qu'il nous échappe, et que
nous ne puissions l'atteindre; l. 5, §. 1, ff. d. tit.

Puffendorf, *liv.* 4, *chap.* 6, *n.* 10, sur cette question,
distingue. Il dit que si la blessure étoit considérable, et
qu'il fût vraisemblable que le chasseur eût atteint l'animal,
il n'est pas permis à un autre de s'en emparer pendant
que le chasseur qui l'a blessé le poursuit, mais que si la
blessure est légère, l'animal demeure au premier occupant.

Barbeyrac est d'un sentiment tout opposé : il pense qu'il
suffit que je sois à la poursuite d'un animal, quand même
je ne l'aurois pas encore blessé, pour que je sois censé,
tant que je suis à sa poursuite, être le premier occupant,
à l'effet qu'il ne soit pas permis à un autre de s'en emparer
pendant ce temps. Ce sentiment, plus civil, est suivi dans
l'usage. Il est conforme à un article des anciennes lois des
Saliens : c'est l'*art.* 5, *tit.* 35, où il est dit : *Si quis aprum
lassum quem alieni canes moverunt, occiderit et fura-
verit, D. C. denarios culpabilis judicatur.*

§. II. De l'abrogation du droit qui permettoit la chasse à tout le monde.
Quelles sont les personnes à qui, par notre droit françois, la chasse est
permise; et celles à qui elle est défendue.

27. En France, de même que dans les autres Etats de l'Eu-
rope, les lois civiles ont restreint la liberté que le pur droit
naturel laissoit à chaque particulier de s'emparer des animaux qui, étant *in naturali laxitate*, sont dans l'ancien
état de communauté négative, et n'appartiennent en propre
à personne. Les souverains se sont réservé, pour eux et pour
ceux auxquels ils ont jugé à propos de le communiquer, le
droit de chasse de toute espèce de gibier, et en ont interdit
la chasse à tous les autres particuliers.

28. Quelques anciens docteurs ont douté si les souve-

rains avoient eu le droit de se réserver la chasse, et de l'interdire à leurs sujets. Ils opposent que Dieu ayant donné aux hommes l'empire sur les bêtes, comme nous l'avons vu *suprà*; le prince n'étoit pas en droit de priver ses sujets d'un droit que Dieu leur avoit donné. La loi naturelle, dit-on, permettant la chasse à chaque particulier, la loi civile qui la défend est contraire à la loi naturelle, et excède par conséquent le pouvoir du législateur, qui, étant lui-même soumis à la loi naturelle, ne peut rien ordonner de contraire à cette loi.

Il est facile de répondre à ces objections. De ce que Dieu a donné au genre humain l'empire sur les bêtes, il ne s'ensuit pas qu'il doit être permis à chaque particulier du genre humain d'exercer cet empire. La loi civile ne doit pas, dit-on, être contraire à la loi naturelle. Cela est vrai, à l'égard de ce que la loi naturelle commande ou de ce qu'elle défend; mais la loi civile peut restreindre la loi naturelle dans ce qu'elle ne fait que permettre. La plupart des lois civiles ne sont que des restrictions de ce que la loi naturelle permet. C'est pourquoi, quoique, aux termes du pur droit naturel, la chasse fût permise à chaque particulier, le prince a été en droit de se la réserver et à un certain genre de personnes, et de l'interdire aux autres. La chasse étant un exercice propre à détourner les paysans et les artisans de leur travail, et les marchands de leur commerce, il étoit utile, et pour leur propre intérêt, et pour l'intérêt public, de la leur défendre. La loi qui défend la chasse est donc une loi juste, à laquelle, dans le for de la conscience comme dans le for extérieur, il n'est pas permis à ceux à qui elle est interdite, de contrevenir.

29. La plus ancienne loi que nous connoissions, qui ait défendu en France la chasse aux roturiers, est une ordonnance de Charles VI, du mois de janvier 1366. On trouve dans le Code des chasses un article de cette ordonnance, qui porte : « Aucune personne non noble de notre « royaume, s'il n'est à ce privilégié, ou s'il n'a aveu ou « expresse commission à ce, de par personne qui la lui « puisse ou doive donner, ou s'il n'est personne d'Église, ou

« s'il n'est bourgeois vivant de ses possessions et rentes, etc.,
« se enhardie de chasser, ne tendre grosses bêtes ne oi-
« seaux, ne d'avoir pour ce faire, chiens, furets, cordes, etc. »

Il paroît par un fragment d'une ancienne instruction sur
le fait des chasses, qu'on trouve dans ce même livre, qu'a-
vant cette ordonnance la chasse étoit permise à tous les
particuliers, de quelque bas état qu'ils fussent, sauf dans
certains lieux, et avec cette différence, qu'ils ne pouvoient
se servir d'*engins*, ni chasser à la grosse bête, ce qui n'é-
toit permis qu'aux gentilshommes.

Voici ce que porte l'article premier : « Personnes non
« nobles peuvent chasser par-tout, hors garennes à lièvres
« et connins, à lévriers et chiens courants, ou à chiens, à
« oiseaux et à bâtons; mais ils n'y peuvent tendre quelcon-
« ques engins ne grosses bêtes, s'ils n'ont titre. » Et en
l'*art.* 3, il est dit : « Gentilshommes peuvent chasser à con-
« nins, et lièvres à tous engins, hors garennes; et si ga-
« rennes ont, ils en peuvent faire à leur volonté. » Et en
l'*art.* 4 : « Gentilshommes peuvent chasser aux grosses bêtes
« en leurs garennes et en celles de leurs voisins, avec congé,
« et non ailleurs. »

Observez que par l'ordonnance de Charles VI, que nous
avons ci-dessus rapportée, qui défend absolument la chasse
aux non nobles, les bourgeois vivant de leurs possessions
et rentes, c'est-à-dire, ceux qui n'exercent aucun art méca-
nique ni profession illibérale, en sont expressément exceptés.

François I, par son ordonnance de 1515, a renouvelé
les défenses de la chasse, et y a ajouté des peines très sé-
vères. Le préambule porte : « Informés que plusieurs,
« n'ayant droit de chasse ne privilége de chasser, prennent
« bêtes rousses et noires, comme lièvres, faisans, perdrix...
« en quoi faisant, perdent leur temps qu'ils devroient em-
« ployer à leur labourage, arts méchaniques ou autres,
« selon l'état ou vacation dont ils sont; lesquelles choses
« reviennent au grand détriment de chose publique. » Et
« en l'*art.* 16, il est dit : « Défendons à tous nos sujets
« non nobles, et non ayant droit de chasse, qu'ils aient
« chiens, collets, etc. » Claude Rousseau, et l'auteur des nou-

velles Notes, observent que, par ces termes, *et n'ayant aucun droit de chasse,* les bourgeois vivant noblement, auxquels le droit de chasse a été expressément conservé par l'ordonnance de 1366, sont exceptés de la défense faite par cet article. Ces auteurs font la même observation sur l'art. 8 de l'ordonnance de Henri IV, du mois de juin 1601, qui porte : « Et quant aux marchands, artisans, laboureurs, « paysans, et autres telles sortes de gens roturiers, leur « avons fait défenses de tirer de l'arquebuse, etc. »

30. L'ordonnance de 1669, qui règle aujourd'hui la jurisprudence sur le fait des chasses, a abrogé la distinction de ces auteurs par rapport à la défense de la chasse faite aux roturiers; elle la permet, par *l'art.* 14, seulement aux seigneurs, c'est-à-dire, aux propriétaires de fiefs et aux nobles : « Permettons, y est-il dit, à tous seigneurs, « gentilshommes et nobles de chasser noblement, à force « de chiens et oiseaux, dans leurs forêts, buissons, ga- « rennes et plaines, pourvu qu'ils soient éloignés d'une lieue « de nos plaisirs; même aux chevreuils et bêtes noires, « dans la distance de trois lieues. »

Et par *l'art.* 228, elle la défend indistinctement à tous les roturiers et non nobles, de quelque état et qualité qu'ils soient, sauf à ceux qui sont propriétaires de fiefs, lesquels, en cette qualité, ont droit de chasse dans toute l'étendue de leurs fiefs. Voici comment elle s'exprime audit article : « Faisons défenses aux marchands, artisans, bourgeois et « habitants des villes, bourgs, paroisses, villages et ha- « meaux, paysans et roturiers, de quelque *état et qualité* « qu'ils soient, non possédants fiefs, seigneuries et hautes- « justices, de chasser en quelque lieu, sorte et manière, et « sur quelque gibier de poil et de plume que ce puisse être, « à peine de cent livres d'amende pour la première fois, « du double pour la seconde, et, pour la troisième, d'être « attachés pendant trois heures au carcan du lieu de leur « résidence, à jour de marché, et bannis pendant trois an- « nées du ressort de la maîtrise, sans que, pour quelque « cause que ce soit, les juges puissent modérer la peine, à « peine d'interdiction. »

31. Observez que la permission que les ordonnances donnent aux nobles de chasser, ne leur donne pas le droit de chasser sur les terres d'autrui sans le consentement du propriétaire à qui le droit de chasse appartient sur lesdites terres; mais avec son consentement ils y peuvent chasser, sans pouvoir en être empêchés par les officiers des chasses, parceque étant nobles, ils sont d'une qualité à laquelle la chasse est permise par les ordonnances. Au contraire, les roturiers étant, par leur qualité de roturiers, d'une condition à laquelle la chasse est défendue, peuvent être empêchés de chasser, même sur les terres du seigneur de fief qui leur en auroit accordé la permission, le seigneur de fief ne pouvant pas l'accorder à ceux à qui, par leur qualité, la chasse est défendue.

§. III. A qui le droit de chasse appartient-il ?

32. C'est au roi que le droit de chasse appartient dans son royaume; sa qualité de souverain lui donne le droit de s'emparer, privativement à tous autres, des choses qui n'appartiennent à personne, tels que sont les animaux sauvages : les seigneurs et tous ceux qui ont droit de chasse, ne le tiennent que de sa permission, et il peut mettre à cette permission telles restrictions et modifications que bon lui semble. C'est pourquoi, dans les différentes ordonnances sur le fait des chasses, le roi se sert toujours du terme de *permettons*. Dans celle de Henri IV, du mois de janvier 1600, *art.* 4, il est dit : « Permettons à tous seigneurs « et gentilshommes de chasser dans leurs forêts, buissons « et sur leurs terres, etc. » Et à l'*art.* 5 : « Leur permettons « aussi de pouvoir tirer de l'arquebuse, en l'étendue de « leurs fiefs, aux oiseaux de rivière, etc. » Le même roi, par sa déclaration du 14 août 1603, par laquelle il révoque la permission de chasser avec l'arquebuse, s'exprime ainsi : « En faisant par nous un règlement général sur le fait des « chasses, *pour gratifier notre noblesse*, nous aurions, par « les cinquième et sixième articles, permis aux seigneurs « gentilshommes et nobles de tirer de l'arquebuse sur leurs « terres, à quelque sorte de gibier non défendu.... mais

« tant s'en faut que cette notre gratification ait apporté
« quelque remède aux désordres, etc. »

Cette défense fut révoquée par une autre déclaration de
l'année suivante. L'ordonnance de 1669, en l'*art.* 14 ci-
dessus cité, se sert aussi du terme *permettons*.

33. Le roi n'a pas permis en tous lieux le droit de chasse.
Il y a certains lieux réservés pour les plaisirs de Sa Majesté,
qu'on appelle *Capitaineries royales*, dans l'étendue desquelles la chasse est interdite à tout le monde. L'ordonnance de 1669, *art.* 20, porte : « Défendons à toutes per-
« sonnes, de quelque qualité et condition qu'elles soient, de
« chasser à l'arquebuse ou avec chiens dans l'étendue des
« capitaineries de nos maisons royales de Saint-Germain,
« Fontainebleau, Chambor, Vincennes, Livri, Compiègne,
« Bois-de-Boulogne, Varenne-du-Louvre, même aux sei-
« gneurs hauts-justiciers, et à tous autres, quoique fondés
« en titre ou permissions générales ou particulières, décla-
« rations, édits et arrêts, que nous révoquons, sauf à nous
« d'accorder de nouvelles permissions. »

Cette défense a même lieu jusqu'à une certaine distance
des limites desdites capitaineries. C'est pourquoi il est dit,
art. 14 : « Permettons à tous seigneurs, gentilshommes et
« nobles de chasser noblement, à force de chiens et oiseaux,
« dans leurs forêts, buissons, garennes et plaines, *pourvu*
« qu'ils soient éloignés d'une lieue de nos plaisirs; même
« aux chevreuils et bêtes noires, dans la distance de trois
« lieues. »

Il est aussi défendu à tous seigneurs gentilshommes,
hauts-justiciers, et autres personnes, de quelque qualité
et condition qu'ils soient, de chasser dans les forêts, buissons, garennes et plaines du roi, s'ils n'en ont titre ou permission; *ordonnance de* 1669, *art.* 13. Ces lettres et permissions doivent être enregistrées au siége de la Table de
marbre, suivant l'ordonnance de 1601, *art.* 1, et de 1607,
art. 2.

Rousseau, en sa note sur l'*art.* 1 de l'ordonnance de
François I, de 1515, qui contient la même disposition, dit
que ces termes, *en nos forêts*, comprennent même celles

où le roi a droit de gruerie ou tel autre droit, s'il n'y a titre contraire ; et il cite des sentences de la Table de marbre.

34. A l'égard des terres des particuliers, qui ne sont pas dans les plaisirs du roi, dans celles qui sont tenues en fief, c'est le propriétaire qui les tient en fief, qui a le droit de chasse sur lesdites terres, et non le seigneur de qui il les tient en fief. La tenue en fief étant une tenue noble, le seigneur de qui il tient ces terres en fief est censé en avoir accordé non seulement les droits utiles, mais même les droits d'honneur qui y sont attachés, tel qu'est le droit de chasse.

Quoique le seigneur de qui les terres relèvent en fief n'ait pas le droit de chasse sur lesdites terres, la jurisprudence néanmoins lui a accordé le droit d'y venir quelquefois chasser, pourvu qu'il y vienne en personne, et qu'il en use modérément, c'est-à-dire, qu'il y vienne rarement, et seulement autant qu'il est nécessaire pour faire connoître le domaine de supériorité qu'il a sur le fief.

Par rapport au droit de chasse qu'un propriétaire de fief a sur son fief, il nous reste à observer qu'il n'importe que le propriétaire soit noble ou roturier. C'est ce que suppose en termes exprès l'ordonnance, en l'*art.* 28, ci-dessus rapporté, lorsqu'elle défend la chasse à tous roturiers *non possédants fiefs.*

35. Passons aux terres tenues en censive. Le propriétaire qui les tient en censive, n'ayant que les droits utiles, ne peut avoir sur lesdites terres le droit de chasse, qui est un droit d'honneur ; c'est le seigneur de qui lesdites terres sont tenues en censive, qui a le droit de chasse sur lesdites terres : n'ayant concédé à son censitaire que les droits utiles, en les lui donnant à ce titre, il y a conservé le droit de chasse, qui est un droit d'honneur attaché au domaine direct qu'il a conservé sur lesdites terres.

36. On a fait la question de savoir si un gentilhomme propriétaire des terres qu'il tient en censive, quoique le droit de chasse sur lesdites terres appartienne au seigneur de qui il les tient en censive, ne doit pas au moins avoir, en sa qualité de gentilhomme, le droit d'y chasser lui-même. On dit

en faveur du gentilhomme, que l'ordonnance de 1669, *art.* 14, permet aux gentilshommes de chasser *dans leurs forêts, buissons, garennes et plaines,* sans distinguer s'ils les tiennent en fief ou en censive; que s'ils n'avoient la permission de chasser que sur des terres qu'ils tiennent en fief, et dont ils peuvent se dire *seigneurs,* il auroit suffi dans cet article de dire *les seigneurs;* il auroit été inutile d'ajouter *gentilshommes et nobles.* Si le gentilhomme n'avoit droit de chasser sur les terres que lorsqu'il les tient en fief, il n'y auroit aucune différence entre le gentilhomme et le roturier, puisque le roturier a le droit, aussi bien que le gentilhomme, de chasser sur les terres qu'il tient en fief : néanmoins l'ordonnance de 1669, et les ordonnances précédentes, en supposent une très grande, puisqu'elles permettent la chasse aux gentilshommes, et qu'elles la défendent aux roturiers.

Enfin on ajoute que le seigneur dans le fief duquel le gentilhomme a une terre en censive, ne tenant son droit de chasse que de la permission du roi, ne doit pas trouver mauvais que le roi ait accordé à ce gentilhomme cette récréation sur sa terre, dont ce seigneur même ne souffre pas de préjudice. Nonobstant ces raisons, je me souviens que dans un procès entre le seigneur de Châteauneuf-sur-Loire, et un gentilhomme d'une très ancienne extraction, qui étoit propriétaire d'une terre dans sa censive, il fut jugé que le gentilhomme n'avoit pas droit de chasser sur sa terre. La raison est, que tenant sa terre en censive, il n'a que les droits utiles de cette terre : il n'a donc pas le droit d'y chasser, ce droit n'étant pas un droit utile, mais un droit d'honneur, que le seigneur qui a donné sa terre à cens est censé s'être réservé.

Quoique le roi donne aux gentilshommes la permission de chasser, ils ne peuvent en user que sur leurs fiefs, ou sur les fiefs des seigneurs qui veulent bien le leur permettre. On ne peut pas dire pour cela que la permission de chasser que la loi donne à ce gentilhomme lui seroit inutile : car elle lui donne le pouvoir de chasser par-tout où le propriétaire du fief à qui le droit de chasse appartient, veut bien

le lui permettre; au lieu qu'il n'est pas permis au roturier
de chasser sur le fief d'autrui, même avec la permission du
propriétaire du fief. Quoiqu'il en soit ainsi, à la rigueur, il
faut avouer qu'il y a de la dureté et de l'inhumanité à un
seigneur de priver un gentilhomme de cette récréation sur
sa terre qu'il tient de lui en censive, lorsqu'il n'en mésuse pas.

37. Il nous reste à parler des terres qui sont en franc-
aleu, c'est-à-dire, qui ne relèvent d'aucun seigneur, sauf
quant à la justice. Il y a deux espèces de francs-aleus, le
noble et le roturier. Le franc-aleu noble est, suivant la définition qu'en donne la coutume de Paris, *art.* 68, *celui
auquel il y a justice, censive, ou fief mouvant de lui;*
c'est-à-dire, celui auquel est attaché un droit de justice,
ou qui, sans avoir droit de justice, a des vassaux, ou au
moins des censitaires mouvants de lui. Une telle terre est
une terre noble, qui, dans les successions, se partage noblement comme celles tenues en fief. Le franc-aleu qu'on
appelle *roturier*, parcequ'il se partage dans les successions
comme les terres tenues en roture, est celui auquel il n'y
a aucun droit de justice, et qui n'a aucun vassal ni censitaire mouvant de lui.

A l'égard des francs-aleus nobles, même de ceux auxquels
il n'y a pas de droit de justice attaché, mais qui ont quelques
vassaux ou censitaires qui en sont mouvants, il n'est pas
douteux que ceux qui en sont propriétaires, soit qu'ils soient
nobles, soit qu'ils soient roturiers, ont le droit de chasse
sur ces terres et sur celles qui en relèvent en censive; car
ces terres, au moyen des vassaux et des censitaires qui
en relèvent, sont des seigneuries. Or, l'ordonnance de
1669, *art.* 28, suppose que les roturiers ont le droit de
chasse dans leurs seigneuries, par ces termes, *Faisons défenses aux..... roturiers non possédants fiefs, seigneuries, etc.*

A l'égard des francs-aleus roturiers, si le propriétaire est
gentilhomme, il n'est pas douteux qu'il y a le droit de chasse.
Le propriétaire qui est roturier peut-il le prétendre? On
peut dire pour l'affirmative, que si les propriétaires de
terres tenues en fief ont le droit de chasse sur leurs terres,

le propriétaire d'une terre en franc-aleu doit l'avoir à plus forte raison, puisqu'il a sur cette terre toute la plénitude du domaine, et par conséquent un domaine plus parfait que n'est celui du propriétaire d'une terre qui la tient en fief. On dit, au contraire, que les animaux sauvages qui passent sur une terre, ou même qui s'y nourrissent, étant des choses qui n'appartiennent à personne, lesdits animaux, et le droit de les chasser, ne sont point une dépendance de la terre. Ce n'est donc point le domaine de la terre, quelque parfait qu'il soit, qui y donne le droit de chasse. Le roi s'étant réservé le droit de chasse pour lui et pour ceux auxquels il veut bien en faire part, personne n'a le droit de chasse sur ses propres terres, quelque parfait que soit son domaine, qu'autant que le roi le lui a accordé. Or le roi n'a accordé le droit de chasse aux roturiers que sur leurs *fiefs, seigneuries et haute-justice,* suivant l'art. 28. Le franc-aleu roturier n'ayant aucune de ces qualités, n'étant ni fief ni seigneurie, le roturier qui en est le propriétaire n'y peut prétendre le droit de chasse. C'est l'avis de l'auteur des Notes sur *l'article* 14 de l'ordonnance.

38. Les seigneurs hauts-justiciers ont aussi le droit de chasse dans toute l'étendue du territoire de leur justice ; ils ont ce droit non seulement dans leur fief, mais même dans les fiefs des autres seigneurs qui sont situés dans l'étendue de leur justice. C'est ce qui est porté par l'*art.* 26 de l'ordonnance de 1669, qui s'exprime ainsi : « Déclarons « tous seigneurs hauts-justiciers, soit qu'ils aient censive « ou non, en droit de pouvoir chasser dans l'étendue de « leur haute-justice, quoique le fief de la paroisse appartînt « à un autre (c'est-à-dire, quand même le fief ou les fiefs qui se trouvent situés dans l'étendue de la paroisse dans laquelle ils ont droit de justice, ne leur appartiendroient pas, mais appartiendroient à d'autres), « sans néanmoins « qu'ils puissent y envoyer chasser aucuns de leurs domes- « tiques, ni autres personnes de leur part, ni empêcher le « propriétaire du fief de la paroisse de chasser aussi dans « l'étendue de son fief. »

Le seigneur haut-justicier a ce droit de chasse sur les fiefs des autres seigneurs qui se trouvent situés dans l'étendue du territoire de sa justice, quand même ces fiefs des autres seigneurs ne releveroient point du sien.

Suivant cet article, deux différents seigneurs, ou même trois, peuvent avoir droit de chasser sur les mêmes terres ; savoir, le seigneur propriétaire du fief, le seigneur haut-justicier dans le territoire duquel elles sont situées, et le seigneur de qui le propriétaire du fief tient en fief lesdites terres, ou le droit de censive qu'il a sur lesdites terres, comme nous l'avons vu *suprà*, n. 34. Mais les droits de ces différents seigneurs sont différents. C'est le seigneur propriétaire du fief qui est le véritable propriétaire du droit de chasse sur lesdites terres : le droit du seigneur de qui le propriétaire tient en fief, n'est qu'une faculté qui ne lui est accordée que par bienséance, et qui non seulement lui est personnelle, mais dont il ne doit user que rarement : le droit du haut-justicier n'est aussi qu'un droit qui lui est personnel, qui lui est accordé par honneur, en considération de la puissance publique dont il est revêtu.

39. Le droit de chasse qu'ont les seigneurs hauts-justiciers sur le fief d'autrui, étant un droit qui leur est personnel, ils ne peuvent y chasser qu'en personne, sans qu'ils puissent, est-il dit, y envoyer chasser aucuns de leurs domestiques, ou autres personnes de leur part.

Ils ne pourroient donc pas y faire chasser, même leurs enfants.

40. Lorsque la haute-justice appartient à plusieurs ; pour que les propriétaires des fiefs qui sont dans le territoire, auxquels appartient le droit de chasse, ne soient pas trop grevés, les propriétaires de la haute-justice ne peuvent pas y venir tous chasser ; il n'y a que celui qui a la principale part dans le droit de justice, qui y puisse venir. C'est ce qui est porté par l'*art.* 27, « Si la haute-justice (est-il dit) « étoit démembrée, et divisée entre plusieurs enfants ou « particuliers, celui seul à qui appartiendra la principale « portion, aura droit de chasser dans l'étendue de sa jus- « tice, à l'exclusion des autres cojusticiers qui n'auront part « au fief. »

Le sens de ces termes, *qui n'auront part au fief*, est que ce n'est qu'à l'égard des fiefs d'autrui qui se trouvent dans l'étendue du territoire de la justice, que le droit de chasser est restreint à celui qui a la principale part dans la justice : mais à l'égard du fief qui appartient en commun à tous les propriétaires de la justice, chacun d'eux a droit d'y chasser, en sa qualité de propriétaire de ce fief.

L'article continue : « Et si les portions étoient égales, « celle qui procéderoit du partage de l'aîné auroit cette « prérogative à cet égard seulement, et sans tirer à consé- « quence pour leurs autres droits. »

Par exemple, en pays de droit écrit; dans le partage *ab intestat* des biens nobles d'une succession, la part du fils aîné est égale à celle de chacun de ses frères et sœurs. Si un droit de justice a été ainsi partagé entre des enfants par portions égales, ce sera le fils aîné seul, ou celui qui lui aura succédé à la portion qui lui est échue dans la justice par ce partage, qui jouira seul du droit de chasser dans les fiefs appartenants à d'autres seigneurs, qui sont dans le territoire de la justice.

§. IV. Comment ceux qui ont droit de chasse en doivent-ils user ?

41. Le droit de chasse étant un droit honorifique plutôt qu'un droit utile, ceux qui ont ce droit ne doivent en user que pour leur plaisir, et non pour en retirer du profit.

C'est pourquoi ils n'en doivent user que pour se procurer à eux-mêmes le plaisir de la chasse, aussi bien qu'à leurs enfants et à leurs amis.

L'édit de Henri IV, du mois de juin 1601, *art.* 4, permettoit à ceux qui avoient le droit de chasse, de faire chasser à force de chiens et oiseaux, par leurs receveurs, garenniers et serviteurs domestiques, toute sorte de gibier; et par l'*art.* 5, il leur permettoit pareillement de tirer de l'arquebuse par leursdits receveurs, garenniers et domestiques, aux oiseaux et gibier de passage. Mais depuis, par la déclaration du 3 mars 1604, qui permet aux seigneurs et gentilshommes de tirer de l'arquebuse à toute sorte de gibier, il est dit : « sans toutefois que leurs fermiers, servi-

« teurs ou domestiques en puissent user en quelque sorte
« et manière que ce soit. » Il permet seulement à ceux qui
sont sexagénaires ou infirmes, de faire tirer au gibier non
défendu l'un de leurs domestiques, duquel ils répondront,
et en leur présence seulement.

On a étendu la disposition de cet article aux veuves et
aux gens d'Eglise. Nous trouvons au Code des chasses un
jugement du 11 juillet 1676, qui ordonne à l'égard d'une
veuve, dame de fief, qu'*elle ne pourra faire chasser sur ses
terres, lorsqu'elle sera sur les lieux, que par un homme
qu'elle sera tenu de nommer au greffe.*

Quoique cette loi n'ait point été expressément révoquée
par aucune loi, néanmoins elle est tombée en désuétude ;
et on souffre aujourd'hui que tous les propriétaires de fiefs
indistinctement fassent chasser leurs gardes ou autres domestiques sur leur fief.

42. Le droit de chasse étant un droit d'honneur qui n'a
pas été accordé pour en tirer du profit, c'est une conséquence qu'il n'est pas permis aux seigneurs de fief d'affermer
ce droit, ni par le bail à ferme de la terre, ni séparément.
Les baux que le seigneur feroit de ce droit sont absolument
nuls, et ne produisent aucune obligation de part ni d'autre.
Il y en a plusieurs règlements dans le Code des chasses.

Cela ne doit pas être étendu aux garennes peuplées de
lapins. On peut tirer du profit d'une garenne peuplée de
lapins, et l'affermer de même qu'on afferme un colombier
peuplé de pigeons. C'est ce qu'observe l'auteur du Code des
chasses, sur l'*art.* 10 de l'ordonnance de 1669.

43. Les propriétaires de fiefs doivent aussi observer plusieurs choses à l'égard du droit de chasse qu'ils ont sur
leurs fiefs. 1° Ils ne doivent chasser que le gibier non défendu. L'*art.* 1 de l'ordonnance de Henri IV, du mois de
juin 1601, défend la chasse du cerf, biche et faon, à toutes
personnes, sauf à ceux qui en ont une expresse permission,
ou qui sont fondés en titres, octrois, ou concessions dûment
ment vérifiées.

L'ordonnance de 1669, *art.* 15, défend aussi la chasse
du cerf et de la biche.

44. 2° Ils ne doivent chasser que dans les lieux non défendus. Nous avons déja vu *suprà, n.* 33, qu'il n'étoit pas permis de chasser quelque gibier que ce soit, ni de quelque manière que ce soit, dans les plaisirs du roi, ni à une lieue de ses plaisirs. Il n'est pas permis de chasser aux chevreuils et bêtes noires à trois lieues près de ses plaisirs; *ordonnance de* 1669, *art.* 14; ni de tirer en volant, à trois lieues près de ses plaisirs.

45. 3° Ils ne doivent point chasser dans les temps défendus. L'ordonnance de 1669, *art.* 4, fait défenses de chasser de nuit dans les bois avec armes à feu.

L'*art.* 18 de la même ordonnance défend de chasser à pied ou à cheval, avec des chiens ou oiseaux, sur les terres ensemencées, depuis que le blé est en tuyau; et dans les vignes, depuis le 1ᵉʳ mai jusqu'après la dépouille; à peine de privation du droit de chasse, de 500 livres d'amende, et des dommages et intérêts des particuliers.

46. 4° Enfin ils ne doivent chasser que de la manière dont les ordonnances le leur permettent; savoir, à force de chiens et oiseaux; *art.* 14; ou à l'arquebuse, c'est-à-dire au fusil; mais il ne leur est pas permis de chasser avec des engins défendus. L'ordonnance du mois de janvier 1600, *art.* 9, et celle de 1601, *art.* 9, rapportent les engins défendus qu'il n'est pas permis de fabriquer ni d'exposer en vente, qui sont les tirasses, tonnelles, traîneaux, bricoles de corde et fil d'archal, pièces et pans de rets, et collets.

L'ordonnance de 1669, *art.* 16, conformément aux anciennes ordonnances, défend aussi la chasse au chien couchant; mais il paroît que cette disposition est tombée en désuétude, et n'est point observée.

§. V. Du droit qu'ont ceux qui ont droit de chasse, d'empêcher de chasser.

47. Le droit de chasse qu'ont les seigneurs propriétaires de fiefs, consiste non seulement dans celui d'y chasser eux-mêmes sur leurs fiefs, et d'y faire chasser leurs enfants et leurs amis, mais encore d'empêcher les autres d'y chasser.

Ils peuvent avoir pour cela un ou plusieurs gardes de chasse, qu'ils font recevoir, ou dans leurs justices, s'ils sont

hauts-justiciers, ou au siége de la maîtrise des eaux et forêts; et sur les procès-verbaux de leurs gardes, lesdits seigneurs propriétaires de fiefs peuvent, ou à leur requête, ou,
s'ils sont hauts-justiciers, à la requête de leurs procureurs-
fiscaux, assigner les particuliers qui auront été trouvés
chassant sur leurs fiefs sans en avoir leur permission, et
les faire condamner aux peines portées par les règlements.

Les seigneurs de fiefs et leurs gardes ne doivent avoir recours à aucunes voies de fait pour empêcher la chasse.
Lorsque les gardes trouvent quelqu'un en contravention,
ils ne doivent point le contraindre à rendre son fusil; ils
doivent se contenter de dresser leur procès-verbal.

48. Le droit qu'a le propriétaire de fief d'empêcher que
d'autres ne chassent sur son fief, reçoit trois exceptions;
1° à l'égard du seigneur haut-justicier; *suprà, n.* 58; 2° à
l'égard du seigneur de qui il relève en fief; *ibid.* 3° L'usage
a introduit une troisième exception, qui est que si mon voisin
a levé sur son fief un gibier, je ne puis, tant que ses chiens
sont à la poursuite, l'empêcher de le suivre sur mon fief.

49. Ceux à qui la chasse est interdite peuvent être empêchés de chasser, non seulement par le propriétaire du
fief sur lequel ils sont trouvés chassant; ils peuvent aussi
l'être par l'officier chargé du ministère public pour cette
partie.

ARTICLE III.

De la pêche et de l'oiselerie.

§. I. De la pêche.

50. Les poissons qui sont dans la mer, dans les rivières,
les lacs, etc., étant *in laxitate naturali,* sont des choses
qui n'appartiennent à personne : la pêche qu'on en fait, est
un genre d'occupation par lequel les pêcheurs acquièrent
le domaine des poissons qu'ils pêchent, et dont ils s'emparent par la pêche qu'ils en font.

51. La mer étant du nombre des choses communes dont
la propriété n'appartient à personne, et dont l'usage est
permis à tout le monde, il a toujours été et il est encore
permis à tout le monde d'y pêcher.

52. Par le droit romain, quoique les fleuves qui étoient dans l'étendue de l'empire romain fussent mis au rang des choses publiques dont la propriété appartenoit au peuple romain, l'usage en étoit laissé à tout le monde ; et il étoit permis à chacun d'y pêcher.

Il en est autrement par notre droit françois. Le roi, à qui appartient la propriété de toutes les rivières navigables de son royaume, n'en a point permis la pêche aux particuliers. Le droit de pêche dans lesdites rivières est un droit domanial qui n'appartient qu'au roi, et à ceux qui tiennent ce droit de pêche par engagement du domaine, dans quelque partie limitée desdites rivières. Les fermiers du domaine et les engagistes afferment ce droit de pêche à des pêcheurs, et il n'est pas permis à d'autres qu'aux fermiers de la pêche, d'y pêcher.

53. A l'égard des rivières non navigables, elles appartiennent aux différents particuliers qui sont fondés en titres ou en possession, pour s'en dire propriétaires dans l'étendue portée par leurs titres ou leur possession. Celles qui n'appartiennent point à des particuliers propriétaires, appartiennent aux seigneurs hauts-justiciers dans le territoire desquels elles coulent ; Loiseau, *Traité des Seigneuries, chap.* 12, *n.* 120. Il n'est pas permis de pêcher dans lesdites rivières sans le consentement de celui à qui elles appartiennent.

54. Les ordonnances veulent que ceux qui pêchent sans droit, soit dans les rivières du roi, soit dans les rivières ou dans les étangs des particuliers, soient punis comme larrons et voleurs. Ce n'est pas que celui qui pêche sans droit ait fait proprement un vol des poissons au propriétaire de la rivière ou de l'étang où il les a pêchés; car l'essence du vol est d'être *interversio possessionis. Scævola ait, possessionis furtum fieri : denique si nullus sit possessor, furtum negat fieri,* l. 1, §. 15, ff. *Si is qui test. liber.,* etc. Or le propriétaire de la rivière ou de l'étang où on a pêché les poissons, possédoit, à la vérité, une rivière ou un étang peuplé de poissons ; mais il ne possédoit pas proprement les poissons qu'on y a pêchés. Ces poissons, qui étoient *in laxitate*

naturali, n'étoient possédés par personne : on ne peut donc pas dire proprement qu'on les lui ait volés. Aussi l'ordonnance ne dit pas que ceux qui pêchent sans droit et sans permission dans les rivières et étangs d'autrui, soient voleurs et larrons : elle dit seulement qu'ils seront punis *comme voleurs et larrons*, c'est-à-dire, de la même peine que les voleurs et larrons; parceque la malice que renferme le délit de ceux qui pêchent ainsi dans les rivières et étangs d'autrui, est semblable à celle du vol, qui consiste à faire du tort à autrui dans son bien, pour en profiter, puisque celui qui pêche sans droit, dans la rivière ou l'étang où j'ai droit de pêcher, me fait tort dans ce droit de pêcher, qui est mon bien, en diminuant par la pêche qu'il y a faite sans droit, pour son profit, l'émolument de celle que j'y dois faire.

55. A l'égard des poissons qui sont dans un réservoir, ces poissons étant *sub manu*, et en la possession de celui qui les y garde, qui peut les aller prendre toutes fois et quantes que bon lui semble, il n'est pas douteux que celui qui les y pêcheroit sans droit, feroit un véritable vol à celui à qui ces poissons appartiennent.

§. II. De l'oiselerie.

56. L'oiselerie est un autre genre d'occupation par lequel l'oiseleur acquiert le domaine des oiseaux qu'il prend.

Il est permis à toutes personnes de prendre à la pipée des oiseaux de toutes espèces, hors le gibier ou les pigeons : mais les oiseleurs ne peuvent faire leur pipée qu'en pleine campagne; il ne leur est pas, pour cela, permis d'entrer dans les enclos, sans la permission de ceux à qui ils appartiennent.

Il est aussi permis de prendre des oiseaux avec des pots-à-passes.

57. Lorsqu'un oiseau apprivoisé, comme un perroquet, une pie, un serin, s'est envolé de la maison de son maître, le voisin qui l'a pris est obligé de le rendre à celui à qui il appartient, lequel n'en perd pas la propriété, tant qu'il conserve l'espérance de le recouvrer. Les devoirs du bon voisinage obligent même celui qui l'a pris, de s'informer

dans le quartier, qui est celui qui l'a perdu, afin de le lui rendre.

ARTICLE IV.

De l'invention; des trésors; des épaves; et de la découverte des pays inhabités.

§. I. De l'invention.

58. L'invention est un autre genre d'occupation, par lequel celui qui trouve une chose qui n'appartient à personne, en acquiert le domaine en s'en emparant.

On peut rapporter à ce genre d'occupation les cailloux propres à être taillés, qu'on trouve sur les rivages de la mer et des rivières, aussi bien que les différentes espèces de coquillages qu'on ramasse sur le bord de la mer. Ces choses étant du nombre de celles qui sont restées dans l'état de la communauté négative, dont la propriété, tant qu'elles demeurent en cet état, n'appartient à personne, chacun a droit d'en acquérir la propriété en les ramassant : *Lapilli, gemmæ, cœteraque quæ in littore invenimus, jure naturali nostra fiunt;* l. 3, ff. *de divis. rer.*

59. On peut rapporter à ce genre d'occupation qu'on nomme invention, les boues et ordures des rues, que nos jardiniers d'Orléans font ramasser tous les jours par leurs âniers, pour s'en servir à fumer les terres où ils font venir leurs légumes. Ces boues et ordures sont choses qui n'appartiennent à personne : l'ânier, en les ramassant et en les chargeant dans les corbeilles de son âne, acquiert à son maître, pour qui et au nom de qui il les ramasse, le domaine de ces boues et ordures, *jure inventionis et occupationis.*

60. On peut pareillement rapporter à ce genre d'occupation celle des choses dont celui à qui elles appartenoient a abdiqué la propriété. Ces choses n'appartenant plus à personne, celui qui s'en empare peut en acquérir le domaine par ce genre d'occupation : *Pro derelicto rem à domino habitam si sciamus, possum acquirere;* l. 22, ff. *pro derel.*

Par exemple, on ne peut douter que les gousses de pois, les trognons de salade, et autres choses semblables qu'on trouve dans une rue, sont choses *pro derelictis habitæ :*

3.

un pauvre qui les ramasse, pour s'en nourrir, faute de pain, dans des temps de famine, en acquiert le domaine, *jure inventionis et occupationis.*

Pareillement il ne peut être douteux que la charogne d'un cheval qu'on a jeté à la voirie, après l'avoir écorché, est une chose *pro derelicto habita,* dont celui à qui appartenoit le cheval a abdiqué la propriété, et qui n'appartient à personne. Un ouvrier qui travaille à des ouvrages qui se font avec des os de cheval, peut donc très licitement couper dans la carcasse de cette charogne ce qu'il croit pouvoir lui servir, et il en acquiert le domaine, *jure inventionis et occupationis.*

61. Il ne faut pas confondre avec les choses qui sont *pro derelictis habitæ,* celles qui ne sont qu'égarées, et qui ont vraisemblablement un maître, quoique inconnu.

On appelle ces choses, *épaves.* Nous en traiterons en particulier *infrà,* au paragraphe 3.

62. On a fait aussi la question, si un trésor qu'on a découvert appartient à ce genre d'occupation. Nous en traiterons en particulier au paragraphe suivant.

63. Il nous reste à parler d'une question qu'on a faite au sujet de l'invention, qui est de savoir si, pour acquérir le domaine des choses que nous trouvons, qui n'appartiennent à personne, il falloit mettre la main dessus, ou s'il suffisoit de l'avoir regardée avec le dessein de la ramasser et de se l'approprier; de manière que si deux personnes avoient aperçu en même temps une de ces choses dans ce dessein, elle dût leur appartenir en commun. On peut alléguer pour ce dernier sentiment ce qui est dit en la loi 1, §. 21, ff. *de acquir. posses. Non est necesse corpore et actu apprehendere possessionem, sed etiam oculis et affectu.* Cette prétention d'avoir sa part dans une chose qu'un autre a trouvée, lorsqu'on prétend l'avoir aperçue en même temps que lui, est ancienne. Nous en trouvons un vestige dans Plaute, *in Rudente, act.* 4, *sc.* 3. Trachalion demandoit à Gripus à avoir sa part d'une valise que Gripus avoit pêchée. A cela Gripus répond : *Quemne ego excepi è mari?* Trachalion réplique : *Et ego inspectavi è littore.*

Nous en trouvons un autre vestige dans Phèdre, *Fab.* v, 6.

> *Invenit calvus fortè in trivio pectinem ;*
> *Accessit alter œquè defectus pilis :*
> *Eia, inquit,* in commune (1) *quodcumque est lucri.*

Nonobstant ces raisons, je pense que pour acquérir la propriété de ces choses, il ne suffit pas de les avoir aperçues dans le dessein de se les approprier; il faut les avoir ramassées, ou par nous-mêmes, ou par quelqu'un qui les auroit ramassées pour nous et en notre nom. La possession qui s'acquiert *oculis et affectu,* dans le cas de la tradition, est plutôt une possession civile et feinte, qu'une possession réelle. Il faut, pour l'occupation et la possession réelle, se saisir de la chose; la tenir, soit avec vos mains, soit avec quelque chose qui vous serve pour cela d'instrument. C'est pourquoi je pense que lorsque deux personnes ont l'une et l'autre aperçu une de ces choses qui n'appartiennent à personne, avec le dessein de l'acquérir, elle ne doit appartenir qu'à celui qui a été le plus diligent à s'en saisir et à s'en emparer. Ajoutez que si l'on attribuoit la chose à celui qui l'auroit aperçue le premier, cela donneroit lieu à des discussions, lorsque plusieurs prétendroient chacun l'avoir aperçue le premier, et avoir prévenu l'autre; au lieu qu'il n'y en a aucune en l'attribuant à celui qui s'en est saisi le premier.

§. II. Des trésors.

64. On a élevé, à l'égard d'un trésor caché en terre, dans un champ ou dans une maison, la question de savoir s'il devoit appartenir, *jure inventionis,* à celui qui l'y avoit trouvé; ou s'il devoit appartenir au propriétaire du champ ou de la maison où il avoit été trouvé, *jure accessionis,* comme en étant une espèce de dépendance. Les jurisconsultes romains ont tranché cette question, en donnant la moitié du trésor à celui qui l'avoit trouvé, et l'autre moitié au propriétaire du champ; *Instit. tit. de rer. divis.,* §. 37.

Par notre droit françois, le trésor se partage entre le sei-

---

(1) J'en retiens ma part.

gneur haut-justicier dans le territoire duquel le trésor a été trouvé, le propriétaire du lieu où il a été trouvé, et celui qui l'a trouvé, lesquels en doivent avoir chacun un tiers.

65. Celui qui a trouvé le trésor n'a droit d'y prétendre part que lorsqu'il l'a trouvé par un cas fortuit; comme lorsqu'un homme, en faisant une fosse dans un champ, de l'ordre du propriétaire, y trouve un trésor; ou lorsqu'un cureur de puits ou de latrines, en curant un puits ou des latrines, y trouve un trésor. Mais si quelqu'un avoit fait, sans le consentement du propriétaire, des fouillements dans un champ pour y chercher un trésor, et qu'il en eût effectivement trouvé un, la loi unique, au Code *de Thesauris,* ordonne qu'il n'y aura en ce cas aucune part, parcequ'il ne doit pas retirer un profit d'un délit qu'il a commis, en faisant des fouillements dans le champ d'autrui sans le consentement du propriétaire.

66. Observez que nous n'entendons par trésor, qu'une chose dont on n'a aucun indice à qui anciennement elle ait appartenu : *Thesaurus* (dit Paul) *est vetus quædam depositio pecuniæ cujus non extat memoria, ut jam dominum non habeat;* l. 31, §. 1, ff. *de acq. rer. dom.* Mais lorsqu'il y a quelque indice ou présomption qui fasse connoître la personne qui a caché l'argent ou quelque autre chose que ce soit, dans le lieu où on l'a trouvé, la chose, en ce cas, ne doit pas passer pour un trésor, et elle appartient à celui qui l'y a cachée, ou à ses héritiers, auxquels celui qui l'a trouvée doit la rendre : *Alioquin* (ajoute Paul) *si quid aliquis, vel lucri causâ, vel metûs, vel custodiæ, condiderit sub terrâ, non est thesaurus, cujus etiam furtum fit.*

Scævola donne cet exemple : *A tutore pupilli domum mercatus ad ejus refectionen fabrum induxit, is pecuniam invenit, quæritur ad quem pertineat? Respondit: Si non thesauri fuerint, sed pecunia fortè perdita, vel per errorem ab eo ad quem pertinebat non ablata, nihilominùs ejus eam esse cujus fuerat;* l. 67, ff. *de rei vind.*

Si non thesauri fuerint, c'est-à-dire, s'il ne paroît pas que cet argent qu'on a trouvé soit un trésor, comme cela paroîtroit si c'étoient d'anciennes espèces qui paroissent n'avoir été mises dans le lieu où on les a trouvées, que dans un temps très éloigné, de manière qu'il ne fût plus possible de connoître celui qui les y a mises. Si, au contraire, il paroît qu'il n'y a pas long-temps que cet argent a été mis au lieu où on l'a trouvé, *putà*, parceque ce sont des espèces de fabrique moderne ; on présume, en ce cas, que cet argent y a été mis par le père du mineur qui habitoit cette maison ; que cet argent n'étoit qu'égaré ; que c'étoit par erreur que le tuteur, en vendant la maison, ne l'avoit pas retiré du lieu où il étoit, faute d'avoir su qu'il y fût ; et que cet argent, ayant toujours continué d'appartenir au père du mineur, devoit être rendu au tuteur de ce mineur son héritier.

§. III. Des épaves.

67. On appelle *épaves* les choses égarées dont on ne connoît pas le propriétaire, telles que sont un cheval, une vache ou quelque autre animal qu'on trouve errer sans conducteur ; une bourse d'argent, une tasse d'argent, une bague, un mouchoir, une montre, une tabatière, ou quelque autre chose qu'on trouve dans un chemin où quelqu'un les a laissé tomber sans s'en apercevoir.

Quoique celui à qui ces choses appartiennent soit inconnu, il n'est pas vraisemblable qu'il en ait voulu abdiquer la propriété, mais plutôt qu'il les a égarées, et qu'il en conserve toujours la propriété.

Ces choses n'étant donc pas des choses qui n'appartiennent à personne, elles ont un maître, quoiqu'il soit inconnu : elles ne sont donc pas susceptibles du genre d'acquisition qui se fait à titre d'occupation. Celui qui les a trouvées, non seulement n'en acquiert pas le domaine, il n'a pas même le droit de les retenir jusqu'à ce que le propriétaire paroisse et les réclame ; et ce n'est pas lui qui en doit profiter lorsqu'elles ne sont réclamées par personne. Le droit de s'approprier, privativement à tous autres, les épaves qui n'ont point été réclamées, est, en France, un droit attaché à la haute-justice, qui a été attribué au seigneur haut-justicier, pour le récompenser des frais qu'il fait pour faire rendre la justice.

Il y a quelques coutumes qui accordent ce droit d'épave au moyen-justicier; comme Tours, Lodunois, Amiens. Celle d'Orléans admet aussi le haut-justicier au droit d'épave, jusqu'à concurrence de la somme jusqu'à laquelle il a droit de justice.

Celle d'Anjou l'accorde même au bas-justicier. Dans celle de Blois, le bas-justicier a droit d'avoir dans le prix de l'épave sept sous six deniers; le moyen, soixante sous, et le surplus appartient au haut-justicier.

68. Celui qui a trouvé l'épave est obligé de la déférer à justice; c'est-à-dire qu'il est obligé d'en aller faire sa déclaration au greffe de la justice du lieu où l'épave a été trouvée. Sur cette déclaration, si l'épave est un animal, le juge ordonne qu'il sera mis en fourrière dans un cabaret désigné par son ordonnance. Si c'est une chose inanimée, le juge, suivant qu'il le juge à propos, ordonne, ou qu'elle sera apportée au greffe pour y être déposée, ou qu'elle restera en dépôt, jusqu'à nouvel ordre, entre les mains de celui qui l'a trouvée.

69. Le temps dans lequel celui qui a trouvé l'épave doit la déférer à justice, est différemment réglé par les coutumes. La plupart veulent qu'elle soit déférée à justice dans les vingt-quatre heures. Notre coutume d'Orléans, *art.* 166, et quelques autres coutumes, accordent trois jours; d'autres en accordent huit.

Dans celles qui ne s'en sont pas expliquées, je pense qu'on doit suivre la disposition des coutumes qui sont les plus indulgentes, et accorder huit jours.

70. Faute par celui qui a trouve l'épave, de l'avoir déférée dans le temps dans lequel il devoit le faire, ou d'en avoir averti d'une autre manière équipollente, en la faisant crier, il doit être condamné en une amende que notre coutume d'Orléans, *art.* 166, ainsi que plusieurs autres coutumes, règlent à un écu sou, c'est-à-dire, à soixante sous. D'autres coutumes laissent cette amende à l'arbitrage du juge.

71. Ce n'est pas seulement pour l'intérêt du seigneur de la justice qui doit profiter de l'épave, au cas qu'elle ne soit pas réclamée, que celui qui a trouvé l'épave la doit déférer à justice où la faire crier; c'est aussi pour celui du propriétaire de l'épave, afin qu'il soit averti du lieu où elle est, et qu'il la puisse venir réclamer. C'est pourquoi, après que notre coutume d'Orléans, *art.* 166, a dit : *Celui qui recèle aucune épave plus de trois jours sans la déclarer à justice, ou la faire crier, est amendable d'un écu sou envers la justice;* elle ajoute, *est tenu des dommages et intérêts* DU SEIGNEUR D'ICELLE, c'est-à-dire, du propriétaire de l'épave.

Ces dommages et intérêts consistent dans ce qu'il a souffert ou manqué de gagner par la privation de l'usage de sa chose, faute d'avoir été averti, et d'avoir pu la réclamer plus tôt.

72. Lorsque l'épave a été déférée à justice, elle doit être gardée pendant un certain temps, et il doit être fait plusieurs proclamations avant que le seigneur puisse la faire vendre à son profit, afin que le propriétaire puisse être averti, et avoir le temps de la venir réclamer.

Les coutumes sont différentes sur le nombre et la forme de ces proclamations, et sur le temps qui doit être accordé au propriétaire de l'épave pour venir réclamer l'épave, ou le prix pour lequel elle aura été vendue.

Les unes veulent qu'il soit fait trois proclamations, de quinzaine en quinzaine : d'autres demandent pareillement trois proclamations de huitaine en huitaine : les unes les demandent par trois dimanches, les autres par trois dimanches ou fêtes solennelles, les autres à trois jours de marché. Boulonnois, Nivernois, ne demandent qu'une seule publication, au prône de la paroisse de la seigneurie, un jour de dimanche, et une autre à jour de marché. Poitou ne demande que l'une des deux.

Pareillement, à l'égard des lieux où se doivent faire lesdites proclamations, plusieurs coutumes se contentent de dire, *aux lieux accoutumés :* d'autres disent, *à l'issue des grand'messes du lieu de la seigneurie :* celle du Maine ajoute, *et ès deux autres paroisses voisines.* Celle d'Auvergne dit que les proclamations doivent se faire par quatre assises ; celle de la Marche, par trois assises. Celle de Bretagne requiert les trois proclamations aux grand'messes, et se contente d'une autre au marché.

Les coutumes sont aussi différentes sur le temps qu'elles accordent au propriétaire de l'épave pour la réclamer. Les plus indulgentes veulent que le seigneur accorde un an pour les vendre ; à moins que ce ne fussent choses périssables, et dont la garde seroit trop coûteuse, telles que sont les animaux ; auquel cas elles peuvent bien être vendues après les proclamations ; mais le prix en doit rester consigné pendant l'année, et rendu au propriétaire de l'épave, s'il se fait connoître dans ledit temps.

La plupart des coutumes n'obligent le seigneur à garder l'épave que pendant le temps de quarante jours. Dans les unes, c'est un temps de quarante jours pendant lequel se font les proclamations ; dans d'autres, c'est un temps de quarante jours, qui ne commence à courir qu'après les proclamations faites. Dans notre coutume d'Orléans, il court après le premier cri.

73. Dans cette variété de dispositions de coutumes sur cette matière, dont celle de Paris n'a point traité, nous nous bornerons à rapporter celles de la coutume d'Orléans.

Elle requiert deux choses avant que le seigneur de justice fasse vendre l'épave à son profit ; 1° des proclamations ; 2° un temps de quarante jours, pendant lequel le propriétaire puisse la venir réclamer.

Voici comment elle s'exprime sur les proclamations, *art.* 63 : « Epaves se doivent proclamer, pendant trois di-
« vers dimanches, aux prônes de la grand'messe parois-
« siale, et au siége du lieu où elles auront été trouvées, à
« jour de plaids, à la diligence des seigneurs de haute,
« moyenne et basse justice, ou de celui qui aura trouvé les-
« dites épaves. »

L'édit de 1695 a dispensé les curés de faire ces sortes de proclamations aux prônes : au lieu d'être faites aux prônes, elles se font à la porte de l'église, à l'issue de la messe paroissiale, par un huissier qui en dresse procès-verbal.

Il y a néanmoins encore aujourd'hui des curés qui veulent bien faire ces proclamations aux prônes. On doit, en ce cas, tirer d'eux un certificat qu'elles ont été faites.

L'église où ces proclamations doivent être faites, est l'église paroissiale du lieu où l'épave a été trouvée.

La proclamation contient que l'on a trouvé tel jour, en tel lieu, telle chose, qu'on doit désigner, *putà*, un cheval, sous tel poil, ayant telle marque, d'une telle taille; une tabatière de telle manière, de telle figure, de tel poids.

74. Outre les trois proclamations qu'on doit faire aux prônes, ou à l'issue de la messe paroissiale, la coutume veut que l'épave soit proclamée au siége de la justice du lieu où elle a été trouvée, *à jour de plaids.*

C'est-à dire, à un jour d'audience ordinaire, pendant que l'audience tient.

C'est le greffier qui fait cette proclamation, et qui en tient registre.

La publication à l'audience ne se fait qu'une fois. La coutume a bien dit que la publication aux prônes se feroit *par trois divers dimanches;* mais elle n'a pas dit de même, que la publication au siége se feroit par trois divers jours de plaids; mais elle a dit seulement, à jour de plaids.

75. La seconde chose que la coutume requiert, est qu'on laisse un temps de quarante jours, pour que le propriétaire puisse la venir réclamer.

Voici comment elle s'en explique : « Épaves se doivent « garder pendant quarante jours; *art.* 163. Si celui à qui « appartient l'épave s'apparoît dans lesdits quarante jours, « à compter du jour du premier cri fait solennellement, elle « lui sera rendue, en payant les nourritures et frais faits en « la garde et proclamation d'icelle; et où il ne se trouveroit « personne qui recherchât ladite épave pendant ledit temps, « et icelui passé, sera adjugée auxdits seigneurs hauts-jus-« ticiers, etc. »

La coutume, par ces mots, *du jour du premier cri fait solennellement*, entend la première proclamation qui a été faite, soit au prône, ou à l'issue de la messe paroissiale, soit au siége de la justice. Si l'on a commencé par les publications au prône, avant de faire la publication au siége de la justice, c'est du jour de la première publication au prône, ou à l'issue de la messe, que court le temps de quarante jours. Si, au contraire, on a commencé par la publication au siége de la justice, avant de faire les publications au prône, c'est du jour de cette publication au siége, que doit courir ledit temps de quarante jours.

Observez qu'on ne doit point compter dans les quarante jours, *le jour du premier cri*, depuis lequel ledit temps de quarante jours doit courir, suivant la maxime, *Dies à quo non computatur in termino.* C'est pourquoi si, par exemple, la première publication a été faite le premier jour du mois d'avril, qui est un mois qui n'a que trente jours, le temps de quarante jours n'expirera que le 11 de mai, et l'adjudication ne pourra être valablement faite plus tôt que le 12 de mai.

76. Quoique toutes les proclamations aient été faites, et que le temps de quarante jours soit expiré; tant que l'épave n'est pas encore adjugée, le propriétaire est reçu à la réclamer, et elle doit lui être rendue, en faisant par lui apparoir qu'elle lui appartient, et en remboursant les frais; *art.* 165.

Mais après que l'épave a été adjugée, celui à qui elle appartenoit n'est plus reçu à la réclamer, ni à en demander le prix. L'adjudication qui en a été faite en justice purge et éteint le droit de propriété qu'il avoit de cette chose, faute par lui de l'avoir réclamée avant l'adjudication.

77. L'adjudication se fait par le juge, publiquement, au lieu, au jour et à l'heure auxquels on a coutume de faire les adjudications.

Les frais de garde, des proclamations et de l'adjudication se prélèvent sur le prix. Dans ce qui reste du prix, notre coutume accorde le tiers à celui qui a trouvé l'épave, et qui l'a déclarée à justice; le surplus appartient au seigneur justicier.

Cette disposition de la coutume d'Orléans, qui donne une part dans le prix à celui qui a trouvé l'épave, lui est particulière. Je ne connois que la coutume de Bretagne qui ait une disposition semblable.

78. Le haut-justicier, dans la coutume d'Orléans, n'est pas le seul qui ait droit d'épaves; les moyens et bas-justiciers participent à ce droit jusqu'à concurrence de la somme à laquelle ils ont droit de justice. C'est pourquoi, en l'*art.* 163, elle dit que les proclamations se feront *à la diligence des seigneurs de haute, moyenne et basse-justice;* et en l'*art.* 164, elle dit que l'épave *sera adjugée auxdits seigneurs justiciers, selon les droits de leur justice.*

Dans la coutume d'Anjou, *art.* 40, et du Maine, *art.* 1, le droit d'épaves mobilières appartient aux moyens-justiciers.

79. Suivant les statuts des orfèvres et des joailliers, lorsqu'un inconnu leur apporte quelque pièce d'argenterie ou quelque pierre précieuse, ils doivent la retenir jusqu'à ce que l'inconnu se fasse connoître par quelque personne digne de foi de la ville. Lorsque l'inconnu ne revient pas, ce qui arrive fort souvent, lesdits orfèvres et joailliers défèrent à justice ces pièces d'argenterie ou pierres précieuses, lesquelles sont réputées épaves, et à l'égard desquelles on observe tout ce qui a été dit ci-dessus, de même qu'à l'égard des autres épaves.

§. IV. Des essaims d'abeilles.

80. Plusieurs coutumes regardent comme des espèces d'épaves les abeilles qu'on trouve assises dans quelque arbre ou dans quelque buisson, et attribuent au seigneur de la justice du lieu le droit de s'en emparer privativement à tous autres, à la charge seulement d'en laisser la moitié à celui qui les a trouvées, et les a déférées à justice.

Il y a cette différence entre cette espèce d'épaves, et les épaves ordinaires, que celles-ci appartiennent à quelqu'un, quoique celui à qui elles appartiennent soit inconnu; et il ne cesse d'en être le propriétaire, jusqu'à ce que, faute par lui de s'être fait connoître, elles aient été adjugées au seigneur de justice ; au lieu que les abeilles, qui sont *in natu-rali laxitate*, n'appartiennent à personne.

Quand même elles seroient envolées d'une ruche, elles n'appartiendroient plus au propriétaire de la ruche, qui, ne ne les ayant pas poursuivies, où ayant cessé de les pour-suivre, ne les a plus en sa possession. C'est pourquoi, par le droit romain, le premier occupant en acquéroit le do-maine : *Examen quod ex alveo nostro evolaverit, eò usque nostrum intelligitur, donec in conspectu nostro est, nec difficilis ejus persecutio est : alioquin occupantis fit; l. 3, §. 4, ff. de acquir. rer. dom.* Ces coutumes ont attribué au seigneur de justice, privativement à tous autres, ce droit, qu'aux termes du pur droit naturel chacun avoit de s'en emparer.

81. Dans les coutumes qui ne s'en sont pas expliquées, les seigneurs hauts-justiciers ont-ils ce droit ?

J'aurois de la peine à leur accorder ce droit. Ces essaims étant choses qui n'appartiennent à personne, lesquelles, aux termes du pur droit naturel, appartiennent au premier oc-cupant, les seigneurs ne peuvent s'attribuer le droit de s'en emparer, privativement à toute autre personne, sans une loi positive qui le leur attribue, en restreignant en ce point le droit naturel. Les coutumes qui accordent ce droit aux sei-gneurs, n'ayant force de loi que dans leur territoire, les seigneurs, hors de ces coutumes, ne sont fondés sur aucune loi pour se les attribuer.

§. V. Du droit de varech et choses gaives.

82. Le droit de *varech et choses gaives* est un droit que la coutume de Normandie accorde aux seigneurs.

Sous ce droit de *varech et choses gaives* (dit-elle en *l'ar-ticle* 583), sont comprises toutes choses que l'eau jette à la terre par tourmente ou fortune de mer, ou qui arrive si près de terre, qu'un homme de cheval y puisse toucher avec sa lance.

Ces choses sont de véritables épaves. Elles appartiennent à un propriétaire qui est inconnu : car lorsqu'elles sont tom-bées dans la mer, celui qui en étoit le propriétaire n'en a pas perdu le domaine de propriété; il l'a toujours conservé, et l'a transmis en mourant à ses héritiers; ce qui a lieu quand même le propriétaire auroit jeté à la mer ces choses volontairement, pour alléger le vaisseau; car il n'a pas entendu, en les jetant, en abdiquer la propriété : *Res jacta domini manet, nec fit apprehendentis, quia pro derelicto non habetur;* l. 2, §. 8, ff. *de leg. rhod.*

Le droit de varech que la coutume accorde sur les choses trouvées sur la partie du rivage de la mer où le seigneur a ce droit, consiste dans le droit de s'en emparer privativement à toutes autres personnes, et, au cas qu'elles ne soient pas réclamées pendant le temps d'un an et jour par les propriétaires, de se les approprier. Lorsque les choses sont de nature à ne pouvoir se garder, le seigneur peut les faire vendre en justice; mais il doit en garder un échantillon, pour servir à la reconnoissance, en cas qu'elles soient réclamées. Il doit pareillement laisser le prix en dépôt, pour être rendu au propriétaire, s'il vient dans l'année se faire connoître.

§. VI. De l'occupation des terres inhabitées.

83. Des navigateurs qui, dans un voyage de long cours, ont découvert une terre qui n'est habitée par personne, peuvent, en s'y établissant, en acquérir le domaine de propriété, *jure occupationis,* comme d'une chose qui n'appartient à personne.

Si c'étoit au nom de leur prince que ces navigateurs en prissent possession, ce seroit à leur prince qu'ils acquerroient cette terre.

Mais lorsqu'une terre est habitée, quelque sauvages que nous paroissent les hommes qui l'habitent, ces hommes en étant les véritables propriétaires, nous ne pouvons sans injustice nous y établir malgré eux.

ARTICLE V.

De l'occupation simplement dite.

84. Outre les différentes espèces d'occupations qui ont été rapportées dans les articles précédents, il peut y en avoir beaucoup d'autres, qui, faute de nom particulier, s'appellent simplement *occupations*.

On peut donner pour exemple le cas auquel je vais puiser de l'eau dans une rivière. J'acquiers le domaine de l'eau que j'y ai puisée, et dont j'ai rempli ma cruche, à titre d'occupation; car cette eau étant une chose qui n'appartient à personne, à laquelle personne n'a aucun droit exclusif, j'ai pu, en m'en emparant, en acquérir le domaine, *jure occupationis*. C'est pourquoi, dans le cas auquel, en revenant de la rivière, j'aurois, pour quelque besoin, laissé ma cruche dans le chemin, dans le dessein de venir la reprendre au lieu où je l'avois laissée; si, pendant ce temps, un passant, ayant trouvé ma cruche, pour s'épargner le chemin d'aller jusqu'à la rivière, avoit versé dans sa cruche l'eau qui étoit dans la mienne, il auroit commis envers moi un véritable vol de l'eau qui y étoit, cette eau étant une chose dont j'étois véritablement propriétaire, et dont je conservois la possession par la volonté que j'avois de la venir reprendre au lieu où je l'avois laissée.

Observez qu'il ne faut pas confondre le corps du fleuve avec l'eau qui y coule, qu'on appelle *aqua profluens*.

Le corps du fleuve est un grand corps, qui est le même qui a toujours subsisté par le passé, et qui subsistera par la suite, dont la propriété appartient au souverain dans les États duquel il est. L'eau qui y coule, qu'on appelle *aqua profluens*, est cette eau qui, dans l'instant présent, est dans un tel lieu du fleuve, et qui, dans l'instant suivant, n'y sera plus, et à laquelle une autre eau succédera. C'est cette eau qui est restée dans la communauté négative du genre humain, qui appartient à tous les hommes en commun, sans qu'aucun puisse s'en dire le propriétaire, tant qu'elle reste dans cet état; que chacun, par conséquent, l'étranger comme le citoyen, peut puiser dans la rivière, et dont il peut acquérir le domaine en s'en emparant.

C'est pourquoi Ovide, dans ses Métamorphoses, fait parler ainsi Latone aux paysans de Lycie, qui vouloient l'empêcher de puiser de l'eau pour boire :

Quid prohibetis aquas? Usus communis aquarum est :
Nec solem proprium natura, nec aëra fecit,
Nec tenues undas : ad publica munera veni.

85. Le jurisconsulte Pomponius nous apporte un autre exemple d'occupation. Lorsque quelqu'un bâtit un édifice dans la mer, la mer étant une chose qui n'appartient à personne, il acquiert, *jure occupationis*, le domaine de la partie de la mer qu'il a occupée par les bâtiments qu'il y a construits. *Si pilas in mare jactaverim, et suprà eas inædificaverim, continuò ædificium meum fit : item si insulam in mari ædificaverim, continuò mea fit; quoniam id quod nullius sit, occupantis fit; l. 30, §. 4, ff. de acq. rer. dom.*

Il en étoit de même, par le droit romain, du bâtiment que quelqu'un construisoit sur le rivage de la mer. Ce rivage, suivant les principes du droit romain, étant censé être, de même que la mer, demeuré dans l'état de communauté négative, et n'appartenir à personne, chacun pouvoit acquérir, *jure occupationis*, le domaine de la partie du rivage qu'il occupoit par le bâtiment qu'il y avoit construit : *Quod in littore quis ædificaverit, ejus erit : nam littora publica non ità sunt ut ea quæ in patrimonio sunt populi, sed ut ea quæ primùm à naturâ prodita sunt, et in nullius adhuc dominium pervenerunt ; nec dissimilis conditio eorum est atque piscium et ferarum; l. 14, ff. de tit.*

La liberté que chacun a de s'approprier une partie de la mer ou du rivage, en l'occupant par les bâtiments qu'il y construit, reçoit cette limitation, qu'on en doit obtenir la permission du magistrat, qui ne l'accorde qu'autant que cela ne préjudicie ni au public, pour l'usage de la navigation, ni à des particuliers qui auroient bâti auparavant. C'est ce qu'enseigne Pomponius : *Quamvis quod in littore publico vel in mari extruxerimus nostrum sit, tamen decretum prætoris adhibendum est, ut id facere liceat;* l. 5o, ff. d. tit.

Et Celsus dit : *Id concedendum non esse, si deterior littoris marisve usus eo modo futurus sit;* l. 3, §. 1, ff. *ne quid in loc. publ.,* etc.

Un particulier à qui cela causeroit quelque préjudice, a aussi droit de s'y opposer : *Adversùs eum qui molem in mare projecit interdictum competit ei cui fortè hæc res nocitura sit : si autem nemo damnum sentit, tuendus est is qui in littore ædificat, vel molem in mare jacit;* l. 2, §. 8, ff. d. tit.

SECTION II.

De ce qui est pris sur l'ennemi.

86. Outre le droit d'occupation par lequel nous acquérons le domaine des choses qui n'appartiennent à personne, en nous en emparant, dont nous avons traité dans la section précédente, il y a une autre espèce de droit d'occupation, qui est du droit des gens, par lequel un souverain, et ceux auxquels il communique son droit, acquièrent le domaine des choses qu'ils prennent sur leurs ennemis dans une guerre juste.

On doit rapporter à cette espèce d'occupation les conquêtes et le butin, qui feront la matière du premier article; et les prises sur mer, qui feront la matière du second. Nous ajouterons un troisième article, des prisonniers de guerre.

ARTICLE PREMIER.

Des conquêtes et du butin.

§. I. Des conquêtes.

87. Le droit de conquête est le droit qu'a un souverain qui a le droit de faire la guerre, d'acquérir, lorsqu'il la fait justement, le domaine des villes, châteaux et terres de l'ennemi, en s'en emparant.

Quoique les conquêtes, *summo jure,* appartiennent au conquérant, néanmoins lorsque l'ennemi sur qui elles ont été faites, se soumet et demande la paix, les règles de la modération demandent que le conquérant ne retienne sur les conquêtes que ce qui suffit pour se dédommager des frais de la guerre, et qu'il rende le surplus au vaincu qui s'est soumis.

§. II. Du butin.

88. On appelle butin, ou *præda bellica*, toutes les choses mobiliaires que les vainqueurs enlèvent aux vaincus.

Il y a deux espèces de butin. La première espèce est celui qui se fait dans une bataille, dans un combat, ou dans quelque autre expédition publique. Comme c'est au nom du roi que se donne la bataille ou que se fait l'expédition, c'est aussi le roi qui est censé faire tout le butin qui s'y fait, et qui en acquiert le domaine par le ministère de ses troupes, qui ne font que lui prêter leurs bras, et qui acquièrent pour le roi, et au nom du roi, tout le butin qui est fait.

C'est pourquoi le jurisconsulte Modestinus décide qu'un soldat qui soustrait quelque chose du butin, est coupable du crime de péculat : *Is qui prædam ab hostibus captam subripuit, lege peculatûs tenetur;* l. 18, *ad L. Jul. de pecul.*

Quoique le domaine de tout le butin soit acquis au roi, quelquefois le général, avec le consentement présumé du roi, en distribue une partie aux troupes pour les encourager.

89. Une seconde espèce de butin est celui que les troupes font dans le pillage qu'on leur a permis de faire d'une ville, tel que fut celui de Berg-op-Zoom. Dans ce cas, le général, au nom du roi, et comme étant censé avoir pouvoir de lui, cède à ses troupes le droit qu'il a, *jure belli*, de s'emparer, et d'acquérir, en s'en emparant, le domaine des choses dont il leur permet le pillage : en conséquence, chaque soldat, comme étant à cet égard cessionnaire des droits du roi, acquiert, *jure belli*, le domaine des choses dont il s'est emparé dans le pillage. Je laisse aux théologiens à examiner si cette manière d'acquérir, qui est légale suivant le droit rigoureux de la guerre, peut se concilier avec les lois de la charité.

90. Une troisième espèce de butin est celui que fait un

partisan qui a commission du roi, dans les incursions qu'il fait dans le pays ennemi.

On appelle partisans, des particuliers qui se font autoriser du roi pour lever à leurs dépens une troupe de gens de guerre, qu'ils entretiennent et soudoient à leurs dépens, pour faire des incursions dans le pays ennemi. Le roi, en leur donnant commission pour faire ces incursions, leur abandonne tout le butin qu'ils y feront, pour les dédommager de la dépense qu'ils font.

ARTICLE II.

Des prises qui se font sur mer.

Nous verrons, dans un premier paragraphe, qui sont ceux qui ont droit de faire la course sur les vaisseaux ennemis : dans un second, quels sont les vaisseaux et les effets dont la prise est légitime : dans un troisième, ce qui doit être observé par les capitaines des vaisseaux armés en guerre, lorsqu'ils ont fait une prise; et comment se distribue le produit de la prise : dans un quatrième, nous traiterons des rançons.

§. I. Qui sont ceux qui ont droit de faire la course sur les vaisseaux ennemis.

91. Les prises qui se font sur mer, se font, ou par des officiers de la marine du roi, commandant quelque vaisseau ou frégate du roi, ou par des particuliers qui arment en guerre, à leurs dépens, des vaisseaux, pour courir sur les vaisseaux ennemis, et qui y sont autorisés par le roi, par une commission qu'ils doivent avoir de son amiral.

Ces particuliers sont ceux qu'on appelle *corsaires*.

Les prises qui sont faites par les officiers de la marine du roi, appartiennent au roi : néanmoins le roi, par gratification, accorde aux officiers et à l'équipage du vaisseau qui a fait la prise, une portion du produit de la prise, comme nous le verrons *infrà*.

A l'égard des prises qui sont faites par nos corsaires qui ont commission de l'amiral; quoique ce soit au nom du roi qu'ils fassent la prise, le roi leur abandonne le produit sous certaines conditions, et à la charge d'observer certaines formalités, pour les dédommager tant des frais de l'armement que des risques auxquels ils s'exposent.

92. Comme il n'y a que le souverain qui ait le droit de faire la guerre, aucun particulier n'a droit d'armer un vaisseau en guerre pour faire la course sur les vaisseaux ennemis, sans y être autorisé par le roi, suivant la forme prescrite par l'ordonnance.

Cette forme est, que le particulier qui veut armer un vaisseau en guerre, doit obtenir de l'amiral, qui représente, à cet égard, le roi, une commission qui le lui permette. *Ordonnance de la Marine, art.* 1.

Il doit faire enregistrer cette commission au greffe de l'amirauté du lieu où se fait son armement; *art.* 2.

Il doit, outre cela, donner une caution suffisante qui s'oblige, jusqu'à la somme de quinze mille livres, à la réparation des délits qui pourroient être commis envers quelques-uns pendant le temps de la course, soit par le préposé au commandement de son vaisseau, soit par les gens de l'équipage.

Quoique l'armateur ne soit tenu de donner caution que jusqu'à la somme de quinze mille livres, il n'en faut pas conclure qu'il ne soit lui-même tenu de la réparation desdits délits que jusqu'à concurrence de cette somme; il en est tenu pour le total, à quelque somme qu'elle puisse monter : il peut néanmoins s'en décharger en abandonnant en entier son vaisseau.

93. Il est tellement vrai qu'il n'y a que ceux qui ont commission de l'amirauté, qui sont en droit de faire à leur profit des prises sur l'ennemi, que si le capitaine d'un vaisseau marchand a été attaqué en mer par un vaisseau ennemi dont il s'est rendu maître dans le combat, la prise qu'il a faite du vaisseau ennemi ne lui appartient pas, mais appartient à l'amiral, qui est, à cet égard, aux droits du roi : l'amiral a coutume d'en gratifier, pour le tout ou pour partie, celui qui a fait la prise, sans tirer à conséquence.

94. Un armateur qui, sans la permission du roi, auroit obtenu une commission d'un prince étranger pour faire la

course contre les vaisseaux ennemis, n'a pas plus le droit de la faire que s'il n'avoit aucune commission. C'est ce qui est porté par l'*art.* 3 de l'ordonnance : « Faisons défenses « à tous nos sujets de prendre commission d'aucuns rois, « princes, ou Etats étrangers, pour armer des vaisseaux « en guerre et courir la mer sur leur bannière, si ce n'est « par notre permission, à peine d'être traités comme « pirates. »

La disposition de cet article a lieu, quand même le François qui a obtenu cette commission d'un prince étranger, seroit domicilié dans les Etats de ce prince ; car le domicile ne lui fait pas perdre la qualité de sujet du roi, qu'il a acquise par sa naissance, et ne le dispense pas des lois du royaume, qui ne permettent pas aux sujets du roi de servir, en temps de guerre, aucune puissance étrangère, sans une expresse permission du roi. La disposition de cet *art.* 3 est prise dans l'*art.* 4 de la déclaration du 1er février 1653, qui portoit : « Défendons à tous nos sujets domiciliés ou « non domiciliés dans notre royaume, ou pays de notre « obéissance. » Si ces termes n'ont pas été répétés dans cet article, ce n'a été que pour abréger, et parcequ'on a cru qu'ils étoient suffisamment sous-entendus, comme l'a fort bien observé Vaslin sur cet article.

L'ordonnance défendant, par cet article, en termes généraux et indistinctement, de prendre commission d'*aucuns rois, princes ou Etats étrangers,* la défense renferme toutes les puissances étrangères, non seulement celles qui seroient ennemies ou neutres, mais même celles qui seroient amies et alliées du roi. C'est l'avis de Vaslin sur cet article.

§. II. Quels sont les vaisseaux et les effets dont la prise est légitime.

95. Tous les vaisseaux appartenants à l'ennemi, soit qu'ils soient armés en guerre, soit qu'ils soient vaisseaux marchands, peuvent être pris légitimement, suivant les lois de la guerre, soit par les officiers de la marine du roi, soit par les armateurs corsaires qui ont commission du roi ; *art.* 4.

Il faut excepter le cas auquel le vaisseau ennemi auroit, pour quelque cause, obtenu un passe-port du roi, dont le capitaine seroit porteur : en ce cas, le vaisseau ennemi ne doit pas être arrêté, pourvu que le temps du passe-port ne soit pas encore expiré, et que le capitaine se soit conformé aux conditions du passe-port.

Il en est de même s'il a un sauf-conduit d'un capitaine françois qui l'a rencontré, pourvu que le temps du sauf-conduit ne soit pas expiré, et qu'il soit dans la route du lieu porté par le sauf-conduit, où il doit se rendre, comme nous le verrons *infrà*, §. 6.

96. Non seulement le navire ennemi qui a été pris est de bonne prise ; toutes les marchandises et tous les effets qui se sont trouvés sur le navire sont pareillement de bonne prise.

Cela a lieu, quelles que soient les personnes auxquelles appartiennent les marchandises qui se sont trouvées sur le vaisseau ennemi qui a été pris. C'est ce qui est expressément décidé par l'*art.* 7, qui porte : « Les marchandises « de nos sujets et alliés, qui se trouveront dans un navire « ennemi, seront pareillement de bonne prise. »

Cela ne pouvoit guère souffrir de difficulté à l'égard des marchandises des sujets du roi : en chargeant des marchandises sur des vaisseaux ennemis, ils contreviennent à la loi qui leur interdit tout commerce avec l'ennemi, et ils méritent, pour cette contravention, de perdre leurs marchandises.

Il auroit pu paroître y avoir plus de difficulté à l'égard des marchandises des sujets des puissances alliées ; néanmoins, elles sont aussi déclarées de bonne prise par cet article. La raison est, que ceux qui chargent leurs marchandises sur des vaisseaux ennemis favorisent le commerce de l'ennemi ; et qu'en les y chargeant, ils sont censés s'être soumis à suivre le sort du vaisseau sur lequel ils les ont chargées.

97. Un vaisseau françois qui a été pris par l'ennemi, et a été plus de vingt-quatre heures en sa possession, est censé appartenir, avec toute sa cargaison, à l'ennemi, qui en a acquis le domaine par le droit des gens et les lois de

la guerre. C'est pourquoi, lorsque ce vaisseau est repris par
un armateur françois, il est de bonne prise, aussi bien que
tout ce qui est dedans ; et tout le produit de cette prise
appartient à l'armateur qui l'a repris, sans que les anciens
propriétaires du vaisseau et des marchandises dont il est
chargé, puissent rien prétendre, en ayant perdu le domaine. C'est la disposition de l'*art.* 8, qui porte : « Si au-
« cun navire de nos sujets est repris sur nos ennemis, après
« qu'il aura demeuré entre leurs mains pendant vingt-quatre
« heures, la prise en sera bonne. »

L'article ajoute : « Et si elle est faite avant les vingt-quatre
« heures, il sera restitué au propriétaire, avec tout ce qui
« étoit dedans, à la réserve du tiers, qui sera donné au na-
« vire qui aura fait la recousse. »

La raison de cette seconde partie de l'article est, que
lorsque l'ennemi n'a pas retenu en sa possession, au moins
pendant vingt-quatre heures, le vaisseau françois qu'il avoit
pris, on peut dire, suivant la maxime *Non videtur factum
quod non durat factum*, que l'ennemi est censé ne s'être
point réellement et efficacement emparé de ce vaisseau ;
qu'il n'en a pas par conséquent acquis le domaine ; que le
propriétaire en est toujours demeuré et en est encore le
propriétaire, et qu'il a droit de le revendiquer.

Observez que cet article dit indistinctement, *si aucun
navire de nos sujets est repris, etc.*, sans distinguer par qui
il est repris, si c'est par un armateur corsaire ou par un
vaisseau de roi ; et que l'ordonnance de 1584, *art.* 61,
d'où le présent article est tiré, attribuoit aux vaisseaux de
roi, de même qu'aux armateurs corsaires, le profit de la
recousse, dans les deux cas de cet article, soit pour le total,
soit pour le tiers. Mais Vaslin, sur ledit article, atteste que
le roi est dans l'usage de rendre aux anciens propriétaires
les navires de ses sujets, qui ont été repris sur l'ennemi par
ses vaisseaux, avec tout ce qui s'y trouve, quelque temps
qu'ils aient été en la possession de l'ennemi, sans en rien
retenir pour la recousse.

98. On a fait une question en interprétation de cet *art.* 8,
dans l'espèce suivante : Un armateur françois, pendant la

guerre que nous avions avec l'Angleterre, s'étoit emparé d'un vaisseau anglois, qu'il avoit eu en sa possession pendant trois jours; au bout duquel temps le vaisseau de cet armateur françois, et celui dont il s'étoit emparé, avoient été pris par l'ennemi, et repris, seize heures après, sur l'ennemi, par un autre armateur françois. Il n'y avoit pas de contestation pour le vaisseau françois appartenant au premier armateur : le second armateur qui l'avoit repris sur l'ennemi, au bout de seize heures, consentoit de le lui rendre, en retenant seulement le tiers pour la recousse, conformément à notre *art.* 8; la contestation n'étoit que pour le vaisseau anglois. Le premier armateur françois prétendoit qu'il lui devoit être restitué, aussi bien que le sien : ses moyens étoient, qu'il avoit acquis le domaine de propriété de ce vaisseau, l'ayant eu en sa possession pendant trois jours, depuis la prise qu'il en avoit faite; domaine qu'il étoit censé avoir toujours conservé, quoique l'ennemi l'eût repris, ne l'ayant eu que seize heures en sa possession jusqu'à la recousse; qu'il devoit donc lui être restitué, aussi bien que le sien.

Le second armateur soutenoit, au contraire, que le vaisseau anglois dont il s'étoit emparé, devoit lui appartenir, et non au premier armateur; il est vrai que ce vaisseau a appartenu au premier armateur, pendant qu'il a été en sa possession; mais il ne lui appartenoit plus, lorsque le second armateur l'a repris sur l'ennemi. De ce que le premier armateur est censé avoir toujours conservé le domaine de son propre vaisseau, parcequ'il n'a pas été vingt-quatre heures en la possession de l'ennemi, il ne s'ensuit pas qu'il en doive être de même du vaisseau anglois qu'il avoit pris : car il est de la nature du domaine que nous avons des choses que nous avons prises sur l'ennemi, que nous ne le conservions que tant que ces choses sont en notre possession, et que nous le perdions aussitôt que nous en sommes dépouillés, et qu'elles sont retournées à l'ennemi; de même que nous ne conservons le domaine des animaux sauvages que tant que nous les avons en notre possession, et que nous le perdons aussitôt qu'ils ont cessé d'être en notre possession, et qu'ils sont retournés dans l'état de liberté naturelle.

Sur ces contestations est intervenu un arrêt du conseil du 5 novembre 1748, rapporté en entier par Vaslin, qui a adjugé le vaisseau anglois au second armateur : l'arrêt ordonne qu'il fera loi à l'avenir, et qu'il sera, pour cet effet, enregistré dans tous les siéges d'amirauté.

99. De ce que l'ancien propriétaire d'un navire françois pris par l'ennemi, en la possession duquel il a été plus de vingt-quatre heures, n'en recouvre pas le domaine lorsqu'il a été recous sur l'ennemi par un armateur françois, on n'en doit pas conclure qu'il en doive être de même lorsque le navire, par quelque cas fortuit, et sans avoir été recous, est revenu de lui-même dans un port de France : l'*art.* 9 décide, au contraire, qu'en ce cas, l'ancien propriétaire en recouvre le domaine, quelque long temps qu'il ait été en la possession de l'ennemi. « Si le navire, dit cet article, « sans être recous, est abandonné par les ennemis ; ou si, « par tempête ou autre cas fortuit, il revient en la possession « de nos sujets avant qu'il ait été conduit dans aucun port « ennemi, il sera rendu au propriétaire qui le réclamera « dans l'an et jour, quoiqu'il ait été plus de vingt-quatre « heures entre les mains des ennemis. »

La raison de différence est, que dans le cas de l'*art.* 8, lorsqu'un armateur françois prend sur l'ennemi un vaisseau françois qui étoit en la possession de l'ennemi depuis plus de vingt-quatre heures, il prend sur l'ennemi une chose qui appartient encore à l'ennemi, de laquelle il s'empare : il en doit par conséquent acquérir le domaine : les lois de la guerre nous donnent le domaine de toutes les choses appartenantes à l'ennemi, dont nous nous emparons. Au contraire, dans le cas de l'*art.* 9, lorsque le vaisseau françois qui avoit été pris par les ennemis, sans avoir été recous, s'est échappé par quelque cas fortuit, quelque long temps qu'il ait été en la possession de l'ennemi, l'ennemi en a perdu le domaine aussitôt qu'il en a perdu la possession, suivant le principe établi au nombre précédent : ce vaisseau en conséquence n'appartient ni à l'ennemi, ni à personne, lorsqu'il est rentré dans nos ports ; rien n'empêche que l'ancien propriétaire n'en recouvre le domaine, *quodam jure postliminii.*

Ces termes de l'*art.* 9, *si le navire.... revient.... avant qu'il ait été conduit dans aucun port ennemi,* donnent lieu à la question, si on devroit décider la même chose dans le cas auquel le vaisseau seroit rentré dans nos ports après avoir été conduit dans un port ennemi, d'où il auroit trouvé le moyen de s'échapper. Pour la négative, on dira que l'ordonnance, par cet article, ayant exprimé le cas auquel le vaisseau est revenu *avant que d'avoir été conduit dans un port ennemi,* il s'ensuit que ce n'est que dans ce cas qu'elle a accordé la restitution du vaisseau à l'ancien propriétaire, et non dans celui auquel il ne seroit revenu qu'après avoir été conduit dans un port ennemi. On peut dire, au contraire, qu'il n'y a aucune différence entre les deux cas. Dans l'un et dans l'autre cas, l'ennemi a perdu le domaine du vaisseau, lorsqu'il en a perdu la possession ; dans l'un et dans l'autre cas, le vaisseau, lorsqu'il est rentré dans nos ports, n'appartenoit plus à l'ennemi, ni à personne : il y a donc même raison de part et d'autre, pour l'adjuger à l'ancien propriétaire, *jure quodam postliminii :* c'est pourquoi je suis porté à croire que ces termes, *avant qu'il soit entré dans aucun port ennemi,* ne doivent pas s'entendre *restrictivè,* mais *enuntiativè;* parceque c'est le cas ordinaire auquel un vaisseau échappe à l'ennemi qui l'a pris, ne pouvant plus guère lui échapper, lorsqu'il a été conduit dans ses ports.

100. Il nous reste à observer, à l'égard de la disposition de l'*art.* 8, qui a adjugé à l'armateur le vaisseau françois qu'il a recous sur l'ennemi, qui l'avoit eu plus de vingt-quatre heures en sa possession, qu'elle ne doit pas être étendue au cas auquel il l'auroit recous sur un pirate : en ce cas, quelque long temps que le vaisseau recous ait été en la possession du pirate, il doit être rendu au propriétaire. C'est la disposition de l'*art.* 10 : « Les navires et effets de nos sujets et « alliés, repris sur les pirates, et réclamés dans l'an et jour « de la déclaration qui en aura été faite en l'amirauté, se- « ront rendus aux propriétaires, en payant le tiers de la

« valeur du vaisseau et des marchandises, pour frais de re-
« cousse. »

La raison de différence est évidente. Le navire qui a été
pris par l'ennemi, avec tous les effets qui y étoient, a été
acquis à l'ennemi, *jure belli;* mais le pirate, qui n'a aucun
droit de faire la guerre, n'a pu acquérir le domaine du navire dont il s'est emparé, ni des effets qui y sont, quelque
long que soit le temps qu'il les ait eus en sa possession : les
propriétaires du navire et des effets qui y sont, n'en ont
jamais perdu le domaine; ils en sont toujours demeurés
les propriétaires, et ils peuvent, en cette qualité, les revendiquer.

Quoique l'article porte, *les navires et effets* DE NOS SU-
JETS ET ALLIÉS, il n'est pas douteux néanmoins que sa disposition doit s'étendre pareillement aux navires et effets
des sujets des puissances neutres; car ces étrangers jouis-
sent parmi nous de tous les droits que donne la loi naturelle,
et par conséquent du droit de revendiquer les choses qui
leur appartiennent, quelque part qu'ils les trouvent.

Si le navire et les effets pris par un armateur françois sur
un pirate, appartenoient à nos ennemis, il n'est pas douteux qu'ils n'auroient pas le droit de les revendiquer, et
qu'ils seroient de bonne prise; car les lois de la guerre
donnent le droit aux armateurs autorisés par une commission, de s'emparer de tout ce qui appartient à nos ennemis.

101. Les lois de Hollande accordent à leurs armateurs le
domaine de toutes les choses qu'ils prennent sur les pirates, sans que les anciens propriétaires soient reçus à les
réclamer.

Vaslin agite la question de savoir si, un armateur hollan-
dois ayant conduit dans un port de France un navire françois pris par des pirates, sur lesquels il l'a repris, la récréance
en doit être accordée au propriétaire, conformément à cet
article. Cet auteur décide la question pour la négative,
conformément aux lois de Hollande; et il cite un arrêt du
parlement de Bordeaux, du 8 mars 1635, pour son opinion. Cette opinion me paroît insoutenable. Les lois de
Hollande n'ayant point d'empire sur les personnes des Fran-

çois, ni sur les biens qu'elles ont en France, elles n'ont pu dépouiller le François du domaine qu'il a de son navire, pour le faire passer à l'armateur qui l'a repris sur les pirates.

102. Non seulement les vaisseaux qui appartiennent à l'ennemi, mais ceux qui sont chargés de marchandises appartenantes à l'ennemi, sont pareillement de bonne prise. C'est la disposition de l'*art.* 7, qui dit : « Tous navires qui se « trouveront chargés d'effets appartenants à nos ennemis... « seront de bonne prise. »

L'article dit, *tous navires;* ce qui comprend tous les navires, quels que soient ceux à qui ils appartiennent, soit qu'ils appartiennent à des François, soit qu'ils appartiennent à des sujets des puissances neutres ou alliées...... La disposition de cet article est très juste à l'égard des navires qui appartiennent à des François. Le François, en chargeant, sur son vaisseau, des marchandises des ennemis, contrevient ouvertement à la loi par laquelle le roi interdit à ses sujets tout commerce avec l'ennemi; et il mérite, pour cette contravention, la peine portée par cet article, qui déclare de bonne prise le navire chargé d'effets appartenants à l'ennemi.

Mais lorsque le navire appartient au sujet d'une puissance neutre, il sembleroit qu'il ne devroit y avoir que les marchandises de l'ennemi, qui s'y sont trouvées, qui devroient être de bonne prise; il est bien dur que le navire où elles se sont trouvées, soit aussi de bonne prise. Quelque dur que cela soit, il n'est pas douteux que sous la généralité de ces termes de l'*art.* 7, *tous navires,* les navires des puissances neutres sont compris, et que, par cet article, ils sont de bonne prise, lorsqu'ils se trouvent chargés d'effets appartenans aux ennemis. Le règlement du 23 juillet 1704 le dit même en termes formels. Il y est dit, *art.* 5 : « S'il « se trouve sur les vaisseaux *neutres* des effets appartenants « aux ennemis de Sa Majesté, les vaisseaux et tout le char-« gement seront de bonne prise. »

On apporte pour raison de ce droit, que si les vaisseaux neutres, lorsqu'ils sont chargés des effets de l'ennemi, ne sont pas choses proprement appartenantes à l'ennemi, elles sont du moins choses *au service de l'ennemi*, et que c'est une espèce de contravention à la neutralité, que d'être à leur service.

Il a été enfin, dans les dernières guerres, dérogé à ce droit rigoureux, à l'égard des sujets des puissances neutres; et il a été ordonné par l'*art*. 5, du règlement du 21 octobre 1744, que lorsqu'on trouveroit dans les navires des sujets des puissances neutres, des effets appartenants à l'ennemi, il n'y auroit que ces effets qui seroient de bonne prise, et que le navire neutre seroit relâché.

Mais lorsque c'est sur un navire françois qu'on trouve des effets des ennemis, la disposition de l'*art*. 7 a lieu dans toute sa rigueur, et le navire et tout le reste du chargement sont de bonne prise, par les raisons ci-dessus rapportées.

103. Y auroit-il lieu à cette peine, si le propriétaire du navire dans lequel se sont trouvés des effets appartenants à l'ennemi, aussi bien que la personne par lui préposée pour recevoir les marchandises, avoient ignoré que ces marchandises appartenoient à l'ennemi, ceux qui les ont apportées les ayant fait passer pour choses appartenantes aux sujets de quelque puissance neutre; ou lorsqu'ils ont même ignoré que ces effets fussent dans le navire, y ayant été introduits par des personnes qui n'étoient pas préposées pour cela? Je pense que, dans l'un et dans l'autre cas, le propriétaire du navire ayant bien justifié sa bonne foi, et l'ignorance dans laquelle il a été, ne doit pas être sujet à la peine, et qu'il ne doit y avoir, en ce cas, que les effets de l'ennemi qui doivent être jugés de bonne prise.

Il y en a une décision pour le second cas, en la loi 11, §. 2, ff. *de publican.* Il y est dit: *Dominus navis, si illicitè aliquid in nave vel ipse vel vectores imposuerint, navis quoque fisco vindicatur : quòd si absente domino, id à magistro vel gubernatore aut proretâ* (1) *nautâve*

___

(1) *Proreta, qui nautis circà proram ministrantibus imperat, qui proram regit ut gubernator puppim et alveum.*

aliquo factum sit, ipsi quidem capite puniuntur commissis mercibus, navis autem domino restituitur.

Il y a même raison de le soustraire à la peine dans le premier cas, lorsqu'il a reçu les effets de l'ennemi, qu'on a fait passer pour appartenir à d'autres : c'est l'avis de Grotius, que je crois fondé en équité, et être mal-à-propos contredit par Vaslin.

104. Il ne faut pas confondre avec les marchandises de l'ennemi, celles qui appartiennent à un particulier, sujet d'une puissance neutre, qui les porte à l'ennemi, pour trafiquer avec lui. Il n'a jamais été permis d'apporter aucun trouble aux sujets des puissances neutres, par rapport auxdites marchandises. Il faut néanmoins excepter certaines espèces de choses qu'on appelle effets de contrebande, qu'il n'est pas permis aux sujets des puissances neutres de porter à l'ennemi, et qui sont de bonne prise, quel que soit le vaisseau sur lequel elles sont chargées.

Ce sont celles mentionnées en l'article 11, où il est dit : « Les armes, poudres, boulets, et autres munitions de « guerre, même les chevaux et équipages qui seront « transportés pour le service de nos ennemis, seront con- « fisqués, en quelque vaisseau qu'ils se soient trouvés, et « à quelque personne qu'ils appartiennent, soit de nos su- « jets ou alliés. »

A l'égard des munitions de bouche que des sujets des puissances neutres envoient à nos ennemis, elles ne sont point censées de contrebande, ni par conséquent sujettes à confiscation, sauf dans un seul cas, qui est lorsqu'elles sont envoyées à une place assiégée ou bloquée.

Observez une différence que l'ordonnance met entre les marchandises de contrebande et les effets appartenants aux ennemis. Par cet article, il n'y a que les marchandises de contrebande qui sont sujettes à confiscation; le navire où elles se sont trouvées, n'y est point sujet; au lieu que le navire où se sont trouvés les effets appartenants aux ennemis, est, par l'article 7, déclaré de bonne prise, avec son chargement.

105. Les vaisseaux des pirates sont de bonne prise, aussi

bien que ceux des ennemis. On appelle pirates, *tous gens courant la mer sans commission* (congé ou passe-port) *d'aucun prince ou Etat souverain.*

106. Suivant l'article 5 de l'ordonnance, « Tout vais-« seau combattant sous autre pavillon que celui de l'Etat « dont il a commission, ou ayant commission de deux dif-« férents princes ou Etats, sera aussi de bonne prise : s'il « est armé en guerre, le capitaine et les officiers seront punis comme pirates. »

Suivant le premier cas de cet article, lorsqu'un vaisseau neutre, dans un combat qu'il a eu contre un armateur françois, soit en attaquant, soit en défendant, a combattu sous un autre pavillon que celui de l'Etat dont il a commission, il est, pour cela seul, jugé de bonne prise, sans qu'il soit besoin d'examiner si le capitaine de ce vaisseau a eu quelque raison d'attaquer, ou si l'armateur françois a eu de justes raisons pour l'attaquer.

La raison pour laquelle cette espèce de faux est punie par le droit des gens, est pour empêcher les pirateries. Le capitaine d'un vaisseau, en combattant sous un autre pavillon que celui de l'Etat dont il est sujet, pourroit, par ce moyen, se procurer l'impunité des insultes faites aux vaisseaux amis de l'Etat dont il est sujet ; les parties lésées ne pouvant, au moyen de ce faux pavillon, connoître l'Etat dont il est sujet, et en obtenir réparation.

107. Le roi, par une ordonnance du 17 mars 1696, rapportée par Vaslin à la fin de cet article, a défendu aux armateurs françois cette espèce de fraude, même envers ses ennemis. Il est exposé dans cette ordonnance, que des armateurs françois étoient dans l'usage, à la vue d'un vaisseau ennemi qui venoit vers leur chemin, pour l'empêcher de s'en détourner, et l'engager au combat, de se faire passer pour vaisseaux neutres, en arborant le pavillon d'une puissance neutre, jusqu'à ce qu'ils fussent à portée de le combattre et de le prendre. Sa Majesté, pour faire cesser cette fraude, contraire à la foi publique et au droit des gens, ordonne que les armateurs françois, aussi bien que les commandants de ses vaisseaux, soient tenus d'arborer

le pavillon françois avant que de tirer le premier coup de canon, qu'on appelle coup de semonce ou d'assurance; et qu'en cas de contravention, l'armateur soit privé du produit de la prise, qui sera confisquée au profit de Sa Majesté (sauf la part qui en revient à l'équipage, lequel n'ayant point de part à la fraude, ne doit point avoir de part à la peine; *Ordonnance du 8 juin* 1704).

L'ordonnance de 1696 ajoute, que si le vaisseau pris par un armateur françois qui a arboré un pavillon étranger, est jugé neutre, l'armateur sera condamné en tous les dépens, dommages et intérêts du propriétaire.

108. Le second cas de l'article 5 est le cas auquel un vaisseau a des commissions de différents princes ou Etats. L'ordonnance veut que lorsque ce vaisseau est pris, sans examiner le sujet pour lequel il a été pris, il soit jugé de bonne prise, pour cela seul qu'il a des commissions de différents princes ou Etats; et cela seul pour obvier aux fraudes auxquelles donnent lieu ces différentes commissions.

109. L'article 6 de l'ordonnance rapporte un autre cas auquel un vaisseau est jugé de bonne prise. Il y est dit : « Seront encore de bonne prise les vaisseaux avec les char- « gements, dans lesquels il ne sera trouvé chartes-parties, « connoissements ou factures. »

Chartes-parties se prend ici pour l'acte qui contient le marché fait entre le propriétaire du navire et le marchand, par lequel le propriétaire du navire loue son navire à ce marchand, pour y charger ses marchandises, et s'oblige envers ledit marchand de les faire conduire.

Connoissement, c'est la reconnoissance que le capitaine préposé à la conduite du navire, donne au marchand de ses marchandises dont le vaisseau est chargé, et qu'il s'oblige de conduire à leur destination. Il est d'usage d'en faire trois exemplaires; un pour le marchand qui a chargé les marchandises, un pour celui à qui elles sont envoyées, et un qui reste au capitaine. Ces deux derniers se doivent trouver sur le navire.

Tout le monde sait ce que c'est que *factures.*

Lorsqu'on ne trouve aucun de ces papiers, par lesquels

10.

on pourroit connoître à qui appartiennent les marchandises dont le navire est chargé, la présomption est qu'elles appartiennent aux ennemis, et que ces papiers n'ont été supprimés que pour en dérober la connoissance; elles sont en conséquence de bonne prise, aussi bien que le navire sur lequel elles sont chargées.

Il n'y a que les papiers trouvés sur le navire, qui fassent foi que les marchandises appartiennent à celui qui les réclame. Le connoissement que représenteroit le marchand qui prétend les avoir chargées sur le navire, ne fait pas foi, et est présumé fait après coup, lorsqu'il ne s'en est trouvé aucune copie sur le navire. Vaslin, sur cet article, cite, pour cette décision, un arrêt du 21 janvier 1693.

110. Observez que s'il étoit justifié que ces papiers se sont trouvés sur le vaisseau qui a été pris, et que la soustraction en a été faite par le capitaine qui l'a pris, ou par quelques gens de son équipage, l'ordonnance veut que ceux qui ont commis ce crime soient punis de peine corporelle.

111. L'article 12 de l'ordonnance rapporte un dernier cas dans lequel un vaisseau est de bonne prise. Il y est dit : « Tout vaisseau qui refusera d'amener ses voiles après la semonce qui lui en aura été faite par nos vaisseaux, ou « ceux de nos sujets, armés en guerre, pourra y être contraint par artillerie ou autrement; et en cas de résistance « ou de combat, il sera de bonne prise. »

Les commandants, soit des vaisseaux de roi, soit des vaisseaux corsaires françois qui ont commission, ayant le droit, par les lois de la guerre, de courir sur les vaisseaux ennemis, et ne pouvant connoître si un vaisseau qu'ils rencontrent est ami ou ennemi, que par l'exhibition des papiers de ce vaisseau, c'est une conséquence qu'ils ont droit de requérir le commandant de ce vaisseau qu'ils rencontrent, de faire connoître, par l'exhibition de ses papiers, s'il est ami ou ennemi, et pour cet effet d'amener ses voiles, c'est-à-dire, de s'approcher, et de l'y contraindre, en cas de refus.

L'ordonnance, par l'article 12 que nous venons de rapporter, veut, en outre, que le vaisseau qui aura refusé d'amener, en cas de résistance ou de combat, soit pour cela seul jugé de bonne prise. L'article dit, *tout vaisseau* : cela comprend les vaisseaux, tant des sujets de puissances alliées ou neutres, que des François.

L'article dit, *qui refusera d'amener ses voiles ;* c'est-à-dire, qui refusera de s'approcher du vaisseau qui lui a fait la semonce, et de souffrir la visite.

Après la semonce. Semonce se prend ici pour *réquisition.* Cette semonce se fait, ou à la voix, à l'aide d'un porte-voix, ou par un coup de canon tiré à poudre.

112. Par l'article suivant, il est pourvu à la sûreté du vaisseau qui aura satisfait à la semonce en amenant ses voiles et exhibant ses papiers, par la défense qui est faite au capitaine du vaisseau armé en guerre qui a fait la semonce, *d'y prendre, ou souffrir qu'il y soit pris aucune chose, à peine de la vie.*

Cette peine de la vie, qui est très rigoureuse, ne doit avoir lieu que lorsque ce qui a été pris sur le vaisseau qui a amené ses voiles, est quelque chose de considérable, et lorsque le capitaine a connivé au pillage qu'ont fait les gens de son équipage. La peine doit être diminuée, lorsque ce qui a été pris n'est pas considérable, ou lorsque le capitaine n'a pas connivé à ce qui a été pris par les gens de l'équipage, mais a seulement manqué à avoir tout le soin qu'il eût dû avoir pour les contenir.

Pareillement, s'il avoit pris sur ce vaisseau des vivres dont il avoit besoin, et dont il auroit payé la valeur ; quoique cela ne lui fût pas permis sans le consentement libre du capitaine et du plus grand nombre de l'équipage, et qu'il soit, en ce cas, répréhensible, il ne doit pas, pour cela, être puni suivant la rigueur de l'ordonnance.

§. III. De ce qui doit être observé par les capitaines des vaisseaux armés en guerre, lorsqu'ils ont fait une prise ; et comment se distribue le produit de la vente de la prise.

113. Suivant l'article 16 de l'ordonnance, « Aussitôt que « les capitaines des vaisseaux armés en guerre se seront

« rendus maîtres de quelques navires, ils se saisiront des
« congés, passe-ports, lettres de mer, chartes-parties, con-
« noissances, et de tous autres papiers concernant la charge
« et destination du vaisseau, ensemble des clefs des cof-
« fres, armoires et chambres, et feront fermer les écou-
« tilles, et autres lieux où il y aura des marchandises. »

114. Le règlement du 25 novembre 1696, *art.* 16,
ajoute qu'un officier du vaisseau qui a fait la prise, avec
l'écrivain, se transporteront sur le vaisseau pris, pour y
faire inventaire de tous lesdits papiers, en présence des
officiers du vaisseau pris, qui seront interpellés de le si-
gner; après quoi tous les papiers seront mis dans un sac
cacheté, pour être remis dans le même état aux officiers
de l'amirauté.

115. Suivant l'article 17, le capitaine qui a fait la prise
doit l'amener ou l'envoyer dans le port où s'est fait l'armement, à peine d'amende, et de perdre son droit, c'est-
à-dire, la part qu'il doit avoir dans le produit de la prise.

Cela est ainsi ordonné pour l'intérêt de l'armateur qui
y demeure. Comme c'est à son profit que la prise doit être
vendue, et qu'il en doit recevoir le prix, sauf la part qu'il
en doit faire au capitaine et à l'équipage, suivant le traité
qu'il a avec eux, il a intérêt de prendre par lui-même connoissance de la prise; et elle doit, pour cet effet, être amenée au port du lieu où est sa demeure.

116. Lorsque le capitaine n'a pu amener la prise dans le
lieu où s'est fait l'armement, ayant été contraint, soit par
une tempête, soit par un vaisseau ennemi plus fort que lui,
qui lui donnoit la chasse, de relâcher avec sa prise dans
un autre port, le capitaine doit, suivant le même article,
en donner incessamment avis aux intéressés à l'armement,
c'est-à-dire, à l'armateur, tant pour lui que pour ses associés.

Sur cet avis, c'est à l'armateur à voir s'il juge à propos
de donner ordre au capitaine de partir du lieu où il a relâché, et d'amener la prise au lieu où s'est fait l'armement,
ou de charger quelqu'un de poursuivre la vente de la prise
au lieu où elle a relâché, pour éviter le danger du trajet.

117. L'ordonnance, au même article, veut que le capitaine amène les prisonniers qu'il a faits sur le vaisseau pris. Il ne lui est pas permis de les relâcher, pour épargner les frais de leur nourriture : il est de l'intérêt de l'État de les avoir, pour les échanger contre ceux que l'ennemi a faits ou pourroit faire sur nous.

118. Il y a plusieurs cas où le capitaine est obligé de relâcher le vaisseau qu'il a pris. Par exemple, si le vaisseau qu'il a pris étoit si délabré qu'il ne pût faire le voyage, le capitaine ne peut faire autre chose que d'y prendre les meilleurs effets, et de le laisser aller ensuite.

Un autre cas, c'est lorsque le capitaine, à la vue d'un vaisseau ennemi plus fort que lui, qui lui donnoit la chasse, a été obligé de relâcher ce vaisseau, qui auroit retardé sa fuite.

Il peut y avoir encore d'autres cas ; comme lorsque le capitaine se trouve trop éloigné des ports de France, et que la prise n'est pas d'assez grande conséquence pour qu'il interrompe sa course.

119. Dans tous ces cas, si le capitaine est dispensé d'amener le vaisseau qu'il a pris, il est au moins tenu, suivant l'article 19, de se saisir de tous les papiers du vaisseau qu'il a pris, et d'amener les deux principaux officiers de ce vaisseau, à peine de privation de son droit dans ce qu'il a pris sur ce vaisseau, et même, s'il y échet, de punition corporelle.

La raison pour laquelle il est ordonné au capitaine de se saisir des papiers du vaisseau qu'il a pris, c'est afin qu'on puisse connoître, par ces papiers qu'il représentera, si la prise a été légitime ou non. La raison pour laquelle il doit amener les deux principaux officiers, c'est afin qu'ils puissent être entendus, s'ils ont quelque chose à opposer contre la légitimité de la prise.

120. L'article 21 prescrit ce que doit faire le capitaine qui a fait la prise, lorsqu'il est arrivé. Il y est dit : « Aussi-« tôt que la prise aura été amenée en quelques rades ou « ports de notre royaume, le capitaine qui l'aura faite, s'il « y est en personne, sinon celui qu'il en aura chargé, sera « tenu de faire son rapport aux officiers de l'amirauté, de

« leur représenter et mettre entre les mains les papiers et
« prisonniers, et leur déclarer le jour et l'heure que le
« vaisseau aura été pris, en quel lieu ou à quelle hauteur;
« si le capitaine a fait refus d'amener ses voiles, ou de faire
« voir sa commission ou son congé; s'il a attaqué, ou s'il
« s'est défendu; quel pavillon il portoit, et les autres cir-
« constances de la prise. »

L'article dit, *le capitaine :* cela comprend non seulement les capitaines des vaisseaux corsaires, mais même
ceux des vaisseaux de roi, qui sont obligés à tout ce qui
est prescrit par cet article, lorsqu'ils ont fait quelque prise.

Qu'il en aura chargé. Quelquefois le capitaine qui a fait
la prise, pour ne pas interrompre sa course, détache un
officier et quelques gens de son équipage, pour conduire la
prise dans les ports de France.

Les papiers. Il doit représenter généralement tous les
papiers trouvés sur le navire qui a été pris, non seulement
ceux qui servent à faire connoître à qui appartiennent, tant
le navire qui a été pris, que les effets qui y étoient, et leur
destination, mais aussi ceux qui appartiennent aux particuliers qui étoient sur le navire, lesquels doivent leur être
rendus après le jugement de la prise. Le juge dresse un état
sommaire de tous les papiers qui ont été représentés, et en
ordonne le dépôt au greffe, après les avoir paraphés et
numérotés.

Les prisonniers. Ce n'est plus aux officiers de l'amirauté,
c'est au commandant de la place ou au commissaire de
marine que sont livrés les prisonniers.

Les autres circonstances de la prise; putà, s'il y a eu
du pillage; si on a jeté des papiers à la mer; s'il a amené
tous les prisonniers, ou ce qu'il a fait des autres : lorsque
le port où il est arrivé n'est pas celui où a été fait l'armement,
il doit déclarer les raisons qui l'ont empêché d'y retourner.

Après ce rapport fait, les officiers de l'amirauté se trans-
portent sur le vaisseau qui a été pris. Le juge dresse, en
présence tant du capitaine ou des principaux de l'équipage
du vaisseau qui a été pris, que du capitaine ou autre officier du vaisseau qui a fait la prise, un procès-verbal de la

quantité et qualité des marchandises qui y sont, et de l'état des chambres et armoires, et y met le scellé; il reçoit les dépositions des principaux de l'équipage du vaisseau qui a été pris, et de ceux du vaisseau qui a fait la prise; le tout est renvoyé au conseil des prises, pour juger de la légitimité de la prise. *Voyez les art.* 22, 23 et 24.

121. Ce qui aura été jugé n'avoir pas été de bonne prise, doit être rendu sans délai aux propriétaires qui le réclameront, ou aux porteurs de leurs procurations.

122. A l'égard de ce qui aura été jugé de bonne prise, il est d'usage constant et universel, suivant que l'atteste Vaslin sur l'article 31, de faire une vente judiciaire, tant du navire, que des marchandises et effets qui y étoient.

Sur le prix qui en provient, on prélève premièrement les frais du déchargement, et de la garde du vaisseau et des marchandises; *art.* 31.

Après ces frais prélevés, on prenoit autrefois le dixième qui appartenoit à l'amiral; et ce dixième se prenoit avant les frais de justice : mais ce droit de l'amiral ayant été suspendu dans les dernières guerres, a été enfin aboli à perpétuité par édit du mois de septembre 1758.

On prélève ensuite les frais de justice.

Après tous ces prélèvements faits, ce qui reste du produit de la vente se partage entre les intéressés à l'armement, suivant les conventions qu'ils ont eues ensemble lors de l'armement; *art.* 32.

123. Lorsque les parties n'ont eu, à cet égard, aucune convention, *les deux tiers appartiendront à ceux qui auront fourni le vaisseau avec les munitions et victuailles; et l'autre tiers aux officiers, matelots et soldats;* art. 33.

L'ordonnance dit que *l'autre tiers appartient aux officiers, matelots et soldats :* ce qui comprend généralement toutes les personnes de l'équipage, depuis le capitaine jusqu'au plus petit mousse. Chacun y a plus ou moins de part, selon son grade. Le capitaine a seul douze parts; d'autres ont huit, six, quatre, deux ou une part; les mousses ont, les uns une demi-part, les autres un quart de part. *Voyez le Règlement du* 25 *novembre* 1693.

124. Il y a certains effets sur les vaisseaux pris, qui n'entrent point dans le partage qui est à faire entre les armateurs et l'équipage, et qui sont abandonnés hors part et en nature à l'équipage.

Le capitaine a la dépouille et le coffre du capitaine du vaisseau pris ; le lieutenant celle du lieutenant ; le pilote celle du pilote ; le charpentier celle du charpentier, et ses outils ; et ainsi des autres. *Voyez Vaslin, sur l'art.* 20.

125. Il y a une question par rapport à l'*art.* 33 que nous venons de rapporter, qui est de savoir si sa disposition doit avoir lieu, non seulement lorsque la prise est faite par un corsaire qui n'est armé qu'en guerre, mais pareillement lorsqu'elle est faite par un vaisseau armé en marchandises et en guerre ; ou si, dans ce dernier cas, l'équipage ne doit avoir qu'un dixième, suivant un arrêt du parlement de Bordeaux ; parceque, dans ce dernier cas, l'équipage est gagé par l'armateur ; au lieu que l'armateur d'un vaisseau qui n'est armé qu'en guerre, ne donne point de gages aux gens de son équipage, mais leur fait seulement des avances, dont il se rembourse sur les parts qui reviennent à chacun d'eux dans le produit des prises. On tiroit encore argument de ce que, dans le cas des prises qui se font par les vaisseaux de roi, le roi n'accordoit aux officiers et à l'équipage que le dixième du produit de la prise. Cet argument ne peut plus avoir lieu, le roi accordant présentement le tiers.

126. Lorsque la prise a été faite par des vaisseaux de roi, le roi anciennement n'accordoit qu'un dixième ; mais par sa déclaration du 15 juin 1757, il accorde à l'équipage du vaisseau qui a fait la prise, le tiers de ce qui reste de net du produit de la prise, après le prélèvement des frais de déchargement, de garde et de justice ; dans lequel tiers le commandant a un quart ; les officiers de l'état-major un quart, pour être partagé entre eux, suivant leurs différents grades ; et les deux autres quarts doivent être partagés entre le reste des personnes qui composent l'équipage, tant officiers, soldats que matelots, de la manière expliquée en ladite déclaration du roi, *art.* 9.

§. IV. Des rançons.

127. La convention de rançon est une convention qui intervient entre le commandant du vaisseau qui a attaqué, et celui du vaisseau qui a été attaqué, par laquelle le commandant du vaisseau attaquant consent de laisser aller le vaisseau attaqué, et lui donne un sauf-conduit, moyennant une somme convenue, que le commandant du vaisseau attaqué, tant en son nom qu'au nom des propriétaires, tant de son vaisseau que des marchandises qui y sont chargées, promet de payer, et pour sûreté duquel paiement il donne un otage.

Cette convention se fait par un acte qui est double : le commandant du vaisseau attaqué en a un, qui lui sert de sauf-conduit ; et le commandant du vaisseau attaquant a l'autre, qu'on appelle *billet de rançon*.

Cette convention est légitime : le droit de la guerre donnant au souverain, lorsque la guerre est juste, le droit de s'emparer des biens et des vaisseaux de ses ennemis, c'est une conséquence qu'il a aussi le droit de les rançonner.

De même que le roi autorise aussi les corsaires qui ont commission de son amiral, et les met en ses droits pour courir sur les vaisseaux ennemis, et pour s'emparer desdits vaisseaux et de ce qui s'y trouve, il les autorise pareillement et les met en ses droits pour les rançonner, à la charge d'observer ce qui leur est, à cet égard, prescrit par les ordonnances et règlements.

128. Étant beaucoup plus avantageux pour l'État et pour l'armateur de prendre les vaisseaux ennemis, plutôt que d'en tirer seulement une rançon, les capitaines ne doivent admettre à rançon les vaisseaux ennemis qu'ils attaquent, que lorsqu'ils jugent ne pouvoir faire mieux, *putà*, lorsqu'ils se trouvent dans une position et dans des circonstances dans lesquelles ils ont un juste sujet de craindre qu'ils ne pourroient conserver la prise qu'ils auroient faite ; ou lorsque la prise n'est pas assez de conséquence pour la conduire dans les ports de France, dont ils se trouvent éloignés ; ce qui ne pourroit se faire qu'en interrompant la course, à la

continuation de laquelle ils trouvent plus d'avantage dans ces cas, ou pour quelque autre juste cause. Le capitaine peut, après en avoir conféré avec les principaux officiers, et de l'aveu du plus grand nombre de son équipage, admettre à la rançon le vaisseau ennemi.

Dans la crainte que les capitaines des vaisseaux corsaires ne se portassent trop facilement, par lâcheté, et pour éviter le combat, à admettre à rançon, il étoit porté par l'article 14 de la déclaration du 15 mai 1756, qu'ils n'y seroient autorisés qu'après avoir envoyé dans les ports de France trois prises effectives depuis leur dernière sortie; mais Vaslin nous atteste que cette disposition n'a point eu d'exécution, et n'a point été suivie dans l'usage.

C'est en conséquence de ce principe, que les capitaines ne doivent admettre à rançon les vaisseaux ennemis que lorsqu'ils ne peuvent faire mieux; qu'il leur est défendu d'admettre à rançon aucun vaisseau ennemi, aussitôt que ce vaisseau ennemi est entré dans les rades et ports du royaume.

129. Par l'ordonnance du 1ᵉʳ octobre 1692, il est défendu à nos corsaires, lorsqu'ils rançonnent des vaisseaux pêcheurs ennemis, de leur permettre de continuer leur pêche. Ils peuvent seulement leur accorder un sauf-conduit de huit jours au plus, pour s'en retourner chez eux.

Par le règlement du 27 janvier 1716, *art.* 4, il peut être de quinzaine.

L'ordonnance de 1692 ne fixoit aucun temps pour le sauf-conduit des autres vaisseaux rançonnés; elle se contentoit de dire qu'il ne devoit être donné *que pour le temps absolument nécessaire pour parvenir aux lieux de leur destination.*

Le règlement de 1706 veut qu'il ne puisse être pour un plus long temps que six semaines.

130. Le même règlement porte que ce sauf-conduit ne pourra être accordé au vaisseau rançonné que pour retourner dans le port d'où il est parti, sauf dans le cas auquel le vaisseau rançonné se trouveroit plus près du lieu de sa destination que de celui de son départ; auquel cas ledit règlement, *art.* 5, permet de le lui donner, pour se rendre au

lieu de sa destination. Il y a quelques autres cas mentionnés audit article, dans lesquels on peut donner au vaisseau rançonné un sauf-conduit pour continuer son voyage.

131. Suivant le même règlement, le traité de rançon doit faire une mention expresse du port où le vaisseau rançonné doit se rendre, et du temps dans lequel il doit y arriver.

132. Le capitaine qui rançonnoit un vaisseau ennemi, étoit tenu, par l'*art.* 19 de l'ordonnance, de se saisir des papiers du vaisseau rançonné. Le règlement de 1706, *art.* 6, a dérogé expressément à cette disposition : il ordonne seulement que le capitaine emmène pour ôtages un ou deux des principaux officiers du vaisseau rançonné. Dans l'usage, on n'en emmène qu'un.

133. Enfin le capitaine qui a rançonné des vaisseaux ennemis, doit, aussitôt qu'il est de retour dans les ports de France, en faire son rapport aux officiers de l'amirauté, et représenter les ôtages, lesquels sont retenus prisonniers jusqu'au paiement des rançons.

Lorsque le capitaine a pris quelques effets ou marchandises du vaisseau rançonné, qu'il s'est fait donner outre la rançon qu'il a stipulée, il en doit faire mention dans son rapport, à peine de restitution du quadruple de ce qu'il en auroit supprimé, et de déchéance de sa part dans lesdits effets.... *Voyez* Vaslin, sur l'*art.* 19.

134. Il nous reste à parler des obligations qui naissent de la convention de rançon.

Le capitaine du vaisseau attaquant s'oblige, en conséquence de la rançon convenue, à laisser le vaisseau rançonné aller ou retourner librement au lieu porté par le traité de rançon, pourvu qu'il s'y rende dans le temps porté par ledit traité; et il lui donne, pour cet effet, un sauf-conduit qui doit, pendant ledit temps, le mettre à l'abri d'insulte de la part des commandants de tous les vaisseaux françois, et même de ceux des Etats alliés qu'il rencontreroit dans sa route pendant ledit temps, en leur représentant ledit sauf-conduit.

C'est ce qui résulte de ces termes qui sont dans les modèles de traités de rançon, qu'on délivre dans les amirautés aux capitaines, *priant tous nos amis et alliés de laisser passer sûrement et librement* ledit vaisseau le ..... pour aller audit port de ....., sans souffrir qu'il lui soit fait, pendant ledit temps et sur ladite route, aucun trouble ni empêchement.

Comment, dira-t-on, le capitaine qui a fait cette convention de rançon, peut-il, par le sauf-conduit qu'il donne au maître du vaisseau rançonné, obliger les commandants des autres vaisseaux qui le rencontreront, à le laisser passer librement? car c'est un principe, qu'on ne peut obliger par une convention des tiers qui n'y ont pas été parties. La réponse est, que ce n'est pas cette convention seule, *et per se,* qui oblige les commandants des autres vaisseaux à déférer au sauf-conduit qui a été donné par cette convention au vaisseau rançonné; mais c'est l'autorité du roi, dont cette convention, et le sauf-conduit donné en exécution, sont censés être en quelque façon revêtus. En effet, le roi autorise les capitaines des vaisseaux corsaires qui ont commission, non seulement à s'emparer des vaisseaux ennemis qu'ils rencontrent, mais pareillement à les rançonner lorsqu'ils le jugent plus avantageux. Comme c'est de la part du roi et au nom du roi qu'ils s'emparent des vaisseaux ennemis, c'est aussi de la part du roi, et en quelque façon au nom du roi qu'ils les rançonnent. Cette convention de rançon, et le sauf-conduit qu'ils donnent au maître du vaisseau rançonné, qui fait partie de cette convention, doivent donc être censés être en quelque façon revêtus de l'autorité du roi, à laquelle doivent déférer les commandants de tous les vaisseaux françois, tant du roi que corsaires.

C'est pour cette raison que le règlement du 27 janvier 1706, *art.* 7, porte : « Fait Sa Majesté très expresses « défenses à tous capitaines et armateurs d'arrêter des vais- « seaux munis de billets de rançon .... à peine de tous « dépens, dommages et intérêts. »

C'est aussi une suite des traités d'alliance, que les commandants des vaisseaux des Etats alliés défèrent à ces sauf-conduits.

135. Le sauf-conduit n'a d'effet que lorsque le vaisseau est rencontré dans sa route, et dans le temps prescrit. C'est pourquoi l'*art*. 8 porte : « Permet néanmoins Sa Majesté aux « armateurs d'arrêter une seconde fois le vaisseau ran- « çonné, s'ils le rencontrent hors de la route qu'on lui aura « permis de faire, ou au-delà du temps qui lui aura été « prescrit, et de l'amener dans les ports du royaume, où « il sera déclaré de bonne prise. »

Néanmoins, s'il étoit justifié que c'est par une tempête que le vaisseau rançonné a été rejeté hors de la route, et qu'il fût en voie de la reprendre, il paroît équitable de déférer, en ce cas, au sauf-conduit.

136. D'un autre côté, le maître du navire rançonné s'o- blige, par la convention de rançon, à payer la somme con- venue pour la rançon. Il s'y oblige non seulement en son nom; il y oblige aussi, *actione exercitoriâ*, tant le pro- priétaire du navire rançonné, que les propriétaires des mar- chandises qui y sont, chacun pour l'intérêt qu'ils y ont. C'est ce qui résulte de ces termes dans les modèles de traités de rançon que l'amirauté délivre : « Moi (maître du navire), « tant en mon nom que celui desdits .... propriétaires dudit « vaisseau et des marchandises, me suis volontairement « soumis au paiement, etc. » La raison est, que le pro- priétaire du navire, en le préposant à la conduite de son na- vire, et les marchands, en le préposant à la conduite de leurs marchandises, sont censés chacun lui avoir donné pouvoir de faire toutes les conventions qu'il jugeroit nécessaires pour la conservation des choses à la conduite desquelles ils l'ont préposé, et avoir consenti et accédé à toutes les obligations qu'il seroit obligé de contracter pour cet effet.

137. Les débiteurs de la rançon, pour s'acquitter de cette obligation, doivent non seulement payer la somme convenue pour la rançon; ils doivent encore rembourser tous les frais de nourriture qui ont été fournis à l'otage qui a été donné pour sûreté du paiement de la rançon.

138. Si le vaisseau rançonné périssoit par la tempête avant son arrivée, la rançon ne cesseroit pas d'être due; car le capitaine qui l'a rançonné, a bien garanti le maître du na-

vire rançonné, de tous troubles de la part des commandants des vaisseaux françois et alliés qu'il pourroit rencontrer; mais il ne l'a pas garanti de la tempête, ni des autres cas fortuits.

Néanmoins, s'il y avoit une clause expresse par le traité de rançon, que la rançon ne seroit pas due si le vaisseau périssoit en chemin par la tempête, avant son arrivée, il faudroit suivre la convention.

Lorsque cette clause est portée par le traité, elle doit être restreinte au cas auquel le vaisseau rançonné auroit été submergé par la tempête, et elle ne doit pas être étendue au cas d'échouement. Si l'échouement du vaisseau, dans le cas de cette clause, le déchargeoit de la rançon, il arriveroit souvent que des maîtres de navire rançonnés, pour se décharger de la rançon, le feroient échouer exprès, en sauvant leurs meilleurs effets.

139. Lorsque le vaisseau rançonné a été pris par un autre corsaire françois, hors de sa route, ou après l'expiration du temps porté par le billet de rançon, et en conséquence déclaré de bonne prise, les débiteurs de la rançon en sont-ils, en ce cas, déchargés? Pour la négative, on dira : Si les propriétaires du vaisseau rançonné et des marchandises ne sont pas déchargés de la rançon par la perte qu'ils ont faite du vaisseau et des marchandises, par la tempête, qui est un cas fortuit, comme nous venons de le décider ci-dessus, ils doivent encore moins en être déchargés lorsque la perte du vaisseau et des marchandises est arrivée par la faute de leur préposé, qui, en contrevenant au traité de rançon, s'est mis volontairement dans le cas d'être pris par un autre corsaire françois. Nonobstant ces raisons, Vaslin, sur l'*art.* 19 de l'ordonnance, atteste que l'usage est constant que lorsqu'un vaisseau, après avoir été rançonné, est, faute de s'être conformé au traité de rançon, pris par un second armateur, les débiteurs de la rançon sont quittes de la rançon, laquelle se confond dans le prix, et est prélevée sur le produit de la prise, au profit du premier armateur qui a rançonné le vaisseau. Le surplus de ce produit appartient au second armateur qui a fait la prise.

La raison de cette décision est, que c'est au nom du roi que le premier armateur a rançonné le vaisseau; c'est au nom du roi que le second armateur l'a pris : c'est du roi que le premier armateur est censé tenir la rançon; c'est du roi que le second armateur tient le profit de la prise, le roi ayant mis ces armateurs en ses droits. Or l'équité ne permet pas que le roi, ni qu'une même personne ait, tout à-la-fois, et le vaisseau et la rançon du vaisseau : on doit donc déduire la rançon sur le prix du vaisseau.

140. Lorsque le capitaine d'un vaisseau françois, après avoir rançonné un vaisseau ennemi, est lui-même pris par l'ennemi, avec le billet de rançon dont il est porteur, ce billet de rançon devient, ainsi que le reste de la prise, la conquête de l'ennemi ; et les personnes de la nation ennemie qui étoient débitrices de la rançon, se trouvent, par ce moyen, libérées de leurs obligations.

Cette dette, qui a été une fois éteinte, ne peut plus revivre, quand même le vaisseau qui a rançonné l'ennemi, et qui a été depuis pris par l'ennemi, seroit depuis repris sur l'ennemi.

141. Outre les obligations respectives que la convention de rançon produit entre les parties contractantes, dont nous venons de parler, elle donne lieu indirectement à quelques autres actions. Telle est celle que le maître du navire rançonné, qui s'est obligé, en son propre nom, au paiement de la rançon, a contre les propriétaires, tant du navire, que des marchandises dont il est chargé, pour qu'ils soient tenus, chacun pour l'intérêt qu'ils ont, de l'acquitter de cette obligation.

Cette action ne naît pas de la convention de rançon ; elle n'en est que l'occasion : elle naît des contrats qui sont intervenus, tant entre le maître du navire et le propriétaire du navire, lorsque celui-ci l'a préposé à la conduite de son navire, qu'entre le maître et les propriétaires des marchandises, lorsque ceux-ci l'ont préposé à la conduite de leurs marchandises. Par ces contrats, les propriétaires, soit du navire, soit des marchandises, se sont obligés envers lui de l'indemniser des obligations qu'il seroit obligé de contracter pour la conservation, soit du navire, soit des marchandises.

142. La personne qui, à la réquisition du maître du navire rançonné, s'est volontairement et gratuitement rendue otage pour le paiement de la rançon, a pareillement l'action *mandati contraria* contre le maître du navire rançonné, pour qu'il soit tenu de la dégager au plus tôt, et de la faire mettre en liberté, en acquittant les sommes pour lesquelles elle s'est rendue otage, et en outre pour qu'il soit tenu de tout ce qu'il lui en a coûté et coûtera pour être otage, *quantùm sibi abest ex causâ mandati.*

Cette action naît du contrat de mandat intervenu entre le maître du navire et cette personne, lequel résulte de ce qu'à la réquisition du maître du navire, cette personne a consenti de se rendre otage.

143. L'otage a aussi aux mêmes fins l'action *exercitoria* contre les propriétaires, soit du navire, soit des marchandises, lesquels, en préposant le maître du navire à la conduite du navire et des marchandises, sont censés avoir consenti et accédé à toutes les conventions et contrats qu'il feroit pour la conservation du navire et des marchandises, et par conséquent au contrat de mandat intervenu entre le maître du navire et l'otage.

L'otage, pour l'action qu'il a contre les propriétaires du navire rançonné et des marchandises, a un privilége sur ledit navire et lesdites marchandises.

144. Lorsqu'un otage françois est détenu chez l'ennemi pour la rançon d'un vaisseau françois rançonné par l'ennemi; aussitôt que le vaisseau rançonné est de retour dans quelqu'un de nos ports, les officiers de l'amirauté, pour l'intérêt de l'otage, saisissent le vaisseau et les marchandises, jusqu'à ce que les propriétaires aient ou délivré l'otage, et l'aient remboursé, ou qu'ils aient donné bonne et suffisante caution de le faire.

ARTICLE III.

Des prisonniers de guerre.

145. Par le droit romain et celui des anciens peuples, lorsque des Etats souverains, qui avoient droit de faire la guerre, étoient en guerre, ceux qui étoient faits prisonniers étoient réduits en esclavage, et devenoient, *jure belli et jure gentium*, les esclaves de l'ennemi.

C'est à ce droit qu'on doit attribuer l'origine de l'esclavage : *Servi ex eo appellati sunt quòd imperatores captivos vendere solent, ac per hoc servare nec occidere solent ; qui etiam mancipia dicti sunt, eo quòd ab hostibus manu capiebantur ;* Inst. *de jur. person.*

146. Suivant le droit romain, celui qui avoit été pris par l'ennemi, et réduit dans l'état d'esclavage, perdoit avec la liberté tous les droits de citoyen romain, qui ne pouvoient appartenir qu'à des personnes libres.

Mais s'il trouvoit le moyen de s'échapper des mains de l'ennemi, aussitôt qu'il étoit de retour, et qu'il avoit mis les pieds sur les terres de l'empire romain, il recouvroit les droits de citoyen ; de manière qu'il étoit réputé ne les avoir jamais perdus, et n'avoir jamais été captif chez les ennemis. C'est ce qu'on appelle *jus postliminii.*

Lorsque celui qui avoit été pris n'étoit pas revenu, et avoit été toute sa vie en la puissance de l'ennemi, il étoit censé mort dès le dernier instant qui avoit précédé sa captivité, et être mort ayant encore les droits de citoyen romain. *Voyez*, sur toutes ces choses, le titre *de captiv. et postlim. rev.*

147. Ce droit des gens, qui réduisoit à l'état d'esclavage ceux qui étoient pris par l'ennemi, n'avoit lieu qu'à l'égard de ceux qui étoient pris dans une guerre solennellement déclarée par des ennemis proprement dits, qui avoient le droit de faire la guerre, qu'on appelle *hostes,* et anciennement *perduelles.* A l'égard de ceux qui étoient pris par des brigands, quoique ces brigands les assujettissent, dans le fait, à des ministères d'esclaves, ils n'étoient pas dans le

10.

droit esclaves, et conservoient tous les droits de citoyens.
C'est ce qu'enseigne Ulpien : *Hostes sunt quibus bellum
publicè pópulus romanus decrevit, vel ipsi populo romano.
Cæteri latrunculi vel prædones appellantur; et ideò qui
à latronibus captus est, servus latronum non fit, nec post-
liminium ei necessarium est : ab hostibus autem captus,
ut putà à Germanis et Parthis, et servus hostium est, et
postliminio statum pristinum recuperat,* l. 24, *de capt.
et postlim. revers.*

148. Depuis très long-temps, dans tous les Etats des princes chrétiens, les prisonniers de guerre ne sont pas faits
esclaves. Ils conservent leur état de liberté; ils conservent
dans leur pays, d'où ils sont absents, tous les droits de citoyens. Le droit de la guerre, tel qu'il a lieu aujourd'hui
entre les princes chrétiens, ne donne au vainqueur d'autres
droits sur les personnes des prisonniers de guerre, que celui
de les détenir, pour les empêcher de nous faire la guerre.
Souvent même, le vainqueur n'use pas de tout son droit à
l'égard des officiers de quelque distinction, et il les renvoie
sur leur parole d'honneur de ne point servir pendant tout le
temps que la guerre durera.

149. Quoique ceux qui sont pris par les Maures soient
pendant leur captivité, dans le fait, vendus à des maîtres,
et assujettis à des ministères d'esclaves, ils ne sont point
censés dans le droit esclaves, et ils conservent pendant leur
captivité tous leurs droits de citoyens : ils sont capables de
successions et de legs, qu'ils peuvent recueillir par quelqu'un
à qui ils envoient procuration, du lieu de leur captivité.

SECTION III.

De l'accession.

150. L'accession est une manière d'acquérir le domaine
qui est du droit naturel, par laquelle le domaine de tout ce
qui est un accessoire et une dépendance d'une chose est acquis de plein droit à celui à qui la chose appartient, *vi ac
potestate rei suæ.*

Une chose est l'accessoire de la nôtre, ou parcequ'elle en

a été produite, ou parcequ'elle y a été unie ; et cette union se forme, ou naturellement et sans le fait de l'homme, ou par le fait de l'homme.

Nous traiterons, dans un premier article, de l'accession qui résulte de ce que des choses ont été produites de la nôtre : dans un second, de celle qui résulte de ce que des choses s'unissent à la nôtre naturellement, et sans le fait de l'homme : dans un troisième, de celle qui résulte de ce que des choses s'unissent à la nôtre par le fait de l'homme. Nous traiterons, dans un quatrième article, des deux autres espèces d'accession, qui sont la spécification et la confusion.

ARTICLE PREMIER.

De l'accession qui résulte de ce que des choses sont produites
de la nôtre.

151. Tout ce que ma chose produit en est regardé comme une espèce d'accrue et d'accessoire ; et en conséquence le domaine m'en est acquis par droit d'accession, *vi ac potestate rei meæ*.

C'est par ce droit d'accession que le domaine de tous les fruits qui naissent d'une chose suit le domaine de la chose, et est acquis de plein droit au seigneur propriétaire de la chose, *vi ac potestate rei suæ*.

Tant que les fruits sont encore pendants sur ma terre qui les a produits, ils ne font qu'un seul et même tout, et une seule et même chose avec ma terre qui les a produits : *Fructus pendentes pars fundi videntur; L.* 44, ff. *de rei vind.* Le domaine que j'ai de ma terre renferme donc alors celui de ces fruits : lorsque ces fruits viennent à être séparés de ma terre, ils deviennent des êtres distingués de ma terre, dont j'acquiers le domaine, en conséquence de celui que j'ai de ma terre qui les a produits, et dont ils sont les productions et les accessoires.

Le domaine que j'acquiers de ces fruits est un domaine distingué de celui que j'ai de ma terre. Quoique ce soit le domaine que j'ai de ma terre qui ait produit celui que j'ai de ces fruits, je l'acquiers dans le même instant que ces fruits sont séparés de la terre où ils étoient pendants, et

6.

qu'ils commencent à avoir un être distingué de la terre dont ils faisoient partie.

J'acquiers de cette manière tous les fruits que ma terre a produits, soit naturels, soit industriels. J'acquiers ceux-ci, quand même ce seroit un autre que moi qui auroit ensemencé et cultivé ma terre qui les a produits; car ce n'est pas la culture qu'on a faite de cette terre, c'est le domaine qu'on a de cette terre, qui fait acquérir le domaine des fruits qu'elle produit : *Omnis fructus non jure seminis, sed jure soli percipitur;* l. 25, ff. *de usur.* Le propriétaire de la terre est seulement obligé, en ce cas, à rembourser le prix des semences et des façons à celui qui les a faites.

152. Les petits qui naissent des animaux qui nous appartiennent sont des fruits de ces animaux, dont par conséquent le propriétaire de l'animal qui les a mis bas acquiert le domaine par droit d'accession, *vi ac potestate rei suæ.*

Observez que quoique le mâle qui a empreigné la femelle qui a mis bas les petits ait eu part à la production de ces petits, néanmoins la part qu'il y a eue n'est aucunement considérée. Les petits que la femelle a mis bas ne sont censés être des fruits que de la femelle, et en conséquence le domaine de ces petits est acquis entièrement au maître à qui la femelle appartient, sans que celui à qui appartient le mâle qui l'a empreignée puisse y prétendre aucune part : *Pomponius scribit, si equam meam equus tuus prægnantem fecerit, non esse tuum, sed meum quod natum est;* l. 5, §. 1, ff. *de rei vind.*

La raison est, que la part qu'a le mâle qui a empreigné la femelle à la production des petits, est très peu de chose en comparaison de celle qu'a la femelle qui porte dans son sein les petits depuis l'instant de leur conception, lesquels sont en conséquence comme une portion des entrailles de la mère, *portio viscerum matris.*

Dans nos colonies de l'Amérique, c'est aussi au propriétaire de la négresse qu'appartiennent les enfants qui en naissent, quand même le père des enfants appartiendroit à un autre maître, et même quand il seroit de condition libre; car c'est un principe, que hors le cas d'un mariage légitime, dont les esclaves ne sont pas capables, les enfants suivent la condition de la mère; l. 24, ff. *de stat. hom.*

153. Le principe que nous avons établi jusqu'à présent, que le propriétaire d'une chose acquiert par droit d'accession, *vi ac potestate rei suæ*, le domaine des fruits qui en naissent, paroît souffrir quelques exceptions, qui néanmoins ne sont pas de véritables exceptions.

La première est lorsque le propriétaire de la chose n'en a que la nue propriété, et que l'usufruit appartient à un autre; car, en ce cas, ce n'est pas au propriétaire, c'est à l'usufruitier que les fruits qui naissent de la chose sont acquis.

Il est vrai que, suivant la subtilité du droit romain, l'usufruitier n'acquéroit les fruits de l'héritage dont il avoit l'usufruit, que lorsque c'étoit lui, ou quelqu'un pour lui et en son nom, qui les percevoit; mais nous avons vu que, par notre droit françois, tous les fruits indistinctement qui naissent pendant la durée de l'usufruit, appartiennent à l'usufruitier. *Voyez notre Traité du Douaire.*

Le droit qu'a le propriétaire d'acquérir tous les fruits qui naissent de sa chose par droit d'accession, *vi ac potestate rei suæ*, lequel est renfermé dans le droit de domaine, et en fait partie, est, lors de la constitution de l'usufruit, détaché du droit de domaine, et transféré à l'usufruitier, lequel acquiert les fruits en vertu de cette partie du droit de domaine de l'héritage qui lui a été transférée. C'est en ce sens qu'il est dit que *Ususfructus pars dominii est.*

C'est pourquoi, même dans le cas de cette exception apparente, les fruits sont acquis à l'usufruitier par droit d'accession, *vi ac potestate rei*, comme étant *dominii loco*, par rapport à l'acquisition de ces fruits.

154. La seconde exception est dans le cas auquel le propriétaire de la chose a contracté envers quelqu'un l'obligation de lui laisser percevoir les fruits de son héritage pendant un certain temps; comme lorsqu'il l'a donné à ferme à quelqu'un, ou qu'il en a mis son créancier en possession pour en percevoir les fruits, en déduction de sa créance, jusqu'à la fin du paiement. Dans ces cas, ce n'est point à celui qui a le domaine de la chose que les fruits sont acquis,

c'est à son fermier ou à son créancier. Mais comme ils ne sont acquis à ce fermier ou à ce créancier qu'autant que ce fermier ou ce créancier est aux droits du seigneur de la chose qui l'y a subrogé, notre principe que le domaine des fruits suit le domaine de la chose dont ils sont les accessoires, ne reçoit encore aucune atteinte dans ce cas-ci, puisque c'est du seigneur auquel ces fruits appartiennent par droit d'accession, que ce fermier ou ce créancier les tient, et qu'on peut supposer le domaine de ces fruits être, par droit d'accession, acquis pendant un instant de raison au seigneur de la chose, et passer incontinent de sa personne en celle du fermier ou du créancier qu'il a mis en ses droits.

155. Le troisième cas d'exception est lorsque la chose est possédée par quelqu'un qui s'en porte pour propriétaire sans l'être. Les fruits qui naissent de la chose pendant tout le temps qu'il la possède, lui sont acquis plutôt qu'à celui qui est le véritable propriétaire. Cette exception n'est encore qu'une exception apparente, qui ne donne aucune atteinte à notre principe que le domaine des fruits suit celui de la chose dont ils sont des accessoires ; car si le possesseur qui, dans la vérité, n'est pas propriétaire, semble, en ce cas, acquérir les fruits de la chose, ce n'est qu'en tant qu'il est réputé le propriétaire, tout possesseur étant réputé le propriétaire de la chose qu'il possède, jusqu'à ce que le véritable propriétaire ait paru, et ait justifié de son droit : de même qu'il en résulte que ce possesseur n'étoit propriétaire qu'en apparence, il en résulte aussi que ce n'est qu'en apparence qu'il a paru en acquérir les fruits, lesquels, dans la vérité, appartenoient au véritable propriétaire de la chose comme en étant des accessoires ; lesquels fruits il doit en conséquence restituer au propriétaire de la chose, à moins que la bonne foi de sa possession ne le fasse décharger de cette obligation, comme nous le verrons *infrà, partie* 2.

ARTICLE II.

De l'accession qui résulte de l'union d'une chose avec la nôtre, qui se fait naturellement, et sans le fait de l'homme.

156. Lorsque quelque chose s'unit avec la chose qui m'appartient, de manière qu'elles ne font ensemble qu'un seul et même tout, dont ma chose fait ce qu'il y a de principal dans ce tout; le domaine que j'ai de ma chose me fait acquérir par droit d'accession, *vi ac potestate rei meæ,* celui de tout ce qui est uni à cette chose, et qui est censé en faire partie.

Cette union se fait naturellement, sans le fait de l'homme, ou par le fait de l'homme. Nous ne rapporterons dans cet article que des exemples de celle qui se fait naturellement, et sans le fait de l'homme.

PREMIER EXEMPLE.

De l'alluvion.

157. On appelle *alluvion,* l'accrue qu'une rivière a faite à la longue à un champ, par les terres qu'elle y a charroyées d'une façon imperceptible : *Alluvio est incrementum latens quod agro ità adjicitur, ut non possit intelligi quantùm quoquo temporis momento adjiciatur;* Instit. tit. de rer. div. §. 20.

Selon les principes du droit naturel et du droit romain, ces terres, à mesure que la rivière les apporte et les unit à mon champ, devenant des parties de mon champ, avec lequel elles ne font qu'un seul et même tout, j'en acquiers le domaine par droit d'accession, *vi ac potestate rei meæ.* C'est ce qu'enseigne Gaïus : *Quod per alluvionem agro nostro flumen adjecit, jure gentium nobis aequiritur;* l. 7, §. 1, de acq. rer. dom.

Les propriétaires des champs d'où la rivière a détaché ces terres pour les charroyer et les unir à mon champ, ne peuvent pas les réclamer, parceque cela se fait d'une manière imperceptible.

158. Il en seroit autrement si le fleuve, *uno impetu,*

avoit apporté le long de mon champ tout à-la-fois un morceau considérable du champ de mon voisin : ce morceau
étant reconnoissable, mon voisin conserveroit le droit de
propriété de ce morceau de terre qu'il avoit avant qu'il eût
été détaché du reste de son champ : *Si vis fluminis partem aliquam ex tuo detraxit, ut meo prædio attulerit, palàm est eam tuam permanere; d. l. 7, §. 2.*

A moins que par la longueur du temps ce morceau détaché de votre champ ne se fût tellement uni au mien,
qu'il ne parût plus faire qu'un même champ : *Planè*, ajoute
Gaïus, *si longiore tempore fundo meo hæserit, arboresque
quas secum traxerit in fundum meum radices egerint, ex
eo tempore videtur fundo meo acquisita; d. §. 2.*

159. Par notre droit françois, les alluvions qui se font
sur les bords des fleuves et des rivières navigables appartiennent au roi. Les propriétaires des héritages riverains n'y
peuvent rien prétendre, à moins qu'ils n'aient des titres de
la concession que le roi leur a faite du droit d'alluvion le
long de leurs héritages.

A l'égard des alluvions qui se formeroient le long des
bords d'une rivière non navigable, dont la propriété appartient aux propriétaires des héritages voisins, on doit suivre
la disposition du droit romain.

Les alluvions que la mer ajoute aux héritages voisins de
la mer appartiennent aussi, par droit d'accession, aux propriétaires desdits héritages, qui peuvent faire des digues
pour se les conserver.

SECOND EXEMPLE.

Des îles qui se forment dans les rivières; et du lit que la rivière
a abandonné.

160. C'étoit par une espèce de droit d'accession que, suivant le droit romain, les propriétaires des héritages riverains
d'une rivière acquéroient, chacun en droit soi, le domaine
des îles qui se formoient dans le fleuve, et même du lit entier du fleuve, lorsque le fleuve l'avoit abandonné pour
prendre un autre cours.

Les héritages de ces riverains ayant du côté du fleuve une

étendue illimitée, qui n'avoit d'autres bornes que le fleuve , et qui comprenoit même les rivages , et tout ce qui n'étoit pas occupé par le fleuve ; le lit qu'avoit occupé le fleuve , lorsque le fleuve cessoit de l'occuper , étoit censé faire partie de ces héritages, et en être un accroissement. Il en étoit de même des îles qui se formoient dans le fleuve , ces îles n'étant autre chose qu'une partie du lit du fleuve que le fleuve avoit cessé d'occuper.

161. Par notre droit françois , les fleuves et les rivières navigables appartiennent au roi. Les îles qui s'y forment , aussi bien que le lit , lorsqu'ils l'ont abandonnné pour prendre leur cours ailleurs , appartiennent au roi ; les propriétaires des héritages riverains n'y peuvent rien prétendre, à moins qu'ils ne rapportent des titres de concession du roi.

162. Observez que les îles qui , par le droit romain , appartenoient, par droit d'accession, aux propriétaires des héritages riverains du fleuve , et qui , par notre droit françois , appartiennent au roi , sont celles qui sont formées dans le lit qu'occupoit le fleuve : mais si un bras du fleuve , s'étant écarté du lit , avoit pris son cours tout autour du champ d'un particulier , et en avoit , par ce moyen , formé une île , ce champ , depuis que le fleuve l'a entouré , étant toujours le même champ , il continue d'appartenir à celui qui en est le propriétaire. C'est ce qu'enseigne Pomponius : *Tribus modis insula in flumine fit; uno quùm agrum qui alvei non fuit, amnis circumfluit; altero quùm locum qui alvei esset, siccum relinquit et circumfluere cœpit; tertio quùm paulatim colluendo locum eminentem suprà alveum fecit, et eum alluendo auxit : duobus posterioribus modis privata insula fit ejus cujus ager propior fuerit, quùm primùm extitit.* (Et par notre droit, elle appartient au roi dans ces deux cas-ci :).... *Primo autem modo causa proprietatis non mutatur;* l. 30, §. 2 , ff. *de acq. rer. dom. Ejus est ager , cujus et fuit;* l. 7, §. 4, ff. *d. tit.*

163. Il y a une quatrième espèce d'îles qu'on appelle des îles flottantes , lorsqu'elles se forment sur l'eau sans être adhérentes au lit du fleuve : *Qui virgultis aut aliâ quâlibet materiâ ità sustinetur in flumine, ut solum ejus*

non tangat, atque ipsa movetur; l. 65, §. 2, ff. *de acq. rer. dom.* Ces îles étoient, par le droit romain, publiques, comme l'étoient les fleuves; *d. l.* 2, *et* §. 4; et par notre droit, elles appartiennent au roi, de même que le fleuve.

164. A l'égard des rivières non navigables, lorsque ce sont les propriétaires des héritages riverains qui sont aussi, chacun en droit soi, propriétaires de la rivière, ils doivent aussi l'être, chacun en droit soi, et des îles qui s'y forment, et du lit de la rivière, lorsqu'elle l'a abandonné pour prendre son cours ailleurs.

TROISIÈME EXEMPLE.

165. Lorsque les pluies entraînent avec elles les parties les plus grasses de la terre des champs élevés, et les portent dans les champs bas, où ces parties de terre restent et s'incorporent avec lesdits champs, lesdites parties de terre qui s'incorporent ainsi avec le champ bas, avec lequel elles ne font qu'un même tout et qu'une même chose, devenant, de cette manière, des parties accessoires de ce champ, le domaine de ces parties de terre est acquis par droit d'accession, *vi ac potestate rei suœ,* au propriétaire du champ.

QUATRIÈME EXEMPLE.

166. Lorsque des pigeons des colombiers voisins désertent de leurs colombiers pour venir s'établir dans le mien, j'en acquiers le domaine par droit d'accession.

Pour bien comprendre ce droit d'accession, il faut observer que les pigeons de nos colombiers étant des animaux *ferœ naturœ,* qui sont dans un état de liberté, *in laxitate naturali,* nous ne sommes proprement ni propriétaires ni possesseurs de ces pigeons *per se;* nous ne le sommes qu'autant qu'ils sont censés faire partie de notre colombier, dans lequel ils se sont établis; car lorsque ces animaux se sont établis dans un colombier, ils sont censés, tant qu'ils conservent l'habitude d'y aller et venir, ne composer avec le corps du colombier qu'une seule et même chose, savoir, un colombier peuplé de pigeons, et ne faire ensemble qu'un seul et même tout, dont le corps du colombier est la partie principale, et dont les pigeons qui le peuplent sont les parties accessoires.

C'est pourquoi, lorsque des pigeons viennent s'établir dans mon colombier, ces pigeons devenant par là des parties accessoires de mon colombier, j'en acquiers par droit d'accession le domaine, *vi ac potestate rei meæ*. Le propriétaire du colombier voisin qu'ils ont déserté ne peut les réclamer; car il n'étoit ni possesseur ni propriétaire de ces pigeons: il ne l'étoit qu'en tant que ces pigeons étoient censés faire partie de son colombier, et ils n'étoient censés en faire partie qu'en tant qu'ils conservoient l'habitude d'y aller et venir: ayant perdu cette habitude, ils ont cessé d'en faire partie, et d'appartenir au propriétaire du colombier qu'ils ont déserté.

167. Nous pouvons, à la vérité, acquérir très légitimement les pigeons qui désertent les colombiers voisins, pour venir s'établir dans les nôtres; mais il n'est pas permis de se servir d'aucunes manœuvres pour les y attirer. C'est pourquoi, si le propriétaire ou le fermier d'un colombier y avoit attaché quelque vieille morue, ou quelque autre chose pour y attirer les pigeons des colombiers voisins, les propriétaires des colombiers voisins auroient contre lui l'action *de dolo*, ou *in factum*, pour les dommages et intérêts résultants de ce qu'il auroit, par cette manœuvre, dépeuplé leurs colombiers.

168. Ce que nous avons dit des pigeons qui désertent les colombiers voisins, pour s'établir dans le mien, peut pareillement s'appliquer aux lapins qui passent des garennes voisines dans la mienne, et des poissons qui passent d'un étang voisin dans le mien qui est contigu: j'acquiers de la même manière, par droit d'accession, ces lapins et ces poissons, *non per se*, mais en tant qu'ils sont censés faire partie de ma garenne et de mon étang.

ARTICLE III.

Du droit d'accession qui résulte de ce que des choses ont été unies à la mienne par le fait de l'homme.

169. Lorsque, par mon fait ou par celui d'une autre personne, une ou plusieurs choses ont été unies à la mienne, de manière qu'elles n'en fassent qu'une seule et même chose, et un seul et même tout, dont ma chose soit la partie principale, et dont les autres ne soient que les parties accessoires, j'acquiers par droit d'accession, *vi ac potestate rei meæ*, le domaine des choses qui en sont les accessoires.

Lorsque deux ou plusieurs choses, appartenantes à différentes personnes, ont été unies de manière qu'elles ne font ensemble qu'un seul tout, pour savoir quelle est celle dont le domaine doit attirer à soi celui des autres, il faut donner des règles pour discerner quelle est celle qui est la partie principale du tout qu'elles composent, et quelles sont celles qui n'en sont que les parties accessoires. C'est ce que nous ferons voir dans un premier paragraphe. Nous verrons, dans un second paragraphe, quelle est la nature du domaine que j'acquiers d'une chose par son union avec la mienne, et de l'action *ad exhibendum* qu'a celui à qui elle appartenoit. Nous verrons, dans un troisième paragraphe, quelle est l'espèce d'union qui donne lieu au droit d'accession.

§. I. Règles pour discerner quelle est, dans un tout composé de plusieurs choses, celle qui en est la partie principale, et celles qui n'en sont que les accessoires.

PREMIÈRE RÈGLE.

170. Lorsque de deux choses qui composent un tout, l'une ne peut subsister sans l'autre, et l'autre peut subsister séparément, c'est celle qui peut subsister séparément qui en est regardée comme la principale partie, l'autre n'en est que l'accessoire : *Necesse est ei rei cedi quod sinè illâ esse non potest;* l. 23, §. 3, ff. *de rei vind.*

On peut donner, pour un premier exemple de cette règle,

le cas auquel quelqu'un auroit construit un bâtiment sur mon terrain. Ce bâtiment et mon terrain font un seul tout, dont mon terrain est la partie principale, et le bâtiment n'est que l'accessoire; car mon terrain peut subsister sans le bâtiment, et au contraire le bâtiment ne peut subsister sans le terrain sur lequel il est construit. C'est pourquoi le domaine que j'ai de mon terrain me fait acquérir par droit d'accession, *vi ac potestate rei meæ*, celui du bâtiment qui y a été construit. C'est ce qu'enseigne Gaïus : *Si quis in alieno solo suâ materiâ ædificaverit, illius fit ædificium cujus et solum est;* l. 7, §. 12, ff. *de acq. rer. dom.*

Il en est de même dans le cas inverse. Lorsque je construis sur mon terrain un bâtiment avec des matériaux qui ne m'appartiennent pas, le domaine de mon terrain me fait acquérir par droit d'accession, *vi ac potestate rei meæ*, celui de tous les matériaux que j'y ai employés, comme choses qui en sont accessoires : *Quùm aliquis in suo loco alienâ materiâ ædificaverit, ipse dominus intelligitur ædificii;* d. l. 7, §. 10. Et c'est une règle générale, que le domaine du bâtiment suit toujours celui du terrain sur lequel il est construit : *Omne quòd inædificatur solo cedit;* d. l. 7, §. 10.

Sur la question, si le propriétaire du terrain qui acquiert, par droit d'accession, le domaine du bâtiment qu'un autre y a construit, doit rembourser le coût à celui qui l'a construit, *voyez* ci-dessous, dans la seconde partie de notre Traité, les distinctions qu'on doit faire sur cette question.

171. Un second exemple de la règle, est la plantation. Lorsque quelqu'un a planté des arbres ou de la vigne sur le terrain d'autrui, ces arbres ou cette vigne, aussitôt qu'ils ont pris racine, font un seul et même tout avec le terrain sur lequel on les a plantés : ce terrain pouvant subsister sans ces arbres ou cette vigne, et ces arbres ou cette vigne ne pouvant au contraire subsister sans le terrain, c'est le terrain qui est la partie principale, dont le domaine attire, par droit d'accession, à celui qui en est propriétaire, celui des arbres et de la vigne qui en sont les parties accessoires.

Il en est de même dans le cas inverse. Lorsque je plante

dans ma terre du plant de vignes ou des arbres qui ne m'appartiennent pas, aussitôt qu'ils ont pris racine, le domaine que j'ai de ma terre où ils ont été plantés, m'en fait acquérir le domaine par le droit d'accession, *vi ac potestate rei meæ*, comme choses accessoires de ma terre : *Si alienam plantam in meo solo posuero, mea erit ; ex diverso, si meam plantam in alieno solo posuero, illius erit ; si modò utroque casu radices egerit ;* l. 8, ff. *de acq. rer. dom.*

172. Un troisième exemple est la semence. Soit que j'ensemence mon champ d'une semence qui ne m'appartient pas, soit que j'ensemence le champ d'autrui de ma semence, la semence qui est en terre appartient au propriétaire de la terre, à la charge d'en rembourser le prix : *Quâ ratione plantæ quæ terræ coalescunt solo cedunt, eâdem ratione frumenta quoque quæ sata sunt solo cedere intelliguntur ;* l. 9, ff. *d. tit.*

173. La règle que nous venons d'exposer doit souffrir exception dans le cas auquel la chose qui peut subsister séparément est presque de nulle valeur, en comparaison du prix de l'autre. En ce cas, la chose qui est de prix, quoiqu'elle ne puisse subsister sans l'autre, et que l'autre, au contraire, pourroit subsister sans elle, ne laisse pas d'être regardée comme la partie principale du tout que les choses composent, laquelle doit attirer à soi le domaine de l'autre.

Justinien avoit admis cette exception dans le cas de la peinture, *propter excellentiam artis ;* et il décide en conséquence dans ses Institutes, conformément à l'opinion de Gaïus, que lorsqu'un peintre avoit fait un bel ouvrage de peinture sur une toile qui ne lui appartenoit pas ; quoique sa peinture ne pût subsister sans la toile, et que la toile pût au contraire subsister sans la peinture, néanmoins la peinture devoit être regardée comme ce qu'il y avoit de principal dans le tableau, plutôt que la toile, et qu'en conséquence elle devoit faire acquérir au peintre, par droit d'accession, le domaine de la toile, comme d'une chose accessoire à sa peinture, à la charge de payer le prix de cette toile à celui à qui elle avoit appartenu : *Ridiculum est enim*, dit Justinien, *picturam Apellis vel Parrhasii in*

accessionem vilissimæ tabulæ cedere; Institut. *de rer. div.*
§. 34.

Cette exception n'étoit admise dans le droit romain que
pour le seul cas de la peinture, *propter excellentiam artis.*
On y décidoit que si quelqu'un avoit écrit, sur du papier
qui ne lui appartenoit pas, un poëme ou une histoire; quelque excellent que fût l'ouvrage qui avoit été écrit, et quelque
magnifique que fût l'écriture, le papier, comme pouvant
subsister sans ce qui est écrit dessus, devoit être regardé
comme ce qu'il y avoit de principal dans le manuscrit, et
comme devant attirer au propriétaire du papier le domaine
de ce qui étoit écrit dessus, à la charge de rembourser à
l'écrivain le prix de l'écriture : *Litteræ licèt aureæ sint, perindè chartis membranisve cedunt, ac solo cedere solent
ea quæ ædificantur aut seruntur; ideòque si in chartis
membranisve tuis carmen, vel historiam, vel orationem
scripsero, hujus corporis non ego, sed tu dominus esse
intelligeris;* l. 9, §. 1, ff. *de acq. rer. dom.*

Le trop grand et trop scrupuleux attachement des jurisconsultes romains à ce principe, *Necesse est ei rei cedi quod
sinè illâ esse non potest,* l. 23, §. 3, ff. *de rei vindic.,* les
a portés à cette décision ridicule, que nous ne devons pas
suivre dans notre droit françois. Nous devons au contraire
décider que le papier étant une chose de nulle considération en comparaison de ce qui est écrit dessus; c'est ce qui
est écrit sur le papier qui doit être regardé comme ce qu'il
y a de principal dans le corps du manuscrit, et qui doit attirer,
par droit d'accession, à celui qui l'a écrit, le domaine du
papier, à la charge de payer le prix de ce papier à celui à
qui il appartenoit, conformément à l'exception que nous
avons apportée au principe, laquelle doit avoir lieu dans
tous les autres cas semblables.

SECONDE RÈGLE.

Lorsque de deux choses appartenantes à différents maîtres, et dont l'union forme un tout, chacune peut subsister
sans l'autre; celle-là est la partie principale, pour l'usage,
l'ornement ou le complément de laquelle l'autre lui a été unie.

174. On peut apporter une infinité d'exemples de cette règle.

PREMIER EXEMPLE. On a monté une pierre en or pour en faire un anneau : c'est, dans cet anneau, la pierre qui est ce qu'il y a de principal, et dont le domaine attire au propriétaire de la pierre celui de l'or avec lequel elle est montée : car ce n'est pas pour l'or que la pierre a été unie à l'or; c'est au contraire pour la pierre que l'or lui a été uni, pour la monter, pour l'enchâsser, pour en faire un anneau.

SECOND EXEMPLE. Lorsqu'on a encadré un tableau, quelque magnifique que soit le cadre, fût-il enrichi de pierreries, et d'un prix plus grand que le tableau, c'est le tableau qui est ce qu'il y a de principal, et dont le domaine fait acquérir au propriétaire du tableau celui du cadre ; car il est évident que le cadre est fait pour le tableau, et non le tableau pour le cadre.

TROISIÈME EXEMPLE. On a cousu sur mon habit un galon d'or, ou on l'a doublé d'une riche fourrure. Quand même le prix des galons ou de la fourrure seroit beaucoup plus considérable que celui de l'habit, néanmoins l'habit est ce qu'il y a de principal, dont le domaine attire au propriétaire de l'habit celui des galons et de la fourrure qu'on y a unis : car ce n'est pas l'habit qui a été uni aux galons ou à la fourrure, pour les galons ou pour la fourrure ; ce sont au contraire les galons ou la fourrure qui ont été unis à l'habit, pour servir à l'habit, pour l'orner, pour le doubler.

TROISIÈME RÈGLE.

Lorsque de deux choses appartenantes à différents maîtres, et dont l'union forme un tout, chacune d'elles peut subsister sans l'autre, et l'une n'est pas plus faite pour l'autre que l'autre pour elle; c'est celle qui surpasse de beaucoup l'autre en volume, ou s'il y a parité de volume, en valeur, qui doit passer pour la chose principale, dont le domaine attire celui de l'autre.

175. Nous trouvons cette règle en la loi 27, §. 2, ff. *de acquir. rer. dom. Quùm partes duorum dominorum fer-*

rumine (1) *cohæreant, hæ, quùm quæreretur utri cedant, Cassius ait, pro portione rei æstimandum, vel pro pretio cujusque partis.*

QUATRIÈME RÈGLE.

Lorsque des matières non ouvragées, appartenantes à différents maîtres, ont été unies en une seule masse, l'une n'attire pas l'autre, et chacun des propriétaires des matières qui forment cette masse, est propriétaire de la masse pour la part qu'il y a.

176. *Quidquid infecto argento alieni argenti addideris, non esse tuum totum fatendum est; d. l. 27.*

§. II. De la nature du domaine que le droit d'accession me fait acquérir de la chose qui est unie à la mienne; et de l'action *ad exhibendum* qu'a celui à qui elle appartenoit.

177. Lorsque la chose qui, par son union avec la mienne sans soudure, en est devenue l'accessoire, y est tellement unie qu'elle n'en est pas séparable, le domaine que j'en acquiers par droit d'accession, *vi ac potestate rei meæ,* est un domaine véritable et perpétuel. Tel est celui que j'acquiers de la vigne ou des arbres qui ont été plantés dans mon champ; de la semence dont il a été ensemencé; de ce qui y a été bâti, etc.

Mais lorsque la chose qui, par son union avec la mienne, en est devenue une partie accessoire, dont j'ai acquis le domaine par droit d'accession, en est séparable, et qu'elle en doit être séparée lorsque celui à qui elle appartenoit la réclamera et en demandera la séparation, en ce cas, le domaine que j'ai acquis de cette chose est un domaine momentané qui ne doit durer que pendant que cette chose demeurera unie à la mienne, et qui ne consiste que dans une subtilité de droit. Ce n'est que par une subtilité de droit que celui à qui cette chose appartenoit avant son union avec la mienne, est censé n'en avoir plus le domaine; ce qui n'est fondé que sur ce que cette chose, tant qu'elle est unie à la mienne, avec laquelle elle ne fait qu'un seul

_____

(1) Sans soudure.

tout, n'existant plus que comme partie de ce tout, n'ayant plus une existence séparée de ce tout, on ne peut en avoir un domaine séparé. Il n'y a que moi, qui ai le domaine de ce tout dans lequel elle est renfermée, qui puisse être censé en avoir le domaine : mais aussitôt que cette chose sera divisée et séparée de la mienne, le domaine que j'en avois acquis par droit d'accession, s'éteint; et celui à qui elle appartenoit avant l'union, en recouvre de plein droit le domaine; et même si, pendant qu'elle est unie à la mienne, il n'en a pas le domaine, quant à la subtilité du droit, de manière qu'il ne puisse en conséquence débuter contre moi par l'action de revendication, il le conserve néanmoins en quelque façon *effectu*, par l'action *ad exhibendum* qu'il a contre moi pour que je sois tenu de souffrir qu'on détache cette chose de la mienne, et qu'on la lui rende : *Gemma inclusa auro* (1) *alieno, vel sigillum* (2) *candelabro, vindicari non potest; sed ut excludatur ad exhibendum agi potest;* l. 6, ff. *ad exhib.*

178. La loi des Douze Tables avoit apporté dans un cas une exception au droit qu'a celui à qui appartenoit la chose unie à la mienne, d'en demander la séparation; c'est dans le cas auquel j'aurois employé dans mon bâtiment quelques matériaux qui ne m'appartenoient pas. La loi ne permettoit pas qu'on m'obligeât à les en détacher : *Tignum alienum ædibus junctum ne solvito :* elle vouloit que je fusse, au lieu de cela, obligé à restituer le prix des matériaux, au double, à celui à qui ils appartenoient. Mais si, avant que je le lui eusse restitué, mon bâtiment venoit à être démoli, il recouvroit le domaine de ces matériaux qui s'en trouvoient séparés. C'est ce que nous apprenons de Gaïus : *Quùm in suo loco alienâ materiâ ædificaverit, ipse dominus intelligitur ædificii* (3), *quia omne quod inædificatur solo cedit : nec tamen ideò is qui materiæ dominus fuit, desiit*

---

(1) Dans quelque ouvrage d'or, tel qu'une tabatière, ou une boîte à mouches.

(2) Une petite statue.

(3) Et par conséquent de ces matériaux qui en font partie.

ejus dominus (1) *esse ; tantisper neque vindicare eam potest, neque ad exhibendum de eâ agere, propter legem Duodecim Tabularum, quâ cavetur ne quis tignum œdibus suis junctum eximere cogatur, sed duplum pro eo præstet. Appellatione autem tigni omnes materiæ significantur ex quibus œdificia fiunt. Ergò si ex aliquâ causâ dirutum sit œdificium, poterit materiæ dominus nunc eam vindicare et ad exhibendum agere; l.* 7, §. 10, ff. *de acq. rer. dom.*

Dans notre droit françois nous suivons cette décision de la loi des Douze Tables, sauf la peine du double, qui n'y est pas en usage. On se contente, dans notre droit, de condamner celui qui a employé dans son bâtiment des matériaux qui ne lui appartenoient pas, à rendre à celui à qui ils appartenoient le prix qu'ils valent, suivant l'estimation qui en doit être faite par experts.

179. On doit aussi étendre ce qui a été décidé pour le cas auquel j'ai employé à mon bâtiment des matériaux qui ne m'appartiennent pas, à tous les autres cas auxquels la chose qui a été unie à la mienne n'en pourroit être détachée sans endommager beaucoup la mienne. Lorsque celui à qui la chose appartenoit donne l'action contre moi, aux fins que je sois tenu de la détacher et de la lui rendre, le juge, sur-tout lorsque les choses se sont passées de bonne foi, doit admettre sur cette demande les offres que je fais de lui payer le prix, et me renvoyer en conséquence de sa demande.

Par exemple, dans le cas auquel j'aurois donné à un tailleur de l'étoffe et des galons pour faire un habit ; le tailleur, qui avoit dans sa boutique un grand nombre d'habits galonnés à faire pour différentes personnes, s'est trompé de galons, et a cousu sur mon habit des galons qui appartenoient à une autre personne, plus larges et plus beaux que les miens : si celui à qui appartenoient ces galons demande

---

(1) Quoiqu'il en ait perdu le domaine, quant à la subtilité du droit, tant que ces matériaux demeurent unis à mon bâtiment, il ne l'a pas perdu entièrement, par l'espérance qu'il a de le recouvrer, s'ils viennent à être détachés.

que je les lui rende; comme on ne peut les découdre sans gâter mon habit, je dois être reçu à lui en offrir le prix.

Lorsque la chose qui ne m'appartenoit pas, que j'ai unie à la mienne, est de nature fongible, qui se remplace parfaitement par une autre de même espèce, il ne peut y avoir de difficulté, en ce cas, que je ne puis être obligé de rendre à celui à qui elle appartenoit, précisément la chose même, *in individuo*, que j'ai unie à la mienne. Par exemple, si j'ai monté une pierre précieuse avec de l'or qui ne m'appartenoit pas, il suffit que je rende à celui à qui l'or appartenoit, pareille quantité d'or au même titre.

§. III. Quelle est l'espèce d'union qui donne lieu au droit d'accession.

180. Il y a lieu au droit d'accession lorsque deux ou plusieurs choses appartenantes à différents maîtres forment, par leur union, un corps composé de parties cohérentes : le domaine de celle qui est dans ce corps la partie principale fait acquérir, par droit d'accession, à celui qui en est le propriétaire, le domaine des autres qui en sont les parties accessoires, comme dans les différents exemples qui ont été rapportés dans les paragraphes précédents. Il n'en est pas de même lorsque plusieurs choses appartenantes à différents maîtres sont unies en un corps composé de parties qui ne sont point cohérentes ensemble, tel qu'est un troupeau : il n'y a point lieu, en ce cas, à aucun droit d'accession, et chacun conserve un domaine séparé des bêtes qu'il a dans le troupeau. C'est la distinction que fait le jurisconsulte Paul : *In his corporibus quæ ex distantibus corporibus essent, constat singulas partes retinere suam propriam speciem, ut singuli homines* (1), *singulæ oves, ideòque posse me gregem vindicare, quamvis aries tuus sit immixtus, sed et te arietem vindicare posse; quod non idem cohærentibus corporis eveniret : nam si statuæ meæ brachium alienæ statuæ addideris, non posse dici brachium tuum esse, quia tota statua uno spiritu continetur;* l. 23, §. 5, v°. *at in his,* ff. *de rer. vindic.*

_____

(1) *Ex quibus constat mancipiorum meorum familia.*

ARTICLE IV.

De la spécification et de la confusion.

§. I. De la spécification.

181. On appelle spécification, lorsque quelqu'un a formé et donné l'être à une nouvelle substance avec une matière qui ne lui appartenoit pas.

Cela se fait, ou de manière que la matière qu'on y a employée ne puisse plus reprendre sa première forme ; comme lorsque quelqu'un a fabriqué une pièce de drap avec ma laine ; ou de manière qu'elle puisse reprendre sa première forme ; comme lorsqu'un orfèvre, ayant acheté de bonne foi d'un tiers un lingot d'argent qui m'appartenoit, en a fait de la vaisselle ; mon lingot d'argent n'est pas tellement détruit, qu'il ne puisse reprendre sa première forme de lingot en mettant dans le creuset la vaisselle qui en a été faite.

182. Les deux sectes des écoles des jurisconsultes romains ont eu des opinions tout-à-fait opposées sur la question de savoir, si la nouvelle substance que quelqu'un a formée d'une matière qui ne lui appartenoit pas, devoit appartenir à celui qui l'a formée, ou si elle devoit appartenir au propriétaire de la matière.

Les Sabiniens soutenoient, que soit que la matière employée à faire la chose pût reprendre sa première forme, soit qu'elle ne pût plus la reprendre, la chose n'étoit pas tant une nouvelle substance qu'une nouvelle modification de la matière ; qu'elle n'étoit qu'un accessoire de la matière, qui devoit par conséquent appartenir au propriétaire de la matière.

Au contraire, les Proculéiens, imbus des principes de la philosophie stoïcienne, un desquels étoit que *Forma dat esse rei*, c'est-à-dire, que la forme substantielle de chaque chose en constituoit l'essence, et que la matière dont elle étoit faite n'en étoit que l'accessoire, soutenoient, suivant ces principes, que celui qui avoit fait une chose avec une matière qui ne lui appartenoit pas, en étoit le propriétaire, comme lui ayant donné l'être, soit que la matière avec laquelle elle a été faite pût reprendre sa première forme, soit qu'elle ne pût pas la reprendre.

C'est ce que nous apprenons de Gaïus, qui nous rapporte les différentes opinions des deux écoles : *Quùm quis ex aliénâ materiâ speciem aliquam suo nomine fecerit, Nerva et Proculus putant hunc dominum esse qui fecerit, quia quod factum est anteà nullius fuerit. Sabinus et Cassius magis naturalem rationem efficere putant, ut qui materiæ dominus fuerit, idem ejus quoque quod ex eâ materiâ factum sit dominus esset, quia sinè materiâ nulla species esse possit : veluti si ex auro, vel argento, vel ære vas aliquod fecero, vel ex tabulis tuis navem aut armarium aut subsellia fecero, vel ex lanâ tuâ vestimentum, vel ex vino et melle tuo mulsum, vel ex medicamentis tuis emplastrum aut collyrium, vel ex uvis aut oleis aut spicis tuis vinum, vel oleum vel frumentum; l. 7, §. 7, ff. de acq. rer. dom.*

183. Gaïus observe fort bien que l'exemple du blé qu'on a fait sortir des épis est mal-à-propos cité. Avant que j'eusse fait du vin ou de l'huile des raisins ou des olives d'un autre, il n'y avoit encore aucune chose qui existât dans cette forme d'huile ou de vin; j'en suis donc l'auteur. Mais les grains de froment que j'ai fait sortir des épis que j'ai battus, existoient déja dans leur forme de grains de froment avant le battage : je n'ai point fait ces grains de froment, je les ai seulement fait sortir des épis où ils étoient renfermés. Ils ne doivent donc pas, même dans le système des Proculéiens, m'appartenir; ils doivent continuer d'appartenir à celui à qui ils appartenoient lorsqu'ils étoient enfermés dans leurs épis : *Quùm grana quæ spicis continentur perfectam habeant suam speciem, qui excussit spicas, non novam speciem facit, sed eam quæ est detegit; d. §. 7.*

Gaïus en auroit dû dire autant du vin qui a été fait de mes raisins, ou de l'huile qui a été faite de mes olives : celui qui a pressé mes raisins ou mes olives, n'a fait autre chose qu'exprimer le vin ou l'huile qui y étoient contenus, et les débarrasser de leurs enveloppes.

184. Pour que celui à qui la matière appartenoit, en

perdît le domaine, même dans le système des Proculéiens, il falloit qu'elle eût perdu sa forme substantielle et principale, pour passer dans une autre. Mais lorsque ma chose, en conservant toujours sa forme principale et substantielle, recevoit seulement de quelqu'un l'addition de quelque forme accidentelle; comme si un teinturier donnoit à ma laine une teinture de pourpre qu'elle n'avoit pas, je conserve le domaine de ma laine, parceque, quoiqu'elle soit teinte en pourpre, elle est toujours de la laine, elle conserve toujours sa forme de laine, qui est sa forme principale et substantielle; la couleur de pourpre qu'on lui a donnée, n'est qu'une couleur adventice et accidentelle. C'est ce qu'enseigne Labéon, qui étoit le chef de l'école des Proculéiens : *Si meam lanam feceris purpuram, nihilominus meam esse Labeo ait; quia nihil interest inter purpuram, et eam lanam quæ in lutum aut cœnum cecidisset, atque ità pristinum colorem perdidisset; l. 26, §. 3, ff. de acq. rer. dom.*

185. Observez qu'il n'y a lieu à la question qui divisoit les deux écoles, que lorsque j'ai fait en mon nom et pour moi une chose avec une matière qui appartenoit à un autre, sans son consentement : car si j'ai fait cette chose au nom et pour celui à qui la matière appartenoit, il n'est pas douteux, dans l'un et dans l'autre système, que c'est à lui que la chose doit appartenir; car en la faisant pour lui et en son nom, c'est comme si c'étoit lui-même qui l'eût faite; je ne fais que lui prêter mes bras et mon ministère.

Pareillement, lorsque j'ai fait pour moi et en mon nom une chose avec une matière qui ne m'appartenoit pas, mais avec le consentement de celui à qui elle appartenoit, qui a bien voulu me fournir pour cela la matière, il n'est pas douteux, en ce cas, dans l'un et dans l'autre système, que la chose doit m'appartenir. C'est pourquoi Callistrat, après avoir rapporté la doctrine des Sabiniens, lesquels, dans le cas auquel quelqu'un a fait pour lui et en son nom une chose avec une matière qui ne lui appartenoit pas, donnent le domaine de la chose à celui à qui appartient la matière dont elle est faite, préférablement à celui qui l'a faite, apporte aussitôt cette exception, *nisi voluntate domini (materiæ) alterius nomine id factum sit ; propter consensum enim domini, tota res ejus fit cujus nomine facta est ; l. 25, ff. de acq. rer. dom.*

186. Quelques jurisconsultes avoient une troisième opinion : ils distinguoient le cas auquel, en faisant une chose avec une matière qui ne m'appartenoit pas, j'avois tellement détruit la première forme de cette matière, qu'elle ne pouvoit plus la reprendre, et celui auquel elle pouvoit la reprendre.

Dans le premier cas, comme lorsque j'ai employé de bonne foi votre vin et votre miel, que je croyois m'appartenir, à faire de l'hypocras ; ou lorsque j'ai fait, pareillement de bonne foi, un onguent avec des matières qui vous appartenoient ; cet hypocras, cet onguent, étant de nouvelles substances, et non de simples modifications des matières que j'ai employées, lesquelles matières sont entièrement détruites et ne peuvent plus reprendre leur première forme ; ces nouvelles substances ne peuvent appartenir qu'à moi, qui leur ai donné l'être : vos matières avec lesquelles je les ai composées étant entièrement détruites et n'existant plus, vous ne pouvez plus en demander que le prix, ou qu'on vous en rende autant, en pareille quantité et qualité.

Dans le second cas, lorsqu'en faisant une chose avec une matière qui ne m'appartenoit pas, je n'en avois pas détruit la première forme, de telle manière qu'elle ne pût la reprendre ; comme lorsque j'avois fait un pot d'argent d'un lingot qui vous appartenoit, ils décidoient en ce cas que votre lingot, quoique je lui eusse donné la forme d'un pot d'argent, pouvant reprendre sa première forme de lingot, en jetant le pot d'argent dans le creuset, votre lingot, quoique devenu pot d'argent, n'avoit pas cessé d'exister, et que vous en conserviez le domaine, lequel, par droit d'accession, vous faisoit acquérir, suivant le système des Sabiniens, la forme de pot d'argent que je lui avois donnée, qui ne devoit, en ce cas, être regardée que comme une forme accidentelle et accessoire de votre matière.

C'est ce que nous apprend Gaïus : *Est media sententia*

recte existimantium, si species ad materiam reverti possit, verius esse quod et Sabinus et Cassius senserunt ; si non possit reverti, verius esse quod Nervæ et Proculo placuit : ut ecce vas conflatum ad nudam massam auri, vel argenti, vel æris reverti potest ; vinum vel oleum ad uvas et olivas reverti non potest, ac ne mulsum quidem ad mel et vinum, vel emplastrum aut collyria ad medicamenta reverti possunt ; l. 7, §. 7, ff. de acq. rer. dom.

Observez que Gaïus a mal-à-propos compris parmi les exemples du cas auquel quelqu'un a formé une nouvelle substance avec des matières qui ne lui appartenoient pas, ceux du vin ou de l'huile que quelqu'un a faits de mes raisins et de mes olives ; car le vin et l'huile qu'il en a exprimés, existoient et étoient renfermés dans mes raisins et dans mes olives : ce n'est donc point une nouvelle substance à laquelle il ait donné l'être ; il n'a fait que les exprimer de mes raisins et de mes olives, en les débarrassant des enveloppes qui les y tenoient renfermés ; ce n'est donc point là proprement spécification ; et il n'est pas douteux que si quelqu'un ayant trouvé ma vendange, soit de mes raisins, soit de mes olives, qu'il a prise par erreur pour la sienne, l'a fait mettre sur le pressoir, et en a fait du vin et de l'huile, le vin ou l'huile qui m'appartenoient pendant qu'ils étoient renfermés dans mes raisins ou dans mes olives, doivent continuer de m'appartenir, en payant la façon du pressurage.

187. Justinien a embrassé la troisième de ces opinions dans ses Institutes, *tit. de rer. divis.* §. 25.

Dans cette troisième opinion que Justinien a embrassée, la même distinction qu'on fait dans le cas auquel quelqu'un a fait une chose entièrement avec une matière qui m'appartenoit, a pareillement lieu dans le cas auquel il l'a faite en partie avec sa matière, et en partie avec la mienne. Si, pour faire cette chose, il a détruit sa matière et la mienne, de manière qu'elles ne puissent plus reprendre leur première forme, la chose qu'il a faite de ces matières lui appartient entièrement : mais si ma matière et la sienne, qu'il a employées pour faire la chose qu'il a faite, ne sont pas entièrement détruites ; quand même elles seroient tellement mêlées ensemble, qu'on auroit de la peine à les séparer, la chose doit appartenir en commun à lui et à moi, à proportion de la matière que nous y avons chacun : *Pomponius scribit, si ex melle meo et vino tuo factum sit mulsum, quosdam (Sabinianos scilicet) existimasse id communicari; sed puto verius, ut et ipse significat, ejus potiùs esse qui fecit, quoniam suam speciem pristinam non continet : sed si plumbum cum argento mixtum fuerit, pro parte esse vindicandum, nec quaquam erit dicendum quod in mulso dictum est, quia utraque materia, etsi confusa, manet tamen; l. 5 , §. 1, ff. de rei vindic.*

188. Cette troisième opinion, que Justinien a embrassée, paroît effectivement la plus équitable, et doit être suivie, de manière néanmoins qu'on doive laisser à l'arbitrage du juge de s'en écarter, suivant les différentes circonstances. Par exemple, un orfèvre a acheté de bonne foi, d'une personne connue, des lingots d'argent qu'on m'avoit volés, et a fait avec mes lingots un excellent ouvrage d'orfèvrerie. Quoique mes lingots, avec lesquels l'ouvrage a été fait, ne soient pas tellement détruits qu'ils ne puissent reprendre leur première forme, néanmoins je ne dois pas être écouté à revendiquer l'ouvrage fait avec mes lingots, en offrant seulement de payer le prix de la façon d'une vaisselle ordinaire; mais l'orfèvre doit être reçu à retenir son ouvrage, en me rendant de l'argent en masse, en pareil poids et de pareille qualité : les lingots étant de la nature des choses fongibles qui se remplacent par d'autres, en me rendant cela, c'est me rendre mes lingots.

189. D'un autre côté, je suppose que j'avois des simples très rares, qui m'étoient venus de l'Amérique, dont je comptois faire un onguent excellent : on me les a volés, et on les a portés à un apothicaire, qui les a achetés de bonne foi, et en a fait un onguent tel que celui que je me proposois de faire. Quoique les simples avec lesquels l'onguent a été fait ne puissent plus reprendre leur première forme, néanmoins, dans ce cas particulier, comme ce sont les simples qui font tout le prix de l'onguent, que la façon est très peu de chose, je crois qu'on doit, contre la règle ordinaire,

m'adjuger l'onguent qui a été fait avec mes simples ; à la charge de payer à l'apothicaire le prix de la façon de l'onguent. L'apothicaire à qui on paie le prix de sa façon, ne souffre aucun préjudice : au contraire, si l'apothicaire étoit écouté à retenir l'onguent, en me payant le prix de mes simples, j'en souffrirois un très grand ; car, outre qu'il ne seroit pas facile de fixer le prix de mes simples, quelque somme qu'on me donnât, je ne pourrois pas en avoir d'autres.

§. II. De la confusion.

190. La confusion est encore une manière d'acquérir par droit d'accession, *vi ac potestate rei suæ.*

Lorsqu'une chose est formée par le mélange de plusieurs matières appartenantes à différents propriétaires, ils acquièrent en commun la chose formée par ce mélange, et ils y ont chacun une part indivise, à proportion de ce qui appartenoit à chacun d'eux dans les matières dont la chose a été formée.

Par exemple, si un demi-muid de vin blanc, de valeur de 50 livres, qui m'appartenoit, a été mêlé avec un demi-muid de vin rouge qui vous appartenoit, de valeur de cent livres ; le muid de vin formé de ce mélange nous appartiendra en commun ; à vous pour les deux tiers, et à moi pour un tiers ; votre matière, qui y est entrée, étant du double de la valeur de la mienne.

Cela n'a pas seulement lieu dans le cas auquel ce mélange se fait par la volonté de ceux à qui les matières appartiennent, auquel cas il ne peut être douteux que la chose que ce mélange a produite, leur est commune : *Voluntas duorum dominorum miscentium materias commune totum corpus efficit ;* l. 7, §. 8, ff. *de acquir. rer. dom.*

Cela a lieu pareillement lorsque ce mélange s'est fait fortuitement et à l'insu des propriétaires de ces matières : *Sed etsi* (poursuit Gaïus) *sinè voluntate dominorum casu confusæ sint duorum materiæ vel ejusdem generis, vel diversæ, idem juris est ;* d. l. §. 9. Ceux à qui appartenoient ces matières, acquièrent, en ce cas, en commun la chose formée de ce mélange, chacun au prorata de sa matière ; et ils font chacun cette acquisition par une espèce de droit d'accession, *vi ac potestate rei suæ*. Le domaine que chacun d'eux a de la matière qui a contribué à la formation de cette chose, fait à chacun d'eux, *vi ac potestate suæ materiæ,* une part dans cette chose, comme étant, pour cette partie, une production de cette matière.

191. Observez une grande différence entre le cas auquel le mélange des matières s'est fait fortuitement et à l'insu de ceux à qui elles appartiennent, et celui auquel il s'est fait de leur consentement.

Dans ce cas-ci, ils acquièrent en commun la chose formée de ce mélange, soit que leurs matières dont elle est formée ne puissent se séparer, soit qu'elles puissent se séparer. Mais dans le premier cas, lorsque le mélange s'est fait fortuitement et à l'insu des propriétaires de ces matières, ils n'acquièrent en commun la chose formée de ce mélange, que dans le seul cas auquel les matières dont elle est formée ne peuvent plus se séparer; comme lorsqu'on a mêlé des vins ensemble appartenants à différents maîtres, ou lorsqu'on a mêlé mon vin avec votre miel : mais lorsque les matières, dont la chose a été formée, peuvent se séparer, il ne se fait point, par le mélange qui en a été fait, d'acquisition en commun de la chose qui a été formée de ce mélange; chacun de ceux à qui les matières appartenoient conserve, en ce cas, un domaine séparé de la matière qu'il a dans cette chose; les matières dont cette chose est formée étant censées, en ce cas, n'avoir point été détruites par le mélange qui en a été fait, et continuer, nonobstant leur mélange, de subsister telles qu'elles étoient auparavant. C'est ce qu'enseigne Callistrat : *Si ære meo et argento tuo conflato aliqua species facta sit, non erit ea nostra communis; quia quùm diversæ materiæ æs atque argentum sit, ab artificibus separari et in pristinam materiam reduci solet;* l. 12, §. 1, ff. *de acq. rer. dom.*

192. Je croirois qu'il seroit plus équitable et plus raisonnable de dire, que lorsque ma matière qui, par son mélange avec votre matière, a formé la chose, surpasse de beaucoup la vôtre, et par la quantité et par le prix, cette chose doit m'appartenir, à la charge par moi de vous

rendre le prix de votre matière, ou, si mieux vous l'aimiez, à la charge de vous rendre autant de cette matière en poids et en qualité.

Je pense même que, dans le cas auquel la matière de l'un des propriétaires seroit à peu près égale en quantité et en prix à celle de l'autre, si la séparation de ces matières, quoique possible, ne pouvoit néanmoins se faire sans dommage, la demande que l'un d'eux feroit, par mauvaise humeur, pour la séparation des matières, ne devroit pas être écoutée, et qu'il en devroit être donné congé, si l'autre propriétaire lui offroit de liciter la chose comme chose commune, si mieux il n'aimoit qu'on lui rendît la valeur de sa matière, ou en deniers, ou en pareille quantité, ou de pareil poids.

Les jurisconsultes romains avoient, sur cette matière, poussé la subtilité jusqu'à dire, que lorsque deux monceaux de blé, appartenants à deux différents propriétaires, avoient été mêlés en un seul monceau, de manière à ne pouvoir plus se démêler, le monceau ne devenoit pas commun par ce mélange, à moins qu'il ne se fût fait du consentement des propriétaires; parceque les grains de leurs blés, quoique mêlés, continuant d'exister dans la même substance, et tels qu'ils étoient auparavant, chacun continuoit d'avoir dans le monceau un domaine séparé du blé qu'il y avoit; l. 5, ff. *de rei vind.* C'est une pure subtilité. Chacun ne pouvant démêler le blé qu'il a dans le monceau d'avec celui qu'y a l'autre, il est nécessaire de déclarer le monceau commun entre eux, dans lequel ils ont chacun une part indivise, à proportion de la quantité et qualité du blé qu'ils ont dans le monceau. Par exemple, si j'y ai trois muids, et que vous en ayez deux dont le prix égale celui de mes trois, le monceau sera commun entre nous pour chacun moitié.

SECTION IV.

De la tradition.

193. Nous avons traité, dans les précédentes sections, de l'occupation et de l'accession, qui sont les manières d'ac-

quérir, par le droit naturel, le domaine des choses qui n'appartiennent à personne, et auxquelles les docteurs ont donné le nom de *modi acquirendi dominii originarii*. Nous traiterons, dans celle-ci, d'une troisième manière d'acquérir le domaine, qui est la tradition, par laquelle on fait passer le domaine d'une chose d'une personne à une autre, et qui est appelée par les docteurs, *modus acquirendi dominii derivativus*.

Cette manière d'acquérir le domaine des choses est prise du droit naturel, de même que les précédentes : *Hæ quoque res quæ traditione nostræ fiunt, jure gentium nobis acquiruntur; nihil enim est tàm conveniens naturali æquitati, quàm voluntatem domini volentis rem suam in alium transferre ratam haberi;* l. 9, §. 3, ff. de acq. rer. dom.

Nous verrons, dans un premier article, ce que c'est que la tradition, et quelles sont les différentes espèces de tradition : dans un second, nous traiterons des conditions requises pour faire passer le domaine à celui auquel la tradition est faite : dans un troisième, de l'effet de la tradition.

ARTICLE PREMIER.

Ce que c'est que la tradition; et quelles sont les différentes espèces de tradition.

194. La tradition est la translation que fait une personne à une autre, de la possession d'une chose : *Traditio est possessionis datio.*

On en distingue plusieurs espèces : la tradition réelle, la tradition symbolique, la tradition *longæ manûs*, la tradition *brevis manûs.* Enfin il y a des traditions feintes qui résultent de certaines clauses apposées aux actes de donations, de ventes, et autres actes semblables.

§. I. De la tradition réelle.

195. La tradition réelle est celle qui se fait par une préhension corporelle de la chose, faite par celui à qui on entend en faire la tradition, ou par quelqu'un de sa part.

Lorsque la chose est un meuble corporel, la tradition réelle s'en fait à une personne en la remettant entre ses mains, ou en celles d'un autre qui la reçoit pour elle de son ordre. Par exemple, si j'ai acheté un livre chez un libraire, ce libraire me fait la tradition réelle de ce livre en me le remettant entre les mains, ou entre les mains de mon domestique par qui je l'ai envoyé quérir.

196. Lorsque la chose est un fonds de terre, la tradition réelle s'en fait lorsque, de mon consentement, la personne à qui j'entends en faire la tradition réelle, se transporte sur ce fonds de terre, ou par elle-même, ou par quelqu'un qui s'y transporte pour elle et de son ordre.

Lorsque c'est une maison, le vendeur qui me l'a vendue, m'en fait la tradition réelle en délogeant les meubles qu'il y a, et en souffrant que j'y porte les miens.

197. Lorsque c'est une chose qui tenoit à votre héritage, et en faisoit partie, que vous m'avez vendue ou donnée ; comme si vous m'aviez vendu ou donné de la pierre que vous m'avez permis d'y fouiller, ou des arbres sur pied que vous m'avez permis d'abattre ; la tradition réelle s'en fait par la séparation que je fais faire, avec votre permission, de cette chose, de la terre où elle tenoit, et j'en acquiers, par cette tradition, le domaine aussitôt que la chose a été détachée et séparée de la terre : *Qui saxum mihi eximere de suo permisit donationis* (1) *causâ, statim quùm lapis exemptus est, meus fit, neque prohibendo me evehere efficit ut meus esse desinat, quia quodammodo traditione meus factus est.... quasi enim traditio videtur facta quùm eximitur domini voluntate. Quod in saxo est, idem erit etiamsi in arbore cæsâ vel demptâ acciderit;* l. 6, ff. *de acq. rer. dom.*

198. Il n'est pas nécessaire pour la tradition réelle, même d'un héritage, qu'il en soit fait un acte par écrit, ni que celui qui m'en fait la tradition ait dit qu'il m'en fait cette tradition ; il suffit qu'il ait souffert que je me transportasse sur l'héritage par moi-même, ou par quelque autre, en mon

_____

(1) *Aut quovis alio titulo, nil refert.*

nom, pour me mettre en possession : *Licèt instrumento non sit comprehensum quòd tibi tradita sit possessio, ipsa tamen veritate id consecutus es, si, sciente venditore, in possessione fuisti;* l. 2, *Cod. de acq. possès.*

Non idcircò minùs emptio perfecta (1) *est quod..... instrumentum vacuæ possessionis inductum est; nam secundùm consensum authoris possessionem ingressus rectè possidet;* l. 12, *Cod. de contrah. empt.*

§. II. De la tradition symbolique.

199. La tradition symbolique est celle par laquelle on remet entre les mains de la personne à qui on entend faire la tradition d'une chose, non la chose même, mais quelque chose qui la représente, et qui met en son pouvoir la chose dont on entend lui faire la tradition.

Cette tradition est équivalente à la tradition réelle qui seroit faite de la chose même. Par exemple, lorsque je vous ai remis entre les mains les clefs d'un magasin où sont des marchandises que je me suis obligé de vous livrer, pour que vous puissiez les enlever quand bon vous semblera; je suis censé, par cette tradition de clefs, vous avoir fait tradition des marchandises : *Si quis merces in horreo repositas vendiderit, simul atque claves horrei tradiderit emptori, transfert proprietatem mercium ad emptorem;* l. 9, §. 6, ff. *de acq. rer. dom.*

Papinien vouloit que pour que cette tradition des clefs du magasin équipollât à la tradition des marchandises qui y étoient, elle se fît *in re præsenti*, à la vue du magasin : *Clavibus traditis, ità mercium in horreis conditarum possessio tradita videtur, si claves apud horrea traditæ sint; quo facto confestim emptor dominium et possessionem adipiscitur, etsi non aperuerit horrea;* l. 74, ff. *contrah. empt.*

Dans notre droit, je pense qu'en quelque lieu que les clefs aient été remises, pourvu que celui à qui elles sont remises sache où est le magasin, la tradition des marchandises qui y sont doit être censée faite.

---

(1) *Perfectam hic intelligit, non quæ per consensum perfecta est, sed quæ per traditionem consummata est.*

200. La tradition que le vendeur ou donateur d'une maison feroit des clefs de cette maison à l'acheteur ou donataire, après en avoir délogé ses meubles, me paroît aussi devoir passer pour une tradition symbolique de la maison, qui doit équipoller à une tradition réelle.

201. La tradition des titres d'une chose est aussi une tradition symbolique qui équipolle à la tradition réelle de la chose : *Emptionem mancipiorum instrumentis donatis et traditis, et ipsorum mancipiorum donationem et traditionem factam intelligis; l. 1, Cod. de donat.*

§. III. De la tradition *longæ manûs*.

202. La tradition qu'on appelle *longæ manûs* est celle qui se fait sans aucune préhension corporelle de la chose dont on entend faire la tradition, et qui consiste dans la seule montrée qui est faite de cette chose à celui à qui on entend en faire la tradition, avec la faculté qui lui est donnée de s'en mettre en possession.

Cette tradition est équivalente à la tradition réelle. Par exemple, lorsqu'un marchand de bois, qui m'a vendu une grosse pièce de bois qui est dans sa cour, me donne, en me la montrant, la permission de la faire enlever quand il me plaira; cette permission qu'il me donne, en me la montrant, est regardée comme une tradition qu'il me fait de cette pièce de bois : je suis censé dès-lors commencer à la posséder *oculis et affectu*, même avant que personne de ma part se soit mis en devoir de l'enlever. C'est pourquoi Paul dit : *Non est corpore et actu necesse apprehendere possessionem, sed etiam oculis et affectu, et argumento esse eas res quæ propter magnitudinem ponderis moveri non possunt, ut columnas : nam pro traditis eas haberi, si in re præsenti consenserint; l. 1, §. 21, ff. de acq. posses.*

203. Jabolenus va jusqu'à dire que cette espèce de tradition est censée intervenir même à l'égard d'une somme d'argent ou de quelque autre chose que ce soit, lorsque celui qui me la doit me l'expose et me la laisse sur ma table : la tradition, suivant ce jurisconsulte, est censée dès-

10.

8

lors m'en être faite, et je suis dès-lors censé la posséder avant d'y avoir touché : *Pecuniam quam mihi debes aut aliam rem, si in conspectu meo ponere te jubeam, efficitur ut et tu statim libereris, et mea fiat; nam tum quod à nullo corporaliter ejus rei possessio detineretur, acquisita mihi, et quodammodo longâ manu tradita* (1) *existimanda est; l.* 79, ff. *de solut.*

204. Cette tradition peut aussi se pratiquer à l'égard des héritages. La montrée que celui qui m'a vendu un héritage me fait de cet héritage du haut de ma tour, avec la faculté qu'il me donne de m'en mettre en possession, équivaut à une tradition réelle de l'héritage : *Si vicinum mihi fundum mercato, venditor in meâ turre demonstret, vacuamque se possessionem tradere dicat, non minùs possidere cœpi, quàm si pedem finibus tulissem; l.* 18, §. 2, ff. *de acq. poss.*

Dans tous ces cas, les yeux de celui à qui on fait la montrée de la chose dont on entend lui faire la tradition, font la fonction de ses pieds et de ses mains, et lui font acquérir la possession de l'héritage dont on lui a fait la montrée, de même que s'il s'y fût transporté; et celle d'une chose mobilière, de même que s'il l'eût reçue entre ses mains.

§. IV. Si la marque qu'un acheteur met, du consentement du vendeur, aux choses qu'il lui a vendues, tient lieu de la tradition.

205. Elle est censée en tenir lieu à l'égard des choses de grand poids. Paul dit, *videri trabes traditas quas emptor signasset; l.* 14, §. 1, ff. *de peric. comm.* : mais à l'égard des choses facilement transportables, la marque que l'acheteur y met est censée n'y être mise qu'*in argumentum venditionis contractæ,* et pour empêcher qu'on n'en substitue d'autres; et elle n'est point censée renfermer une tradition : *Si dolium signatum sit ab emptore, Trebatius ait traditum id videri : Labeo contrà, quod et verum est;*

_____

(1) *Longam manum Jabolenus appellat oculos et affectum possidenti, qui in hâc specie, in adipiscendâ rei possessione manûs officium supplent, et sunt instar longæ manûs per quam rem longiùs positam prehendere videmur.*

*magis enim ne summutetur signare solere , quàm ut tra-
dere tùm videatur; l. 2, §. 2, ff. d. tit.* On doit néanmoins suivre, à cet égard, l'usage des lieux. Si l'usage du
lieu où le marché a été passé, étoit de regarder la marque
faite du consentement du vendeur, comme équivalente à
tradition, il faudroit s'y conformer.

§. V. De la tradition qui est censée intervenir par la fiction *brevis manûs.*

206. Cette fiction a lieu lorsque je veux transférer le domaine d'une chose à quelqu'un qui se trouve l'avoir par-
devers lui, *putà*, à titre de prêt, de dépôt ou de louáge.
La fiction consiste à feindre qu'il m'a rendu la chose qu'il
tenoit de moi, *putà*, à titre de louage, et que je la lui ai
livrée incontinent de nouveau, pour la posséder dorénavant
au titre de la vente, ou de la donation que je lui en ai faite,
comme dans ce cas : *Quædam mulier fundum ità non
marito donavit per epistolam..... proponebatur quod etiam
in eo agro qui donabatur, fuisset* (1), *quùm epistola mit-
teretur; quæ res sufficiebat ad traditam possessionem;*
l. 77, ff. *de rei vindic.*

Cette invention de la fiction *brevis manûs* est dans ce
cas, et dans les autres cas semblables, fort inutile; il vaut
mieux dire plus simplement, qu'on peut transférer à quelqu'un le domaine d'une chose par le seul consentement des
parties et sans tradition, lorsque la chose se trouve déjà
par-devers lui. C'est ce que dit Gaïus : *Interdùm etiam
sine traditione nuda voluntas domini sufficit ad rem
transferendam, veluti si rem quam commodavi aut locavi
tibi, aut apud te deposui, vendidero tibi; l. 9, §. 5, ff. de
acq. rer. dom.*

207. La fiction *brevis manûs* est mieux employée dans
le cas auquel, pour vous prêter une somme d'argent, je
vous la fais compter par mon débiteur qui me la doit. C'est
par le secours de cette fiction *brevis manûs*, qu'est censé
intervenir entre nous un contrat de prêt de cette somme ;
car étant de l'essence de ce contrat, qui est appelé *mutuum*,

(1) Supple *donatarius.*

quasi de meo tuum, que le domaine de la somme que je vous prête passe de moi à vous, il faut, par cette fiction *brevis manûs,* que mon débiteur qui vous compte cette somme, m'en ait fait acquérir le domaine par une première tradition feinte qu'il m'en a faite pour me la payer, et qu'en ayant ainsi acquis le domaine, je vous en fasse la tradition par son ministère.

Ulpien traite de cette fiction *brevis manûs* en la loi 15, ff. *de reb. cred.,* où il dit : *Singularia quædam recepta sunt circà pecuniam creditam ; nam si tibi debitorem meum jussero dare pecuniam, obligaris* (1) *mihi, quamvis meos* (2) *nummos non acceperis. Quod igitur in duabus personis* (3) *recipitur, hoc et in câdem personâ recipiendum est, ut quùm ex causâ mandati pecuniam mihi debeas, et convenerit ut crediti nomine eam retineas, videatur mihi data pecunia, et à me ad te profecta.*

§. VI. De la tradition feinte qui résulte de certaines clauses apposées au contrat de vente ou de donation de la chose, ou autres contrats semblables.

208. Il y a plusieurs clauses qu'on appose aux contrats de vente ou de donation d'une chose, ou autres contrats semblables, qui sont censées renfermer une tradition feinte de cette chose. Telle est la clause qu'on appelle de *constitut.*

La clause de *constitut* renferme une espèce de tradition feinte.

C'est une clause qu'on met dans un contrat de donation ou de vente, ou dans quelque autre espèce de contrat, par laquelle le vendeur ou le donateur, en continuant de retenir par-devers lui la chose vendue ou donnée, déclare qu'il entend désormais ne la tenir que pour et au nom de l'acheteur ou du donataire.

---

(1) *Ex mutuo mutuum videtur contractum.*

(2) *Quamvis nummi quos accepisti, in rei veritate, non fuerint mei nummi, sed nummi debitoris, qui eos meo jussu tibi numeravit; nam per fictionem brevis manûs, intelliguntur fuisse mei.* V. not. seq.

(3) *Id est fictio quæ recipitur in duabus personis, scilicet in personâ debitoris, qui nummos jussu meo tibi numerando, fingitur eos priùs mihi solvisse, et meos effecisse; et in meâ personâ, quia fingor eos nummos mihi à debitore meo solutos et meos effectos, tibi per ministerium hujus debitoris numerasse.*

Par cette clause, le vendeur ou donateur est censé faire la tradition de la chose à l'acheteur ou donataire, qui est censé prendre possession de la chose par la personne du vendeur ou du donateur, par la déclaration que fait le vendeur ou donateur, qu'il possède désormais au nom de l'acheteur.

209. On peut en dire autant de la clause de précaire, par laquelle le vendeur ou le donateur déclare qu'il n'entend plus tenir la chose donnée ou vendue que précairement de l'acheteur ou donataire.

210. La clause de rétention d'usufruit, dans un contrat de donation ou de vente, ou dans quelque autre contrat, renferme pareillement une tradition feinte de la chose donnée ou vendue ; car l'usufruit étant essentiellement le droit de jouir de la chose d'autrui, et personne ne pouvant, *per rerum naturam*, être usufruitier de sa propre chose, le donateur ou le vendeur, en déclarant qu'il retient l'usufruit de la chose donnée ou vendue, déclare suffisamment qu'il ne tient plus la chose en son nom et comme une chose qui lui appartient, mais au nom du donataire ou acheteur, et comme une chose appartenante audit donataire ou acheteur, lequel donataire ou acheteur est censé par là en prendre possession par le ministère du donateur ou vendeur. C'est ce qui est décidé par la constitution des empereurs Honorius et Théodose le jeune : *Quisquis rem aliquam donando, vel in dotem dando, vel vendendo, usumfructum ejus retinuerit.... eam continuò tradidisse credatur ; nec quid ampliùs requiratur quò magìs videatur facta traditio ; sed omnimodò idem sit in his causis usumfructum retinere quod tradere ;* L. 28, *Cod. de donat.*

211. Il en est de même de la clause par laquelle, dans un contrat de donation ou de vente, le donateur ou vendeur prend à ferme ou à loyer, du donataire ou de l'acheteur, la chose donnée ou vendue : *Quædam mulier fundum ità non marito donavit, et eumdem fundum ab eo conduxit ; posse defendi in rem* (1) *ei (donatario) compe-*

---

(1) *Actionem in rem quæ soli domino competit.*

tere, quasi per ipsam acquisierit possessionem, veluti per colonam; L. 77, ff. de rei vindic.

Il en doit être de même de la clause par laquelle le vendeur ou donateur auroit déclaré tenir la chose à titre de prêt ou à titre de dépôt, de l'acheteur ou donataire.

212. Nos coutumes ont suivi les dispositions du droit romain sur ces clauses, et elles les regardent pareillement comme renfermant une tradition qui équipolle à la tradition réelle. Celle de Meaux, *ch. 3, art. 13,* dit en termes formels : *Équipolle rétention d'usufruit à vraie tradition réelle et actuelle.* Celle de Sens, *art. 230,* parle de *clause translative de possession, comme constitut, rétention d'usufruit, précaire ou autre.* Voyez Paris, *art. 175,* et *la Conférence de Guénois sur cet article.*

213. La coutume d'Orléans, *art. 278,* veut même que la simple clause de dessaisine-saisine, par laquelle le vendeur ou donateur déclare qu'il se dessaisit de l'héritage, et qu'il en saisit l'acheteur ou donataire, lorsqu'elle est dans un acte passé devant notaire, soit censée renfermer une tradition feinte qui équipolle à la tradition réelle. Voici comme elle s'en explique : « Dessaisines et saisines faites par-« devant notaire de cour laie de la chose aliénée, valent et « équipollent à tradition de fait et possession prinse de la « chose, sans qu'il soit requis autre appréhension. »

Pour la tradition feinte qui résulte de cette clause, il faut trois choses : 1° que cette clause soit interposée par un acte reçu devant notaires ; car c'est de la solennité de l'acte et du caractère de l'officier public qui l'a reçu, que la clause a la vertu de passer pour une tradition qui équipolle à la tradition de fait. Il faut, 2° que le vendeur ou donateur qui déclare par l'acte se dessaisir de la chose, et en saisir l'acheteur ou donataire, soit, lors de l'acte, en possession réelle de cette chose ; car la fiction imite la vérité. De même qu'il n'est pas possible que quelqu'un se dessaisisse réellement d'une possession qu'il n'a pas, et en saisisse une autre personne, on ne peut, par la même raison, feindre qu'il s'en soit dessaisi, et en ait saisi quelqu'un. Il faut, 3° que depuis l'acte le vendeur ou donateur ne soit plus demeuré en possession de l'héritage, et qu'il l'ait laissé vacant, de manière que l'acheteur ou donataire eût la faculté de s'en mettre en possession quand bon lui sembleroit.

§. VII. Des traditions qui ont lieu à l'égard des choses incorporelles.

214. Les choses incorporelles n'étant pas susceptibles de possession, puisque la possession consiste dans une détention corporelle qu'on a d'une chose, c'est une conséquence qu'elles ne sont pas non plus susceptibles de tradition, la tradition n'étant autre chose qu'une translation de possession. Néanmoins, comme à défaut d'une possession proprement dite, on reconnoît une espèce de quasi-possession des choses incorporelles, laquelle consiste dans l'usage qu'on en fait, il doit aussi y avoir une espèce de tradition des choses incorporelles.

Cette tradition, à l'égard des droits réels, tels que les droits de servitude, se fait *usu et patientiâ*, c'est-à-dire, lorsque celui qui, au vu et au su duquel il en use, l'en souffre user. Par exemple, si je me suis obligé de vous constituer un droit de passage sur mon héritage, je suis censé vous faire la tradition de ce droit, lorsque vous commencez à y passer, et que je le souffre; si je me suis obligé de vous donner un droit de vue sur ma maison, lorsque vous avez ouvert une fenêtre dans le mur mitoyen et commun, et que je l'ai souffert.

215. A l'égard des droits de créance, lorsque quelqu'un m'a fait une cession ou transport d'une créance, la tradition ne peut s'en faire que par la signification que je fais faire de mon acte de transport à celui qui en est le débiteur.

C'est ce qui est porté par l'*art.* 108 de la coutume de Paris, qui fait à cet égard un droit commun. Il y est dit : *Un simple transport ne saisit point; il faut signifier le transport à la partie, et en donner copie.*

Cette signification se fait par un sergent. L'acceptation que le débiteur fait du transport a le même effet que la signification du transport; elle tient lieu de la tradition de la créance cédée, et en transfère la propriété au cessionnaire : mais les actes sous signature privée n'ayant de date contre les tiers que du jour qu'ils leur sont représentés, comme nous l'avons vu en notre *Traité des Obligations*, n. 716, il faut, vis-à-vis du tiers, qu'à défaut de signification du transport, la date de l'acceptation du transport, qui en tient lieu, soit constatée par un acte devant notaires, ou autrement.

Faute de signification ou d'acceptation du transport de la créance, la propriété n'en est point transférée au cessionnaire; le cédant en demeure toujours le propriétaire. Le paiement que lui en feroit le débiteur depuis la cession, seroit valable et éteindroit la créance. Les créanciers du cédant peuvent saisir et arrêter sa créance sur le débiteur, et sont préférés, pour s'en faire payer, au cessionnaire qui n'auroit point encore, lors de leur saisie, signifié son transport. Enfin le cédant peut, depuis la cession faite au premier cessionnaire qui n'a point signifié son transport, faire transport et cession de la créance à un second cessionnaire, lequel, s'il est plus diligent que le premier cessionnaire à signifier au débiteur ce second transport, acquerra la propriété de la créance; sauf au premier cessionnaire son recours contre le cédant.

216. Le principe que la signification du transport d'une créance est nécessaire pour tenir lieu de tradition de cette créance, et en transférer la propriété au cessionnaire, souffre exception à l'égard des lettres de change et des billets à ordre; car aussitôt que le propriétaire de la créance contenue dans une lettre de change, ou dans un billet à ordre, m'en a fait transport, en me passant son ordre à mon profit au dos de la lettre de change ou du billet, et qu'il m'a remis entre les mains la lettre de change ou le billet à ordre, je deviens propriétaire de la créance qui y est contenue, sans que j'aie fait aucune signification au débiteur. Mon cédant ne peut plus dès-lors la céder à un autre; ses créanciers ne peuvent plus dès-lors la saisir entre les mains du débiteur, et le débiteur ne peut plus dès-lors la lui payer valablement. C'est pourquoi lorsque le débiteur d'une créance portée par une lettre de change ou par un billet à ordre veut en faire le paiement, il doit, pour payer sûrement, se faire

représenter et remettre la lettre ou le billet, pour connoître si celui à qui il paie en est encore le créancier.

217. Le principe souffre une seconde exception à l'égard des créances portées par des billets ou papiers payables au porteur : la tradition est censée s'en faire par la tradition des billets et papiers qui les renferment.

ARTICLE II.

Des conditions requises pour que la tradition transfère la propriété.

218. Nous remarquons quatre conditions dont le concours est nécessaire pour que la tradition qu'on fait à quelqu'un d'une chose lui en transfère la propriété, ou à celui au nom duquel il la reçoit.

Il faut, 1° que celui qui fait à quelqu'un la tradition d'une chose en soit le propriétaire, ou la fasse du consentement du propriétaire. Il faut, 2° que ce propriétaire, qui fait la tradition ou qui la consent, soit capable d'aliéner. 3° Il faut que la tradition soit faite en vertu d'un titre vrai, ou du moins putatif, de nature à transférer la propriété. 4° Il faut enfin le consentement des parties. Nous traiterons de ces quatre conditions dans autant de paragraphes. Nous rapporterons, dans un cinquième paragraphe, une condition qui est particulière à la tradition qui se fait en exécution d'un contrat de vente.

§. I. Première condition. Il faut que la tradition se fasse par le propriétaire de la chose, ou de son consentement.

219. C'est un principe pris dans la nature des choses, que personne ne peut transférer à un autre plus de droit dans une chose qu'il n'y en a lui-même : *Nemo plus juris ad alium transferre potest, quàm ipse haberet; l. 14, ff. de R. J.*

De là il suit que celui qui n'est pas propriétaire d'une chose ne peut, par la tradition qu'il en fait à quelqu'un, lui en transférer la propriété qu'il n'a pas. C'est pourquoi Ulpien dit : *Traditio nihil ampliùs transferre debet vel potest ad eum qui accipit, quàm est apud eum qui tradit : si igitur quis dominium in fundo habuit, id tradendo*

*transfert; si non habuit, ad eum qui accipit nihil trans-
fert;* l. 20, ff. *de acq. rer. dom.* Ce qui doit s'entendre
avec cette limitation, à moins que le propriétaire ne donne
son consentement à la tradition; car, pour que la tradition
qui est faite à quelqu'un d'une chose puisse lui en transférer la propriété, il n'importe que ce soit le propriétaire de
la chose qui en fasse lui-même la tradition, ou que ce soit
une autre personne, du consentement du propriétaire :
*Nihil interest utrùm ipse dominus per se tradat alicui rem,
an voluntate ejus aliquis;* l. 9, §. 4, ff. *d. tit.*

220. Il n'est pas même nécessaire, pour que la tradition
transfère la propriété d'une chose, que le consentement
qu'y donne le propriétaire soit un consentement formel
et spécial; un consentement général et implicite suffit pour
cela.

Par exemple, lorsque j'ai chargé quelqu'un de l'administration de mes affaires, je suis censé, par cela seul, avoir
donné un consentement général à toutes les ventes qu'il fera
pour l'administration de mes affaires, et à la tradition des
choses vendues; et ce consentement général et implicite est
suffisant pour que la tradition qu'il fera de ces choses en
transfère la propriété à ceux à qui il la fera : *Si cui libera
negotiorum administratio ab eo qui peregrè proficiscitur
permissa fuerit, et is ex negotiis rem vendiderit et tradiderit, facit eam accipientis;* l. 9, §. 4, ff. *de acq. rer. dom.*

221. Observez que c'est au temps que se fait la tradition, que le consentement du propriétaire à la tradition doit
intervenir, pour qu'elle puisse transférer la propriété de la
chose à celui à qui elle est faite. Si le propriétaire, ayant
volontairement, et sans y être obligé, consenti à la tradition
que je devois faire de sa chose, eût depuis, avant que je
l'aie faite, changé de volonté, ou eût perdu la vie ou la
raison; son consentement ne subsistant plus, la tradition
que je ferois depuis ne pourroit transférer la propriété à
celui à qui je la ferois. C'est ce que décide Africanus dans
cette espèce : *Si tibi in hoc dederim nummos, ut eos Sticho
credas, deindè mortuo me ignorans dederis, accipientis
non facies;* l. 41, ff. *de reb. cred.* Car, quoique j'eusse

consenti à la tradition que vous deviez faire à Stichus de cet argent dont j'étois propriétaire, mon consentement ne subsistoit plus, lorsque vous avez compté ces deniers à Stichus ; la tradition que vous lui en avez faite n'a pu lui en transférer la propriété sans le consentement de mon héritier, qui, par ma mort, en étoit devenu le propriétaire.

Vice versâ, quoique vous m'ayez vendu une chose à l'insu du propriétaire, il suffit qu'au temps de la tradition que vous m'en faites, le propriétaire de la chose ait consenti à cette tradition, pour qu'elle m'ait transféré la propriété de la chose : *Constat, si rem alienam scienti mihi vendas, tradas autem eo tempore quo dominus ratum habet, traditionis tempus inspiciendum, remque meam fieri;* l. 44, §. 1, ff. *de usucap.*

222. La tradition d'une chose est censée faite par le propriétaire, et transfère la propriété de la chose à celui à qui elle est faite, non seulement lorsqu'elle est faite par le propriétaire lui-même, mais lorsqu'elle est faite, en son nom, par quelqu'un qui a qualité pour cela. Par exemple, lorsque le tuteur d'un mineur, ou le curateur d'un interdit, vend, en sa qualité de tuteur ou de curateur, des choses mobilières appartenantes au mineur ou à l'interdit, et en fait, en cette qualité, la tradition aux acheteurs, c'est le mineur ou l'interdit propriétaire des choses vendues, qui est censé en avoir fait la tradition par le ministère de son tuteur ou curateur ; en conséquence, cette tradition en a transféré la propriété aux acheteurs. C'est le cas de cette maxime, *Le fait du tuteur est le fait du mineur.*

Mais si le tuteur ou curateur avoit vendu en son nom de tuteur ou de curateur, sans décret du juge, un héritage du mineur ou de l'interdit, la tradition qu'il en feroit audit nom, ne seroit pas censée faite par le mineur ou l'interdit, et ne transféreroit pas la propriété de l'héritage à l'acheteur : car le fait du tuteur n'est censé celui du mineur que dans les choses qui n'excèdent pas le pouvoir du tuteur ; mais l'aliénation des immeubles du mineur ou de l'interdit est une chose qui excède le pouvoir d'un tuteur ou d'un curateur.

223. On a fait la question de savoir si, vous ayant donné une chose pour la donner en mon nom à quelqu'un, la tradition que vous lui en avez faite, non en mon nom, mais au vôtre, lui en a transféré la propriété. Jabolenus décide que, suivant la subtilité du droit, elle ne l'a pas tranférée, la tradition n'ayant pas été faite par le propriétaire de la chose, puisqu'elle n'a pas été faite en mon nom, et que j'en étois le propriétaire, ni même du consentement du propriétaire; car j'ai bien voulu qu'on la donnât et qu'on en fît la tradition en mon nom, mais je n'ai pas consenti à la tradition que vous avez faite en votre nom. Néanmoins ce jurisconsulte ajoute que, suivant l'équité, je ne dois pas être reçu à revendiquer la chose sur celui à qui la tradition en a été faite, ayant eu la volonté de la lui donner : *Si tibi dederim rem ut Titio nomine meo dares, et tuo nomine eam ei dederis, an factam ejus putas? Respondit : Si rem tibi dederim ut Titio meo nomine donares, eamque tu tuo nomine ei dederis ; quantùm ad juris subtilitatem, accipientis facta non est, et tu furti obligaris : sed benignius est, si agam contrà eum qui rem accepit, exceptione doli mali me summoveri ;* l. 5, ff. *de donat.*

224. Le principe que la tradition d'une chose ne peut en transférer la propriété à celui à qui elle est faite, si elle n'est faite par le propriétaire, ou de son consentement, souffre quelques exceptions.

La première est lorsque les effets d'un débiteur sont saisis et vendus par ses créanciers, nonobstant l'opposition qu'il a faite à la saisie et à la vente, dont il a été débouté. La tradition qui en est faite par l'huissier à ceux qui s'en sont rendus adjudicataires, quoique faite sans le consentement du débiteur, qui étoit le propriétaire de ces effets, leur en transfère le propriété : ce qui fait dire à Ulpien : *Non est novum ut qui dominium non habeat alii dominium præbeat : nam et creditor pignus vendendo, causam dominii præstat quod ipse non habuit ;* l. 46, ff. *de acq. rer. dom.*

Dans le cas de la vente du gage conventionnel, on peut dire que le débiteur, en donnant la chose en gage, est censé avoir consenti à la vente qui en seroit faite à défaut de paiement. Mais dans le cas du gage judiciel, lorsque les effets d'un débiteur sont saisis et vendus, la propriété en est transférée aux adjudicataires, sans qu'il puisse paroître aucun consentement du débiteur qui en étoit le propriétaire.

On peut ajouter, pour seconde exception, le cas auquel ayant fait, nonobstant l'opposition de mon copropriétaire, ordonner la licitation d'une chose commune, où les enchères des étrangers seroient reçues, la tradition de cette chose est faite à un étranger qui s'en est rendu adjudicataire : alors la tradition qui lui en est faite lui en transfère la propriété, même pour la part de mon copropriétaire, quoique la licitation et la tradition aient été faites contre son consentement.

L'autorité du juge supplée dans ces cas au consentement du propriétaire.

§. II. Seconde condition. Il faut que le propriétaire qui fait la tradition, ou qui y consent, soit capable d'aliéner.

225. Pour que la tradition d'une chose en puisse transférer le domaine de propriété à celui à qui elle est faite, il ne suffit pas qu'elle ait été faite par le propriétaire de la chose, ou de son consentement ; il faut encore que ce propriétaire qui a fait la tradition ou qui l'a consentie, ait été capable d'aliéner.

C'est pourquoi une femme qui est sous puissance de mari, n'étant pas capable de rien aliéner sans y être autorisée par son mari ou par justice, comme nous l'avons vu en notre Traité de la Puissance du Mari sur la personne et les biens de sa femme, la tradition des choses à elle appartenantes, qu'elle feroit ou consentiroit sans cette autorisation, n'en transféreroit pas la propriété à ceux à qui elle auroit été faite.

Par la même raison, la tradition qu'un mineur sous puissance de tuteur, ou un interdit pour cause de prodigalité, fait ou consent des choses à lui appartenantes, n'en transfère point la propriété à ceux à qui elle a été faite, ces personnes n'étant pas capables de rien aliéner.

Les mineurs, quoique émancipés, soit par lettres du prince,

soit même par le mariage, n'étant pas capables d'aliéner leurs immeubles, la tradition qu'ils en feroient, ou à laquelle ils consentiroient, n'en peut transférer la propriété.

Observez une différence entre l'incapacité des mineurs et des interdits pour cause de prodigalité, et celle des femmes sous puissance de mari. Celle-ci, établie en faveur du mari, est une incapacité absolue. La tradition que cette femme fait sans autorisation est absolument nulle, et ne peut jamais être censée avoir transféré la propriété, quand même, depuis qu'elle est devenue libre par la mort de son mari, elle auroit ratifié la vente et la tradition qu'elle a faite étant sous sa puissance : une telle ratification ne seroit regardée que comme une nouvelle vente et un nouveau consentement à la translation de propriété de ces choses, qui n'a d'effet que *ut ex nunc*, et du jour de l'acte de ratification.

Au contraire, l'incapacité des mineurs n'étant établie qu'en leur faveur, elle n'est que relative ; ils ne sont censés incapables d'aliéner les choses qui leur appartiennent, et les aliénations qu'ils en font ne sont censées nulles, qu'autant qu'elles pourroient leur être désavantageuses. C'est pourquoi si, étant devenus majeurs, ils les ont approuvées, soit par une ratification expresse, soit par une approbation tacite, en laissant écouler le temps de dix ans depuis leur majorité sans se pourvoir contre, ils sont censés avoir été capables d'aliéner les choses qu'ils ont aliénées, quoiqu'en minorité ; et la tradition qu'ils en ont faite est censée en avoir transféré incontinent la propriété à ceux à qui elle a été faite.

Il en est de même des interdits pour cause de prodigalité. J'ai dit pour cause de prodigalité ; car il est évident que tout ce qui se fait par ceux qui le sont pour cause de démence, est absolument nul.

226. On ne doit pas mettre au rang de ceux qui sont incapables d'aliéner, un débiteur insolvable, lorsqu'il a aliéné, en fraude de ses créanciers, les choses qui lui appartiennent. La loi donne bien aux créanciers une action révocatoire de l'aliénation qu'il en a faite, contre les ache-

teurs qui ont eu connoissance de la fraude, et contre les
donataires, quand même ils n'en auroient pas eu de connoissance; mais en attendant, la tradition qu'il leur en fait
leur en transfère la propriété. C'est ce qu'enseigne Pomponius : *Si sciens* (1) *emam ab eo cui bonis interdictum
sit...... dominus non ero; dissimiliter atque si à debitore
sciens creditorem fraudari* (2), *emero;* l. 26, ff. *de contrah. emptione.*

227. Un propriétaire grevé de substitution n'est pas non
plus incapable d'aliéner, même les héritages compris en la
substitution dont il est grevé; et la tradition qu'il en fait ou
qu'il consent en transfère le domaine de propriété à ceux
à qui elle est faite, à la charge de la substitution, et seulement jusqu'au temps de son ouverture, comme nous le
verrons en l'article suivant.

§. III. Il faut que la tradition soit faite en vertu d'un titre vrai, ou du
moins putatif, qui soit de nature à transférer la propriété.

228. La tradition, quoique faite ou consentie par le propriétaire de la chose, qui est capable d'aliéner, n'en transfère la propriété qu'autant qu'elle est faite en vertu de quelque titre vrai ou putatif: *Nunquam nuda traditio transfert
dominium, sed ità si venditio aut aliqua justa causa
præcesserit, propter quam traditio sequeretur;* l. 31, ff. *de
acq. rer. dom.*

229. On appelle justes titres ceux qui sont de nature
à transférer le domaine de propriété des choses, tels que
ceux de vente, d'échange, de donation, de legs, etc.

Généralement toute obligation que j'ai contractée de donner à quelqu'un une chose en propriété, est un juste titre
pour que la tradition qui est faite de cette chose, ou de
quelque autre chose en sa place, au créancier ou à quelque
autre qui la reçoit de son ordre, en paiement de cette obligation, lui en transfère la propriété.

(1) *Sciens vel ignorans, nihil refert.*
(2) *Nam hoc casu dominium ad me per traditionem transfertur, sic tamen
ut creditor mihi per Paulianam actionem illud auferre possit.*

Mais il est évident que la tradition que j'ai faite à quelqu'un de ma chose pour cause de prêt, de louage, de nantissement, de dépôt, ou pour la lui faire voir, ne lui en transfère pas la propriété, ces titres n'étant pas de nature à transférer la propriété.

230. Observez qu'un titre, quoiqu'il ne soit que putatif, suffit pour que la tradition que je vous fais de ma chose en conséquence de ce titre, que je me suis faussement persuadé exister, quoiqu'il n'existe pas, vous en transfère la propriété : j'ai seulement en ce cas, lorsque l'erreur aura été reconnue, une action personnelle contre vous, qu'on appelle *condictio indebiti,* ou *condictio sine causâ,* pour que vous soyez tenu de me rendre ce que je vous ai donné.

Par exemple, je vois un testament, par lequel mon père vous a légué une certaine chose ; j'ignore qu'il y a un codicille par lequel ce legs a été révoqué : quoique, en ce cas, il n'y ait point de legs fait à votre profit, puisqu'il a été révoqué, néanmoins la tradition que je vous ai faite de cette chose en conséquence de la fausse opinion en laquelle j'étois, vous en a transféré la propriété, sauf à moi, lorsque l'erreur aura été reconnue, à la répéter par l'action *condictio indebiti.*

Voyez ce que nous avons dit de cette action *condictio indebiti,* dans un *Appendice à notre Traité du Prêt de Consomption.*

§ IV. Du consentement des parties, nécessaire pour que la tradition transfère la propriété.

231. Le consentement des parties est nécessaire pour que la tradition d'une chose en transfère la propriété à celui à qui elle est faite ; c'est-à-dire qu'il faut que le propriétaire de la chose qui en fait, ou par l'ordre duquel s'en fait la tradition à quelqu'un, ait la volonté de lui en transférer la propriété, et que celui qui la reçoit ait la volonté de l'acquérir : *In omnibus rebus quæ dominium transferunt, concurrat oportet affectus ex utrâque parte contrahentium ; nam sive ea venditio, sive donatio, sive conduc-*

tio (1), *sive quælibet alia causa contrahendi fuit, nisi animus utriusque consentit, perduci ad effectum non potest*; L. 55, ff. *de obligat. et act.*

Ce consentement doit intervenir, et sur la chose qui fait l'objet de la tradition, et sur la personne à qui elle est faite, et sur la translation de propriété.

232. Premièrement, le consentement doit intervenir sur la chose qui fait l'objet de la tradition; c'est-à-dire qu'il faut que la chose, dont je vous fais la tradition, soit celle dont je veux vous transférer la propriété, et celle que vous voulez acquérir.

Si par erreur j'ai pris l'une pour l'autre, il n'y aura pas de translation de propriété. Par exemple, si, ayant la volonté de vous donner un Missel romain dont je ne me servois pas, je vous ai fait la tradition de mon Missel de Paris, que j'ai pris par erreur pour le Missel romain que je voulois vous donner, parceque la reliure étoit semblable, cette tradition n'opère la translation de propriété ni du Missel romain que je voulois vous donner, parceque ce n'est pas celui dont je vous ai fait la tradition, ni de celui de Paris, dont je vous ai fait la tradition, parceque ce n'est pas celui que j'ai voulu vous donner.

Pareillement, si je vais quérir chez un libraire un Missel de Paris que j'avois acheté chez lui la veille, et que ce libraire, ne se souvenant pas si c'est un Missel de Paris ou un Missel romain qu'il m'a vendu, me donne un Missel romain que je reçois sans y faire attention, croyant que c'est un Missel de Paris, cette tradition n'opère pas la translation de propriété, ni du Missel de Paris que j'ai acheté, puisque la tradition ne m'en a pas été faite, ni du Missel romain que j'ai reçu par erreur, puisque ce n'est pas celui que j'ai voulu acquérir.

233. Il faut, en second lieu, que le consentement intervienne sur la personne à qui on veut transférer la propriété de la chose dont on fait la tradition.

---

(1) Cela doit s'entendre d'un bail emphytéotique à perpétuité ou à longues années, qui transfère au preneur un domaine utile.

Par exemple, si, voulant donner une chose à Paul, je fais la tradition de cette chose à Pierre, que je prends pour Paul, lequel Pierre la reçoit, comptant la recevoir pour lui; il est évident que cette tradition ne transfère la propriété de la chose ni à Paul, à qui je la voulois donner (la tradition ne lui en ayant pas été faite), ni à Pierre, qui n'est pas celui à qui j'ai voulu la donner.

Pareillement, si, voulant me donner une chose, vous la donnez à mon homme d'affaires, comptant la lui donner pour moi, et qu'il l'ait reçue croyant la recevoir pour lui, cette tradition ne transférera la propriété de la chose ni à mon homme d'affaires, à qui vous n'avez pas voulu la donner, ni à moi, mon homme d'affaires ne l'ayant pas reçue pour moi : *Si procuratori meo rem tradideris ut meam faceres, is hâc mente acceperit ut suam faceret, nihil agetur*; L. 57, §. 6, ff. *de acq. rer. dom.*

234. La tradition qui est faite d'une chose ne peut, à la vérité, transférer la propriété, lorsque celui qui la reçoit est une autre personne que celle à qui j'ai voulu la transférer. Mais il n'est pas toujours nécessaire que celui qui la reçoit soit une certaine personne déterminée à qui j'ai voulu la donner; une volonté générale suffit : comme lorsque, dans un jour de réjouissance publique, le magistrat jette par une fenêtre, dans une place, de la monnoie au peuple; il en transfère la propriété à ceux qui la ramassent, quoique ce magistrat n'ait eu aucune de ces personnes en vue; il suffit, pour leur en transférer la propriété, qu'il ait eu une volonté générale de la transférer à ceux qui la ramasseroient. C'est ce qu'enseigne Gaïus : *Interdùm*, dit-il, *et in incertam personam collata domini voluntas transfert rei proprietatem, ut ecce qui missilia jactat in vulgus; ignorat enim quid eorum quisque excepturus sit, quia vult quod quisque exceperit ejus esse, statim eum dominum efficit*; L. 9, §. 7, ff. *de acq. rer. dom.*

235. Il faut, en troisième lieu, que le consentement intervienne sur la translation de propriété; c'est-à-dire qu'il faut que celui qui fait la tradition, ou qui y consent, ait la volonté de transférer à celui qui la reçoit le droit de pro-

priété qu'il a de cette chose, et que celui qui la reçoit ait pareillement la volonté d'acquérir ce droit de propriété.

C'est pourquoi, si je vous ai donné un livre dans l'intention de vous en transférer la propriété, et que vous l'ayez reçu, comptant que je vous en faisois seulement un prêt, la tradition que je vous en ai faite ne vous en aura pas transféré la propriété, faute de votre consentement à la translation de propriété.

236. Lorsqu'un acheteur a acheté une chose qu'il croyoit faussement ne pas appartenir à son vendeur, la tradition que lui en a faite son vendeur, lui en a-t-elle transféré la propriété? La raison de douter est, que cet acheteur, dans l'opinion où il étoit que la chose n'appartenoit pas à son vendeur, ne comptoit pas acquérir, par cette tradition, la propriété de cette chose. Il faut néanmoins décider que la propriété lui est transférée, parceque, quoiqu'il ne crût pas l'acquérir, néanmoins, la recevant à titre d'achat, il avoit la volonté de l'acquérir autant que faire se pourroit : *Qui ignoravit dominum esse rei venditorem, plus* (1) *in re est quàm in existimatione mentis : et ideò etsi existimet se non à domino emere, tamen si à domino ei tradatur, dominus efficitur;* l. 9, §. 4, ff. *de jur. et fact. ignor.*

237. Lorsqu'un tuteur ou un procureur a fait, en sa qualité de tuteur ou de procureur, la tradition d'une chose dont il ignoroit être le propriétaire, et qu'il croyoit appartenir à son mineur, ou à celui dont il géroit les affaires; la tradition qu'il a faite de cette chose n'en a point transféré la propriété à celui à qui elle a été faite; car il n'a pu avoir la volonté de transférer le droit de propriété de cette chose qu'il ignoroit avoir : *Si procurator meus, vel tutor pupilli rem suam quasi meam vel pupilli alii tradiderit, non recessit ab eo dominium, et nulla est alienatio, quia nemo errans rem suam amittit;* l. 35, ff. *de acquir. rer. dom.*

Par la même raison, si vous m'avez vendu une chose dont

---

(1) Voyez ce que nous avons dit sur cette règle de droit, et sur celle qui lui est opposée, en notre Ouvrage sur les *Pandectes, tit. de reg. jur.* n. 56 et 57.

j'ignorois être le propriétaire, et que vous en ayez fait, de mon ordre, la tradition à un tiers, cette tradition ne lui transfère pas la propriété : car j'ai bien eu la volonté de lui faire passer, de votre consentement, un droit de propriété que je m'étois faussement persuadé que vous aviez ; mais je n'ai pu avoir la volonté de lui transférer le véritable droit de propriété que j'ai de cette chose, puisque j'ignorois l'avoir : *Si rem meam mihi ignoranti vendideris, et jussu meo alii tradideris, non putat Pomponius dominium meum transire, quoniam non hoc mihi propositum fuit, sed quasi tuum dominium ad eum transire* ; l. 15, §. 2 ; ff. *de contrah. empt.*

Par la même raison, la tradition que je vous ai faite d'une chose dont j'ignorois être le propriétaire, et que je me persuadois faussement vous appartenir, ne vous en transfère pas la propriété ; car je n'ai pu avoir la volonté de vous la transférer, ignorant l'avoir : *Quùm tibi nummos meos quasi tuos do, non facio tuos* ; l. 3, §. 8, ff. *de condict. caus. dat.*

238. Suffit-il que l'une des parties ait eu la volonté de transférer à l'autre, par la tradition, son droit de propriété, et que l'autre ait eu la volonté de l'acquérir ? Faut-il encore que leur consentement intervienne sur la cause pour laquelle je fais la tradition ? Julien décide que le consentement sur la cause n'est pas nécessaire : *Quùm in corpus quidem quod traditur consentiamus, in causis verò dissentiamus, non animadverto cur inefficax sit traditio..... nam etsi pecuniam numeratam tibi tradam donandi gratiâ, tu eam quasi creditam accipias, constat proprietatem ad te transire, nec impedimento esse quòd circa causam dandi atque accipiendi dissentiamus* ; l. 36, ff. *de acq. rer. dom.*

Observez que Julien décide selon la subtilité du droit. Il est vrai que, dans cette espèce, la propriété de cet argent vous a été transférée selon la subtilité du droit, parceque nous avons consenti, moi à vous la transférer, et vous à l'acquérir : mais elle vous a été transférée sans cause ; c'est sans aucune cause que vous êtes le propriétaire. Vous ne l'êtes pas à titre de donation, puisque vous n'avez pas accepté la donation que j'avois eu intention de vous en faire ;

vous ne l'êtes pas non plus à titre de prêt, puisque je n'ai pas eu la volonté de vous faire un prêt. Vous ayant donc transféré la propriété de cet argent sans cause, je puis, si je me repens de la donation que j'avois eu intention de vous en faire, vous demander la restitution de cet argent, par l'action qu'on appelle *condictio sine causâ*. C'est ainsi que la décision de Julien se concilie avec celle d'Ulpien, que nous allons rapporter : *Si ego pecuniam tibi quasi donaturus dedero, tu quasi mutuam accipias, Julianus scribit donationem non esse : sed an sit mutuum videndum ; et puto nec mutuum esse, magisque nummos accipientis non fieri, quàm aliâ ratione acceperis ;* l. 18, ff. *de reb. cred.*

Ce que dit Ulpien, *nummos accipientis non fieri*, s'entend en ce sens, que quoique, quant à la subtilité du droit, il acquière la propriété de ces deniers, comme le décide Julien, il ne l'acquiert pas efficacement par rapport à l'action *condictio sine causâ*, que j'ai contre lui pour les répéter : de cette manière ces jurisconsultes ne sont point en contradiction.

§. V. D'une autre condition pour que la tradition transfère la propriété, condition particulière à la tradition qui se fait en exécution d'un contrat de vente.

259. C'est une condition particulière à la tradition qui se fait en exécution d'un contrat de vente, que la tradition que le vendeur fait de la chose vendue à l'acheteur, n'en transfère la propriété à l'acheteur qu'après qu'il en a payé le prix, ou qu'il a satisfait le vendeur pour le paiement ; à moins qu'il ne parût que le vendeur a bien voulu suivre la foi de l'acheteur : *Quod vendidi non aliter fit accipientis, quàm si aut pretium nobis solutum sit, aut satis eo nomine factum, vel etiam fidem habuerimus emptori sine ullâ satisfactione ;* l. 19, ff. *de contrah. empt.*

La raison est, que celui qui vend au comptant, sans donner temps pour le paiement, est censé mettre tacitement, à la tradition qu'il fait, la condition qu'elle ne transférera la propriété à l'acheteur qu'après qu'il aura payé, ou satisfait pour le prix.

240. Il n'importe de quelle manière l'acheteur ait satisfait le vendeur pour le paiement, soit en lui donnant caution, soit en lui donnant un gage. Aussitôt que le créancier a reçu la caution ou le gage, la propriété de la chose vendue, dont la tradition a été faite à l'acheteur, est acquise à l'acheteur, de même que s'il en avoit payé le prix : *Ut res fiat emptoris, nihil interest utrùm pretium solutum sit, an eo nomine fidejussor datus sit : quod autem de fidejussore diximus pleniùs acceptum est, quâlibet ratione si venditori de pretio satisfactum est; veluti expromissore* (1) *aut pignore dato proindè sit ac si pretium solutum esset;* l. 53, ff. *de contrah. empt.*

Observez une différence entre le paiement et la satisfaction. Le vendeur ne peut refuser le paiement du prix qui lui est offert par l'acheteur; lequel, en le consignant sur son refus, en est libéré, et acquiert la propriété de la chose vendue, dont la tradition lui a été faite, de même que s'il l'avoit payée au vendeur. Au contraire, le vendeur ne reçoit les sûretés qui lui sont offertes par l'acheteur, qu'autant qu'il le veut bien : on ne peut le forcer à recevoir les cautions et les gages qui lui sont offerts pour le paiement du prix.

241. Cette condition de payer le prix n'est sous-entendue dans la tradition que lorsque la vente a été faite au comptant, c'est-à-dire, sans porter aucun terme pour le paiement; car lorsqu'elle porte un terme, le vendeur, en accordant ce terme, est censé avoir suivi la foi de l'acheteur pour le paiement du prix, ce qui suffit pour la translation de propriété, *si fidem habuerimus emptori sine ullâ satisfactione;* d. l. 19.

Il en est de même, quoique le contrat de vente ne porte aucun terme pour le paiement du prix, lorsqu'il paroît d'ailleurs, par quelques circonstances, que le vendeur a suivi la foi de l'acheteur pour le paiement. Cela s'induit même

---

(1) *Expromissor* est différent de *fidejussor.* Celui-ci ne fait qu'accéder à l'obligation de l'acheteur : *expromissor* est celui qui s'en charge seul envers le créancier qui s'en contente, et en décharge l'acheteur.

de cela seul qu'il a laissé passer un temps un peu considérable sans le demander.

242. La coutume de Paris a suivi ces principes. Elle suppose, en l'*art.* 176, que celui qui a vendu une chose sans jour et sans terme, en conserve la propriété jusqu'au paiement du prix, nonobstant la tradition qu'il en a faite. C'est pourquoi elle dit : « Qui vend aucune chose mobilière sans « jour et sans terme, espérant être payé promptement, il « peut *sa chose* poursuivre, en quelque lieu qu'elle soit « transportée, pour être payé du prix qu'il l'a vendue. »

Il résulte clairement de ces termes, *il peut sa chose poursuivre,* que lorsque le vendeur a vendu sans jour et sans terme, la chose vendue, nonobstant la tradition qu'il en a faite, en quelque lieu qu'elle ait été transportée, en quelques mains qu'elle ait passé, demeure toujours sa chose jusqu'à ce qu'il ait été payé.

Au contraire, dans l'*art.* 177, elle suppose que lorsque le vendeur a donné terme, il est dépouillé de la propriété par la tradition, et a seulement un privilége sur la chose, pour être payé préférablement aux autres créanciers de l'acheteur, tant qu'elle est entre les mains de l'acheteur : « Et néanmoins, est-il dit, encore qu'il ait donné terme, si « la chose se trouve saisie sur le débiteur par un autre créan-« cier, il peut empêcher la vente, et est préféré sur la chose « aux autres créanciers. »

Remarquez que la coutume dit, *et est saisie sur le débiteur ;* car si la chose avoit passé entre les mains d'un tiers, le vendeur qui a donné terme, n'en ayant plus la propriété qu'il a transférée à l'acheteur, ne pourroit plus la suivre contre le tiers ; le privilége qu'il a sur la chose n'ayant lieu que tant qu'elle est entre les mains de son débiteur.

ARTICLE III.

De l'effet de la tradition.

243. La tradition, lorsqu'elle est faite ou consentie par le propriétaire de la chose, et que toutes les autres conditions rapportées en l'article précédent concourent, trans-

fère à celui à qui elle est faite le droit de propriété de la chose, qu'avoit celui qui l'a faite ou consentie. Elle le transfère tel qu'il l'avoit : c'est pourquoi, si le droit de propriété qu'il avoit étoit un droit de propriété résoluble au bout d'un certain temps, ou lors d'une certaine condition, la tradition ne fait passer à celui à qui elle est faite qu'une propriété résoluble au bout dudit temps, ou lors de ladite condition. Si la propriété n'étoit pas une propriété libre et parfaite, et que l'héritage fût chargé ou d'usufruit ou d'autres servitudes personnelles ou prédiales, de redevances et autres charges foncières, d'hypothèques, etc., la tradition ne transfère à celui à qui elle est faite la propriété de l'héritage qu'avec toutes lesdites charges : *Quoties dominium transfertur ad eum qui accipit, tale transfertur quale fuit apud eum qui tradit;* l. 20, §. 1, ff. *de acq. rer. dom. Alienatio quùm fit, cùm suâ causâ, dominium ad alium transferimus, quæ esset futura si apud nos mansisset;* l. 67, ff. *de contrah. empt.*

, Cela a lieu, quand même le propriétaire, en faisant la tradition de la chose, n'auroit pas déclaré les imperfections de son droit de propriété, ni les charges dont l'héritage est chargé, et quand même il auroit faussement assuré que l'héritage n'en est pas chargé; car sa déclaration ne peut préjudicier aux tiers qui ont des droits réels dans l'héritage, ou à qui l'héritage doit un jour retourner : *Si quis fundum dixerit liberum quùm traderet eum qui servus sit, nihil juri servitutis fundi detrahit;* d. l. 20, §. 1.

Ulpien ajoute : *Verumtamen obligat se, debetque præstare quod dixit.* C'est-à-dire qu'il contracte, par cette déclaration, une obligation de garantie. *Voyez* ce que nous en avons dit en notre *Traité du Contrat de Vente.*

244. Lorsque la tradition n'a pas été faite ou consentie par le propriétaire de la chose, elle ne peut, à la vérité, avoir l'effet de transférer d'abord à celui à qui elle est faite la propriété de la chose; mais lorsqu'elle a été faite en vertu d'un juste titre, et que celui à qui elle a été faite a été de bonne foi, c'est-à-dire, a cru que celui qui faisoit la tradition étoit propriétaire, elle lui transfère au moins

causam usucapionis, c'est-à-dire, le droit d'acquérir un jour la propriété de la chose, par la continuation de sa possession pendant le temps requis pour la prescription.

La bonne foi se présume toujours dans celui à qui la tradition est faite, tant que le contraire ne paroît pas. On a un juste sujet de croire un homme propriétaire d'une chose dont on le voit en possession.

ARTICLE IV.

Si la seule convention peut faire passer le domaine de propriété d'une personne à une autre, sans la tradition.

245. C'est un principe du droit romain, qui est suivi dans notre droit françois, que ce n'est ordinairement que par une tradition réelle ou feinte que le domaine de propriété d'une chose peut passer d'une personne à une autre, et qu'une simple convention que j'aurois avec vous, par laquelle nous conviendrions que le domaine de propriété que j'ai d'une telle chose que je vous vends ou que je vous donne, cesseroit, dès à présent, de m'appartenir, et vous appartiendroit dorénavant, ne seroit pas suffisante pour vous la transférer, avant que je me sois dessaisi envers vous de la chose par une tradition réelle ou feinte : *Traditionibus dominia rerum, non nudis* (1) *pactis transferuntur;* l. 20, *Cod. de pact.*

On dit pour raison de ce principe, qu'il est de la nature du domaine de propriété de s'acquérir par la possession ; c'est par là qu'il a commencé : *Dominium à possessione cœpit.* Lorsque les choses étoient encore dans l'état de communauté négative, qu'elles étoient communes à tous les hommes, sans qu'aucun en fût encore propriétaire, ce n'est que par la possession, et en s'en mettant en possession, que chacun a commencé à en acquérir un domaine de propriété, *jure occupationis;* que de même que le domaine originaire

_____

(1) Ces termes ne sont pas pris dans le sens ordinaire, par lequel on oppose *nuda pacta* aux conventions *quæ nomen vel formam contractûs à jure civili acceperunt;* ils sont pris en général pour toutes conventions qui n'ont pas encore été exécutées par la tradition.

a été acquis par la possession, le domaine dérivé ne peut pareillement passer d'une personne à une autre que par la possession, en mettant la personne à qui on veut faire passer le domaine d'une chose, en possession de cette chose, par une tradition réelle ou feinte. On ajoute que le domaine de propriété étant un droit par lequel une chose est en notre pouvoir, par lequel nous pouvons en disposer comme bon nous semble, de toutes les manières que nous le jugerons à propos, il est nécessaire, pour que nous acquérions le domaine d'une chose, que nous en soyons mis en possession, parceque ce n'est que par ce moyen que la chose est mise en notre pouvoir, et que *manui nostræ subjicitur.* Une simple convention par laquelle je conviens avec vous qu'une telle chose, dont je conserve la possession, cessera, dès à présent, de m'appartenir, et que le domaine de propriété vous en appartiendra dorénavant, ne peut donc être suffisante pour vous le transférer. Les conventions seules et par elles-mêmes ne produisent que des obligations; c'est leur nature; c'est pour cela qu'elles sont établies. Ces obligations ne donnent à celui envers qui elles ont été contractées, qu'un droit contre la personne qui les a contractées. Ce droit est bien un droit par rapport à la chose qu'on s'est obligé de nous donner; mais ce ne peut être un droit dans la chose; c'est encore moins le domaine de la chose.

Nonobstant ces raisons, Grotius et plusieurs autres, qui ont écrit sur le droit naturel, prétendent que ce principe du droit romain, que le domaine des choses ne peut passer d'une personne à une autre que par la tradition, n'est point pris dans la nature; que c'est un principe de droit purement positif, qui n'a été attribué au droit des gens qu'improprement, parcequ'il a été reçu de plusieurs nations; mais que dans les purs termes du droit naturel, rien n'empêche que la convention que j'ai avec vous qu'une telle chose cessera dorénavant de m'appartenir, et vous appartiendra dorénavant, ne vous en transfère aussitôt la propriété, même avant que je vous en aie fait la tradition. Le domaine d'une chose, dit-on, étant essentiellement le droit d'en disposer comme bon nous semblera, c'est une suite de ce droit que j'ai de disposer de ma chose comme bon me semblera, que je puisse, par ma seule volonté et sans aucun fait, transférer le domaine de cette chose à telle personne que bon me semblera, qui voudra bien l'acquérir.

De ce que le domaine originaire n'a commencé que par la possession, il ne s'ensuit nullement que le domaine dérivé ne puisse de même passer d'une personne à une autre que par la possession. Quant à ce qu'on dit qu'une chose ne peut être en notre pouvoir qu'on ne nous en ait mis en possession, il suit seulement de là, tout au plus, que nous ne pouvons faire usage du droit de domaine qu'on nous a transféré sur une chose, qu'après qu'on nous en a mis en possession ; mais il ne s'ensuit nullement que nous n'ayons pu acquérir ce domaine avant que nous ayons été mis en possession de la chose, quoique nous ne puissions encore en faire usage ; le droit de domaine, et la faculté de faire usage de ce droit, n'étant pas des choses inséparables.

Cela revient à la distinction que fait Puffendorf dans son livre du Droit de la Nature et des Gens, *liv.* 4, *ch.* 9, §. 8. Il dit que le domaine de propriété d'une chose, lorsqu'il est considéré comme renfermant un pouvoir physique et actuel d'en faire usage, ne peut, à la vérité, passer d'une personne à une autre, sans une tradition qui mette en possession de la chose la personne à qui on veut transférer ce domaine : mais lorsque le domaine de propriété d'une chose n'est considéré que comme une qualité purement morale, en vertu de laquelle une chose appartient à quelqu'un, rien n'empêche, dans les purs termes du droit naturel, que le domaine de propriété, considéré de cette manière, ne puisse passer d'une personne à une autre par une simple convention, avant qu'elle ait été suivie de la tradition.

Quoiqu'il en soit de cette question, traitée selon le pur droit naturel, que nous abandonnons à la dispute de l'école, le principe du droit romain, que le domaine de propriété d'une chose ne peut passer d'une personne à une autre que par une tradition réelle ou feinte de la chose, étant un principe reçu dans la jurisprudence, comme en conviennent ceux qui sont de l'opinion contraire, nous devons nous y tenir.

246. Ce principe souffre une exception toute naturelle dans le cas auquel la chose dont on veut transférer le domaine de propriété à quelqu'un se trouve être déja par-devers lui. Il est évident, comme nous l'avons déja observé *suprà, n.* 206, que la convention, par laquelle le propriétaire convient avec lui qu'il la retiendra comme chose à lui appartenante, suffit pour lui en transférer le domaine de propriété. C'est de ce cas que le jurisconsulte Gaïus dit : *Interdùm etiam sine traditione, nuda voluntas domini sufficit ad rem transferendam, veluti si rem quam commodavi aut locavi tibi, aut apud te deposui, vendidero tibi;* l. 9, §. 5, ff. *de acq. rer. dom.*

Ce principe souffre encore exception à l'égard de certaines manières d'acquérir le domaine par le droit civil, que nous rapporterons en la section suivante.

247. De ce principe, que le domaine d'une chose ne peut ordinairement passer d'une personne à une autre que par la tradition de la chose, il suit que quelque convention que j'aie avec une personne qui s'est obligée de me donner une certaine chose, tant qu'elle ne m'en a pas fait la tradition réelle ou feinte, elle en demeure toujours la propriétaire.

C'est pourquoi ses créanciers peuvent la saisir valablement sur elle, sans que je puisse être reçu à demander la récréance de cette chose, n'en étant pas encore devenu le propriétaire.

Il suit encore de là, que si, avant que la tradition m'ait été faite, cette personne, contre la foi de la convention, vend ou donne la chose à un autre, et la lui livre, elle lui en transfère la propriété, comme il est décidé par la loi *Quoties,* 15, Cod. *de rei vind.* Voyez ce que nous avons dit sur ce sujet en notre *Traité du Contrat de Vente.*

SECTION V.

Des manières de transmettre le domaine de propriété par le droit civil.

248. Le domaine de propriété des choses se transmet, par le droit civil, d'une personne à une autre, sans tradition ni prise de possession, en plusieurs cas, soit à titre universel, soit à titre singulier.

Il se transmet à titre universel dans le cas d'une succession. Le défunt est censé, dès l'instant de sa mort, avoir transmis à son héritier le domaine de propriété qu'il avoit de toutes les choses qui composent sa succession, et même la possession qu'il en avoit, même avant que cet héritier ait eu connoissance de la mort du défunt, et eût su que la succession lui étoit déférée. C'est le sens de cette règle de notre droit françois : *Le mort saisit le vif, son plus prochain héritier habile à lui succéder.*

Lorsque le défunt, lors de sa mort, n'avoit pas la possession de plusieurs choses qui lui appartenoient, il est évident qu'il ne peut saisir son héritier d'une possession qu'il n'avoit pas; mais il le saisit du droit de propriété de ces choses, et de ses actions pour les recouvrer sur ceux qui en sont indûment en possession; car un héritier est *successor in universum jus quod defunctus habuit.*

Cette règle, que *le mort saisit le vif*, n'empêche pas que l'héritier, à qui une succession est déférée, n'ait le choix de l'accepter ou d'y renoncer, suivant cette autre règle, *N'est héritier qui ne veut.* Lorsqu'il prend le parti de l'accepter, son acceptation a un effet rétroactif au temps de la mort du défunt; il est censé être saisi, dès l'instant de la mort du défunt, de tous les biens et droits de la succession auxquels il a succédé.

Lorsqu'un héritier, à qui une succession a été déférée, y renonce, il est censé n'avoir jamais été saisi des biens et droits de cette succession. Le défunt est censé en avoir, dès l'instant de sa mort, saisi ses cohéritiers, auxquels sa part accroît, ou les parents du degré suivant, qui succèdent à son défaut; et si personne ne veut accepter la succession, le défunt est censé continuer d'avoir, dans la personne fictive de sa succession jacente qui le représente, tous les biens et droits qu'il avoit lors de sa mort, et dont sa succession est composée.

249. Le droit civil transmet aussi à titre universel à un légataire universel, ou à un substitué fidéicommissaire universel, le domaine de propriété des choses comprises dans le legs ou la substitution, du jour de l'ouverture du legs ou de la substitution, même avant qu'il lui ait été fait aucune tradition, et même avant que ce légataire ou substitué fidéicommissaire ait eu connoissance de la substitution ou du legs fait à son profit : mais la possession des choses comprises au legs ou en la substitution ne lui est pas transférée; et quoiqu'il soit censé être devenu propriétaire de toutes les choses comprises dans le legs ou la substitution, il ne lui est pas permis de s'en mettre de lui-même en possession; il doit en demander la délivrance à l'héritier.

Lorsqu'il renonce au legs, il est censé n'avoir jamais été saisi de rien.

250. Le droit civil transmet aussi à titre singulier, en certains cas, le domaine de propriété de certaines choses avant qu'il en intervienne aucune tradition. Par exemple, dans le cas d'un legs particulier ou d'un fidéicommis particulier, le droit civil est censé transmettre au légataire ou fidéicommissaire le domaine de propriété de la chose léguée ou comprise au fidéicommis, dès l'instant de l'ouverture du legs ou du fidéicommis, qui est celui de la mort du testateur, lorsque le legs ou le fidéicommis a été fait sans condition; ou du jour de l'existence de la condition, lorsqu'il est conditionnel.

Le droit civil transfère le domaine de la chose au légataire fidéicommissaire, non seulement avant qu'il ait été fait aucune délivrance, mais même avant qu'il ait eu connoissance du legs ou du fidéicommis fait en sa faveur; car le domaine de la chose léguée est censé transmis au légataire de la même manière que celui des autres biens de la succession est transmis à l'héritier; sauf que le légataire en doit demander la délivrance à l'héritier : *Legatum itá dominium rei legatarii facit, ut hæreditas hæredis res singulas; quod eo pertinet ut si purè res relicta sit, et legatarius non repudiaverit defuncti voluntatem, rectâ viâ dominium quod hæreditatis fuit, ad legatarium transeat, nunquam factum hæredis;* l. 80, ff. *de leg.* 2.

251. Les adjudications qui se font en justice sont aussi une manière d'acquérir du droit civil.

L'adjudication transfère de plein droit à l'adjudicataire le domaine de propriété de la chose qui lui est adjugée, qu'avoit celui sur qui l'adjudication est faite, pourvu que cet adjudicataire paie le prix de l'adjudication.

252. Lorsque celui sur qui l'adjudication a été faite n'étoit pas le propriétaire de la chose, si cette chose étoit un meuble corporel qui ait été vendu et adjugé à l'encan, l'adjudication ne laisse pas d'en transférer le domaine de propriété à l'adjudicataire, faute par le propriétaire de s'être présenté, et d'en avoir demandé la récréance avant l'adjudication.

Lorsque c'est un héritage ou autre immeuble qui a été saisi réellement et vendu par décret solennel sur un possesseur qui n'en étoit pas le propriétaire, l'adjudication par décret ne laisse pas de transférer le domaine de propriété à l'adjudicataire, faute par le propriétaire de s'être opposé au décret avant qu'il ait été mis à chef.

253. Enfin la prescription est une manière d'acquérir par le droit civil. Nous en traiterons plus amplement dans un traité particulier.

SECTION VI.

Comment, et par quelles personnes acquérons-nous le domaine de propriété des choses?

§. I. Par quelles personnes.

254. Suivant le droit romain, nous pouvons acquérir le domaine de propriété d'une chose, non seulement par nous-mêmes, mais par ceux que nous avons en notre puissance: *Acquirimus nobis non solùm per nosmetipsos, sed etiam per eos quos in potestate habemus;* l. 10, ff. *de acq. rer. dom.*

Suivant les principes de ce droit, les esclaves étoient

regardés plutôt comme la chose de leurs maîtres que comme des personnes : c'est pourquoi ils ne pouvoient rien avoir en propre qui leur appartînt ; et tout ce qu'ils acquéroient étoit, dès l'instant et de plein droit, acquis à leurs maîtres, *tanquam ex re suâ profectum.*

Suivant les principes de ce droit, la puissance que les pères avoient sur leurs enfants n'étoit pas différente de celle que les maîtres avoient sur leurs esclaves. Quoique les enfants de famille fussent capables de toutes fonctions civiles et publiques, et qu'ils pussent même, aussi bien que les pères de famille, être *promus* aux plus grandes dignités, néanmoins vis-à-vis de leur père, en la puissance de qui ils étoient, ils étoient regardés plutôt comme une chose à lui appartenante que comme une personne ; ils ne pouvoient, de même que les esclaves, avoir rien en propre. Ce principe, *Qui in potestate alterius est, nihil suum habere potest*, d. l. 10, ff. 1, étoit commun aux enfants de famille et aux esclaves. En conséquence, tout ce qu'ils acquéroient, de quelque manière et pour quelque cause qu'ils l'acquissent, étoit, dès l'instant et de plein droit, acquis à leur père ou aïeul paternel, en la puissance duquel ils étoient, *tanquam ex re suâ profectum.*

On commença sous les empereurs à apporter des modifications au droit de puissance paternelle, par rapport à ce qu'acquéroient les enfants de famille. Les premiers empereurs, pour s'attacher les gens de guerre, leur attribuèrent plusieurs priviléges, et entre autres celui-ci, que ce que les militaires, qui seroient enfants de famille, acquerroient à l'occasion de leur profession, leur seroit acquis aussi pleinement que s'ils étoient pères de famille, sans que leur père, sous la puissance duquel ils étoient, y pût rien prétendre, si ce n'est dans le cas auquel l'enfant de famille seroit mort sans en avoir disposé. On appeloit ce bien, *pecule castrense, peculium castrense.*

Juvénal parle de ce privilége en sa Satire 16 :

Nam quæ sunt parta labore
Militiæ, placuit non esse in corpore censûs,
Omne tenet cujus regimen pater.

Ce privilége ne tarda pas à être étendu aux vétérans. Par la suite, les empereurs accordèrent aux enfants de famille qui étoient employés au service de la république, ou qui étoient juges ou avocats, ou qui professoient les sciences libérales, le même privilége, par rapport aux biens qu'ils acquerroient dans ces professions, que celui que les militaires, enfants de famille, avoient par rapport à ceux qu'ils acquéroient *occasione militiæ;* et on donna, en conséquence, aux biens que ces enfants de famille avoient acquis ainsi, le nom de *peculium quasi castrense,* parcequ'ils y avoient un droit semblable à celui que les militaires, enfants de famille, avoient à l'égard de leur *peculium castrense.*

On accorda un pareil privilége pour ce que les enfants de famille, ecclésiastiques, recevoient des revenus de l'Église; et c'étoit aussi une espèce de *peculium quasi castrense.*

A l'égard de tout ce que les enfants de famille acquéroient d'ailleurs que *ex causâ castrensi,* il y avoit encore, par le droit de Justinien, une distinction. Justinien avoit conservé l'ancien droit des pères dans ce qui étoit acquis par leurs enfants, seulement à l'égard de ce que les enfants acquéroient *ex re patris;* tels, par exemple, que les gains qu'auroit faits un enfant dans un commerce dont son père lui auroit avancé les fonds. C'est ce qu'on appeloit *peculium profectitium.* Justinien avoit conservé aux pères, suivant l'ancien droit, la pleine propriété et la pleine disposition de ce pécule; l'enfant ne le retenoit que sous le bon plaisir de son père, qui pouvoit le lui ôter quand bon lui sembloit.

A l'égard des biens qu'un enfant de famille acquéroit d'ailleurs que *ex re patris,* quoique ce ne fût point *ex causâ castrensi, aut quasi castrensi,* tels que ceux que l'enfant de famille avoit eus de la succession de sa mère ou de ses autres parents, ou des dons ou legs qui lui avoient été faits par ses amis; ces biens formoient ce qu'on appeloit *peculium adventitium :* l'enfant, selon le droit de Justinien, en acquéroit pour lui-même la propriété; il n'en acquéroit à son père que l'usufruit, pendant le temps qu'il devoit demeurer sous sa puissance ; duquel usufruit, néanmoins, le père avoit droit de retenir la moitié, lorsqu'il le mettoit hors de sa puissance par l'émancipation. Voyez le titre des Institutions, *per quas pers. cuiq. acquir.*, §. 1 *et* 2.

255. A l'égard de notre droit françois, n'y ayant point d'esclaves en France, les principes du droit romain sur le droit que les maîtres avoient d'acquérir tout ce qui étoit acquis par leurs esclaves, ne peuvent recevoir d'application, si ce n'est dans nos colonies, où nous avons des esclaves.

Le droit qu'ont les pères, suivant le droit romain, d'acquérir ce qui est acquis par les enfants qui sont en leur puissance, n'est pas reçu dans les provinces du royaume qui ne sont pas régies par le droit écrit, et qu'on appelle *pays coutumier :* la puissance paternelle n'a pas cet effet dans ces provinces; et tout ce que les enfants acquièrent, ils l'acquièrent pour eux, sans que leur père ait droit d'y rien prétendre.

Quoique, dans ces provinces, la puissance que les maris ont sur leurs femmes soit très grande, et qu'elles ne puissent rien faire ni rien acquérir sans être autorisées par leur mari, ou, à leur refus ou défaut, par le juge; néanmoins cette puissance, en laquelle elles sont, n'empêche point que ce qu'elles acquièrent étant autorisées, elles ne l'acquièrent pour elles-mêmes.

A Paris, et dans tout le pays coutumier, nous n'acquérons donc point *per eos quos in potestate habemus;* nous n'acquérons que *per nosmetipsos.*

256. Mais il faut observer que nous sommes censés acquérir, *per nosmetipsos,* le domaine des choses que nous acquérons par le ministère d'autres personnes qui les acquièrent pour nous et en notre nom, ayant ou qualité ou pouvoir de nous pour cet effet.

C'est pourquoi il n'est pas douteux que les mineurs et les interdits acquièrent tout ce que leurs tuteurs ou curateurs acquièrent pour eux, en leur nom et qualité de tuteurs ou de curateurs : *Tutor pupilli, pupillæ, similiter ut procurator, emendo nomine pupilli, pupillæ, proprietatem illis acquirit etiam ignorantibus;* l. 13, §. 1, ff. *de acq. rer. dom.*

257. Pareillement, lorsque j'ai donné pouvoir à quelqu'un d'acquérir pour moi une chose; aussitôt qu'il l'a acquise et reçue au nom et comme fondé de ma procuration, je suis censé avoir dès-lors acquis, par son ministère, le domaine de cette chose, quoique je n'eusse pas encore alors connoissance de l'acquisition qu'il en avoit faite : *Si procurator rem mihi emerit ex mandato meo, eique sit tradita meo nomine, dominium mihi, id est proprietas, acquiritur etiam ignoranti;* d. l. 13, *pr.*

258. Quoiqu'une personne reçoive une chose pour nous et en notre nom, lorsqu'elle n'a ni qualité ni pouvoir de nous, nous n'acquérons le domaine des choses qu'elle a reçues pour nous et en notre nom, que du jour de notre ratification de ce qu'elle a fait en notre nom. C'est pourquoi, si j'ai payé une somme de deniers que je devois à quelqu'un qui se portoit pour le chargé de procuration de mon créancier, sans qu'il le fût; quoique ce soi-disant procureur ait reçu cette somme pour mon créancier, et au nom de mon créancier, néanmoins mon créancier n'acquiert le domaine de propriété de ces deniers que du jour qu'il a ratifié le paiement qui en a été fait à son soi-disant procureur; et ce n'est, en conséquence, que de ce jour que je suis quitte envers lui. C'est ce qu'enseigne Paul : *Si ego hâc mente pecuniam procuratori* (1) *dem, ut ea ipsa creditoris fieret, proprietas quidem per procuratorem* (2) *non acquiritur; potest tamen creditor, etiam invito me ratum habendo, pecuniam suam facere, quia procurator in accipiendo* (3) *creditoris duntaxat negotium gessit, et ideò creditoris ratihabitione liberor;* l. 24, ff. *de neg. gest.*

§. II. Comment acquérons-nous le domaine de propriété?

259. Ordinairement, pour que nous acquérions le domaine de propriété d'une chose, il faut que nous ayons la volonté de l'acquérir.

_____

(1) *Id est ei qui se gerebat pro procuratore creditoris mei, quamvis mandatum non haberet.*

(2) *Qui mandatum non habet.*

(3) *Eam accipiendo nomine creditoris.*

Cette volonté, à l'égard des mineurs qui sont sous puissance de tuteur, et des interdits qui sont sous puissance de curateur, se supplée par celle de leurs tuteurs et curateurs; ils sont censés avoir voulu tout ce que leurs tuteurs et curateurs ont, dans leurdite qualité, voulu pour eux.

Pareillement, à l'égard des acquisitions que font les corps et communautés, la volonté d'acquérir le domaine de propriété des choses qu'ils acquièrent, dont lesdits corps et communautés sont par eux-mêmes incapables, est suppléée par celle de leurs syndics et administrateurs, lorsque, en leur qualité de syndics et administrateurs, ils acquièrent pour et au nom desdites communautés.

260. Notre principe, que pour acquérir le domaine de propriété d'une chose, il faut que nous ayons la volonté de l'acquérir, souffre plusieurs exceptions.

La première est à l'égard des acquisitions que nous faisons à titre d'accession; les choses qui nous sont acquises à ce titre, nous étant acquises *vi ac potestate rei nostræ*, par cela seul, ou qu'elles proviennent d'une chose qui nous appartient, ou par cela seul qu'elles font partie d'une chose qui nous appartient. Cette acquisition se fait de plein droit, même à notre insu, et par conséquent sans qu'il soit besoin que nous ayons volonté d'acquérir les choses qui nous sont acquises de cette manière.

261. Une seconde exception est à l'égard des choses qui composent une succession qui nous est déférée. Le domaine de propriété de toutes ces choses nous est, par la règle, *le mort saisit le vif*, acquis dès l'instant de la mort du défunt, par lequel sa succession nous a été déférée, même avant que nous ayons connoissance de la mort du défunt et que sa succession nous ait été déférée, et par conséquent avant que nous ayons pu avoir la volonté de les acquérir.

Mais comme, suivant une autre règle de notre droit françois, *N'est héritier qui ne veut*, celui à qui la succession est déférée n'est censé en avoir été saisi dès l'instant de la mort du défunt que dans le cas auquel, par la suite, lui, ou ceux qui seront à ses droits, accepteront cette succession. Mais si celui ou ceux qui seront à ses droits y renoncent, il sera censé n'avoir jamais été saisi des biens de cette succession, et n'avoir jamais rien acquis des biens qui la composent.

262. Notre principe que, pour acquérir le domaine de propriété d'une chose, il faut que nous ayons la volonté de l'acquérir, souffre une troisième exception à l'égard des choses qui nous sont léguées par testament. Le domaine de propriété de ces choses est censé nous avoir été acquis de plein droit, *statim atque dies legati cessit*, c'est-à-dire dès l'instant de la mort du testateur, lorsque le legs est fait sans condition; ou dès l'instant de la condition, lorsqu'il est conditionnel, quoique nous n'eussions encore connoissance ni de la mort du testateur, ni du legs qu'il nous a fait, et par conséquent avant que nous ayons pu avoir la volonté d'acquérir les choses léguées, pourvu néanmoins que nous ne répudiions pas le legs par la suite; car, en ce cas, nous serions censés n'avoir jamais acquis les choses qui nous ont été léguées. C'est ce qu'enseigne le jurisconsulte : *Si purè res relicta sit, et legatarius legatum non repudiaverit, rectâ viâ dominium quod hæreditatis fuit, ad legatarium transit, nunquam factum hæredis; l. 80, ff. de leg. 2.* Il est dit encore : *Legatum ità dominium rei legatarii facit, ut hæreditas hæredis res singulas; d. l. 80.*

Observez que quoique le légataire soit censé avoir acquis, dès l'instant de la mort du testateur, le domaine des choses qui lui ont été léguées, il ne lui est pas néanmoins permis de s'en mettre de lui-même en possession; il doit la recevoir des mains de l'héritier : *Æquissimum visum est unumquemque non sibi ipsum jus dicere occupatis legatis, sed ab hærede petere; l. 1, §. 2, ff. quod legatorum, etc.*

263. Pour que nous acquérions le domaine de propriété d'une chose, soit par droit d'occupation, soit par la tradition qui nous en est faite par celui à qui elle appartient, outre qu'il faut que nous ayons la volonté de l'acquérir, il faut qu'il intervienne de notre part quelque fait corporel par lequel nous l'appréhendions, ou nous la recevions de celui qui nous en fait la tradition. Il n'est pas néanmoins nécessaire que ce soit pour notre propre fait; nous pouvons

acquérir le domaine de propriété d'une chose par le fait d'un autre qui l'appréhende, ou qui la reçoit pour nous et en notre nom.

SECTION VII.

Comment se perd le domaine de propriété.

264. Nous perdons le domaine de propriété des choses qui nous appartiennent, ou par notre volonté, ou quelquefois sans notre volonté, et malgré nous.

§. I. En quels cas sommes-nous censés perdre, par notre volonté, le domaine de propriété des choses qui nous appartiennent?

265. Une personne perd par sa volonté le domaine de propriété d'une chose qui lui appartient, lorsque, étant usante de ses droits et capable d'aliéner, elle fait la tradition de cette chose à quelqu'un à qui elle veut transférer ce domaine.

Il est évident que les personnes qui ne sont pas capables d'aliéner ne peuvent, par leur volonté, aliéner le domaine des choses qui leur appartiennent.

Voyez ce que nous avons dit *suprà, sect. 4, n. 225.*

266. De même que la volonté des personnes qui sont sous puissance de tuteurs et de curateurs est suppléée par celle de leurs tuteurs et curateurs, pour acquérir le domaine de propriété des choses que leurs tuteurs et curateurs, en leurdite qualité, acquièrent pour elles, et qu'elles sont censées avoir eu la volonté d'acquérir le domaine de propriété des choses qu'ils ont acquises pour elles; pareillement, la volonté de ces personnes est suppléée par celle de leurs tuteurs et curateurs, à l'égard des choses qui leur appartiennent, que leurs tuteurs et curateurs aliènent en ladite qualité de tuteurs et de curateurs, sans excéder les bornes de leur administration; et elles sont censées avoir, par leur volonté, suppléée par celle de leurs tuteurs et curateurs, perdu le domaine de propriété qu'elles avoient des choses que leurs tuteurs et curateurs ont ainsi aliénées.

Pareillement, la volonté dont les corps et communautés sont incapables est suppléée par celle de leurs syndics et administrateurs, à l'égard des choses appartenantes auxdits corps et communautés, que lesdits syndics et administrateurs, sans excéder les bornes de leur administration, aliènent en leurdite qualité de syndics et administrateurs; et lesdits corps et communautés sont censés avoir perdu, par leur volonté, suppléée par celle desdits syndics et administrateurs, le domaine de propriété des choses que leurs syndics et administrateurs ont ainsi aliénées.

267. Une personne, usante de ses droits et capable d'aliéner, peut perdre le domaine de propriété d'une chose qui lui appartient, non seulement en le faisant passer par la tradition à une autre personne; elle peut pareillement le perdre par le simple abandon qu'elle fait de la chose dont elle ne veut plus avoir le domaine : *Si res pro derelicto habita sit, statim nostra esse desinit, et occupantis* (1) *fit; quia iisdem modis res desinunt esse nostræ quibus adquiruntur;* l. 1, ff. *pro derel.*

Proculus avoit pensé que cette personne, nonobstant cet abandon, conservoit toujours le domaine de la chose abandonnée, jusqu'à ce qu'un autre s'en fût mis en possession; mais l'opinion contraire a prévalu : *Sed Proculus non desinere eam domini esse, nisi ab alio possessa fuerit. Julianus desinere quidem omittentis esse, non fieri alterius, nisi ab alio possessa fuerit; et rectè;* l. 2, §. 1, ff. *d. tit.*

Observez que la chose dont j'ai perdu le domaine, par l'abandon que j'en ai fait, devenant une chose qui n'appartient à personne, jusqu'à ce que quelqu'un, comme premier occupant, s'en soit mis en possession; je puis, jusqu'à ce temps, si je me repens de l'abandon que j'en ai fait, reprendre cette chose, et, en la reprenant, en acquérir de nouveau le domaine de propriété.

268. On a fait la question de savoir si l'on peut abandonner le domaine d'une chose pour une partie indivise de cette chose. Il n'est pas douteux que celui qui n'a le domaine de propriété d'une chose que pour une part indivise, peut l'abandonner pour la part qu'il en a; mais celui qui a le

---

(1) Comme étant devenue *res nullius*, par l'abdication que nous avons faite de ce domaine.

domaine de propriété pour le total d'une chose, ne peut l'abandonner pour une partie indivise, et le retenir pour une autre partie; car on n'abandonne véritablement une chose que lorsqu'on n'y retient rien : *An pars pro derelicto haberi possit, quæri solet. Et quidem si in re communi socius partem suam reliquerit, ejus esse desinit ut hoc si in parte, quod in toto : atque totius rei dominus, efficere non potest ut partem retineat, partem pro derelicto habeat;* l. 3, ff. *pro derel.*

269. Il n'en est pas de même d'une portion divisée d'une chose. Il n'est pas douteux, par exemple, que je puis perdre le domaine de propriété d'un morceau de terre qui faisoit partie de mon héritage, en abandonnant ce morceau de terre sans abandonner le surplus de mon héritage; car ce morceau de terre est quelque chose de réel, que j'abandonne pour le total, et dans lequel je ne retiens rien; au lieu que la portion indivise d'une chose est quelque chose qui ne subsiste que dans l'entendement, et qui ne peut faire la matière d'un abandon réel.

270. Observez que ceux qui, dans une tempête, pour alléger le vaisseau, jettent à la mer les marchandises qu'ils ont dans le vaisseau, n'ont pas la volonté de perdre le domaine de propriété des marchandises qu'ils jettent à la mer : ils n'ont d'autre dessein, en les y jetant, que d'alléger le vaisseau; ils en retiennent le domaine de propriété; et si, par la suite, ces marchandises étoient ou retirées de la mer, ou jetées sur le rivage, ils auroient droit de les revendiquer comme choses à eux appartenantes, en payant les frais; et ceux qui s'en empareroient commettroient un vol.

C'est ce qu'enseigne Gaïus, en la loi 9, §. 8, ff. *de acq. rer. dom.*, où après avoir parlé des choses *quæ pro derelictis habentur*, il dit : *Alia causa est earum rerum quæ in tempestate maris, levandæ navis causâ ejiciuntur; hæ enim dominorum permanent, quia non eo animo ejiciuntur, quòd quis eas habere non vult, sed quod magis cum ipsâ nave periculum maris effugiant : quâ de causâ si quis eas fluctibus expulsas, vel etiam in ipso mari nanctus, lucrandi animo abstulerit, furtum committit.*

Il en est de ce cas, dit Julien, comme de celui auquel un homme, se trouvant trop chargé, laisseroit dans le chemin une partie de sa charge, dans le dessein de revenir la chercher ; l. 8, ff. *de L. Rhod.*

271. Lorsqu'un débiteur, sur le refus fait par son créancier de recevoir une somme de deniers qu'il lui doit, la consigne ; quoique, par la consignation qu'il a faite, si elle est jugée valable, il soit libéré de sa dette, et que les espèces consignées deviennent, aussitôt après la consignation, aux risques du créancier ; néanmoins, comme en les consignant, sa volonté n'est pas d'abdiquer le domaine de propriété purement et simplement, mais de le faire passer au créancier, lorsque le créancier jugera à propos de retirer de la consignation lesdites espèces ; il conserve, au moins quant à la subtilité du droit, le domaine des espèces consignées, jusqu'à ce que le créancier en ait acquis le domaine, en retirant de la consignation les espèces. *Voyez notre Traité des Obligations, n.* 580.

272. Le propriétaire d'un héritage chargé d'une rente foncière, qui le déguerpit pour se décharger de la rente, en perd le domaine de propriété aussitôt que ce déguerpissement a été fait en règle, quoique le seigneur de rente foncière n'ait pas même encore accepté le déguerpissement : car le déguerpissement est une abdication pure, simple et absolue que le déguerpissant fait de son droit de propriété notifié au seigneur de rente foncière ; et ce n'est que parceque le déguerpissant cesse, du jour de son déguerpissement, d'être propriétaire de l'héritage, qu'il cesse dès ce jour d'être tenu de la rente. Mais comme, par ce déguerpissement, l'aliénation que le seigneur de rente foncière ou ses auteurs avoient faite de l'héritage par le bail à rente est détruite, et que le seigneur de rente foncière acquiert le droit d'y rentrer, et d'en recouvrer le domaine qu'il avoit aliéné ; quoique, jusqu'à ce qu'il y soit rentré, l'héritage soit une chose qui n'appartienne à personne, personne néanmoins n'a droit de s'en emparer à son préjudice.

273. Un débiteur qui fait à ses créanciers une cession et un abandon de ses biens, soit en justice, soit par une tran-

saction, ne perd pas, par cet abandon, le domaine de propriété des choses qui lui appartiennent, comprises dans cet abandon, jusqu'à ce que, en exécution de cet abandon, elles aient été vendues par les créanciers, et livrées aux acheteurs : cet abandon n'est censé être autre chose qu'un pouvoir qu'il donne à ses créanciers de jouir de ses biens et de les vendre pour se payer de leurs créances, tant sur les revenus que sur le prix : *Is qui bonis cessit, ante rerum venditionem, utique bonis suis non caret;* l. 5, ff. *de cess. bon.*

§. II. En quels cas perdons-nous, sans notre consentement, le domaine de propriété des choses qui nous appartiennent?

274. Un débiteur perd, sans son consentement, le domaine de propriété des choses qui lui appartiennent, par la vente qu'en ont faite ses créanciers qui les ont saisies.

Un débiteur perd pareillement, sans son consentement, le domaine de propriété d'une chose qui lui appartient, lorsque, en exécution d'un jugement qui l'a condamné à la donner à une personne à qui il s'étoit obligé de la donner, il en est dépouillé *manu militari.*

Nous perdons pareillement, sans notre consentement, le domaine de propriété des choses dont on s'empare par autorité publique, pour quelque cause d'utilité publique; comme lorsque le roi s'empare de mon champ pour en faire le grand chemin.

275. Nous perdons aussi le domaine des choses qui nous appartiennent, lorsqu'elles nous sont prises en guerre par l'ennemi; car, par le droit des gens et les lois de la guerre, le propriétaire de ces choses en est tellement dépouillé, que quand même elles seroient reprises sur l'ennemi par un corsaire françois, l'ancien propriétaire n'en recouvreroit pas le domaine, et il seroit acquis à celui qui les a reprises sur l'ennemi, comme nous l'avons vu *suprà, n.* 97; pourvu néanmoins que la chose n'ait été reprise qu'après qu'elle aura été au moins vingt-quatre heures en la possession de l'ennemi : si elle a été reprise auparavant, le propriétaire est censé n'en avoir jamais perdu la propriété.

Ce droit des gens qui transfère le domaine de propriété des choses prises en guerre à l'ennemi qui s'en est emparé, n'a lieu que dans le cas d'une guerre solennellement déclarée entre deux souverains qui ont droit de faire la guerre.

Il en est autrement dans les guerres civiles ; nous ne perdons point le domaine de propriété des choses qui nous appartiennent, lorsque ceux de la faction opposée s'en sont emparés par la force. C'est le sentiment de Grotius, *de jure belli et pacis, lib. 9, tit. 9, n. fin.* A plus forte raison, nous ne perdons pas le domaine de celles qui nous sont enlevées par des pirates et des voleurs.

276. Enfin nous perdons, sans notre consentement, et même à notre insu, le domaine de propriété d'une chose qui nous appartient, lorsque celui qui la possède vient à l'acquérir par droit de prescription. Aussitôt que ce possesseur a, par lui ou par ses auteurs, accompli le temps de la possession requis pour la prescription, la loi qui a établi la prescription nous prive de plein droit du domaine de propriété que nous avions de cette chose, et le transfère à ce possesseur.

277. Au reste, nous ne perdons pas le domaine de propriété d'une chose pour cela seul que nous en avons perdu la possession, et quoique nous ignorions absolument ce qu'elle est devenue.

Pareillement, si un loup a emporté un de mes porcs, je ne perds pas le domaine de propriété de ce porc tant qu'il existe, et que le loup ne l'a pas encore dévoré : c'est pourquoi si quelqu'un, ayant rencontré le loup qui emportoit mon porc, est venu à bout avec ses chiens de lui faire lâcher sa proie, il est obligé de me rendre mon porc qu'il a fait lâcher au loup, si je justifie que c'est dans mon troupeau que le loup l'a pris : *Quùm pastori meo lupi porcos eriperent ; hos vicinæ villæ colonus, cum robustis canibus quos pecoris sui gratiâ pascebat consecutus, lupis eripuit, aut canes extorserunt.... melius est dicere, et quod à lupo eripitur nostrum manere tandiù quandiù recipi possit id quod ereptum est..... licèt non animo furandi fuerit colonus persecutus.... tamen quùm reposcenti non*

*reddit, supprimere et intercipere videtur : quarè furti
teneri eum arbitror; l. 44, ff. de acq. rer. dom.*

278. Ce principe, que nous ne perdons pas le domaine
de propriété des choses qui nous appartiennent, par cela
seul que nous en avons perdu la possession, souffre exception à l'égard des choses qui sont de nature à être dans l'é-
tat de communauté négative, tant qu'elles ne sont oc-
cupées par personne, tels que sont les animaux sauvages.
Nous perdons le domaine de propriété de ces animaux aussitôt qu'ils ont cessé d'être en notre pouvoir, et qu'ils sont
retournés à l'état de liberté naturelle : *Quidquid eorum ce-
perimus,* dit Gaïus, *eò usquè nostrum esse intelligitur,
donec custodiâ nostrâ coërcetur; quùm verò evaserit custodiam nostram et in libertatem naturalem se receperit,
nostrum esse desinit, et rursùs occupantis fit; l. 3, §. 2,
ff. de aeq. rer. dom. Naturalem autem libertatem recipere
intelligitur, quùm vel oculos nostros effugerit, vel ità sit
in conspectu nostro, ut difficilis sit ejus persecutio; l. 5,
ff. d. tit.*

279. A l'égard des animaux sauvages que nous avons ap-
privoisés, qui sont dans l'habitude de s'écarter pendant
quelque temps, et de revenir à la maison, ils sont censés
être en notre pouvoir tant qu'ils conservent cette habitude;
mais si, s'étant écartés, ils ne sont pas revenus pendant un
temps assez considérable pour qu'il y ait lieu de croire qu'ils
ont perdu l'habitude de revenir, nous sommes censés ne
les avoir plus en notre pouvoir, et en avoir par conséquent
perdu le domaine : *In his animalibus quæ consuetudine
abire et redire solent, talis regula comprobata est, ut eò
usquè nostra esse intelligantur, donec revertendi animum
habeant : quòd si desierint revertendi animum habere,
desinant nostra esse, et fiant occupantium. Intelliguntur
autem desiisse revertendi animum habere, tunc quùm revertendi consuetudinem deseruerint; l. 5, §. 5, ff. d. tit.*

280. La mer et les rivages de la mer étant des choses
qui sont du nombre de celles qu'on appelle *res communes*,
qui sont restées dans l'état de communauté négative, si j'ai
construit un édifice sur la mer ou sur le rivage de la mer,

j'ai bien le domaine de propriété de la partie de la mer qui est occupée par mon édifice, tant que je l'occupe; mais si mon édifice vient à être détruit, n'occupant plus cette partie de la mer ou du rivage de la mer, je perds le domaine de propriété que j'avois de cette partie de la mer ou du rivage, laquelle retourne à son premier état de chose commune, dont la propriété n'appartient à personne. C'est ce qu'enseigne Neratius : *Illud videndum est, sublato œdificio quod in littore positum erat, cujus conditionis is locus sit? hoc est, utrùm maneat ejus cujus fuit œdificium, an rursùs in pristinum statum recidat, perindèque publicus sit, ac si nunquam in eo œdificatum fuisset? quod propius est ut existimari debeat, si modò recipit pristinam littoris speciem;* l. 14, §. 1, d. tit.

SECONDE PARTIE.

Du domaine de propriété que nous avons des choses particulières, naît une action qu'on appelle *action de revendication*. Du domaine que nous avons d'une hérédité que la loi nous a déférée, naît une action contre ceux qui nous la disputent, qu'on appelle *pétition d'hérédité*. Nous traiterons, dans un premier chapitre, de l'action de revendication. Nous traiterons, dans un second, de la pétition d'hérédité.

CHAPITRE PREMIER.

De l'action de revendication.

281. L'action de revendication est une action qui naît du domaine de propriété que chacun a des choses particulières, par laquelle le propriétaire, qui en a perdu la possession, la réclame et la revendique contre celui qui s'en trouve en possession, et le fait condamner à la lui restituer.

L'action de revendication est une action réelle, puisqu'elle naît d'un droit réel que quelqu'un a dans une chose; savoir, du domaine de propriété qu'il a de cette chose.

Quoique cette action soit réelle, elle a néanmoins quelquefois des conclusions personnelles qui lui sont accessoires, qui naissent de quelques obligations que le possesseur de la chose revendiquée a contractées par rapport à cette chose envers le demandeur en revendication.

Sur cette action de revendication, nous verrons, dans un premier article, quelles choses peuvent être l'objet de cette action; par qui elle peut être donnée, et contre qui. Nous verrons, dans un second article, ce que doit observer le propriétaire avant que de donner la demande en revendication; ce qu'il doit pratiquer en donnant cette demande; et quel est l'effet de la demande en revendication pendant le procès. Nous examinerons, dans un troisième article, quand le demandeur en revendication d'un héritage ou d'une rente doit être censé avoir justifié de son droit de propriété. Nous traiterons, dans un quatrième article, de la restitution qui doit être faite de la chose revendiquée, lorsque le demandeur a obtenu sa demande; dans un cinquième article, de plusieurs prestations personnelles auxquelles le possesseur, sur qui la chose est revendiquée, est quelquefois tenu envers le demandeur en revendication; dans un sixième article, de celles auxquelles le demandeur en revendication est quelquefois tenu envers le possesseur, pour qu'il doive lui délaisser la chose revendiquée.

ARTICLE PREMIER.

Quelles choses peuvent être l'objet de l'action en revendication; par qui, et contre qui peut-elle être donnée?

§. I. Quelles choses peuvent être l'objet de l'action en revendication?

282. Toutes les différentes choses particulières dont nous avons le domaine de propriété, peuvent être l'objet de l'action de revendication, les meubles aussi bien que les immeubles : *Hæc specialis in rem actio locum habet in*

omnibus tàm animalibus quàm his quæ animâ carent,
et in his quæ solo continentur; l. 1, §. 1, ff. de rei vindic.

On donne dans notre droit, à l'action de revendication
des meubles corporels, le nom d'*entiercement,* qui lui est
particulier. Nous en verrons la raison dans l'article suivant.

Cujas, dans son ouvrage *ad libros dig. Juliani, lib.* 78,
sur la loi 56, *de rei vind.,* qui en est tirée, observe que,
par le droit romain, l'action de revendication n'avoit lieu
que pour les choses corporelles. Dans notre droit françois
je ne vois rien qui empêche que le propriétaire d'une chose
incorporelle, *putà,* d'un droit de censive, d'un droit de
champart ou d'une rente, lorsqu'il en a perdu la possession, ne puisse donner l'action en revendication de cette
chose contre un tiers qu'il en trouveroit en possession, de
même qu'on la donne pour les choses corporelles.

283. Il n'y a que les choses particulières qui peuvent être
l'objet de cette action. Une universalité de biens, telle
qu'est une succession, lorsqu'elle nous est contestée par
quelqu'un, ne donne pas lieu à l'action de revendication,
mais à une autre espèce d'action, qui est la pétition d'hérédité, dont nous traiterons au chapitre suivant.

Il en est de même de l'universalité de biens d'une personne morte sans héritiers qui appartiennent à un seigneur
à titre de déshérence; ou du pécule d'un religieux défunt,
qui appartient à son abbé ou au monastère : la contestation
sur le domaine de ces universalités de biens donne lieu à
une action à l'instar de la pétition d'hérédité, et non à la
revendication.

Il ne faut pas confondre avec l'universalité de biens ce
qui n'est qu'universalité de choses, tel qu'est un troupeau
de moutons, un haras de chevaux : ces espèces d'universalités ne sont considérées que comme choses particulières,
et peuvent être l'objet de l'action de revendication : *Posse*
etiam gregem vindicari Pomponius, libro lectionum 25°;
idem de armentis et de equitio; l. 1, §. 3, ff. *de rei vind.*

284. L'action de revendication étant une action par laquelle le propriétaire d'une chose la revendique sur celui
qu'il en trouve en possession, il s'ensuit que les choses qui

n'appartiennent à personne, telles que sont celles qui sont *divini aut publici juris,* ne peuvent être l'objet de l'action de revendication.

Mais lorsque dans la dépendance d'une terre il y a une chapelle, quoique cette chapelle soit *res divini juris,* et qu'en conséquence cette chapelle, *in se,* considérée séparément, ne soit pas susceptible de l'action de revendication ; néanmoins elle entre dans l'action de revendication de la terre , comme une dépendance de la terre.

285. Suivant la subtilité du droit romain, lorsqu'une chose, dont j'avois le domaine de propriété, se trouvoit tellement unie à une qui vous appartenoit, qu'elle paroissoit en être une partie accessoire, je ne pouvois pas la revendiquer pendant qu'elle y demeuroit ainsi unie, parcequ'elle étoit censée, pendant ce temps, n'avoir pas une existence particulière, et n'être qu'une partie de la vôtre à laquelle elle étoit unie : il falloit donc que j'eusse recours à l'action *ad exhibendum,* contre vous par-devers qui elle étoit, pour vous faire condamner à la détacher et à me l'exhiber; et ce n'étoit qu'après qu'elle avoit été détachée, que cette chose ayant recouvré l'existence particulière qu'elle avoit avant l'union, et moi ayant en conséquence recouvré le domaine de propriété que j'avois de cette chose, je pouvois la revendiquer ; *Quæcumque aliis juncta sive adjecta accessionis loco cedunt, ea, quandiù cohærent, dominus vindicare non potest, sed ad exhibendum agere potest, ut separentur, et jure vindicentur;* l. 23, §. 5 ; ff. *de rei vind.*

Dans notre droit on ne s'attache pas à ces subtilités, et je pense que lorsque j'ai perdu la possession d'une chose dont j'ai le domaine de propriété, je suis reçu à la revendiquer sur celui par-devers qui elle se trouve, quoiqu'elle se trouve attachée à une chose qui lui appartient, et qu'elle en soit comme une partie accessoire; et je suis bien fondé à conclure par cette action, à ce qu'il soit tenu de la détacher et de me la rendre. Voyez *suprà, n.* 177 *et suiv.*

§. II. Par qui peut être intentée l'action de revendication.

286. Régulièrement cette action n'appartient qu'à celui qui a le domaine de propriété de la chose revendiquée, et ne peut être intentée que par lui : *In rem actio competit ei qui, aut jure gentium, aut jure civili, dominium acquisiit ; l. 23, ff. de rei vind.*

De là il suit que l'acheteur d'une chose qui ne lui a pas encore été livrée, ne peut être fondé dans la demande en revendication de cette chose, parcequ'il n'en a pas encore le domaine de propriété, qu'il ne peut acquérir que par la tradition qui lui en sera faite en exécution du contrat : *Si ager ex emptionis causâ ad aliquem pertineat, non rectè hâc actione (in rem) agi poterit, antequàm traditus sit, tuncque (1) possessio amissa sit ; l. 50.*

287. Par la même raison, si un homme a acheté, pour lui et en son nom, une chose avec une somme de deniers que vous lui aviez donnée en dépôt, vous n'êtes pas fondé dans la demande en revendication de cette chose, quoique acquise de vos deniers ; car vous n'en avez pas le domaine de propriété, n'ayant pas été acquise pour vous ni en votre nom : *Si ex eâ pecuniâ quam deposueris, is apud quem collocata est, sibi possessiones comparavit, ipsique traditæ sunt, tibi vel tradi, vel quasdam ex his compensationis causâ ab invito eo in te transferri injuriosum est ; l. 6, Cod. de rei vind.*

Il y a néanmoins quelques cas dans le droit, où, contre la rigueur des principes, on accorde à celui des deniers duquel une chose a été achetée, la revendication de cette chose.

288. Il n'est pas nécessaire, pour pouvoir intenter cette action, que le domaine que nous avons de la chose revendiquée soit un domaine parfait et irrévocable : quoique nous devions le perdre au bout d'un certain temps, ou par l'évènement de quelque condition, tant que nous avons en-

---

(1) *Id est tunc post traditum sibi agrum, dominiumque quæsitum, possessionem agri emptor emiserit.*

core le domaine de la chose, nous sommes fondés à la revendiquer : *Non ideò minùs rectè quid nostrum esse vindicabimus, quod abire à nobis speratur, si conditio legati vel libertatis extiterit;* l. 66, ff. *de rei vind.*

Par exemple, le propriétaire d'un héritage chargé de substitution, tant que la substitution n'est pas encore ouverte, est bien fondé à le revendiquer.

289. Il n'est pas non plus nécessaire que le domaine de propriété que nous avons de la chose revendiquée soit une propriété pleine : quoique je n'aie que la nue propriété d'une chose, l'usufruit appartenant à un autre, j'ai droit de la revendiquer; car, quoique je n'en aie pas l'usufruit, je n'en suis pas moins propriétaire pour le total; l'usufruit que je n'ai pas étant une servitude, une charge, plutôt qu'une partie de la chose : *Rectè dicimus eum fundum totum nostrum esse, etiam quùm ususfructus alienus est; quia ususfructus non dominii pars, sed servitutis sit, ut via et iter; nec falsò dici totum meum esse, cujus non potest ulla pars dici alterius esse;* l. 25, ff. *de verb. signif.*

290. Il n'est pas nécessaire non plus, dans notre droit françois, pour que nous ayons la revendication d'une chose, que nous en ayons le domaine direct; il suffit que nous en ayons le domaine utile : un emphytéote, un engagiste, ont cette action.

291. Celui qui n'a le domaine de propriété d'une chose que pour une partie, peut la revendiquer pour la part qu'il y a, quand même la chose ne seroit pas susceptible de parties réelles, mais seulement de parties intellectuelles : *Eorum quoque, quæ sine interitu dividi non possunt, partem petere posse constat;* l. 85, §. 3, *de rei vind.*

292. Quoique régulièrement l'action de revendication d'une chose n'appartienne qu'à celui qui en est le propriétaire, on l'accorde néanmoins quelquefois à celui qui n'en est pas le propriétaire, mais qui étoit en chemin de le devenir, lorsqu'il en a perdu la possession.

Car si celui qui possédoit de bonne foi, en vertu d'un juste titre, une chose dont il n'étoit pas propriétaire, en a perdu la possession avant l'accomplissement du temps requis pour la prescription, il est reçu, quoiqu'il ne soit pas propriétaire de cette chose, à la revendiquer, par l'action de revendication, contre ceux qui se trouvent la posséder sans titre.

Cette action est celle qui est appelée en droit *actio publiciana*. Elle est fondée sur l'équité, qui veut que celui qui étoit le juste possesseur d'une chose, et qui, quoiqu'il n'en fût pas encore le propriétaire, étoit en chemin de le devenir, soit préféré pour avoir cette chose, lorsqu'il en a perdu la possession, à un usurpateur qui s'en est mis injustement en possession.

293. Il n'est pas précisément nécessaire que le titre, en vertu duquel j'ai possédé la chose, fût un titre valable; il suffit que j'aie eu quelque sujet de le croire valable, pour que je sois réputé avoir été juste possesseur de la chose, et que je sois reçu à cette action lorsque j'en ai perdu la possession. Par exemple, si j'ai acheté d'un fou, dont j'ignorois le dérangement d'esprit, une chose qu'il m'a livrée; quoique la vente qu'il m'en a faite, en vertu de laquelle j'ai possédé cette chose, fût nulle, néanmoins, ne m'étant pas aperçu de son dérangement d'esprit, j'ai eu sujet de la croire valable; ce qui suffit pour que je sois réputé en avoir été juste possesseur, et pour que je sois reçu à cette action contre un usurpateur qui en auroit usurpé sur moi la possession : *Marcellus scribit eum qui à furioso* (1), *ignorans eum furere, emit, posse usucapere; ergo et publicianam habebit;* l. 7, ff. *de Pub. act.*

En général, l'opinion d'un juste titre, quoique erronée, lorsqu'elle a un juste fondement, équipolle au titre, et suffit pour cette action, de même qu'elle suffit pour la prescription; comme nous le verrons en notre Traité de la Prescription.

294. Ce n'est ordinairement que contre ceux qui possédent sans titre, que l'ancien possesseur de bonne foi, qui n'est pas encore le propriétaire, est reçu à revendiquer la chose dont il a perdu la possession : si, depuis qu'il l'a

_____
(1) *Furiosus*, dans le langage des jurisconsultes, se prend pour *fou*.

perdue , la possession de cette chose avoit passé à celui qui en est le véritable propriétaire , il est évident qu'il ne seroit pas recevable à la revendiquer contre lui. En ce cas , *Exceptio justi dominii publicianæ objicienda est*; l. 16, ff. *de publ. act.* ; car , comme observe fort bien Nératius , *publiciana actio non ideò comparata est , ut res domino auferatur ;* l. 17 , d. tit.

L'ancien possesseur de bonne foi n'est pas non plus reçu à revendiquer la chose dont il a perdu la possession , contre un possesseur qui , sans en être propriétaire , la possèderoit en vertu d'un juste titre , comme nous le verrons *infrà;* car les deux parties étant , en ce cas , d'égale condition , le possesseur actuel doit avoir la préférence : *In pari causâ potior causa possessoris.*

295. Il y a néanmoins des cas où l'ancien possesseur de bonne foi est reçu à revendiquer la chose dont il a perdu la possession , même contre le propriétaire par-devant qui elle se trouve; et , à plus forte raison , contre un autre possesseur de bonne foi.

Le premier cas est, lorsque le propriétaire, par-devers qui se trouve la chose dont j'ai perdu la possession, a consenti à la vente qui m'en a été faite , ou à quelque autre titre en vertu duquel je la possédois; comme dans l'espèce que rapporte Papinien.

Le propriétaire d'une chose a défendu à son procureur qui l'avoit vendue de son consentement, d'en faire la tradition à l'acheteur : la tradition qui en a été faite à l'acheteur ne lui en a pas transféré la propriété, ayant été faite contre la volonté du propriétaire. Néanmoins , comme l'équité ne permet pas qu'il contrevienne au consentement qu'il a donné à la vente qui en a été faite , non seulement il ne sera pas reçu à la revendiquer contre l'acheteur qui la possèderoit , lequel opposeroit contre son action *exceptionem doli ;* mais même dans le cas auquel l'acheteur auroit perdu la possession de cette chose qui se trouveroit par-devers le propriétaire, l'acheteur seroit reçu à la revendiquer , *per actionem publicianam,* contre le propriétaire. *Papinianus scribit : Si quis prohibuit vel denuntiavit,*

*ex causâ venditionis tradi rem quæ ipsius voluntate fuerat
distracta, et is nihilominus tradiderit, emptorem tue-
bitur prætor, sive possideat, sive petat rem;* l. 24, ff.
de publ. act.

Si contre l'action publicienne que l'acheteur intentera
contre le propriétaire, ce propriétaire oppose *exceptionem
dominii*, l'acheteur opposera contre cette exception le
consentement qu'il a donné à la vente : *Si non author
meus voluntate tuâ vendidit;* d. l. 14.

296. Le second cas auquel l'ancien possesseur de bonne
foi d'une chose dont il a perdu la possession, est reçu à la
revendiquer par l'action publicienne, même contre le propriétaire de cette chose, est lorsque ce propriétaire est ou
celui qui la lui avoit vendue et livrée avant qu'il en fût devenu propriétaire, ou quelqu'un qui la tient de ce propriétaire; comme dans l'espèce que rapporte Ulpien : Vous avez
acheté de Titius une chose qui appartenoit, non à lui,
mais à Sempronius. Après la tradition que Titius vous en
a faite, Titius en est devenu propriétaire, ayant été l'héritier de Sempronius. Vous avez depuis perdu la possession
de cet héritage; Titius, qui vous l'avoit vendu, s'en est
indûment mis en possession, et l'a vendu à Mœvius, à qui
il a transféré son droit de propriété par la tradition de l'héritage qu'il lui a faite. Ulpien décide que vous êtes fondé à
intenter l'action publicienne contre Mœvius, pour revendiquer l'héritage, sans qu'il puisse vous exciper valablement de son droit de propriété; parceque Mœvius ayant
acquis l'héritage de Titius votre auteur, qui vous l'avoit
vendu et livré, Titius n'avoit pu lui transférer un droit de
propriété que tel qu'il l'avoit lui-même. Or le droit de propriété que Titius avoit ne l'étoit, vis-à-vis de vous, que
quantùm ad subtilitatem juris; il n'étoit pas, vis-à-vis
de vous, un véritable droit de propriété dont il eût pu exciper valablement contre l'action publicienne que vous aviez
droit d'intenter contre lui : Mœvius, qui n'a que le même
droit qu'avoit Titius, ne peut pas en exciper davantage :
*Si à Titio fundum emeris qui Sempronii erat, isque tibi
traditus fuerit pretio soluto ; deindè Titius Sempronio*

hæres extiterit, et eumdem (1) *fundum Mœvio vendiderit et tradiderit; Julianus ait æquius esse prætorem te tueri; quia etsi ipse Titius fundum à te peteret, exceptione in factum comparatâ, vel doli mali summoveretur: et si ipse eum possideret, et publicianâ peteres, adversùs exceptionem, si non suus esset, replicatione uteris; ac per hoc intelligeretur eum fundum rursùm vendidisse quem in bonis non haberet;* l. 4, §. 32, ff. *de dol. et met. except.*

297. L'équité peut encore, en d'autres cas, faire admettre l'ancien possesseur de bonne foi d'une chose, qui en a perdu la possession, à la revendiquer par l'action publicienne, même contre celui qui en seroit depuis devenu propriétaire; comme dans l'espèce de la loi 57, ff. *mand.*

§. III. Contre qui l'action de revendication doit-elle être donnée ?

298. Le propriétaire qui a perdu la possession d'une chose, doit donner l'action de revendication contre celui qu'il trouve en possession de cette chose.

Peut-elle être donnée même contre celui qui en est en possession au nom d'un autre? ou ne doit-elle être donnée que contre celui qui la possède en son nom? Ulpien, sur cette question, décide, contre le sentiment des Proculéiens, que l'action de revendication est bien donnée contre tous ceux qui se trouvent en possession d'une chose, de quelque manière et à quelque titre qu'ils en soient en possession, ou en leur nom, ou bien au nom d'un autre: *Pegasus ait ab eo apud quem deposita est vel commodata, vel qui eam conduxerit.... quia hi omnes non possident* (2), *vindicari non posse: puto autem ab omnibus qui tenent et habent restituendi facultatem, peti posse;* l. 9, ff. *de rei vind.*

Dans notre droit, lorsque je trouve un homme en possession de mon héritage, ne pouvant pas deviner s'il le possède en son nom ou comme fermier, la demande en re-

---

(1) Dont vous aviez perdu la possession, et dont Titius s'étoit depuis mis en possession.

(2) *Suo nomine, sed sunt in possessione nomine ejus qui rem deposuit, aut commodavit, aut locavit.*

vendication que j'ai donnée contre lui est bien donnée. Mais lorsque, sur cette demande, il a déclaré qu'il n'est en possession de l'héritage que comme le tenant à ferme d'un tel, je dois assigner celui de qui il le tient à ferme, dont il doit m'indiquer le nom et la demeure : car la question sur le domaine de propriété de la chose revendiquée ne peut être traitée ni jugée avec ce fermier, qui ne prétend point avoir ce domaine ; elle ne peut l'être qu'avec celui qui possède l'héritage par son fermier, lequel, en sa qualité de possesseur de l'héritage, en est réputé le propriétaire, jusqu'à ce que le demandeur en revendication ait justifié de son droit.

Après que celui de qui le fermier tient l'héritage a été mis en cause, et qu'il a pris le fait et cause de son fermier, le fermier qui avoit été assigné en premier lieu doit être mis hors de cause.

La même chose doit s'observer à l'égard des choses mobilières. Lorsque je trouve ma chose entre les mains d'une personne, quoique cette personne ne la tienne qu'à titre de dépôt ou de prêt, je puis l'entiercer sur cette personne : mais lorsqu'elle aura déclaré celui qui la lui a confiée en dépôt ou qui la lui a prêtée, dont elle doit m'indiquer le nom et la demeure, je dois l'appeler en cause, et c'est avec lui que se doit traiter et juger mon action.

299. Lorsque j'ai perdu la possession d'un héritage dont nous sommes, vous et moi, propriétaires en commun et par indivis, chacun par moitié ; si vous êtes en possession de cet héritage en commun avec Titius qui n'y a aucun droit, c'est contre Titius seul que je dois donner ma demande en revendication, et non contre vous, qui ne le possédez que pour la part que vous y avez : mais si vous avez fait avec Titius un partage de cet héritage, et qu'en conséquence de ce partage vous possédiez seul une certaine portion divisée de cet héritage, je puis donner contre vous l'action de revendication pour la part indivise que j'y ai : le partage que vous avez fait avec Titius, étant un acte qui m'est étranger, n'a pu me dépouiller de la part indivise que j'ai dans tout l'héritage, et dans toutes les différentes

parties dont il est composé : *Si ex æquis partibus fundum mihi tecum communem, tu et Lucius Titius possidetis, non ab utrisque quadrantes petere me debere, sed à Titio qui non sit dominus totum semissem. Aliter atque si certis regionibus possideatis eum fundum ; nam tunc sine dubio et à te et à Titio partes fundi petere me debere. Quoties enim certa loca possidebuntur, necessariò in his aliquam partem meam esse; l. 8, ff. de rei vindic.*

300. La demande en revendication ne devant ni ne pouvant régulièrement procéder que contre celui qui est trouvé en possession de la chose revendiquée; si celui contre qui la demande est donnée, dénie posséder la chose, cela donne lieu à un appointement par lequel, après que le défendeur a soutenu qu'il ne possédoit point l'héritage revendiqué, on permet au demandeur de prouver que le défendeur le possède : faute de le prouver, on donne congé de la demande, non purement et simplement, mais en conséquence de ce qu'il ne possède pas l'héritage : lequel jugement n'empêche pas qu'on ne puisse de nouveau donner la demande contre lui *ex novâ causâ*, si par la suite il vient à le posséder.

301. Lorsque le défendeur, quoiqu'il ne possédât pas l'héritage pour lequel il étoit assigné en revendication, a néanmoins contesté et soutenu le procès, comme s'il en étoit le possesseur; si c'est par erreur, croyant être assigné pour un autre héritage que celui pour lequel il étoit assigné, l'erreur étant depuis découverte, il ne doit être condamné qu'aux dépens; mais s'il étoit prouvé que ce fût par malice, pour empêcher le demandeur de connoître le véritable possesseur, et de donner la demande contre lui, afin que, par ce moyen, le possesseur pût accomplir le temps de la prescription, le défendeur devroit être, en ce cas, condamné aux dommages et intérêts du demandeur, qui, par cette fraude, auroit perdu la propriété de son héritage, faute d'avoir pu interrompre le temps de la prescription contre celui qui le possédoit.

302. Il y a cette différence entre l'action de revendication et les actions personnelles, que celles-ci se donnent contre les héritiers de celui qui en est tenu, lesquels hé-

ritiers en sont tenus quant à la part pour laquelle ils sont héritiers : au contraire, l'action de revendication ne peut être donnée contre l'héritier du possesseur qu'autant que cet héritier est possesseur lui-même de la chose revendiquée; et il en est tenu, non quant à la part pour laquelle il est héritier du défunt possesseur, mais quant à la part pour laquelle il est possesseur de la chose revendiquée : de manière que si, par le partage fait entre les héritiers du défunt possesseur, la chose revendiquée étoit échue pour le total à l'un d'entre eux, l'action de revendication procéderoit contre lui pour le total, et ne procéderoit point du tout contre les autres héritiers qui n'en posséderoient rien.

La raison de différence est évidente. Les actions personnelles naissent de quelque obligation contractée par celui qui en est tenu envers le demandeur. Les héritiers de celui qui en est tenu, succédant à toutes ses obligations, chacun pour la part dont il est son héritier, c'est une conséquence qu'ils soient tenus, pour cette part, des actions qui naissent desdites obligations. Au contraire, l'action de revendication ne naissant d'aucune obligation que le possesseur ait contractée envers le propriétaire de la chose qui fait l'objet de la demande en revendication, mais seulement de la possession qu'il a de cette chose, son héritier ne doit être tenu de cette action qu'autant qu'il est lui-même possesseur de la chose revendiquée, et quant à la part pour laquelle il en est possesseur.

303. Observez que quoique celui des héritiers, à qui est échue, par le lot de partage, la chose qui fait l'objet de la demande en revendication, soit seul tenu de l'action de revendication vis-à-vis du propriétaire de cette chose, néanmoins, comme ses cohéritiers ont contracté envers lui, par le partage, l'obligation de lui garantir cette chose, lorsque le propriétaire a donné contre lui l'action de revendication, il a droit de sommer en garantie ses cohéritiers, pour qu'ils soient tenus de défendre avec lui à l'action.

304. Notre principe, que les héritiers du possesseur de la chose qui fait l'objet de la demande en revendication ne sont tenus de l'action de revendication qu'autant qu'ils

sont eux-mêmes possesseurs de la chose, a lieu à l'égard des héritiers d'un possesseur de bonne foi, lequel n'étoit tenu de cette action qu'aux fins de délaissement de la chose qui en fait l'objet. Il en est autrement des héritiers d'un possesseur de mauvaise foi, contre lequel le propriétaire avoit droit de demander non seulement le délaissement de la chose, mais encore la restitution des fruits que ce possesseur de mauvaise foi en a perçus, et les dommages et intérêts résultants des dégradations qu'il y a faites. Les demandes accessoires à l'action de revendication étant des demandes qui naissent des obligations personnelles que ce possesseur a contractées de rendre les fruits qu'il a perçus d'une chose qu'il savoit ne lui pas appartenir, ses héritiers, qui, par la qualité qu'ils ont de ses héritiers, sont tenus de ses obligations, quant à la part pour laquelle ils sont héritiers, doivent être tenus, quant à la part pour laquelle ils sont ses héritiers, des demandes accessoires pour la restitution des fruits, et pour les dégradations, qui naissent desdites obligations.

305. Par la même raison, lorsque j'ai donné la demande en revendication d'une chose, même contre un possesseur qui étoit possesseur de bonne foi; si ce possesseur, sur ma demande par laquelle je lui ai donné copie de mes titres de propriété, a contesté, et est mort pendant le procès, ceux de ses héritiers qui n'ont pas succédé à la chose, et qui ne la possèdent pas, étant assignés en reprise d'instance, quoiqu'ils ne soient pas tenus de la demande aux fins de délaissement de la chose, sont néanmoins tenus, quant à la part pour laquelle ils sont héritiers, des demandes accessoires qui procédoient contre ce possesseur, pour la restitution des fruits par lui perçus depuis la demande, et pour les dégradations par lui faites depuis la demande. C'est ce qu'enseigne Paul : *Si in rem actum sit, quamvis hæres possessoris, si non possideat, absolvatur, tamen si quid ex personâ defuncti commissum sit, omnimodò in damnationem veniet; l.* 42, *ff. de rei vindic.*

La raison est, que ce possesseur de bonne foi, contre qui la demande en revendication a été donnée, ayant, par la copie que le demandeur lui a donnée de ses titres de propriété, acquis la connoissance que la chose appartenoit au demandeur, a commencé dès-lors à devenir possesseur de mauvaise foi, et a contracté l'obligation de rendre les fruits qu'il percevroit depuis la demande, et celle de conserver la chose en bon état, auxquelles obligations tous ses héritiers succèdent : *Post litem contestatam,* dit Ulpien, *omnes incipiunt malæ fidei possessores esse, quin immò post controversiam motam..... cœpit enim scire rem ad se non pertinentem possidere se;* l. 25, §. 7, ff. *de hæred. petit.*

306. L'action de revendication se donne non seulement contre le possesseur de la chose qui en est l'objet; elle peut aussi être intentée contre celui qui, par malice, pour se soustraire à cette action, a cessé de la posséder : *Is qui ante litem contestatam dolo desiit rem possidere, tenetur in rem actione;* l. 27, §. 3, ff. *de rei vindic.*

Supposons, par exemple, que vous avez trouvé dans la rue une bague précieuse qui étoit tombée de mon doigt sans que je m'en aperçusse. Ayant appris qu'elle étoit chez vous, par quelque personne qui l'avoit vue et qui la connoissoit, je me proposois de donner requête pour l'entiercer, et de donner contre vous la demande en revendication : vous, en ayant eu le vent, pour vous soustraire à cette demande, vous l'avez vendue à un passant inconnu, pour la moitié de ce qu'elle vaut. Je ne dois pas être, par votre dol, privé de ma chose, et mis hors d'état de la revendiquer : c'est pourquoi je dois, en ce cas, avoir contre vous l'action de revendication, comme si vous la possédiez encore, et faute par vous de pouvoir me la rendre, vous faire condamner à m'en payer le véritable prix; ce qui est conforme à ces règles de droit : *Qui dolo desierit possidere, pro possidente damnatur, quia pro possessione dolus est;* l. 131, ff. *de R. J. Et parem esse conditionem oportet ejus qui quid possideat vel habeat, atque ejus cujus dolo malo factum est quominùs possideret vel haberet;* l. 150, ff. *d. tit.*

ARTICLE II.

De ce que doit observer le propriétaire avant que de donner la demande en revendication; de ce qu'il doit pratiquer en la donnant; et quel est l'effet de la demande pendant le procès.

307. Le propriétaire d'une chose ne doit avoir recours à l'action de revendication que lorsqu'il a perdu entièrement la possession de cette chose. S'il y est troublé par quelqu'un, il a un très grand intérêt d'intenter contre celui qui le trouble l'action en complainte possessoire, plutôt que l'action de revendication; et pareillement, s'il avoit été dépossédé par violence, il a un très grand intérêt de se pourvoir par l'action possessoire qu'on appelle *l'action de réintégrande*, plutôt que par une demande en revendication. La raison est, que lorsqu'on en vient au pétitoire, il y a beaucoup plus d'avantage à être le possesseur de la chose qui fait l'objet du procès, qu'à être le demandeur; parceque celui-ci est chargé de prouver son droit de propriété dans cette chose, au lieu que le possesseur n'a rien à prouver de son côté, et est toujours présumé et réputé propriétaire, jusqu'à ce que le demandeur ait pleinement prouvé et établi son droit de propriété.

C'est aussi le conseil que donne Gaïus : *Is qui destinavit rem petere, animadvertere debet an aliquo interdicto possit nancisci possessionem, quia longè commodius est ipsum possidere, et adversarium ad onera petitoris compellere, quàm alio possidente petere; l. 24, ff. de rei vind.*

308. Par le droit romain, celui qui se proposoit d'intenter l'action de revendication, pour une chose mobilière, devoit intenter auparavant l'action *ad exhibendum* contre celui par-devers qui se trouvoit la chose, aux fins qu'il fût tenu de la représenter, à l'effet que la chose étant représentée, le demandeur pût former son action de revendication de cette chose, ce qu'il faisoit par cette formule, en mettant la main sur la chose revendiquée : *Aio hanc rem meam esse.*

Dans notre droit françois, l'action *ad exhibendum* n'est pas en usage. Notre coutume d'Orléans dit, *art.* 444: *En cour laye l'action à fin d'exhiber, ne l'exception de deniers non comptés, n'ont lieu.*

309. Au lieu de cela, dans notre droit, au moins dans plusieurs coutumes, pour parvenir à la revendication des meubles, on procède par la voie de l'entiercement.

L'entiercement est un acte judiciaire, par lequel celui qui se prétend propriétaire d'une chose mobilière la fait saisir et arrêter par le ministère d'un huissier ou sergent, lequel la séquestre entre les mains d'une tierce personne.

Cet exploit d'entiercement se fait dans la forme des autres exploits de saisie-arrêt.

310. Cette voie d'entiercement, pour parvenir à la revendication des choses mobilières, nous vient des anciennes lois des Ripuaires. Nous y lisons au titre 25, *De intertiare,* §. 1 : *Si quis rem suam cognoverit, mittat manum super eam, et sic illi super quam intertiatur, tertiam manum quærat.*

Plusieurs coutumes ont des dispositions sur l'entiercement.

Notre coutume d'Orléans dit en l'*art.* 454 : *La chose mobilière étant vue à l'œil, peut être entiercée, sauf le droit d'autrui.*

311. Ces termes, *étant vue à l'œil,* font connoître que la disposition de cet article, qui permet au demandeur en revendication d'une chose mobilière, de l'entiercer et séquestrer pendant le procès, n'a lieu qu'à l'égard des meubles corporels. Il en est autrement des choses incorporelles qui sont réputées mobilières, telles que sont les rentes constituées, dans les coutumes qui réputent les rentes, meubles. Le demandeur en revendication d'une rente, même dans ces coutumes, ne peut en faire séquestrer la jouissance pendant le procès; il ne peut qu'arrêter le principal, comme nous le dirons *infrà.*

312. Ces termes, *sauf le droit d'autrui,* s'entendent principalement du droit de celui sur qui elle a été entiercée, et entre les mains de qui elle étoit, à qui, dans le cas auquel celui qui l'a fait entiercer ne prouveroit pas qu'elle lui

appartient, elle doit être rendue, même avec dommages et intérêts, si aucuns il a souffert.

313. Il est dit à la fin de cet article : *En cas d'opposition, les biens arrêtés demeureront en justice.*

Sur l'opposition formée à l'entiercement par celui qui étoit en possession de la chose, et sur qui l'entiercement a été fait, il doit en avoir main-levée par provision, et la chose lui doit être rendue, en donnant par lui caution; ou même, s'il est solvable, en faisant seulement ses soumissions de représenter la chose lorsque le juge l'ordonnera.

La raison est, que la possession qu'il avoit de la chose le fait présumer propriétaire, au moins par provision, tant que celui qui l'a entiercée n'a pas encore prouvé son droit de propriété.

La main-levée de l'entiercement qu'obtient celui sur qui il a été fait, n'étant que provisionnelle, la chose entiercée ne lui étant rendue qu'à la charge de la représenter toutes fois et quantes que le juge l'ordonnera, la chose entiercée est toujours censée demeurer sous la main de la justice, jusqu'à la fin du procès, et il ne peut en disposer. C'est le sens des derniers termes de l'*art.* 454, que nous venons de rapporter.

314. Lorsque c'est dans un chemin ou dans un marché public que je trouve la chose que je prétends m'appartenir, je puis la faire entiercer par le ministère d'un huissier, sans avoir pour cela aucune permission du juge. Mais lorsque j'ai avis que quelqu'un a dans sa maison une chose que je prétends m'appartenir, je ne puis la faire entiercer dans ladite maison qu'en vertu d'une permission du juge, que j'obtiens au bas d'une requête. Notre coutume d'Orléans en a une disposition en l'*art.* 455 : « Aucun ne peut « entrer, ni faire entrer sergent ni autres personnes en la « maison d'autrui, pour entiercer et enlever les biens étant « en icelle maison, sans autorité de justice. »

La coutume entend par *autorité de justice*, l'ordonnance que le juge met au bas de la requête qui lui est présentée, par laquelle il permet l'entiercement.

315. Celui qui a fait l'entiercement doit assigner devant

le juge, ou par l'exploit d'entiercement, ou par un autre exploit subséquent, celui sur qui il est fait, pour voir ordonner que la chose entiercée sera rendue à celui qui a fait l'entiercement, comme chose à lui appartenante, aux offres qu'il fait de la faire reconnoître.

Si celui sur qui la chose a été entiercée ne la tenoit qu'au nom d'un autre, *putà*, à titre de dépôt, de prêt, ou de louage, ou de nantissement; sur la déclaration qu'il doit faire de la personne de qui il la tenoit, celui qui a fait l'entiercement la doit mettre en cause; *suprà*, *n.* 298.

316. De quelque manière que l'instance sur le domaine de la chose entiercée ait été introduite, soit sur la demande de celui qui a fait l'entiercement, aux fins que la chose lui soit rendue, comme à lui appartenante; soit sur la demande de celui sur qui l'entiercement a été fait, aux fins d'en avoir main-levée; c'est celui qui a fait l'entiercement, qui est chargé d'établir et de prouver le domaine qu'il prétend avoir de la chose entiercée: faute de quoi, celui sur qui l'entiercement a été fait, sans qu'il soit obligé de faire, de son côté, aucune preuve, doit avoir main-levée de l'entiercement, avec dépens, et même avec dommages et intérêts, si aucuns il a souffert.

317. Comme nous n'avons pas ordinairement des titres par écrit du droit de propriété que nous avons de nos meubles, à quelque somme que puisse monter la valeur de la chose entiercée, celui qui a fait l'entiercement est reçu à prouver le domaine qu'il prétend avoir de la chose entiercée, par témoins, auxquels elle sera représentée, et qui la reconnoîtront pour lui appartenir. En conséquence, sur sa demande, le juge rend un appointement, par lequel il lui permet de faire procéder à la reconnoissance de la chose entiercée, par témoins, auxquels elle sera représentée, et qui déposeront de la connoissance qu'ils ont qu'elle lui appartient; sauf à l'autre partie à faire faire de sa part, si bon lui semble, reconnoissance contraire.

Cette reconnoissance se fait devant le juge, qui en dresse procès-verbal.

Lorsque, par le procès-verbal de reconnoissance, le domaine que celui qui a fait l'entiercement prétend avoir de la chose entiercée, paroît suffisamment justifié, le juge ordonne définitivement que la chose entiercée lui sera délivrée comme à lui appartenante.

318. C'est par une raison particulière aux choses mobilières, que le demandeur en revendication peut les entiercer, parcequ'autrement le possesseur pourroit les faire disparoître, et les soustraire à la revendication.

C'est pourquoi on suit une autre procédure pour l'action de revendication des héritages, tels que sont les maisons et les fonds de terre. Elle s'intente par un simple exploit de demande, par lequel le demandeur, qui se prétend propriétaire d'un certain héritage, assigne celui qui en est le possesseur, aux fins qu'il soit condamné à le lui délaisser, comme chose à lui appartenante.

Le demandeur doit, par cet exploit, à peine de nullité de l'exploit, désigner la chose qu'il revendique, de manière que l'ajourné ne puisse ignorer pour quelle chose il est assigné. C'est pour cet effet que l'ordonnance de 1667, *tit.* 9, *art.* 3, « veut que les demandeurs soient tenus de déclarer, « par leur premier exploit, le bourg, village ou hameau, « le terroir ou la contrée où l'héritage est situé; sa consis-« tance; ses nouveaux tenants et aboutissants du côté du « septentrion, midi, orient et occident; sa nature au temps « de l'exploit; si c'est terres labourables, prés, bois, vi-« gnes, ou d'autre qualité; en sorte que le défendeur ne « puisse ignorer pour quel héritage il est assigné. »

Observez que « s'il est question d'une terre ou métairie, « il suffit d'en désigner le nom et la situation; *art.* 4. » Il n'est pas nécessaire de détailler les pièces de terres et les différentes dépendances dont elle est composée.

« Si c'est une maison, les tenants et aboutissants seront « désignés de la même manière. »

319. Avant l'ordonnance de 1667, le défendeur pouvoit opposer contre la demande en revendication l'exception qu'on appeloit *de vues et montrées*, aux fins qu'il fût donné assignation à certain lieu, jour et heure aux parties, pour

partir ensemble dudit lieu, et se transporter sur le lieu contentieux, où le demandeur devoit montrer et faire voir à l'œil au défendeur les héritages qu'il entendoit revendiquer. L'ordonnance a abrogé cette exception, comme inutile, au moyen de ce que l'héritage doit être désigné par l'exploit, de manière à ne s'y pas méprendre.

320. Après que le défendeur, qui, par l'exploit de demande, a reconnu posséder l'héritage pour lequel il est assigné, a défendu à la demande, le procès s'instruit et se décide par l'examen des titres respectifs des parties.

Lorsque ceux produits par le demandeur ne sont pas suffisants pour justifier le domaine de propriété qu'il prétend avoir de l'héritage revendiqué, le défendeur n'a pas besoin d'en produire aucuns.

321. Le défendeur ne doit pas être dépossédé pendant le procès; il doit continuer de jouir librement de l'héritage revendiqué, jusqu'à ce qu'il intervienne une sentence définitive dont il n'y ait pas d'appel, qui juge que l'héritage appartient au demandeur, et qui condamne le possesseur à le lui délaisser.

Si le possesseur étoit appelant de cette sentence, il continueroit de posséder et de jouir librement de l'héritage, jusqu'à l'arrêt définitif.

Le possesseur n'est pas même tenu lors de la demande, ni pendant le procès, de donner caution, ni même de faire aucune soumission pour le rapport des fruits qu'il percevra pendant le procès, et qu'il seroit condamné de restituer en cas que le demandeur obtînt en sa demande.

Le demandeur en revendication peut seulement, pendant le procès, empêcher que le possesseur ne fasse aucune dégradation à l'héritage revendiqué. Par exemple, si le possesseur, pendant le procès, se mettoit en devoir d'abattre des bois de haute-futaie, ou de démolir quelque bâtiment, le demandeur en revendication peut obtenir sentence qui fasse défense au possesseur de continuer, et qui permette à lui demandeur d'arrêter et séquestrer ce qui auroit été déja abattu.

322. Lorsque quelqu'un veut intenter l'action de reven-

dication d'une certaine rente qu'il prétend lui appartenir, et dont un autre est en possession, et en reçoit des débiteurs les arrérages, cette action doit s'intenter par un simple exploit de demande, par lequel le demandeur doit désigner la rente qu'il revendique, par la somme dont est cette rente par chacun an, et par les noms et qualités des personnes qui en sont les débiteurs.

Le possesseur de la rente contre qui la demande en revendication est donnée doit continuer, pendant le procès, d'en jouir et d'en recevoir les arrérages. Le demandeur en revendication peut seulement arrêter le principal sur le débiteur de la rente, à l'effet que le débiteur n'en puisse faire le rachat au possesseur de la rente qu'en y appelant le demandeur, et que les deniers du rachat demeurent, pendant le procès, arrêtés entre les mains du notaire qui recevra l'acte de rachat. La rente qui faisoit l'objet de la demande en revendication étant, par le rachat, convertie dans les deniers du rachat, ces deniers, qui sont des meubles corporels, et qui sont devenus l'objet de la demande en revendication, sont sujets à la séquestration, comme le sont tous les meubles corporels lorsqu'ils sont revendiqués.

Si le procès paroissoit pouvoir durer long-temps, le possesseur pourroit être reçu à demander que les deniers du rachat lui fussent délivrés, en donnant bonne et suffisante caution de rapporter la somme, dans le cas auquel le demandeur obtiendroit en sa demande en revendication.

ARTICLE III.

Quand le demandeur en revendication d'un héritage ou d'une rente est-il censé avoir justifié de son droit de propriété, à l'effet d'obtenir en sa demande ?

323. Le demandeur en revendication, pour qu'il puisse obtenir en sa demande, est obligé de la fonder par le rapport de quelque titre de propriété de l'héritage ou de la rente qu'il revendique.

On appelle titre de propriété tous les titres qui sont de nature à faire passer d'une personne à une autre la propriété d'une chose, *causæ idoneæ ad transferendum dominium.*

Par exemple, un contrat de vente de l'héritage ou de la rente revendiquée faite au demandeur, ou à celui de qui il justifie être le successeur, avant que le possesseur contre qui la demande est donnée eût commencé de posséder cette chose, est un titre qui peut servir à fonder la demande du demandeur.

Il en est de même d'un contrat d'échange, ou de bail à rente, ou de donation : il en est de même d'un acte par lequel la chose revendiquée auroit été donnée en paiement au demandeur en revendication, ou à son auteur; et il en est de même d'un acte par lequel le demandeur, ou son auteur, auroit été saisi d'un legs qui lui auroit été fait de cette chose.

Un acte de partage, par lequel il paroît que la chose revendiquée est échue au demandeur, de la succession de quelqu'un de ses parens, est aussi un titre qui peut servir à fonder sa demande.

324. Lorsque le possesseur contre qui la demande est donnée établit que sa possession est antérieure au titre que je produis pour fonder ma demande en revendication, quoiqu'il ne rapporte d'ailleurs, de son côté, aucuns titres; ce titre que je produis n'est pas seul suffisant pour fonder ma demande, à moins que je ne produise d'autres titres plus anciens, qui justifient que celui qui, par le contrat que je produis, m'a vendu ou donné l'héritage qui fait l'objet de la demande en revendication, en étoit effectivement le propriétaire : car je ne puis pas me faire un titre en me faisant passer une vente ou une donation d'un héritage que vous possédez, par une personne qui ne le possède pas; vous êtes, par votre seule qualité de possesseur, présumé être le propriétaire de l'héritage, plutôt que celui qui me l'a vendu, qui ne le possédoit pas, et du droit duquel on ne peut rien justifier.

Mais lorsque le titre que le demandeur en revendication produit, est antérieur à la possession de celui contre qui la demande est donnée, lequel, de son côté, n'en produit aucun, ce titre est seul suffisant pour fonder sa demande. Celui qui, par ce titre, a vendu ou donné au demandeur, ou à l'auteur du demandeur, l'héritage revendiqué, est suffisamment présumé en avoir été le possesseur et le propriétaire, et lui en avoir fait passer la possession et la propriété.

325. Il y a plus. Quand même il seroit constant que celui qui, par le titre que je produis, m'a vendu ou donné l'héritage que je revendique, n'en eût pas été le propriétaire; si je l'ai acquis de bonne foi, ayant eu sujet de croire que celui qui me vendoit ou me donnoit cet héritage, dont je le voyois en possession, en étoit le propriétaire, ce titre sera seul suffisant pour fonder ma demande en revendication contre le possesseur, qui ne rapporte, de son côté, aucun titre. Il est vrai que je ne suis pas véritablement propriétaire de la chose que je revendique, celui qui me l'a vendue ou donnée n'ayant pas pu me transférer un droit de propriété qu'il n'avoit pas lui-même, et qu'en conséquence je ne puis avoir *actionem in rem directam;* mais j'ai *actionem in rem utilem, seu publicianam,* que celui qui a perdu la possession d'une chose qu'il possédoit de bonne foi a contre celui qui se trouve en être en possession sans titre, comme nous l'avons vu *suprà, n.* 292.

326. Lorsque le demandeur en revendication, et le possesseur contre qui l'action est donnée, produisent, chacun de part et d'autre, un titre d'acquisition, ou ils ont acquis l'un et l'autre de la même personne, ou ils ont acquis de différentes personnes.

Au premier cas, lorsque le demandeur et le défendeur produisent, chacun de leur côté, un titre d'acquisition de l'héritage qu'ils ont faite l'un et l'autre de la même personne; quand même il ne seroit pas établi que cette personne de qui ils prétendent avoir acquis l'un et l'autre l'héritage, en eût été le propriétaire, elle est présumée l'avoir été; et celui qui a été mis le premier par elle en possession de l'héritage qui fait l'objet de l'action en revendication, doit être réputé avoir acquis d'elle la propriété de l'héritage, et obtenir sur l'action en revendication : *Si duobus quis separatim vendiderit bonâ fide ementibus, videamus quis magis publi-*

ciandâ uti possit; utrùm is cui priori res tradita est, an is qui tantùm emit? Et Julianus, libro 7° Digestorum, scripsit, ut si quidem ab eodem non domino emerint, potior sit cui priori res tradita est; l. 9, §. 4, ff. de publ. in rem act.

327. Au second cas, lorsque tant le demandeur que le défendeur produisent, chacun de leur côté, un titre d'acquisition qu'ils ont faite de personnes différentes, sans que l'un puisse établir plus que l'autre que la personne de qui il a acquis fût le propriétaire de l'héritage, les Proculéiens pensoient, même dans ce cas, qu'on devoit pareillement préférer celui qui avoit le titre le plus ancien, et avoit été mis le premier en possession de l'héritage, comme nous l'apprenons de Nératius, qui étoit de cette école : *Uterque nostrûm eamdem rem emit à non domino..... sive ab eodem emimus, sive ab alio atque alio, is ex nobis tuendus est qui prior jus ejus apprehendit, hoc est cui primùm tradita est; l. 51, §. fin. ff. de act. empt.*

L'opinion contraire des Sabiniens, qui décident en ce cas pour celui qui se trouve en possession de l'héritage, a prévalu. C'est ce que nous apprenons de la loi 9, §. 4, ff. de publ. in rem act., ci-dessus citée, où Ulpien rapporte le sentiment de Julien : *Si ab eodem non domino emerint, potior cui priori res tradita est; si à diversis non dominis, melior causa possidentis.* Et Ulpien ajoute : *Quæ sententia vera est.* Cette décision est fondée sur cette règle : *In pari causâ, causa melior possidentis.*

ARTICLE IV.

De la délivrance qui doit être faite de la chose revendiquée au demandeur, lorsqu'il a obtenu en sa demande.

§. I. Comment, où, et quand se fait la délivrance de la chose revendiquée au demandeur qui a obtenu en sa demande.

328. Lorsque la chose qui fait l'objet de la demande en revendication est un meuble corporel, lequel a été entiercé, et se trouve encore entre les mains du séquestre au temps du jugement définitif, le demandeur peut retirer la chose

des mains du séquestre, en exécution de la sentence qui lui permet de la retirer, comme à lui appartenante.

Il doit, en la retirant, en donner par lui, ou par un fondé de procuration, une décharge au séquestre, et lui payer les frais de garde, le séquestre ayant le droit de retenir la chose, *veluti quodam jure pignoris*, pour le remboursement desdits frais, sauf au demandeur son recours, s'il y échet, contre le défendeur, pour la répétition des frais qu'il a été obligé de rembourser au séquestre.

Le défendeur n'est sujet à cette répétition que lorsqu'il est, ou possesseur de mauvaise foi, ou lorsqu'il a été en demeure de consentir à la restitution de la chose depuis que le demandeur l'a fait reconnoître pour lui appartenir.

Si le défendeur a interjeté appel du jugement, et l'a dénoncé au séquestre, celui-ci ne peut plus la remettre, jusqu'à ce que la sentence ait été confirmée sur l'appel; car l'appel en suspend l'exécution.

Lorsque le jugement a été rendu par défaut, le demandeur, pour pouvoir, en exécution de ce jugement, retirer la chose du séquestre, doit au préalable signifier le jugement au défendeur contre qui il l'a obtenu, et dénoncer au séquestre ce jugement, et la signification qu'il en a faite au défendeur.

Si, avant que le séquestre, en exécution de cette dénonciation, eût remis la chose au demandeur, le défendeur lui dénonçoit une opposition qu'il a formée à la sentence, le séquestre ne pourroit plus faire la délivrance, jusqu'à ce qu'il eût été statué sur l'opposition.

329. Lorsque la chose revendiquée est entre les mains du défendeur contre qui la sentence a été rendue, il doit la rendre au lieu où elle se trouve ; le demandeur à qui elle doit être rendue doit l'y envoyer chercher, et c'est à ses dépens qu'elle doit être transportée en sa maison, ou en tel autre lieu qu'il juge à propos de la faire transporter.

Néanmoins si, depuis la demande, le défendeur avoit transporté la chose revendiquée dans un autre lieu plus éloigné que celui où elle étoit, il doit la rendre au lieu où il l'a trouvée, et l'y faire revenir à ses dépens.

C'est ce qu'enseigne le jurisconsulte Paul : *Si res mobilis petita sit, ubi restitui debeat, scilicet si præsens non sit? Et non malum est, si bonæ fidei possessor sit is cum quo agitur, aut ibi restitui ubi res sit, aut ubi agitur, sed sumptibus petitoris; l. 10, ff. de rei vind.*

Si verò malæ fidei sit possessor qui in alio loco eam rem nactus sit, idem statui debet (scilicet ut eam restituere non teneatur nisi in eo loco ubi est) : si verò ab eo loco ubi lis contestata est, eam substractam aliò transtulerit, illìc restituere debet undè substraxerit, sumptibus suis; l. 12, ff. d. tit.

330. Lorsque c'est un héritage qui fait l'objet de l'action en revendication, le défendeur qui a été condamné à le délaisser au demandeur satisfait à la sentence en le laissant vacant, de manière que le demandeur puisse s'en mettre en possession quand il voudra ; et s'il y a une maison, en lui remettant les clefs.

Le défendeur qui a été condamné à délaisser un héritage, ou autre chose, sur une demande en revendication, n'est tenu de délaisser que les choses qui en font partie; à l'égard de celles qui, sans en faire partie, servent seulement à son exploitation, il n'est pas obligé de les délaisser, si elles ne sont nommément comprises dans la demande en revendication, et dans la sentence intervenue sur cette demande. C'est conformément à ce principe qu'Ulpien dit : *Armamenta navis singula erunt vindicanda, scapha quoque separatim vindicabitur; l. 3, §. 1, ff. de rei vind.*

Sur les choses qui sont censées faire ou non partie d'un héritage ; *voyez notre Traité de la Communauté.*

Lorsque le défendeur a des meubles dans la maison revendiquée qu'il est condamné de délaisser, on doit lui accorder un délai pour en faire le délogement : ce délai est laissé à l'arbitrage du juge.

331. Lorsque c'est une rente due par un tiers qui fait l'objet de l'action en revendication, la sentence qui condamne le défendeur à la délaisser au demandeur sans restitution des arrérages passés, peut s'exécuter sans qu'il intervienne aucun fait de la part du défendeur contre qui elle

a été rendue, par la signification de la sentence que le demandeur fera au débiteur de la rente, avec sommation de ne plus payer dorénavant à d'autre qu'à lui.

Si, néanmoins, le défendeur contre qui la sentence a été rendue retenoit quelques titres concernant la rente revendiquée, il seroit obligé de les remettre au demandeur.

§. II. En quel état doit être rendue la chose revendiquée.

332. On doit faire, à cet égard, une distinction entre le possesseur de bonne foi et le possesseur de mauvaise foi.

Lorsque le possesseur contre qui la demande a été donnée étoit un possesseur de mauvaise foi, il doit rendre la chose en aussi bon état qu'elle étoit lorsqu'il s'en est mis indûment en possession : il est tenu des dommages-intérêts résultants de toutes les détériorations qui y ont été faites depuis. La raison est, que tout possesseur de mauvaise foi d'une chose contracte, par la connoissance qu'il a que la chose ne lui appartient pas, l'obligation de la rendre à la personne à qui elle appartient, ou présentement s'il la connoît, ou aussitôt qu'il la découvrira, laquelle obligation naît de ce grand précepte du Décalogue : *Bien d'autrui ne retiendras à ton escient.* Toute obligation de donner ou rendre une chose renferme l'obligation accessoire que le débiteur contracte de conserver cette chose en bon état, et de ne la point détériorer, pour pouvoir s'acquitter de son obligation.

L'héritier ou autre successeur universel du possesseur de mauvaise foi, quand même il croiroit de bonne foi que la chose lui appartient, est tenu des dommages et intérêts résultants de toutes les dégradations provenues du fait ou de la faute, soit du défunt, soit de lui ; car, comme héritier ou successeur universel du défunt, il a succédé à l'obligation contractée par le défunt de conserver la chose en bon état, et de ne la point détériorer : sa possession, n'étant autre chose que la continuation de celle du défunt, en a tous les vices.

333. A l'égard du possesseur de bonne foi, il n'est pas tenu des dégradations qu'il auroit pu faire dans la chose qui fait l'objet de la demande en revendication, pendant

tout le temps que sa bonne foi a duré, à moins que ce ne fussent des dégradations dont il eût profité; comme s'il avoit abattu des bois de haute-futaie sur l'héritage qui fait l'objet de l'action en revendication, dont il auroit reçu le prix; il n'est pas douteux, en ce cas, qu'il doit rendre au demandeur en revendication le prix dont il a profité, l'équité ne permettant pas que quelqu'un puisse profiter du prix de la chose d'autrui aux dépens du propriétaire.

A l'égard de toutes les dégradations dont le possesseur de bonne foi, contre qui la demande en revendication a été donnée, n'a pas profité, et qui ont été faites pendant que la bonne foi de ce possesseur a duré, et avant la demande, ce possesseur n'en est aucunement tenu; mais il est tenu de toutes celles qui, depuis la demande, sont provenues de son fait ou de sa faute; car, par la demande dans laquelle le demandeur lui donne copie de ses titres de propriété, il cesse d'être possesseur de bonne foi, et il contracte l'obligation de restituer la chose, au cas qu'il soit jugé qu'elle appartienne au demandeur, et par conséquent celle de la conserver en bon état et de ne la pas détériorer, qui en est accessoire. C'est suivant ces distinctions qu'on doit entendre ce que dit Ulpien : *Si deterior res facta sit, rationem judex habere debebit;* l. 13, ff. *de rei vind.*

ARTICLE V.

De la restitution des fruits dont le défendeur doit faire raison au demandeur qui a justifié de son droit de propriété de la chose revendiquée.

Nous verrons, dans un premier paragraphe, à l'égard de quelles choses il y a lieu à la restitution des fruits dans l'action de revendication; dans un second, nous verrons depuis quel temps le possesseur de mauvaise foi doit faire raison au demandeur, et de quels fruits. Nous examinerons, dans un troisième paragraphe, depuis quel temps le possesseur de bonne foi est obligé de rendre les fruits. Nous exposerons, dans un quatrième, quels sont les principes du droit françois sur la restitution des fruits.

§. I. A l'égard de quelles choses y a-t-il lieu à la restitution des fruits dans l'action de revendication?

334. Il y a lieu à la restitution des fruits dans l'action de revendication, soit que ce soit un héritage, ou un autre immeuble qui soit revendiqué, soit que ce soit un meuble, non seulement lorsque c'est une chose frugifère qui produit des fruits naturels, comme est une vache, un troupeau de moutons, mais pareillement lorsque c'est une chose qui ne peut produire que des fruits civils, tel qu'est un navire : *Si navis à malæ fidei possessore petatur, et fructus æstimandi sunt, ut in tabernâ et areâ quæ locari solent*; l. 62, ff. *de rei vind.*

En général, il suffit que le demandeur eût pu retirer de sa chose quelque utilité appréciable à prix d'argent, dont le possesseur l'a privé en la retenant injustement.

Si c'étoit la nue propriété d'une chose qui fût l'objet de la demande en revendication, il n'y auroit aucune restitution des fruits à faire, si ce n'est depuis qu'elle seroit devenue propriété pleine par l'extinction de l'usufruit qui seroit survenue depuis la demande : *Videamus*, nous dit Gaïus, *an in omnibus rebus petitis in fructus quoque condemnetur possessor? Quid enim si argentum, aut vestimentum, aut aliam similem rem? quid præterea si usumfructum aut nudam proprietatem, quùm alienus ususfructus sit, petierit? Neque enim nudæ proprietatis, quod ad proprietatis nomen attinet, fructus ullus intelligi potest; neque ususfructûs rursùs fructus* (1) *eleganter computabitur : quid igitur si nuda proprietas petita sit? Ex quo perdiderit fructuarius usumfructum, æstimabantur in petitione fructus. Item si ususfructus petitus sit* (2), *Proculus ait, in fructus perceptos condemnari. Præterea Gallus Ælius putat, si vestimenta aut scyphus petita sint, in fructu hæc numeranda esse, quod locatâ eâ re mercedis nomine capi potuerit*; l. 19, ff. *de usur.*

_____

(1) *Propriè enim, non fructus ipsius juris ususfructus, sed rei cujus quis usumfructum habet fructus sunt.*

(2) *Actione in rem consessoriâ.*

Ce qui est dit à la fin de ce texte, que dans la demande en revendication d'un gobelet ou d'un habit, le possesseur étoit condamné à faire raison des loyers qu'on eût pu retirer de ces choses, me paroît devoir être restreint au cas auquel le demandeur en revendication seroit un homme d'un état à donner à loyer ces choses.

Papinien nous enseigne pareillement qu'il y a lieu à la restitution des fruits dans les demandes en revendication, lors même que la chose revendiquée est de nature à ne produire aucuns fruits naturels, et qu'il suffit qu'elle en produise de civils par l'usage qu'on en fait : *Quùm in rem agitur,* dit-il, *eorum quoque nomine quæ usui non fructui sunt, restitui fructus certum est;* l. 64, ff. *de rei vind.*

§. II. Depuis quel temps le possesseur de mauvaise foi est-il tenu de faire raison des fruits; et de quels fruits?

335. Le possesseur de mauvaise foi est tenu de faire raison de tous les fruits de la chose revendiquée qu'il a perçus, non seulement de ceux qu'il a perçus depuis la demande, mais de tous ceux qu'il a perçus depuis son indue possession : *Certum est malæ fidei possessorem omnes fructus solere præstare cum ipsâ re;* l. 22, *Cod. de rei vind.*

Il est tenu de faire raison, même de ceux qui proviennent des semences qu'il a mises dans les terres revendiquées, et des labours qu'il y a faits; sauf que sur le prix desdits fruits, on doit lui faire déduction de ses semences et de ses labours.

La raison est, que tous les fruits que la terre produit sont des accessoires de la terre, lesquels, aussitôt qu'ils sont perçus, sont acquis, *jure accessionis,* au propriétaire desdites terres, comme nous l'avons vu *suprà, n.* 151, plutôt qu'à celui qui les a ensemencées et labourées. De là cette maxime : *Omnis fructus non jure seminis, sed jure soli percipitur;* l. 25, ff. *de usur.*

Le possesseur est tenu de faire raison, non seulement des fruits qui sont nés de la chose même, qu'on appelle *fruits naturels;* il doit pareillement faire raison des fruits civils, comme nous l'avons vu au paragraphe précédent.

336. Le possesseur de mauvaise foi est tenu de faire raison, non seulement des fruits qu'il a perçus, mais même de ceux qu'il n'a pas perçus, mais que le demandeur eût perçus, s'il lui eût rendu la chose : *Generaliter*, dit Papinien, *quùm de fructibus æstimandis quæritur, constat adverti debere, non an malæ fidei possessor fruitus sit, sed an petitor frui potuerit, si ei possidere licuisset; l.* 62, §. 1, ff. *de rei vind.*

La raison est, que le possesseur de mauvaise foi contracte, par la connoissance qu'il a que la chose ne lui appartient pas, l'obligation de la rendre au propriétaire : faute d'y satisfaire, il est tenu des dommages et intérêts résultants de son obligation, dans lesquels sont compris les fruits de la chose que le propriétaire a manqué de percevoir.

L'héritier ou autre successeur universel du possesseur de mauvaise foi, quand même il auroit cru de bonne foi que la chose lui appartient, est tenu de compter de tous les fruits depuis l'indue possession du défunt auquel il a succédé, comme en seroit tenu le défunt s'il vivoit encore ; car, en sa qualité d'héritier, il a succédé à toutes ses obligations, et sa possession n'est qu'une continuation de celle du défunt, qui en a tous les vices, comme nous l'avons déja observé en l'article précédent.

§. III. De quand le possesseur de bonne foi est-il tenu des fruits,
et de quels fruits ?

337. Suivant les principes du droit romain, le possesseur de bonne foi n'est point sujet à la restitution des fruits qu'il a perçus avant la litiscontestation, sauf de ceux qui se trouveroient alors extants en nature; mais il est tenu de tous les fruits depuis la litiscontestation, de même que le possesseur de mauvaise foi : *Certum est malæ fidei possessores omnes fructus præstare; bonæ fidei verò, extantes post litiscontestationem universos; l.* 22, *Cod. de rei vind.*

La raison de différence entre le possesseur de bonne foi et le possesseur de mauvaise foi, par rapport aux fruits perçus pendant tout le temps de leur possession, qui a précédé la litiscontestation, et qui ont été consommés, et ne se trouvent pas par-devers le possesseur, extants en nature, est évidente. Le possesseur de mauvaise foi, ayant connoissance que la chose ne lui appartient pas, a pareillement connoissance que les fruits qu'il perçoit de cette chose ne lui appartiennent pas; et par cette connoissance qu'il en a, il contracte l'obligation de les rendre au propriétaire de la chose à qui ils appartiennent; laquelle obligation naît de ce grand principe de la loi naturelle : *Bien d'autrui ne retiendras à ton escient.* Il ne peut, en consommant ces fruits, se décharger de l'obligation qu'il a contractée de les rendre, et d'en faire raison au propriétaire.

Au contraire, le possesseur de bonne foi qui, ayant la chose en vertu d'un juste titre, a un juste sujet de croire qu'elle lui appartient, ne contracte point envers le propriétaire l'obligation de la lui rendre, ni de lui en rendre les fruits; cette obligation n'étant contractée que par la connoissance qu'a le possesseur que la chose ne lui appartient pas. Lors donc que le propriétaire paroît, et lui fait connoître par la litiscontestation son droit de propriété, ce n'est que de ce jour-là que ce possesseur contracte l'obligation de rendre les choses qu'il possède, appartenantes à ce propriétaire; il ne peut donc être obligé à lui rendre que la chose revendiquée, et les fruits qu'il en a perçus qui sont encore par-devers lui extants en nature.

A l'égard des fruits perçus avant la litiscontestation, qu'il a consommés, ou dont il a disposé pendant que duroit la bonne foi de sa possession; les ayant consommés de bonne foi, et avant qu'il ait pu contracter aucune obligation de les rendre, il ne peut en être aucunement tenu envers le demandeur. La qualité de possesseur de bonne foi qu'avoit ce possesseur, le faisant réputer propriétaire de la chose, tant que le véritable possesseur ne se faisoit pas connoître, lui donnoit, par rapport à la chose qu'il possédoit de bonne foi, les mêmes droits qu'a un propriétaire; *Bona fides tantumdem possidenti præstat quantùm veritas;* l. 136, ff. *de reg. jur.;* et par conséquent le droit de percevoir à son profit les fruits de la chose qu'il possède de bonne foi, de les consommer, et d'en disposer de même que s'il en étoit le

véritable propriétaire. C'est pourquoi Justinien, au titre des
Institutes *de rer. divis.*, §. 35, dit: *Si quis à non domino
quem dominum esse crediderit, bonâ fide fundum emerit,
vel ex donatione aliâve quâlibet justâ causâ bonâ fide acceperit, naturali ratiône placet fructus quos percepit ejus
esse pro culturâ et curâ, et ideò si posteà dominus superve-
nerit et fundum vindicet, de fructibus ab eo consumptis agere
non potest.*

Observez que ce qui est dit par Justinien, que les fruits
que le possesseur de bonne foi perçoit lui sont acquis *pro
culturâ et curâ*, est dit *enuntiativè*, parceque ordinairement les fruits sont la récompense des soins que le propriétaire ou le possesseur de bonne foi apporte à la culture de
l'héritage; mais cela ne doit pas s'entendre *restrictivè*, à
l'effet de restreindre le droit que la bonne foi donne au
possesseur de percevoir à son profit les fruits, aux seuls fruits
industriels pour la production desquels il est besoin de culture; il est au contraire constant que la bonne foi donne
ce droit pour tous les fruits, aussi bien pour les fruits naturels que la terre produit sans aucune culture, que pour
les industriels. C'est ce que nous enseigne Paul: *Bonæ fidei
emptor non dubiè percipiendo fructus ex alienâ re, suos
INTERIM facit, non tantùm eos qui diligentiâ et operâ ejus
pervenerunt, sed omnes; quia quod ad fructus attinet,
loco domini penè est*; l. 48, ff. *de acq. rer. dom.*

338. Remarquez ces termes de la loi, *fructus* INTERIM
suos facit. Le droit que la bonne foi donne au possesseur de
percevoir à son profit les fruits de l'héritage, n'est fondé
que sur ce qu'elle le fait réputer propriétaire de l'héritage:
de même donc qu'elle ne le fait réputer tel que jusqu'à ce
que le véritable propriétaire paroisse, elle ne peut non plus
lui donner le droit d'en percevoir à son profit les fruits, que
jusqu'à ce que le propriétaire paroisse, et justifie de son
droit: le domaine des fruits que la bonne foi lui fait acquérir ne peut donc être qu'un domaine sujet à se résoudre,
et qui se résout effectivement, lorsque le véritable propriétaire de la chose paroît et la revendique.

C'est pour cette raison que (comme nous l'avons déja

dit) le possesseur de bonne foi, suivant le droit romain, doit rendre au demandeur en revendication les fruits qu'il a perçus, quoique avant la demande, lorsqu'ils se trouvent par-devers lui extants en nature, le domaine de ces fruits que la bonne foi du possesseur lui avoit fait acquérir, se résolvant, en ce cas, par la revendication du véritable propriétaire.

339. Le domaine des fruits que la bonne foi fait acquérir au possesseur, ne cesse d'être sujet à se résoudre qu'en deux cas.

Le premier cas est lorsqu'il les a consommés; car le domaine de ces fruits, s'éteignant en ce cas avec eux, ne peut plus être sujet à se résoudre, ce qui n'est plus ne pouvant plus se résoudre : c'est pour cela qu'il a été dit ci-dessus, que le possesseur de bonne foi n'étoit pas tenu des fruits qu'il a consommés avant le procès, pendant que sa bonne foi duroit : *Bonæ fidei possessor de fructibus consumptis non tenetur.*

Le second cas auquel le domaine des fruits que la bonne foi fait acquérir au possesseur de bonne foi cesse d'être résoluble, c'est lorsque la possession qu'il a eue de ces fruits depuis leur perception, pendant le temps requis pour l'usucapion des choses mobilières, lui a fait acquérir avant le procès, par droit d'usucapion, le domaine parfait et irrévocable desdits fruits. Le possesseur de bonne foi, en ce cas, quoiqu'il ait par-devers lui ces fruits extants en nature, n'est pas tenu de les rendre au propriétaire.

340. Ce que nous avons dit, que le possesseur de bonne foi n'est pas tenu des fruits qu'il a perçus et consommés avant le procès, n'a lieu que lorsqu'il les a perçus et consommés pendant que sa bonne foi duroit; mais lorsqu'il a appris, quoique long-temps avant la demande en revendication, que la chose qu'il possède appartient à autrui, il ne peut plus désormais percevoir à son profit les fruits de cette chose, ni se décharger de la restitution de ceux qu'il a par-devers lui en les consommant.

L'obligation qu'il contracte, par cette connoissance, de rendre la chose avec les fruits qu'il a par-devers lui extants

en nature, y fait obstacle. En cela, le droit que la bonne
foi donne au possesseur de percevoir à son profit les fruits,
est différent du droit d'usucapion, qui, selon les principes
du droit romain, n'étoit pas arrêté par la mauvaise foi survenue avant l'accomplissement du temps de l'usucapion.
C'est ce que nous enseigne Paul : *Si eo tempore quo res mihi
traditur, putem vendentis esse, deindè cognovero alienam
esse, quia perseverat per longum tempus capio, an fructus meos faciam? Pomponius : verendum ne non sit bonæ
fidei possessor, quamvìs capiat : hoc enim ad jus, id est,
capionem, illud ad factum pertinere ut quis bonâ aut
malâ fide possideat : nec contrarium est quòd longum
tempus currit : nam è contrario is qui non potest capere
propter rei* (1) *vitium fructus suos facit;* l. 48, §. 1, ff. *de
acquir. rer. domin.*

Ces derniers termes de la loi nous font remarquer une
seconde différence entre le droit que la bonne foi donne au
possesseur d'une chose d'en percevoir à son profit les fruits,
et le droit d'usucapion. Le possesseur de bonne foi n'a pas
le droit d'usucapion à l'égard de plusieurs choses dont la
loi défend l'usucapion; mais sa bonne foi ne laisse pas de
lui donner le droit de percevoir à son profit les fruits de ces
choses.

Ce que nous venons de dire, d'après Paul et Pomponius,
en la loi 48, §. 1, ci-dessus rapportée, que le possesseur de
bonne foi d'une chose, à qui survenoit la connoissance que
la chose ne lui appartenoit pas, ne pouvoit plus en percevoir
à son profit les fruits, paroît contraire à ce que dit Julien en
la loi 25, §. 2, ff. *de usur. Bonæ fidei emptor sevit, et
antequàm fructus perciperet, cognovit fundum alienum
esse; an perceptione fructus suos faciat quæritur? Respondit, bonæ fidei emptor quod ad percipiendos fructus
intelligi debet, quandiù evictus fundus non fuerit.*

On peut concilier ces lois en disant que la loi 25, §. 2,
est dans le cas auquel le propriétaire auroit laissé accomplir
le temps de l'usucapion sans évincer le possesseur. En ce

_____

(1) *Quamvìs ipse bonâ fide possideat.*

cas, ce propriétaire ayant, suivant les principes du droit romain, perdu son droit de propriété, n'étant plus recevable dans l'action de revendication de la chose, il ne peut plus en demander les fruits. Au contraire, la loi 48, §. 1, est dans le cas auquel le propriétaire a intenté l'action à temps, avant l'accomplissement du temps de l'usucapion : en ce cas, le possesseur qui est condamné sur cette action à lui délaisser la chose, doit être condamné à en rapporter les fruits perçus ou consommés depuis qu'il a eu connoissance que la chose ne lui appartenoit pas.

Il nous reste à observer que lorsque le possesseur de la chose qui fait l'objet de l'action en revendication l'a acquise en vertu d'un juste titre qu'il produit, il est présumé avoir cru de bonne foi que son auteur, de qui il l'a acquise, étoit propriétaire de la chose, et avoit droit de l'aliéner; et cette bonne foi est présumée avoir toujours duré jusqu'à la litiscontestation, tant que le demandeur en revendication ne justifie pas du contraire.

§. IV. Quels sont les principes du droit françois sur la restitution des fruits, dans les demandes en revendication.

341. Les principes de notre droit françois sur la restitution des fruits dans les demandes en revendication sont, à l'égard du possesseur de mauvaise foi, les mêmes que ceux du droit romain, tels que nous les avons exposés au paragraphe second.

À l'égard du possesseur de bonne foi, il n'est tenu du rapport d'aucuns fruits par lui perçus jusqu'au jour de la demande en revendication donnée contre lui. Je ne vois pas même que dans notre pratique françoise, différente en cela du droit romain, le demandeur soit reçu à prétendre les fruits qui se sont trouvés extants en nature par-devers le possesseur, au temps de la demande, lorsqu'ils ont été perçus avant la demande.

Mais par la demande qui est donnée contre le possesseur de bonne foi, par un exploit, en tête duquel le demandeur lui donne copie de ses titres de propriété, et qui a en conséquence à cet égard, dans notre droit, le même effet qu'avoit, par le droit romain, la litiscontestation ; ce possesseur cesse d'être réputé désormais possesseur de bonne foi, étant censé instruit du droit du demandeur, par la copie qu'il lui a donnée de ses titres en tête de son exploit : il est, outre cela, par cette demande, constitué en demeure de rendre l'héritage revendiqué : il ne peut donc plus dès-lors avoir aucun droit d'en percevoir les fruits, et il doit être condamné à rendre tous ceux qu'il a perçus depuis la demande.

342. On demande si la disposition de la loi 48, rapportée *suprà*, *n.* 340, qui soumet l'acheteur de bonne foi à la restitution des fruits, du jour que la mauvaise foi lui est survenue, c'est-à-dire du jour qu'il a appris que l'héritage n'appartenoit pas à son vendeur, mais au demandeur, doit être suivie dans notre droit. L'ordonnance de 1539, *art.* 94, paroît l'avoir adoptée. Il y est dit : « En toutes matières « réelles, pétitoires et personnelles, intentées pour héri- « tages et choses immeubles, s'il y a restitution de fruits, « ils seront adjugés, non seulement depuis contestation en « cause, mais aussi depuis le temps que le condamné a été en « demeure et mauvaise foi auparavant ladite contestation. »

M. Bourdin, en sa paraphrase sur cet article, dit : « L'ar- « ticle de notre ordonnance, fondée sur l'équité du droit « canon, a ordonné l'adjudication des fruits devoir être « faite depuis le temps qu'on a été possesseur de mauvaise « foi ; ce que nous interprétons par cet exemple : Quand « quelqu'un, ayant acquis une chose de bonne foi, par « après connoît, par la communication des titres de son ad- « versaire, que la chose ne lui appartient, et par consé- « quent commence d'être possesseur de mauvaise foi ; si, dès « le temps qu'il s'est reconnu tel, il ne fait restitution de « la chose, ains soutient le procès, il est certain, par la « règle et la maxime de l'ordonnance, qu'il doit être con- « traint à restituer tous les fruits depuis le temps qu'il a été « constitué en mauvaise foi. »

Cet auteur ajoute : « Toutefois j'entends qu'en France « cela n'est observé, si cette mauvaise foi n'est clairement « et oculairement prouvée et avérée. »

Fontanon, sur cet article, propose cette espèce : Le propriétaire d'un héritage a donné une première demande contre le possesseur qui l'a acquis de bonne foi, laquelle, après la litiscontestation, est tombée en péremption : depuis il en a donné une seconde sur laquelle il a justifié de son droit. Ce possesseur doit-il être condamné à la restitution des fruits, du jour de la litiscontestation, sur la première demande, qui a été périmée? Il dit pour raison de douter, que quoique la demande ait été périmée, cette péremption n'a pas purgé sa mauvaise foi, c'est-à-dire, n'a pas détruit la connoissance qu'il a eue du droit du demandeur, par les titres produits dans l'instance qui a été périmée. Il ne trouve pas cette raison suffisante. En effet, on peut dire que l'abandon que le demandeur a fait de ses poursuites, sur la première demande, a pu jeter un doute raisonnable sur les titres du demandeur, et lui faire croire que le demandeur ne les croyoit pas suffisants, et se défioit de son droit : la copie et la communication qu'il en a eues dans la première instance, ne lui ont donc pas donné une connoissance, assez certaine du droit du demandeur, pour le constituer en mauvaise foi.

ARTICLE VI.

Des prestations personnelles du demandeur, dans l'action de revendication.

343. Lorsque sur l'action de revendication le demandeur a justifié de son droit, le possesseur est condamné à lui délaisser la chose revendiquée; mais dans certains cas, lorsque le possesseur a déboursé quelque somme ou contracté quelque obligation pour la libération, la conservation ou l'amélioration de la chose qu'il est condamné de délaisser, le possesseur qui excipe de ces impenses n'est condamné à la délaisser qu'à la charge par le demandeur de le rembourser au préalable de ce qu'il a déboursé, et de l'indemniser.

Le premier cas est, lorsque le possesseur a payé à des créanciers des sommes pour lesquelles la chose leur étoit hypothéquée. Le propriétaire ayant depuis donné la de-

mande en revendication ; l'équité ne permet pas qu'il puisse
se faire délaisser la chose, sans rembourser au préalable le
possesseur, des sommes qu'il a payées auxdits créanciers,
ces sommes ayant servi à libérer la chose des hypothèques
dont elle étoit chargée, et étant des sommes que ce propriétaire seroit obligé de payer, si le possesseur ne les eût
pas payées.

Le propriétaire doit non seulement rembourser au possesseur ces sommes ; il doit lui faire raison des intérêts desdites sommes, depuis qu'il les a déboursées ; néanmoins
seulement dans le cas auquel ces intérêts excéderoient les
fruits qu'il a perçus depuis qu'il a déboursé ces sommes;
car ces intérêts doivent se compenser avec les fruits.

C'est ce qu'enseigne Papinien : *Emptor prædium quod*
à non dominis emit exceptione doli positâ, non aliter do-
mino restituere cogetur, quàm si pecuniam creditori ejus
solutam qui pignori datum prædium habuit, usurarum-
que medii temporis superfluum recuperaverit; scilicet si
minùs in fructibus ante litem perceptis fuerit; nam eos
usuris (1) *novis duntaxat* (2) *compensari, sumptuum in*
prædium factorum exemplo, æquum est; l. 63, ff. *de rei*
vind.

Cette compensation des intérêts de la somme que le possesseur a payée, qui courent à son profit, et lui sont dus
du jour qu'il l'a payée, avec les fruits qu'il a perçus depuis

_____

(1) Papinien entend par ces termes, *usuris novis*, les intérêts de la somme
que le possesseur a payée pour le sort principal, intérêts qui ont commencé
à courir au profit de ce possesseur, du jour qu'il l'a payée, comme étant
devenu aux droits de ce créancier; il les appelle ainsi, pour les distinguer
des anciens intérêts qui étoient dus au créancier. *Voyez* Cujas, *ad hanc,*
l. in lib. 2, *Resp. Papin.*

(2) *Duntaxat;* c'est-à-dire, qu'il n'y a lieu à la compensation avec les
fruits, que pour ces nouveaux intérêts de la somme principale qui étoit
due au créancier, qui ont commencé à courir au profit du possesseur qui
est devenu aux droits du créancier à qui il l'a payée. A l'égard de la somme
que le possesseur a payée au créancier pour les anciens intérêts à lui dus,
cette somme ne produit point d'intérêts, *quàm non dentur usuræ usurarum,*
et elle doit être rendue au possesseur qui l'a payée, sans qu'il y ait lieu à
la compensation avec les fruits.

ledit jour, a lieu, quand même ce possesseur seroit un possesseur de bonne foi. Quoique ce possesseur ne soit pas tenu, par voie d'action, de la restitution des fruits qu'il a perçus avant la demande, il en est tenu par voie de compensation.

344. Le second cas est celui que Papinien nous indique par ces derniers termes de la loi, *sumptuum in prædium factorum exemplo.* Lorsque le possesseur a fait des impenses nécessaires pour la conservation de la chose, que le propriétaire eût été obligé de faire, si le possesseur ne les eût pas faites, autres néanmoins que celles de simple entretien, le propriétaire ne peut pas non plus, en ce cas, obliger le possesseur à lui délaisser la chose, s'il n'a remboursé au préalable à ce possesseur la somme qu'il a déboursée pour cette impense, et les intérêts de cette somme depuis qu'il l'a déboursée, en ce qu'ils excéderoient les fruits que le possesseur a perçus depuis ledit temps, avec lesquels la compensation doit s'en faire.

Nous avons excepté de notre principe les impenses de simple entretien; car cette espèce d'impenses est une charge des fruits : c'est pourquoi le possesseur de bonne foi, qui perçoit à son profit les fruits avant la demande, sans être à cet égard sujet à aucune restitution envers le propriétaire, ne doit pareillement avoir contre le propriétaire aucune répétition des impenses de simple entretien qu'il a faites pendant ce temps, ces impenses étant une charge de la jouissance qu'il a eue.

A l'égard du possesseur de mauvaise foi, il couche les impenses d'entretien qu'il a faites, dans le chapitre de dépense du compte qu'il doit rendre des fruits qu'il a perçus, n'en étant tenu que *deductis impensis.*

345. Il n'y a aucune différence à faire entre le possesseur de bonne foi et le possesseur de mauvaise foi, pour le remboursement qui doit leur être fait de ce qu'ils ont déboursé dans le premier et le second cas que nous avons ci-dessus rapportés; mais il y a de la différence à faire entre l'un et l'autre, à l'égard des impenses qu'ils ont faites, qui n'étoient pas nécessaires, mais seulement utiles, et qui ont

seulement amélioré la chose qui fait l'objet de l'action en revendication.

A l'égard du possesseur de bonne foi, le propriétaire, sur l'action en revendication, ne peut obliger ce possesseur à lui délaisser la chose revendiquée, s'il ne le rembourse au préalable des impenses qu'il y a faites, quoique ces impenses ne fussent pas nécessaires, et aient seulement augmenté la chose revendiquée, et l'aient rendue d'un plus grand prix.

Justinien donne un exemple de ce principe, dans l'espèce d'un possesseur qui a construit un bâtiment sur un héritage qu'il possédoit de bonne foi; et il décide que le propriétaire de l'héritage n'est reçu à revendiquer l'héritage qu'en offrant de rembourser au préalable cette impense à ce possesseur : *Si quis in alieno solo ex suâ materiâ domum ædificaverit..... illud constat, si in possessione constituto ædificatore soli dominus petat domum suam esse, nec solvat pretium materiæ et mercedes fabrorum, posse eum per exceptionem doli mali repelli, utique si bonæ fidei possessor fuerit qui ædificavit;* Instit. tit. de rer. div. §. 30.

346. Ce principe, que le possesseur de bonne foi doit être remboursé des impenses utiles qu'il a faites sur la chose qui fait l'objet de l'action en revendication, souffre quelques limitations, qui doivent être sous-entendues dans ce que nous venons de rapporter du texte des Institutes, comme l'a remarqué Vinnius dans son Commentaire sur ce texte.

La première est, que ce possesseur ne doit pas être remboursé précisément et absolument de tout ce qu'il a déboursé pour lesdites impenses, mais seulement jusqu'à concurrence de ce que la chose sur laquelle il les a faites, et qui fait l'objet de l'action en revendication, se trouve en être augmentée de valeur au temps du délais qu'il en doit faire.

C'est ce que nous apprenons de Paul, dans l'espèce d'un acheteur de bonne foi, qui avoit construit un bâtiment sur une place qui étoit hypothéquée. Paul dit : *Jus soli superficiem secutam videri..... sed bonâ fide possessores non aliter cogendos ædificium restituere, quàm sumptus in*

extructione erogatos, quatenùs res pretiosior facta est, re-
ciperent; l. 29, §. 2, ff. d. pign.

C'est ce qui résulte du principe sur lequel est fondée l'obligation en laquelle est le propriétaire, de rembourser ces impenses au possesseur de bonne foi.

Cette obligation ne naît que de cette règle d'équité, qui ne permet pas que quelqu'un s'enrichisse aux dépens d'autrui. Suivant cette règle, le propriétaire ne doit pas profiter, aux dépens de ce possesseur, de l'impense que ce possesseur a faite; mais il n'en profite qu'autant que sa chose se trouve augmentée de valeur par cette impense : il ne doit donc être obligé à le rembourser que jusqu'à cette concurrence, quand même le possesseur auroit déboursé davantage.

Contrà, vice versâ, si la valeur dont la chose est augmentée par cette impense est d'une somme plus grande que celle qu'elle a coûtée, le propriétaire n'est obligé de rembourser que ce qu'elle a coûté; car, quoique le propriétaire profite de plus, ce n'est que jusqu'à concurrence de la somme que l'impense a coûtée, qu'il profiteroit, aux dépens du possesseur, de l'impense qu'il a faite.

347. La seconde limitation au principe que le possesseur de bonne foi doit être remboursé de ses impenses utiles, au moins jusqu'à concurrence de ce que la chose se trouve augmentée de valeur, est que ce principe n'est pas si général, que le juge ne puisse quelquefois s'en écarter, suivant les circonstances. C'est ce que nous enseigne Celse : *In fundo alieno quem imprudens œdificasti aut conseruisti, deindè evincitur, bonus judex variè in personis causisque constituet : finge et dominum* (1) *eadem facturum fuisse; reddat impensam et fundum recipiat, usquè* (2) *eo duntaxat quo pretiosior factus est; et si plus pretio fundi accessit, solùm quod impensum est. Finge pauperem qui si id reddere cogatur, laribus, sepulchris*

_____

(1) *Id est, maximè hoc casu debet reddere impensam; sed etsi facturus non fuisset, regulariter debet reddere.*

(2) Ceci se rapporte à *impensam reddat.*

*avitis carendum habeat; sufficit tibi permiti tollere ex his
rebus quæ poscis; dùm ità ne deterior sit fundus quàm si
initio non fuerit œdificatum;* l. 38, ff. *de rei vind.*

Dans cette dernière espèce, s'il y a une raison d'équité
qui milite en faveur du possesseur, qui consiste à dire que
le propriétaire ne doit pas profiter à ses dépens de l'augmentation de valeur que ces impenses ont apportée à l'héritage; d'un autre côté, il y a une autre raison d'équité encore plus forte en faveur du propriétaire, à laquelle celle-ci
doit céder, qui est que l'équité permet encore moins que le
propriétaire soit privé de son héritage pour lequel il a une
juste affection, faute de pouvoir rembourser des impenses
qu'il n'a pas le moyen de rembourser, dont il pouvoit se
passer aussi bien que de l'augmentation de valeur qu'elles
ont apportée à son héritage, qu'il ne veut pas vendre, et qui
lui suffisoit dans son ancien état.

Lorsque les impenses utiles, faites par le possesseur de
bonne foi, sont tellement considérables, que le propriétaire
n'a pas la commodité d'en faire le remboursement avant
que de rentrer dans son héritage, et que ces impenses ont
produit dans le revenu de l'héritage une augmentation considérable, il me paroît qu'on peut concilier les intérêts des
parties, en permettant au propriétaire de rentrer dans son
héritage sans rembourser au préalable les impenses du possesseur de bonne foi, et en se chargeant, envers ce possesseur, d'une rente d'une somme approchante de ce dont le
revenu de l'héritage a été augmenté par lesdites impenses;
laquelle seroit remboursable aux bons points du propriétaire, à laquelle l'héritage seroit affecté par privilége. Par
ce moyen, les intérêts de chacune des parties sont con-
servés; le propriétaire n'est point privé de son héritage,
faute de pouvoir rembourser les impenses; et il ne profite
pas, aux dépens du possesseur, de l'augmentation du revenu
qu'elles ont causée à son héritage.

348. Il y a des impenses qui augmentent la valeur de
la chose revendiquée, dans le cas auquel le propriétaire
voudroit la vendre, mais qui n'en augmentent pas le revenu
dans le cas auquel il compteroit la garder : le propriétaire

qui, en gardant cette chose, ne profite point de cette impense, n'est point obligé de rembourser le possesseur de
bonne foi qui l'a faite, à moins que ce propriétaire ne fût
un homme qui fit commerce des choses de l'espèce dont est
la chose revendiquée; auquel cas, profitant de ce dont les
impenses ont augmenté le prix de cette chose, il en doit
rembourser le possesseur de bonne foi qui les a faites. Les
lois apportent cet exemple : *Si puerum* (1) *meum quem
possideres erudisses, nec idem observandum : Proculus
existimat quia neque carere servo meo debeam, nec potest remedium idem adhiberi quod in areâ diximus* (2);
l. 27, §. *fin. ff. de rei vind. (Fortè quod pictorem aut
librarium docueris), dicitur non aliter officio judicis
æstimationem haberi posse;* l. 28; *nisi si venalem eum
habeas* (3), *et plus ex pretio ejus consecuturus sis propter
artificium;* l. 29, ff. *d. tit.*

On peut imaginer d'autres exemples. *Finge.* Un homme
a acheté de bonne foi un jeune chien qu'on m'avoit volé,
et a donné une somme d'argent pour lui apprendre à arrêter le gibier : ayant depuis reconnu mon chien, je l'ai
revendiqué. Je ne suis pas obligé de lui rendre la somme
qu'il a donnée pour instruire mon chien, cette dépense
m'étant inutile, parceque je ne suis pas chasseur : mais si
j'étois connu pour faire commerce de chiens, je serois obligé
de la lui rendre, profitant en ce cas de cette dépense, qui me
feroit vendre mon chien plus cher que s'il n'étoit pas dressé.

349. La troisième limitation qui doit être apportée au
principe qui oblige le propriétaire à rembourser au possesseur de bonne foi les impenses utiles qu'il a faites pour la
chose qui fait l'objet de l'action en revendication, est que
le propriétaire n'est tenu de rembourser au possesseur de

---

(1) *Servum.*

(2) *Ut ei qui bonâ fide ædificavit teneat reddere impensam ;* car je profite
du bâtiment; au lieu que je ne profite pas de l'art qu'on a fait apprendre
à mon esclave, auquel je ne compte pas l'employer.

(3) *Mutat personas*, en mettant à la seconde personne le propriétaire qui
a revendiqué son esclave, qui, dans la loi 27, étoit à la première personne.
Cela est fréquent dans le Digeste.

bonne foi la somme qui lui est due pour lesdites impenses, que sous la déduction de ce que ce possesseur s'en trouve déja remboursé par les fruits qu'il a perçus..... C'est ce qu'enseigne Papinien : *Sumptus in prædium quod alienum esse apparuit, à bonâ fide possessore facti.... si fructuum ante litem contestatam perceptorum summam excedant, admissa compensatione, superfluum sumptum, meliore prædio facto, dominus restituere cogitur;* l. 48, ff. *de rei vindic.*

Cela n'est pas contraire à ce qui a été dit ci-dessus, que le possesseur de bonne foi perçoit à son profit les fruits, tant que sa bonne foi dure, et que le propriétaire n'a pas intenté contre lui l'action en revendication ; car il ne les perçoit à son profit qu'en ce sens, que le propriétaire ne peut, par voie d'action, en exiger de lui le rapport ; mais il peut lui en opposer la compensation avec les mises qu'il a faites pour la chose revendiquée.

350. A l'égard du possesseur de mauvaise foi, les lois romaines paroissent lui avoir refusé le remboursement des impenses par lui faites, qui n'étoient pas nécessaires, quoiqu'elles eussent fait devenir plus précieuse la chose qui est revendiquée, et lui avoir seulement permis d'emporter de l'héritage revendiqué les choses qu'il y a mises, qui peuvent en être détachées, en rétablissant les choses en leur premier état. *Malæ fidei possessores,* dit l'empereur Gordien, *ejus quod in alienam rem impendunt, non eorum negotium gerentes quorum res est, nullam habent repetitionem, nisi necessarios sumptus fecerint; sin autem utiles, licentia eis permittitur, sine læsione prioris statûs rei, eos auferre;* l. 5, *Cod. h. t.*

Le même dit ailleurs : *Vineas in alieno agro institutas solo cedere, et si à malæ fidei possessore id factum sit, sumptus eo nomine erogatos per retentionem servari non posse incognitum non est;* l. 1, *tit. de rei vind. in fragm. Cod. Gregor.*

Enfin Justinien, aux Instit. *de rer. div.* §. 30, après avoir dit que celui qui a bâti sur l'héritage d'autrui, doit être remboursé de cette impense par le propriétaire, ajoute : *Utique*

si bonæ fidei possessor sit; nam scienti solum alienum esse,
potest objici culpa, quòd ædificaverit temerè in eo solo
quod intelligebat alienum esse.

Malgré des textes aussi formels, Cujas, *obs.* x, *cap.* 1,
pense que le possesseur de mauvaise foi doit être remboursé,
aussi bien que le possesseur de bonne foi, des impenses
utiles, jusqu'à concurrence de ce que la chose se trouve
plus précieuse; et que les textes de droit qui paroissent
contraires doivent s'entendre en ce sens, qu'à ne consulter
que la rigueur du droit, le possesseur de mauvaise foi n'est
pas fondé à prétendre ce remboursement; mais que cela
n'empêche pas que le juge ne le lui accorde, en préférant
en cela, à la rigueur du droit, l'équité qui ne permet pas
que le propriétaire profite aux dépens de ce possesseur, suivant cette règle : *Neminem æquum est cum alterius detri-*
mento locupletari. Il fonde son opinion sur la loi 38, ff. *de*
petit. hæred., où il est dit : *In cæteris necessariis et uti-*
libus impensis posse separari, ut bonæ fidei quidem pos-
sessores, has quoque imputent, prædo autem de se queri
debeat, qui sciens in rem alienam impendit : sed benig-
nius est, in hujus quoque personâ habere rationem im-
pensarum; non enim debet petitor ex alienâ jacturâ lu-
crum facere.

Quelque grande que soit l'autorité que Cujas s'est acquise
dans les écoles, la plupart des docteurs qui on écrit depuis
n'ont pas suivi son opinion. On répond de deux manières
à la loi 38, qui en fait le fondement. La réponse la plus ordinaire est, que cette loi est dans l'espèce de l'action de
pétition d'hérédité; qu'on ne peut en rien conclure pour ce
qui doit s'observer dans l'action de revendication, ces deux
actions se gouvernant par des règles différentes, comme
nous le verrons au chapitre suivant. Vinnius répond d'une
autre manière à cette loi : il prétend que le possesseur de
mauvaise foi ne peut prétendre le remboursement des impenses utiles, ni dans l'action de revendication, ni même
dans l'action de pétition d'hérédité; et que ces termes de
la loi, *benignius est in hujus quoque personâ haberi ra-*
tionem impensarum, ne doivent pas s'entendre en ce sens,

que le remboursement lui en doit être accordé; mais seulement en ce sens, qu'on doit lui permettre d'enlever tout ce qu'il a mis dans l'héritage, qui en peut être enlevé, en rétablissant les choses dans le premier état; ce qui ne lui est encore accordé que par une raison de faveur et d'humanité, puisque ces choses ayant été acquises de plein droit au propriétaire de l'héritage dont elles se trouvent faire partie, *jure accessionis et vi ac potestate rei suæ*, le possesseur qui les y a attachées, à ne consulter que la rigueur du droit, ne devroit pas même avoir la faculté de les en détacher.

A l'égard de la règle, *Neminem œquum est cum alterius detrimento locupletari*, la réponse est, qu'elle peut bien être opposée par le possesseur de bonne foi, mais qu'elle ne le peut être par le possesseur de mauvaise foi; le propriétaire pouvant lui répliquer que l'équité lui permettoit encore moins de constituer le propriétaire, contre son gré, dans une dépense qu'il ne vouloit pas faire, en faisant sur son héritage, qu'il possédoit injustement, des impenses qu'il savoit n'avoir pas droit d'y faire; que s'il souffre de ce que ses impenses ne lui sont pas remboursées, il ne peut s'en prendre qu'à lui même, puisque c'est par sa faute qu'il les a faites : or, on n'est point reçu à se plaindre de ce qu'on souffre par sa faute : *Id quod quis suâ culpâ damnum sentit, non videtur sentire*. Cette réponse est justement celle que Justinien, au texte des Institutes ci-dessus rapporté, met dans la bouche du propriétaire, pour le décharger du remboursement des impenses utiles envers le possesseur de mauvaise foi : *Nam*, dit Justinien, *scienti solum alienum esse potest objici culpa, quòd œdificaverit temerè in eo solo*.

Si le propriétaire n'est pas obligé de rembourser au possesseur de mauvaise foi les impenses utiles, jusqu'à concurrence de la somme dont l'héritage revendiqué en est augmenté de valeur, au moins ce propriétaire ne peut pas se dispenser d'en souffrir la compensation jusqu'à due concurrence, avec la somme qui lui est due par ce possesseur pour le rapport des fruits : car le propriétaire est censé avoir déja touché, jusqu'à due concurrence, le prix desdits fruits, par l'emploi qui en a été fait à l'amélioration de son héritage. Ce seroit s'en faire payer deux fois, que de n'en pas tenir compte au possesseur; ce que la bonne foi ne permet pas.

Dans notre pratique, on laisse à la prudence du juge à décider, suivant les différentes circonstances, si le propriétaire doit rembourser le possesseur de mauvaise foi des impenses utiles, jusqu'à concurrence de ce que l'héritage revendiqué en est devenu plus précieux. Il y a une mauvaise foi caractérisée et criminelle, telle que celle d'un usurpateur qui a profité de la longue absence d'un propriétaire, ou de la minorité d'un propriétaire qui n'avoit point de défenseur, pour se mettre, sans aucun titre, en possession d'un héritage : un tel possesseur de mauvaise foi doit être traité avec toute la rigueur du droit ; il ne mérite aucune indulgence ; et on ne doit point en conséquence lui faire raison des améliorations qu'il a faites à l'héritage pendant qu'il le possédoit. Au contraire, il y a des espèces de mauvaise foi qui ne sont pas criminelles, et qui sont excusables. Par exemple, j'ai acheté l'héritage d'un mineur, de sa mère et gardienne, qui étoit alors très-riche, et qui s'est obligée de le faire ratifier ; depuis, il est arrivé un dérangement dans la fortune de ma venderesse : elle est morte. Le mineur devenu majeur a renoncé à sa succession, et a donné une demande en revendication contre moi. Je suis possesseur de mauvaise foi. J'avois *scientiam rei alienæ*, puisqu'en achetant j'ai eu connoissance que l'héritage appartenoit au mineur, et que ma venderesse n'avoit pas le pouvoir de l'aliéner : mais cette mauvaise foi n'est point criminelle ; j'avois un juste sujet de me flatter que le mineur ratifieroit, ou deviendroit héritier de sa mère : c'est pourquoi je dois être traité avec indulgence, et le juge doit me faire faire raison des améliorations que j'ai faites sur l'héritage, jusqu'à concurrence de ce qu'il est plus précieux.

351. De la différence qu'il y a entre le possesseur de bonne foi et celui de mauvaise foi, par rapport aux impenses utiles, naît une question, qui est de savoir si, pour

que le possesseur puisse prétendre ce remboursement, il
suffit qu'il fût possesseur de bonne foi, lorsqu'il a acquis
l'héritage; ou s'il faut qu'il le fût encore lorsqu'il a fait lesdites impenses. Ulpien, d'après Julien, décide qu'il faut
qu'il l'ait été lorsqu'il les a faites : *Julianus, libro 8° Digestorum, scribit : Si in alienâ areâ ædificassem cujus bonæ
fidei quidem emptor fui, verùm eo tempore ædificavi quo
jam sciebam alienam, videamus an nihil mihi exceptio* (1)
prosit? Nisi fortè (2) *quis dicat prodesse de damno sollicito:
puto autem huic exceptionem non prodesse; nec enim debuit
jam alienam certus, ædificium ponere; sed hoc ei concedendum est, ut sine dispendio domini areæ tollat ædificium quod
posuit;* l. 37, ff. *de rei vind.*

352. Observez, à l'égard du droit qui est accordé au possesseur de mauvaise foi, d'emporter ce qu'il a mis dans
l'héritage revendiqué en le rétablissant dans son premier
état, qu'il ne peut en détacher que les choses dont il peut
retirer quelque profit en les emportant, et qu'il doit même
les laisser, si le propriétaire lui en offre le prix qu'il en
pourroit retirer : *Constituimus,* dit Celse, *ut si paratus est
dominus tantùm daré, quantùm habiturus est possessor his
rebus ablatis, fiat ei potestas;* l. 38, ff. *de rei vind.*

Suivant ces principes, il ne doit pas lui être permis d'effacer les peintures dont il a décoré les appartements de
l'héritage revendiqué, quoiqu'il offre de remettre les choses
dans l'ancien état. C'est pourquoi le Jurisconsulte ajoute :
*Neque malitiis indulgendum est, si tectorium, putà, quod
induxeris, picturasque corradere velis, nihil laturus nisi ut
officias;* d. l. 38.

353. Il nous reste à observer que le possesseur qui est
condamné à délaisser au propriétaire la chose revendiquée,
quoiqu'il l'ait achetée de bonne foi, et qu'il soit possesseur
de bonne foi, n'est pas fondé à demander au propriétaire
qu'il lui rende le prix qu'il a payé : *Incivilem rem desideratis,*

---

(1) *Exceptio doli mali, nisi refundat impensam.*
(2) C'étoit la raison de douter, à laquelle le jurisconsulte ne croit pas
qu'on doive s'arrêter.

dit l'empereur Antonin, *ut agnitas res furtivas non priùs reddatis, quàm pretium solutum fuerit;* l. 2, *Cod. de furt.*

Mais s'il étoit prouvé que le prix que le possesseur a payé pour le prix de l'achat qu'il a fait de la chose qu'il a été condamné de délaisser au propriétaire, a tourné au profit de ce propriétaire; quand même ce possesseur seroit possesseur de mauvaise foi, le propriétaire doit lui rendre le prix qu'il a payé, et il se doit faire compensation des intérêts de ce prix avec les fruits que ce possesseur a perçus. Par exemple, si j'ai acquis d'un tuteur un héritage de son mineur, qu'il m'a vendu en sa qualité de tuteur, sans observer aucunes formalités; si, sur l'action en revendication que le mineur devenu majeur a depuis donnée contre moi, j'ai été condamné à le lui délaisser; quoique je fusse possesseur de mauvaise foi de cet héritage, puisque je savois que celui qui me l'a vendu n'avoit pas droit de me le vendre; néanmoins, si je puis justifier que le prix a tourné au profit de ce mineur, *putà*, qu'il a servi à payer ses dettes, le juge, en me condamnant à délaisser l'héritage au mineur, le condamnera à me rendre le prix qui a tourné à son profit.

Observez que si ce tuteur avoit employé le prix que je lui ai payé, à rembourser des rentes dues par le mineur, je ne pourrois pas obliger le mineur à autre chose qu'à me les continuer.

ARTICLE VII.

De l'exécution du jugement qui a condamné le possesseur à délaisser la chose revendiquée; et du cas auquel il s'est mis, par dol ou par sa faute, hors d'état de pouvoir le faire.

§. I. Du délaissement que le possesseur doit faire de la chose.

354. Lorsque, sur l'action en revendication, le défendeur est condamné, par un jugement dont il n'y a pas d'appel, à délaisser au demandeur la chose revendiquée; si cette chose est un meuble qui soit en la possession du défendeur qui avoit obtenu main-levée par provision de l'entiercement qui en a été fait, le défendeur doit la rendre sur la première sommation qui lui en est faite; sinon, sur son refus, le

juge permet au demandeur de la faire saisir par un huissier, et de l'emporter du lieu où elle est.

355. Lorsque la chose que le possesseur a été condamné de délaisser est un héritage, l'ordonnance de 1667, titre *de l'exécution des Jugements*, 27, art. 1, lui donne quinze jours pour le délaisser, à compter du jour de la signification du jugement, qui lui a été faite à personne ou à domicile, avec sommation d'y satisfaire.

Ce délaissement consiste en ce que le possesseur doit, dans ce terme qui lui est accordé, déloger tous les meubles qu'il a dans l'héritage qu'il est condamné de délaisser, le laisser vacant, et en remettre les clefs au propriétaire demandeur en revendication, à qui il a été condamné de le délaisser.

Faute par le possesseur de délaisser dans ledit temps de quinzaine, ladite ordonnance, *art.* 1, prononce contre lui une amende de 200 liv., applicable moitié au roi, moitié à la partie.

L'ordonnance veut, en outre, *art.* 3, que le possesseur qui, quinzaine après la première sommation qui lui a été faite, n'a pas obéi au jugement, soit condamné par corps à délaisser, et aux dommages et intérêts du propriétaire à qui il a été condamné de délaisser.

Observez que lorsque l'héritage est éloigné de plus de dix lieues du lieu du domicile de la partie qui a été condamnée de le délaisser, on ajoute au délai de quinzaine ci-dessus mentionné, un jour pour chaque dix lieues de distance.

356. Lorsque la partie persiste dans le refus opiniâtre de délaisser l'héritage, le propriétaire peut s'en faire mettre en possession *manu militari*. Il obtient pour cela une sentence du juge, qui lui permet de se mettre en possession de l'héritage, et pour cet effet de faire faire ouverture des portes par un serrurier, et d'en faire déloger les meubles qui s'y trouvent.

Le propriétaire, qui a obtenu cette sentence, la fait mettre à exécution par un huissier, accompagné d'un serrurier, de témoins, et d'un voiturier pour déloger les meubles, et les transporter dans le cabaret voisin. Cela est conforme à la loi 68, ff. *de rei vind.*, où il est dit : *Qui restituere jussus judici non paret..... si quidem habeat rem, manu militari officio judicis ab eo possessio transfertur.*

357. Lorsque le possesseur n'a pas été purement et simplement condamné à délaisser l'héritage, mais a été condamné à le délaisser, à la charge par le propriétaire de lui rembourser les impenses et améliorations qu'il y a faites, le propriétaire ne peut faire aucunes poursuites contre lui, pour le lui faire délaisser, jusqu'à ce qu'il en ait été remboursé; le possesseur ayant, en ce cas, le droit de le retenir, *veluti jure pignoris.* C'est ce qui est porté par l'*art.* 9.

Mais comme ce possesseur pourroit se prolonger la possession de l'héritage, en différant à faire liquider la somme à laquelle montent lesdites impenses et améliorations, et qui doit lui être remboursée; l'ordonnance ordonne, par ledit *art.* 9, que le possesseur soit tenu de liquider lesdites impenses et améliorations dans un certain délai qui sera prescrit par le juge; et que, faute par lui de le faire dans ledit délai, le propriétaire soit mis en possession de son héritage, en donnant caution de les payer après qu'elles auront été liquidées.

L'ordonnance de Moulins, *art.* 52, vouloit que ce délai n'excédât pas le temps d'un mois. Celle de 1667 l'a laissé à l'arbitrage du juge.

Pour parvenir à cette liquidation, le possesseur doit, par un acte de procédure, déclarer les différents articles d'impenses nécessaires ou utiles, dont il demande le remboursement; produire les marchés faits avec les ouvriers, et les quittances des sommes qu'il a payées; et nommer un expert pour en faire la visite, et estimer de combien les impenses utiles ont augmenté la valeur de l'héritage; et sommer le propriétaire de le venir passer ou contredire, et en nommer un de sa part.

Le propriétaire répond à cet acte, nomme un expert de sa part, sinon le juge en nomme un pour lui; les experts font leur rapport; et le juge, tant sur ledit rapport qu'il homologue, lorsqu'on n'a rien opposé contre, qui en pût empêcher l'homologation, que sur tout ce qui a été dit et produit par les parties, règle la somme à laquelle doivent monter lesdites impenses et améliorations, et qui doit être remboursée au défendeur par le propriétaire.

§. II. De la liquidation des fruits que le possesseur a été condamné de restituer.

358. Lorsque le possesseur, qui, sur l'action en revendication, a été condamné, par un jugement dont il n'y a pas d'appel, à délaisser l'héritage revendiqué, a été aussi condamné à restituer les fruits qu'il en a perçus; l'ordonnance de 1667, au titre 38, *de la liquidation des fruits*, article premier, veut qu'il soit tenu de rendre, dans les mêmes espèces, ceux de la dernière année qu'il a perçus, lorsqu'il les a encore par-devers lui; et ceux des années précédentes, suivant la liquidation qui en doit être faite devant le juge ou commissaire.

Pour parvenir à cette liquidation, le possesseur, lorsqu'il a fait valoir l'héritage par ses mains, doit donner une déclaration de la quantité des fruits qu'il a recueillis chaque année, depuis le temps qu'il est condamné de les rapporter; et pour en justifier, représenter ses papiers de recette; *art.* 2.

Lorsque ces fruits sont des grains, on doit estimer ceux qu'il a recueillis chaque année, sur le pied qu'ils ont valu au marché le plus voisin de l'héritage, pendant les quatre saisons de ladite année, dont on fait une année commune. Cette estimation se fait sur des extraits que le possesseur doit rapporter du registre de la valeur des grains, de la justice du lieu où est ledit marché, qui doivent être en bonne forme, délivrés par le greffier de ladite justice, et signés de lui. L'ordonnance, audit titre, *art.* 8, porte expressément que l'estimation des grains ne pourra se faire que par les extraits desdits registres.

A l'égard des fruits d'une autre espèce, tels que du vin, du cidre, des foins, etc., que le possesseur a recueillis chaque année, on en doit régler le prix, ou par les papiers de recette du possesseur, s'il y est fait mention des prix qu'il les a vendus chaque année, ou par l'estimation qui en sera faite par personnes dont les parties conviendront, qui soient d'état à avoir cette connoissance. Par exemple, si c'est du vin, cette estimation doit s'en faire par d'anciens marchands de vin, qui peuvent facilement connoître, en feuilletant leurs registres, le prix qu'a valu le vin chaque année.

Après toutes ces estimations faites, le possesseur, dans le compte qu'il doit rendre des fruits qu'il a perçus, se charge en recette de la somme à laquelle se trouve monter l'estimation de tous les fruits qu'il doit rapporter, sur laquelle somme il doit lui être fait déduction des frais qu'il a faits pour faire venir et pour recueillir les fruits; ensemble des sommes qu'il a payées, tant pour les frais d'entretien et réparations viagères, que pour l'acquittement des charges foncières, tant annuelles qu'extraordinaires, et pour les dixièmes, vingtièmes et autres semblables impositions, de toutes lesquelles sommes il doit rapporter les quittances.

359. Si le possesseur, pendant le temps qu'il a possédé l'héritage qu'il a été condamné de délaisser avec rapport des fruits, l'avoit donné à loyer ou à ferme, il doit rapporter les baux et loyers qu'il a faits, et compter des fermes et loyers sur le pied desdits baux, sous la déduction des charges foncières, frais d'entretien et impositions, comme il a été dit ci-dessus.

Si les baux n'étoient pas à prix d'argent, mais pour une certaine quantité de grains par chacun an, il faudroit faire l'appréciation des grains de la ferme de chaque année, suivant les extraits du registre du lieu où la ferme étoit payable, de la manière dont nous l'avons dit ci-dessus. Le propriétaire pourroit être écouté à ne pas s'en tenir au prix des baux à ferme, et à demander une estimation, s'il alléguoit qu'il auroit fait valoir l'héritage par ses mains, et qu'il en auroit retiré beaucoup plus.

360. Si le compte des fruits présenté par le possesseur n'est point débattu, le juge arrête ce compte, en faisant déduction de la somme à laquelle montent les fruits qui doivent être rapportés, de celle à laquelle montent les articles employés au chapitre des déductions qui doivent être faites; et la somme à laquelle le reliquat aura été arrêté doit être payée, par le possesseur, dans le mois, pour tout délai.

14.

Lorsque le propriétaire, envers qui le possesseur a été condamné au rapport des fruits, débat le compte, en soutenant, par exemple, que le possesseur a recueilli une plus grande quantité de fruits que celle qu'il a déclarée par le compte; le juge permet aux parties respectives de faire preuve, tant par témoins que par écrit, de la quantité desdits fruits, et des autres faits par eux avancés; *art.* 3.

Si le propriétaire qui a débattu le compte ne fait pas sa preuve, il doit être condamné aux dépens; si au contraire il la fait, c'est le possesseur qui y doit être condamné; lesquels dépens, en l'un et en l'autre cas, doivent être taxés par le jugement qui interviendra; *art.* 4 *et* 5.

361. Lorsque le possesseur, qui a fait valoir l'héritage par ses mains, déclare qu'il ne peut rendre compte des fruits qu'il est condamné de rapporter, ne ne souvenant aucunement de la quantité qu'il a recueillie par chacun an, dont il n'a tenu aucun registre, non plus que des frais; il ne peut, en ce cas, y avoir d'autre voie que celle d'ordonner que les jouissances que le possesseur est condamné de rapporter, seront estimées par personnes dont les parties conviendront.

§. III. Du cas auquel le possesseur s'est mis hors d'état de pouvoir rendre la chose revendiquée.

362. Lorsque la chose mobilière que le possesseur a été condamné de restituer au propriétaire ne peut être saisie entre ses mains, parcequ'elle ne s'y trouve plus; si c'est par le dol de ce possesseur qu'elle ne s'y trouve plus, soit qu'effectivement elle ne s'y trouve plus, soit qu'il la recèle; en ce cas, suivant les principes du droit romain, le juge devoit s'en rapporter au serment du demandeur sur la somme à laquelle il juge à propos d'estimer ses dommages et intérêts résultants de ce que sa chose ne lui est pas rendue, dans laquelle estimation il pouvoit comprendre le prix de l'affection qu'il a pour cette chose. Le juge devoit condamner le possesseur à payer au propriétaire la somme à laquelle ce propriétaire avoit, par serment de lui pris, estimé lui-même ses dommages et intérêts : *Qui restituere jussus judici non paret,...*

si non potest restituere, si quidem dolo fecit quominùs
possit, is, quantùm adversarius in litem, sine ullâ taxa-
tione, in infinitum juraverit, damnandus est; l. 68, ff. de
rei vind.

Lorsque c'étoit seulement par la faute du possesseur que
la chose ne se trouvoit plus, sans qu'il fût néanmoins intervenu aucun dol de sa part, en ce cas, on ne déféroit
pas le serment *in litem* au propriétaire, et le possesseur
étoit seulement condamné envers lui en ses dommages et
intérêts, tels qu'ils seroient réglés par arbitres, dans lesquels n'entroit point le prix d'affection : *Si verò*, ajoute la
loi, *nec potest restituere, nec dolo fecit quominùs possit,*
non pluris quàm quanti res est, id est quanti adversarii
interfuit, condemnandus est; d. l. 68.

363. Dans notre jurisprudence françoise, on ne défère
pas le serment *in litem* au propriétaire ; et soit que ce soit
seulement par la faute, soit que ce soit par le dol du possesseur, que la chose ne lui a pas été rendue, le possesseur
n'est condamné envers lui qu'en ses dommages et intérêts,
tels qu'ils seront réglés par personnes dont les parties conviendront ; et l'intérêt d'affection n'y entre pas.

364. Lorsque le possesseur qui, par sa faute, s'est mis
hors d'état de restituer la chose revendiquée, paie au propriétaire la somme à laquelle ont été réglés les dommages
et intérêts, le propriétaire est censé lui abandonner pour
cette somme tout le droit qu'il a dans cette chose. C'est
pourquoi cet ancien possesseur qui a payé peut, comme
étant aux droits du propriétaire à qui il a payé cette somme,
exercer à son profit et à ses risques, contre les tiers qui
se trouveroient en possession de cette chose, l'action de
revendication que le propriétaire eût pu exercer ; et si le
propriétaire qui a reçu la somme s'en trouvoit depuis lui-
même en possession, l'ancien possesseur qui lui a payé cette
somme seroit bien fondé à intenter contre lui la demande
pour la lui faire délaisser : *Si culpâ non fraude quis pos-*
sessionem amiserit, quoniam pati debet æstimationem
litis, audiendus erit à judice, si desideret ut adversarius
actione suâ cedat.... ipso quoque qui litis æstimationem

perceperit possidente, debet adjuvari ; l. 63, ff. *de rei vind.*

Le propriétaire, ne seroit pas même reçu, en ce cas, à offrir de rendre la somme qu'il a reçue, pour se dispenser de rendre la chose à celui de qui il a reçu la somme : *Nec facilè audiendus erit,* ajoute tout de suite Papinien, *si velit posteà pecuniam quam ex sententiâ judicis, periculo judicati recepit, restituere ;* d. l. 63.

Le propriétaire à qui le défendeur, qui s'est mis hors d'état de rendre la chose, a payé la somme à laquelle ont été réglés les dommages et intérêts, est bien obligé de lui abandonner tous les droits qu'il a dans cette chose, mais sans aucune garantie : *Petitor possessori de evictione cavere non cogitur rei nomine cujus æstimationem accepit; sibi enim possessor imputare debet qui non restituit rem ;* l. 35, §. 2, ff. *d. tit.*

CHAPITRE II.

De la pétition d'hérédité.

365. L'action de revendication, dont nous avons traité au chapitre précédent, a lieu pour les choses particulières. Le propriétaire qui en a perdu la possession, a cette action contre celui qui s'en trouve en possession. La question qui est agitée par les parties sur cette action, est de savoir si le demandeur a justifié suffisamment son droit de propriété de la chose revendiquée. La pétition d'hérédité a lieu pour les successions : l'héritier à qui la succession appartient, soit pour le total, soit pour partie, a cette action contre ceux qui la lui disputent, et qui refusent, sur ce prétexte, de lui rendre les choses qu'ils ont par-devers eux, dépendantes de ladite succession, ou qui en sont provenues; ou de lui payer ce qu'ils doivent à ladite succession. La question qui est à juger, est de savoir si le demandeur a bien établi sa qualité d'héritier, et si, en conséquence, la succession lui appartient.

Nous verrons, dans une première section, par quelles

personnes et contre quelles personnes peut être intentée la pétition d'hérédité : dans une seconde, ce que le demandeur doit établir sur cette action, et ce qui peut lui être opposé par le défendeur. Nous y verrons de plus, si et comment, pendant que le procès dure sur cette action entre deux parties qui se disputent la succession, les créanciers de la succession et les légataires peuvent se faire payer. Nous traiterons, dans une troisième section, de la restitution qui doit être faite des biens de la succession, par le possesseur, à l'héritier qui a obtenu en sa demande en pétition d'hérédité. Nous traiterons, dans une quatrième, des prestations personnelles auxquelles est tenu, en ce cas, le possesseur envers cet héritier : dans la cinquième, de celles auxquelles est tenu, de son côté, l'héritier envers le possesseur. Enfin, nous traiterons, dans une sixième section, de certaines actions qui sont à l'instar de la pétition d'hérédité.

SECTION PREMIÈRE.

Par quelles personnes, et contre quelles personnes peut être intentée la pétition d'hérédité.

ARTICLE PREMIER.

Par quelles personnes peut être intentée la pétition d'hérédité.

366. De même que l'action de revendication ne peut être valablement intentée que par le propriétaire de la chose revendiquée, pareillement la pétition d'hérédité ne peut être intentée que par celui qui est l'héritier du défunt dont il revendique la succession, et par conséquent propriétaire de cette succession.

Dans les provinces régies par le droit écrit, et dans quelques coutumes qui reconnoissent des héritiers testamentaires, telle que celle de Berry, l'héritier peut intenter la pétition d'hérédité, soit qu'il soit héritier testamentaire, soit qu'il soit héritier légitime. Dans les coutumes de Paris, d'Orléans, et dans presque tout le pays coutumier, il n'y a pas d'autre héritier que l'héritier légitime.

367. Celui qui n'est héritier que pour une partie peut

intenter la pétition d'hérédité, aussi bien que celui qui est héritier pour le total; avec cette différence, que celui qui est héritier pour le total revendique la succession entière contre ceux qui en possèdent quelques effets, quelque peu qu'ils en possèdent, et conclut, en conséquence, à ce que le juge, en déclarant que la succession lui appartient pour le total, condamne le défendeur à lui délaisser le total de ce qu'il a par-devers lui des effets de cette succession; au lieu que celui qui n'est héritier qu'en partie revendique seulement la partie de la succession qui lui appartient, et conclut, en conséquence, à ce que le juge, en déclarant que la succession lui appartient pour cette partie, condamne le défendeur à lui délaisser les effets de cette succession qu'il a par-devers lui, pour la part seulement qu'il a dans cette succession.

368. Non seulement l'héritier immédiat d'un défunt a droit de revendiquer, par cette action d'hérédité, la succession de ce défunt, mais encore l'héritier de cet héritier a le même droit; car l'héritier immédiat, ayant transmis tous ses droits à son héritier, lui a transmis la propriété qu'il avoit de cette hérédité. C'est ce qu'enseigne Gaïus : *Si Titio qui Scio hæres extitit, nos hæredes facti sumus; sicuti Titii hæreditatem nostram esse intendere possumus, ità et Seii; l. 3, ff. de hæred. petit.*

Ce que nous disons de l'héritier de l'héritier doit s'entendre *quantumvis per longissimam successionem;* car c'est une règle de droit que, *Qui per successionem quamvis longissimam hæredes constiterunt, non minùs hæredes intelliguntur, quàm qui principaliter hæredes existunt; l. 194, aliàs 154, ff. de R. J.*

369. Un cessionnaire de droits successifs peut aussi, non pas de son chef, mais du chef de l'héritier qui lui a cédé ses droits successifs, intenter la pétition d'hérédité.

Lorsque le possesseur des effets de la succession, assigné sur la demande de ce cessionnaire des droits successifs, lui dispute la propriété de la succession, et la qualité d'héritier qu'a son cédant, il peut sommer en garantie son cédant, qui est son garant formel, pour qu'il soit tenu de prendre

son fait et cause, et de suivre la demande en pétition d'hérédité contre le défendeur qui dispute sa qualité d'héritier,
et la propriété de la succession : car quoique celui qui a
vendu ses droits successifs ne soit pas garant des effets particuliers de la succession, il est garant de la succession,
lorsque c'est la succession elle-même et sa qualité d'héritier
qui sont disputées à son cessionnaire; *Hæredem se esse præstare debet;* l. 18, ff. *de hæred. vind.*

Il en seroit autrement, si quelqu'un avoit vendu, non ses
droits successifs, mais ses prétentions à une telle succession,
si aucunes il y a. En ce cas, le cessionnaire desdites prétentions, soit qu'il ait intenté lui-même la pétition d'hérédité, soit qu'elle ait été intentée contre lui, doit faire valoir à ses risques les prétentions de son cédant, lorsqu'elles
lui sont disputées, sans qu'il puisse sommer en garantie son
cédant, ni exercer aucun recours contre lui, à moins qu'il
n'y eût du dol de la part de son cédant; comme s'il étoit
justifié que, lors de la cession, le cédant avoit une parfaite
connoissance que les prétentions qu'il vendoit étoient mal
fondées; auquel cas, le cessionnaire a l'action de dol contre
lui. C'est pourquoi Gaïus, après avoir dit que celui qui n'a
vendu que ses prétentions ne contracte aucune obligation
de garantie, ajoute : *Hoc ità intelligendum, nisi sciens ad
se non pertinere ità vendiderit; nam tunc ex dolo tenebitur;* l. 12, ff. *de hæred. vind.* Voyez *notre Traité du
Contrat de Vente, n.* 528 et 529.

ARTICLE II.

Contre qui peut être intentée la pétition d'hérédité.

370. La pétition d'hérédité peut être intentée, non seulement contre ceux qui se sont mis en possession des biens,
ou de la plus grande partie des biens de la succession qui
est revendiquée par le demandeur, mais même contre celui
qui ne posséderoit qu'un effet de cette succession le moins
considérable, lorsque ce possesseur, pour ne pas rendre
cet effet, dispute au demandeur la propriété de la succession, et sa qualité d'héritier, en laquelle il en demande la res-

titution : *Definiendum est eum teneri petitione hœreditatis,*
qui vel jus pro hœrede vel possessore possidet vel rem hœ-
reditariam, licèt minimam; l. 9, l. 10, ff. *de hœred. petit.*

Si le possesseur ne disputoit pas au demandeur sa qualité
d'héritier, mais soutenoit que les choses dont le demandeur
lui demande la restitution, en qualité d'héritier d'un tel,
n'appartenoient point au défunt; en ce cas, la contestation
n'étant pas sur la propriété de la succession, mais sur la
propriété des choses particulières, il n'y auroit pas lieu à la
pétition d'hérédité, mais à l'action de revendication.

371. A l'égard des possesseurs qui prétendent que la succession dont ils possèdent les effets leur appartient, soit
pour le total, soit pour partie, la pétition d'hérédité procède contre eux, soit qu'ils n'aient aucun droit dans cette
succession, soit qu'ils y aient effectivement une part, lorsqu'ils disputent au demandeur la part qu'il y a, et pour
laquelle il a intenté contre eux la pétition d'hérédité. C'est
pourquoi, dans l'espèce d'une sœur qui, étant héritière d'un
défunt avec ses quatre frères, chacun pour une cinquième
portion, avoit intenté la pétition d'hérédité pour sa cinquième portion, contre ses frères qui s'étoient emparés des
effets de cette succession qu'ils prétendoient leur appartenir à l'exclusion de leur sœur, le jurisconsulte décide que
la pétition d'hérédité procède contre eux, et que chacun
desdits frères doit, sur cette action, être condamné à restituer à sa sœur la cinquième portion de ce dont il s'est
emparé : *Sorori, quam cohœredem fratribus quatuor in bonis*
matris esse placuit, quinta portio, pro portionibus, quœ ad
eos pertinuit, cedet; itâ ut singuli in quartâ, quam anteà
habere credebantur, non ampliùs ei quintam conferant;
l. 6, ff. *si pars hœred. pet.*

372. Dans nos usages, un héritier pour partie débute
ordinairement par donner la demande à fin de partage contre
les autres héritiers qui se sont emparés des effets de la succession. Mais si les héritiers, assignés sur cette demande,
disputent au demandeur la part qu'il prétend dans la succession dont il demande le partage; le demandeur, en soutenant contre les défendeurs que la part qui lui est disputée

lui appartient, est censé intenter contre eux la pétition d'hérédité pour cette part; et cette pétition doit être instruite et jugée préalablement à la demande à fin de partage.

Un héritier pour partie ne pouvant pas, sur la pétition d'hérédité, faire condamner un de ceux qui possèdent des effets de la succession, à les délaisser pour le total, quelque peu qu'il en possède, mais seulement quant à la part pour laquelle le demandeur est héritier, et pour laquelle il a intenté sa pétition, comme nous l'avons vu *suprà, n.* 367, il s'ensuit qu'il ne suffit pas à l'héritier pour partie d'intenter la pétition d'hérédité contre quelqu'un des possesseurs; il faut qu'il l'intente contre tous. C'est ce qu'observe Ulpien : *Si duo possideant hæreditatem, et duo sint qui ad se partes pertinere dicant, non singuli à singulis petere contenti esse debent, putà, primus à primo, vel secundus à secundo, sed ambo à primo, et ambo à secundo; neque enim alter primi, alter secundi partem possidet, sed ambo utriusque;* l. 1, §. 2, ff. *si pars hær. pet.*

373. La pétition d'hérédité peut être intentée non seulement contre ceux qui possèdent des effets dépendants de la succession, mais généralement contre tous ceux à qui il en est parvenu quelque chose, tel qu'est celui qui a reçu quelque somme des débiteurs de la succession, ou du prix de la vente des effets de la succession, lorsque, pour se dispenser d'en faire raison au demandeur, il lui dispute la succession et sa qualité d'héritier : *Sed et is qui pretia rerum hæreditariarum possidet, item is qui à debitore exegit, petitione hæreditatis tenetur;* l. 16, §. 1, ff. *de hæred. petit.*

374. La pétition d'hérédité peut aussi être intentée contre un débiteur de la succession, lorsque, pour se défendre de payer ce qu'il doit à la succession, il prétend que c'est à lui que la succession appartient, et la dispute au demandeur : *Item (peti potest hæreditas,* dit Ulpien), *à debitore hæreditario quasi à juris possessore; nam et à juris possessoribus posse hæreditatem peti constat;* l. 13, §. *fin.,* ff. *d. tit.*

Le sens de ces termes, *quasi à juris possessore,* est que

par le refus que fait ce débiteur de payer ce qu'il doit à la
succession, en prétendant que la succession lui appartient,
il se met, en quelque façon, en possession d'un droit de
la succession, savoir, de la créance que le défunt avoit
contre lui, qu'il prétend être passée en sa personne, en sa
prétendue qualité de son héritier.

Mais lorsque le débiteur ne prétend pas que la succession
envers laquelle il est débiteur lui appartient, mais fonde
le refus qu'il fait de payer au demandeur ce qu'il doit à la
succession, uniquement sur ce qu'il prétend que le demandeur ne lui a pas suffisamment justifié que cette succession
lui appartient; ce qu'il doit néanmoins lui justifier, pour
qu'il puisse le payer sûrement; en ce cas, il n'y a pas lieu
à la pétition d'hérédité contre ce débiteur, *qui nullam facit
hæreditatis controversiam*. L'héritier n'a, en ce cas, d'autre
action contre ce débiteur, que celle qui est née de la créance
du défunt, sur laquelle il doit justifier sa qualité d'héritier, qui a fait passer cette action en sa personne : *Si debitor hæreditarius non ideò nolit solvere quòd se dicat
hæredem, sed ideò quod neget aut dubitet an hæreditas
pertineat ad eum qui petit hæreditatem, non tenetur hæreditatis petitione; l. 42, ff. d. tit.*

375. Suivant les principes du droit romain, le véritable
héritier n'avoit l'action directe en pétition d'hérédité contre
le possesseur d'effets de la succession, que lorsque ce possesseur prétendoit, de son chef, la propriété de la succession.
Lorsqu'il ne la prétendoit que du chef d'un autre, de qui il
avoit acquis les droits successifs, l'héritier avoit seulement
contre lui l'action utile, qui avoit tous les mêmes effets que
la directe : *Si quis hæreditatem emerit, an utilis in eum
petitio hæreditatis deberet dari? Putat Gaïus Cassius dandam utilem actionem; l. 13, §. 4, ff. d. tit.* Cette distinction des actions directes et utiles, qui ne diffèrent que *subtilitate juris*, est inconnue dans notre droit.

376. On peut aussi intenter la pétition d'hérédité contre
celui qui ne possède plus, à la vérité, aucune chose de la
succession dont il prétend la propriété, mais qui a cessé
par dol de posséder celles qui étoient par-devers lui : *Si*

quis dolo fecerit quominùs possideat, hæreditatis posses-
sione tenebitur; l. 13, §. 14. C'est ce qui avoit été ordonné
par la constitution d'Adrien, rapportée en la loi 20, §. 6,
ff. *d. tit.*, où il est dit : *Eos qui bona invasissent quùm sci-*
rent ad se non pertinere, etiamsi ante litem contestatam
fecerint quominùs possiderent, perindè condemnandos
quasi possiderent.

377. Enfin, dans la pétition d'hérédité, de même que
dans l'action de revendication, lorsque le demandeur a assigné quelqu'un pour délaisser quelque chose dont il le
croyoit possesseur, quoiqu'il ne la possédât pas ; si la partie
assignée, dans le dessein de tromper le demandeur, et pour
donner à celui qui la possédoit le temps de l'acquérir par
droit d'usucapion, a défendu à la demande, comme s'il
possédoit cette chose, en soutenant que la succession dont
elle dépendoit lui appartenoit, et non au demandeur ; il doit
être, sur la demande, condamné, de même que s'il eût
effectivement possédé la chose : *Qui se liti obtulit quùm rem*
non possideret, condemnatur; l. 45, ff. *de petit. hæred.*

Il en seroit autrement, si le demandeur avoit lui-même
connoissance que la partie assignée ne possédoit pas la chose
pour laquelle il l'a assignée ; car, en ce cas, elle ne l'auroit
pas trompé. C'est pourquoi le jurisconsulte ajoute tout de
suite, *Nisi si evidentissimis probationibus possit ostendere,*
actionem ab initio litis scire eum non possidere ; quippè
isto modo non est deceptus, et qui se hæreditatis petitioni
obtulit, ex doli clausulâ tenetur quanti ejus interfuit non
decipi ; d. l.

SECTION II.

Que doit établir le demandeur sur l'action en pétition d'hérédité, et ce qui
. peut lui être opposé ; si, et comment, pendant ce procès, les créanciers
de la succession et les légataires se peuvent faire payer ?

ARTICLE PREMIER.

De ce que doit établir le demandeur sur la demande en pétition d'hérédité ;
et de ce qui peut lui être opposé.

378. Quoique, sur la demande en pétition d'hérédité,
le possesseur ne soit condamné à délaisser que ce qu'il pos-

sède des choses dépendantes de la succession du défunt,
dont le demandeur est héritier, ce ne sont pas néanmoins
proprement ces choses qui sont revendiquées par cette action, c'est la succession même qui est revendiquée. C'est
pourquoi le demandeur qui a intenté la demande en pétition d'hérédité, soit en qualité d'unique héritier d'un tel,
soit comme héritier pour une certaine partie de ce tel, doit
établir et justifier contre le défendeur qui lui dispute la
succession de ce tel, que cette succession lui appartient,
ou pour le total, ou pour la partie pour laquelle il se prétend héritier ; à l'effet qu'après qu'il l'aura établi, le défendeur soit condamné à lui restituer, non pas toute la succession, ni toute la partie de cette succession qui appartient
au demandeur, mais seulement tous les effets de cette succession qu'il possède ; lesquels effets il doit restituer, ou
pour le total, lorsque le demandeur est héritier unique ; et
lorsqu'il ne l'est que pour partie, pour la partie seulement
pour laquelle il est héritier : *Qui ex asse vel ex parte hæres
est, intendit quidem hæreditatem suam esse totam vel pro
parte, sed hoc solum ei officio judicis restituitur quod adversarius possidet, aut totum si ex asse sit hæres, aut pro
parte ex quâ hæres est;* l. 10, §. 1, ff. *d. tit.*

La pétition d'hérédité doit donc se mesurer sur le droit
que le demandeur prétend dans cette succession, et non
sur ce que le défendeur en possède. C'est pourquoi, quelque
peu qu'il en possède, le demandeur, par cette action, revendique contre lui toute la succession, s'il est héritier
unique ; ou toute la partie pour laquelle il est héritier, lorsqu'il ne l'est que pour partie : *Qui hæreditatem vel partem
hæreditatis petit, is non ex eo metitur quòd possessor oc-
cupavit, sed ex suo jure, et ideò sive ex asse hæres sit,
totam hæreditatem vindicabit, licèt tu unam rem possideas; sive ex parte, licèt tu totam hæreditatem possideas;*
l. 1, §. 1, ff. *si pars hæred. pet.*

379. Lorsque le demandeur en pétition d'hérédité, à qui
la succession est disputée par les défendeurs, est un héritier testamentaire ; dans les provinces qui les admettent,
ce demandeur doit justifier de son droit dans la succession

qu'il revendique, par le rapport du testament par lequel il est institué héritier.

Lorsque les défendeurs en pétition d'hérédité sont ceux qui, à défaut de testament, viendroient à la succession *ab intestat* du défunt, ils sont reçus à débattre le testament qui fait le fondement de la demande du demandeur.

Ils peuvent même avant que de le débattre, lorsque le testament est olographe, demander qu'il soit vérifié par experts dont les parties conviendront, pour être écrit et signé de la main du défunt.

Cette vérification se fait toujours aux dépens de la succession ; les parties qui la demandent n'étant pas obligées de connoître l'écriture du défunt.

Lorsque la partie qui a demandé cette vérification avoit une parfaite connoissance de l'écriture du défunt, elle est obligée, dans le for de la conscience, de rendre à la succession les frais de cette vérification qu'elle a fait faire par malice, sans que besoin en fût.

38o. Lorsque le testament est un testament solennel, il n'y a pas lieu à aucune vérification. La foi qui est due à l'officier public qui l'a reçu, assure suffisamment la vérité de la signature du testateur et des témoins; à moins que les défendeurs ne voulussent passer à l'inscription en faux contre le testament; auquel cas cette accusation devroit être instruite et jugée avant que de statuer sur la pétition d'hérédité; et si celui qui a formé l'accusation ne prouvoit pas le faux, il devroit être condamné aux dépens, dommages et intérêts, auxquels sont condamnés ceux qui ont intenté une accusation calomnieuse.

381. On peut débattre le testament sur lequel le demandeur en pétition d'hérédité fonde sa demande, ou pour cause de nullité pour quelque défaut qui se trouveroit dans la forme, ou pour des faits de suggestion, à la preuve desquels le juge doit admettre le défendeur qui les oppose, lorsqu'ils sont bien articulés.

On peut aussi opposer contre le testament les vices tirés du motif qui a porté le testateur à le faire; comme lorsqu'on peut établir qu'il a été fait par un motif de captation, ou

par le motif d'une haine injuste que le testateur avoit contre
ses enfants. On peut aussi opposer contre le testament, que
le testateur étoit incapable de tester, ou que depuis son testament il a changé de volonté. Enfin on peut opposer au
demandeur qu'il est incapable de l'institution d'héritier qui
a été faite de sa personne, ou indigne. Le défendeur doit
justifier ce qu'il oppose contre le testament.

382. Lorsque le demandeur en pétition d'hérédité est
un héritier légitime, il doit, pour établir que la succession
qui lui est disputée par le défendeur lui appartient, signifier au défendeur sa généalogie, par laquelle il établit son
degré de parenté avec le défunt.

Il doit justifier cette généalogie par des titres généalogiques, tels que sont des actes de baptême, de célébration
de mariage, des prémisses de contrats de mariages ou
d'actes de partage.

Lorsque le demandeur prétend que parmi les papiers de
la succession dont il prétend que le défendeur s'est emparé, il y a de ces titres généalogiques qui pourroient servir
à établir et justifier sa généalogie, il est fondé à demander
que le défendeur les rapporte; ou du moins, lorsqu'il n'y a
pas de preuve qu'il les ait, qu'il soit tenu de se purger par
serment qu'il n'en a point.

383. Après que le demandeur a établi sa généalogie, le
possesseur doit la contredire, s'il croit qu'elle n'est pas
bien établie; ou s'il la croit suffisamment établie, il doit,
de son côté, établir la sienne, pour justifier qu'il est en degré
plus proche que le demandeur, et conséquemment que sa
demande ne procède pas, ou pour justifier qu'il est en
degré égal, et conséquemment que la demande ne procède
que pour partie.

Si le possesseur, contre qui le demandeur revendique
l'hérédité *ab intestat* du défunt, s'en prétend héritier testamentaire, dans les provinces qui admettent les héritiers
testamentaires, il doit produire le testament par lequel il
est institué; le faire reconnoître, s'il est olographe; et le
demandeur doit le débattre par les manières ci-dessus mentionnées.

384. On a demandé si le possesseur qui se prétend héritier testamentaire peut, contre le demandeur qui revendique l'hérédité *ab intestat,* opposer comme fin de non
recevoir, que le demandeur a approuvé ce testament, en
recevant un legs particulier qui lui étoit fait par ce testament. Paul décide pour la négative : *Legitimam hæreditatem
vindicare non prohibetur is qui, quùm ignorabat vires
testamenti, judicium defuncti secutus est;* l. 8, ff. *de hæred.
petit.*

Cela doit néanmoins dépendre des circonstances. Lorsqu'il paroît que c'est par erreur qu'il a reçu le legs, et qu'il
n'a appris que depuis les défauts qu'il entend opposer contre
le testament, on ne peut lui opposer de fin de non recevoir
contre sa demande qu'il intente de bonne foi, et il ne peut
être censé avoir, en acceptant le legs, renoncé à l'hérédité
ab intestat; car on ne peut être censé renoncer à un droit,
tant qu'on ignore avoir ce droit : mais s'il paroît de sa part
de la mauvaise foi, la fin de non recevoir sera opposée.
C'est pourquoi le même Paul dit ailleurs : *Imperator Antoninus rescripsit, ei qui legatum ex testamento abstulisset,
causâ cognitâ hæreditatis petitionem negandam esse, scilicet si manifesta calumnia sit;* l. 43, ff. *d. tit.*

385. On fait une autre question, qui est de savoir si ce
demandeur qui a été reçu à intenter la pétition d'hérédité
doit perdre son legs, au cas qu'en définitif il n'obtienne
pas en sa demande. Paul décide encore cette question pour
la négative, lorsqu'il n'y a pas de mauvaise foi de la part
du demandeur : *Postquàm legatum à te accepi, hæreditatem peto. Antoninus quibusdam placuisse ait non aliter
mihi adversùs te dandam petitionem quàm si legatum
redderem; videamus ne non aliter petitor hæreditatis legatum restituere debeat, quàm ut ei caveatur, si contrà eum
de hæreditate judicatum fuerit, reddi ei legatum? Quùm
sit iniquum eo casu possessorem hæreditatis legatum quod
solverit retinere, et maximè si non per calumniam, sed
per errorem, hæreditatem petierit adversarius; idque et
Lælius probat;* d. l. 43.

386. Lorsque c'est un cessionnaire de droits successifs

qui intente la pétition d'hérédité, il doit établir tout ce que son cédant, du chef duquel il l'intente, devroit établir; et on peut lui opposer tout ce qui peut être opposé à son cédant.

De l'effet du procès pendant sur la pétition d'hérédité.

§. I. De son effet vis-à-vis des parties plaidantes.

387. Un effet du procès sur la pétition d'hérédité, est que, tant qu'il est pendant, il suspend les droits que l'une et l'autre des parties avoient contre le défunt, jusqu'au jugement définitif qui doit intervenir sur la pétition d'hérédité. Car le sort de ces actions dépend du jugement qui doit intervenir. Si, par ce jugement, l'hérédité est déclarée appartenir à celui qui avoit ces actions contre le défunt, il n'y a pas lieu à ces actions, qui, par sa qualité d'héritier, sont confuses en sa personne; il n'y a lieu à ces actions que lorsque l'hérédité, par le jugement, est déclarée appartenir à son adversaire, contre lequel il peut, après ce jugement, les exercer.

388. L'exercice de ces actions étant empêché par le procès sur la pétition d'hérédité, le temps de la prescription contre ces actions est-il pareillement arrêté pendant ce procès? Je ne le crois pas. Il ne doit pas être au pouvoir d'un créancier de la succession de proroger le temps de son action, en faisant un mauvais procès. Si le procès sur la pétition d'hérédité empêche qu'il ne puisse procéder sur ces actions, il peut au moins, pour empêcher le temps de la prescription, proposer ces actions par un acte de procédure pendant le procès sur la pétition d'hérédité, sauf à y surseoir, et à n'y procéder qu'après le jugement définitif.

Vous opposerez peut-être qu'il ne peut proposer ces actions, puisque, en les proposant, il contrediroit la prétention qu'il a que l'hérédité lui appartient. Je réponds qu'il peut les proposer par des conclusions subordonnées, en déclarant que c'est dans le cas seulement auquel, contre son espérance, la succession seroit, par le jugement qui doit intervenir sur la pétition d'hérédité, déclarée appartenir à son adversaire.

389. Passons au cas inverse. Lorsque c'est la succession qui a quelque action contre l'une des parties qui se disputent la succession, le procès qui est pendant sur la pétition d'hérédité paroît aussi devoir la suspendre jusqu'après le jugement qui doit intervenir sur la pétition d'hérédité; car c'est de ce jugement que dépend le sort de cette action. Si, par ce jugement, la succession est déclarée appartenir au débiteur, l'action se trouvera avoir été éteinte et confuse; si, au contraire, la succession est déclarée appartenir à l'autre partie, elle l'exercera contre ce débiteur.

Si néanmoins le débiteur d'une succession formoit, contre la personne qui est en possession des biens de cette succession, une demande en pétition d'hérédité qui ne parût pas avoir de fondement, ce possesseur devroit être reçu, même pendant le procès sur la pétition d'hérédité, à lui demander et à exiger de lui ce qu'il doit à la succession, à la charge de le lui rendre, au cas qu'il obtînt en définitif sur la pétition d'hérédité; ne devant pas être au pouvoir d'un débiteur de la succession d'éloigner le paiement de ce qu'il doit, en intentant, sans fondement, une demande en pétition d'hérédité.

390. Il est évident que la pétition d'hérédité arrête l'action de partage; car, pour partager une succession, il est préalable de décider entre quelles personnes se doit faire le partage, et quelle part doit y avoir chacune d'elles.

391. Un autre effet du procès sur la pétition d'hérédité, est que, dès que la demande est donnée, il n'est pas permis au possesseur des biens de la succession d'en rien vendre : *D. Pius rescripsit prohibendum possessorem hæreditatis de quâ controversia est antequàm lis inchoaretur, aliquid ex eâ distrahere;* l. 5, ff. *de hæred. petit.*

Cette règle souffre néanmoins quelques exceptions. Par exemple, on doit permettre au possesseur de vendre les choses périssables : *Res tempore perituras permittere debet prætor distrahere;* d. l. 5.

On doit aussi lui permettre de vendre quelque héritage,

à défaut du mobilier, pour payer les dettes de la succession, et pour prévenir une saisie réelle des biens de la succession que les créanciers pourroient faire : *Si futurum est ut nisi pecunia intrà diem solvatur, pignus distrahatur*; d. l. 5.

Lorsqu'il y a quelques dépenses nécessaires à faire pour la conservation des biens de la succession, on doit permettre de vendre jusqu'à concurrence de la somme nécessaire pour les faire : *Non solùm ad æs alienum hæreditarium exsolvendum necessaria alienatio possessori est, sed etsi impensæ necessariæ in rem hæreditariam factæ sunt à possessore, vel si morâ perituræ deterioresve futuræ erant*; l. 53, ff. d. tit.

Dans tous ces cas, lorsque le juge a permis au possesseur de vendre, pendant le procès, des effets de la succession, la vente doit s'en faire partie appelée.

§. II. De l'effet du procès pendant sur la pétition de l'hérédité vis-à-vis des tiers, tels que sont les créanciers de la succession et les légataires.

392. Le procès sur la pétition d'hérédité entre deux parties qui se disputent la succession, ne doit point empêcher les créanciers de cette succession d'être payés; ils ne doivent point souffrir de ce procès. Justinien, en la loi *fin.*, *Cod. de pet. hæred.*, distingue, à cet égard, entre les créanciers de corps certains, et les créanciers d'une somme d'argent.

Les créanciers de corps certains qui se trouvent en nature par-devers celui qui s'est mis en possession des biens de la succession, tels que sont ceux qui sont créanciers de la restitution d'une certaine chose qu'ils ont prêtée ou donnée en dépôt au défunt, peuvent agir contre ce possesseur chez qui est la chose, qui ne peut refuser de la rendre à ce créancier, qui, de son côté, lui remettra la reconnoissance du prêt ou du dépôt que le défunt lui en avoit donnée.

Si ce créancier de corps certain avoit donné la demande contre l'héritier demandeur en pétition d'hérédité chez qui la chose n'est pas, cet héritier seroit bien fondé à prétendre qu'il seroit tenu de se pourvoir contre le possesseur chez qui la chose est; car un débiteur de corps certain n'est pas tenu de le rendre, lorsque, sans son fait ni sa faute, un tiers lui en a enlevé la possession.

393. A l'égard des créanciers de sommes d'argent, Justinien décide qu'ils peuvent s'adresser tant contre l'une que contre l'autre des parties qui se disputent la succession, sans que ni l'une ni l'autre puisse demander qu'il soit sursis à la demande du créancier, jusqu'à la décision du procès sur la pétition d'hérédité.

Quoique le demandeur en pétition d'hérédité ne soit pas encore en possession des biens de la succession, il est, par la seule qualité d'héritier qu'il prétend avoir, tenu de payer les dettes de la succession, sauf que, dans le cas auquel, par l'évènement de l'action en pétition d'hérédité, la succession seroit déclarée appartenir à sa partie adverse, il auroit contre elle la répétition de ce qu'il a été obligé de payer à ce créancier de la succession. Telle est, à cet égard, la décision de Justinien. Je pense qu'on doit subvenir davantage au demandeur en pétition d'hérédité, et que, sur la demande donnée contre lui par le créancier, il doit être reçu à la dénoncer au possesseur qui lui dispute la succession, et à conclure contre lui à ce qu'il soit tenu d'y entendre, et d'acquitter la créance, après que le créancier l'aura établie; sauf à se faire allouer en dépense le paiement qu'il en aura fait, dans le compte qu'il aura à rendre au demandeur, si le demandeur obtient sur sa demande en pétition d'hérédité.

394. A l'égard des légataires, si la demande en pétition d'hérédité étoit entre deux parties, dont l'une se prétendroit héritière testamentaire, et qu'en conséquence, la question sur la validité du testament fût l'objet du procès, les légataires, dont le droit dépend de la même question, devroient attendre, pour le paiement de leur legs, la décision du procès; ils pourroient y intervenir, et y soutenir, avec l'héritier testamentaire, la validité du testament.

Si le procès sur la demande en pétition d'hérédité étoit entre des parties qui se disputent l'une et l'autre la succession *ab intestat*, et qu'en conséquence il n'y fût pas question du testament, les légataires pourroient donner leur demande en délivrance et paiement de leur legs, contre celle des parties qui s'est mise en possession des biens de la succession, sans qu'elle puisse demander qu'il fût sursis jusqu'au jugement sur la pétition d'hérédité.

SECTION III.

De la restitution qui doit être faite au demandeur qui a obtenu sur sa demande en pétition d'hérédité.

Comme il y a plusieurs différences à faire entre les possesseurs de bonne foi et les possesseurs de mauvaise foi, pour la restitution qui doit être faite au demandeur qui a obtenu en sa demande en pétition d'hérédité, et pour les prestations personnelles, dont nous traiterons en la section suivante, nous verrons, dans un premier paragraphe, quels sont ceux qui sont possesseurs de bonne foi; quels sont ceux qui sont possesseurs de mauvaise foi. Nous verrons, dans un second, quelles sont les choses que le possesseur doit restituer au demandeur qui a obtenu sur sa demande en pétition d'hérédité : dans un troisième, quelles sont les différences entre le possesseur de bonne foi et celui de mauvaise foi, par rapport aux choses qu'il a cessé de posséder. Nous verrons, dans un quatrième, pour quelle portion la restitution doit être faite au demandeur qui n'est héritier que pour partie.

§. I. Quels sont ceux qui sont possesseurs de bonne foi; quels sont ceux qui sont possesseurs de mauvaise foi?

395. Dans cette matière de pétition d'hérédité, on appelle possesseurs de bonne foi ceux qui se sont mis en possession des biens d'une succession qu'ils croient de bonne foi leur appartenir. C'est la notion qu'en donnent ces termes de la constitution d'Adrien, *Qui se hæredes existimant;* l. 20, §. 6, ff. *de petit. hæred.*

Par exemple, une personne instituée héritière par le testament d'un défunt, dans les provinces où l'institution d'héritier est admise, s'est mise en possession, en vertu de ce testament, des biens de ce défunt, n'ayant pas de connoissance que le testateur eût révoqué le testament par un autre qui a paru depuis : c'est un possesseur de bonne foi.

Un parent s'est mis en possession des biens de la succession de son parent, croyant être en degré de lui succéder, quoiqu'il y eût une autre personne, qu'il ne connoissoit pas, qui étoit dans un degré plus proche que lui : c'est un possesseur de bonne foi.

Au contraire, on appelle un possesseur de mauvaise foi, ou *prædo*, celui qui s'est mis en possession des biens d'une succession qu'il savoit ne lui pas appartenir. C'est la notion qu'en donne la constitution d'Adrien, par ces termes, *Qui bona invasissent quùm scirent ad se non pertinere*; d. l. 20, §. 6.

Quid, s'il croyoit, à la vérité, que la succession lui appartenoit, mais par erreur de droit ? Il ne laisse pas d'être possesseur de bonne foi : *Scire ad se non pertinere,* dit Ulpien, en expliquant l'édit d'Adrien, *utrùm is tantummodò videtur, qui factum scit, an is qui in jure erravit ? Putavit enim rectè factum testamentum quod inutile erat... non puto hunc esse prædonem qui dolo caret, quamvis in jure erret;* l. 25, §. 6, ff. d. *tit.*

396. Que doit-on décider à l'égard de celui qui croyoit de bonne foi que la succession lui appartenoit lorsqu'il s'est mis en possession des biens, mais à qui depuis la connoissance est survenue qu'elle ne lui appartenoit pas ? Ulpien décide qu'en suivant l'esprit plutôt que la lettre de la constitution d'Adrien, il est, par cette connoissance qui lui est survenue, devenu possesseur de mauvaise foi : *De eo loquitur senatus qui ab initio mente prædonis res hæreditarias apprehendit. Quòd si ab initio quidem justam causam habuit adipiscendæ possessionis, posteà verò conscius ad se nihil hæreditatem pertinere, prædonis more versari cœpit, nihil senatus loqui videtur : puto tamen et ad eum mentem senatûs-consulti pertinere; parvi enim refert ab initio quis dolosè in hæreditate sit versatus, an posteà hoc facere cœpit;* d. l. 25, §. 5.

397. Nous avons déja observé au chapitre précédent, *suprà, n.* 317, qu'en matière de pétition d'hérédité, de même qu'en matière de revendication, les différences entre le possesseur de bonne foi et celui de mauvaise foi n'ont

lieu que pour le temps qui a précédé la demande ; le possesseur de bonne foi cesse de l'être lors de la demande, par la connoissance que le demandeur lui donne de ses titres de propriété.

Il en reste néanmoins encore une que nous observerons *infrà*.

§. II. Quelles sont les choses que le possesseur doit restituer au demandeur qui a obtenu en son action de pétition d'hérédité.

398. Lorsque le demandeur en pétition d'hérédité a justifié que la succession qu'il revendique lui appartient, et qu'il a en conséquence obtenu sentence de condamnation contre le possesseur qui s'est emparé des biens de la succession, ce possesseur doit restituer toutes les choses dépendantes de la succession, qu'il a par-devers lui, les droits de la succession, aussi bien que les choses corporelles : *Placuit universas res hæreditarias in hoc judicium venire, sive jura, sive corpora sint ;* l. 18, §. 2, ff. *de petit. hæred.*

En quel sens le défendeur à la pétition de l'hérédité est-il censé posséder un droit de la succession, et devoir le restituer ? Il faut supposer que la demande en pétition d'hérédité a été donnée contre un débiteur du défunt, qui, comme nous l'avons observé *suprà, n. 374*, en disputant la succession du défunt, s'est mis en quelque façon en possession de cette créance que le défunt avoit contre lui, et qu'il a laissée dans la succession, en prétendant qu'étant héritier du défunt, cette créance étoit passée en sa personne. La sentence intervenue sur la demande en pétition d'hérédité, en jugeant contre lui qu'il n'est pas héritier, juge que la créance que la succession a contre lui ne lui appartient pas, et que c'est mal-à-propos qu'il s'en est arrogé la possession : il doit donc la restituer au demandeur, à qui la succession appartient ; et la restitution s'en fait en payant la somme ou la chose par lui due, qui fait l'objet de cette créance.

399. Le possesseur doit rendre au demandeur, non-seulement les choses qui appartiennent à la succession, mais même celles dont le défunt n'avoit que la nue détention,

telles que sont celles qui avoient été prêtées, ou confiées, ou données en nantissement au défunt. Lorsque le possesseur les a par-devers lui, le demandeur étant, en sa qualité d'héritier, obligé de les rendre à ceux de qui le défunt les a reçues, il a intérêt, pour pouvoir s'acquitter de son obligation, que le possesseur par-devers qui elles sont, les lui rende : *Non tantùm hæreditaria corpora, sed et quæ non sunt hæreditaria, quorum periculum ad hæredem pertinet, ut res pignori datæ defuncto, vel commodatæ, depositæve; l. 19.*

400. On doit comprendre parmi les choses appartenantes à une succession, non seulement celles qui existoient au temps de la mort du défunt, et qu'il a laissées dans sa succession, mais pareillement tout ce qui est né et provenu desdites choses, tels que sont les fruits qu'elles ont produits; car toutes les choses provenues de choses appartenantes à une succession appartiennent elles-mêmes à cette succession, et font partie de ce qui la compose. C'est ce qu'enseigne Ulpien : *Non solùm ea quæ mortis tempore fuerunt, sed etsi quæ posteà augmenta hæreditati accesserunt, venire in hæreditatis petitionem ; nam hæreditas et augmentum recipit et diminutionem; l. 20, §. 3, ff. de petit. hæred.* Il donne ensuite ces exemples : *Fructus omnes augent hæreditatem, sive ante aditam, sive post aditam hæreditatem accesserint; d. §. 3 : Augent hæreditatem gregum et pecudum partus; l. 25, §. fin. ff. d. tit. Quòd si oves natæ sint, deindè ex his aliæ, hæ quoque quasi augmentum restitui debent; l. 26, ff. d. tit.*

Ces fruits devant être rendus au demandeur, par la raison qu'étant provenus des choses de la succession, ils composent eux-mêmes la succession et en font partie, il s'ensuit qu'il importe peu que le demandeur à qui les biens de la succession appartiennent, eût dû ou non les percevoir : *Quùm hæreditas petita sit, eos fructus quos possessor percepit omnimodò restituendos, etsi petitor eos percepturus non fuerat; l. 56, ff. d. tit.*

401. Le possesseur doit aussi rendre, comme choses dépendantes de la succession, les actions qu'il a acquises par

rapport à quelqu'une des choses de la succession ; par exemple, s'il a été dépouillé par violence, par un tiers, d'un héritage de la succession dont il étoit en possession, ou s'il en a accordé à quelqu'un la possession précaire, il doit comprendre dans la restitution qu'il doit faire au demandeur, les actions de réintégrande et de précaire qu'il a pour se faire rendre cet héritage, et y subroger le demandeur à sa place : *Actiones, si quas possessor nactus est, evictâ hæreditate, restituere debet, veluti interdictum undè vi, aut si quid precariò concessit; l. 40, §. 2, ff. de pet. hæred.*

402. Le possesseur doit aussi rendre à l'héritier qui a obtenu en sa demande en pétition d'hérédité, non seulement les héritages de la succession, mais aussi toutes les choses qui servent à leur exploitation, tels que sont les bestiaux, les instruments aratoires, les cuves, les ustensiles de pressoir, sur-tout lorsque ces choses ont été acquises des deniers de la succession; mais même dans le cas où le possesseur en auroit fait l'emplette de ses propres deniers; sauf à lui, en ce cas, à se faire faire raison de ce qu'elles lui ont coûté, par l'héritier à qui il restitue les biens de la succession. C'est ce qu'enseigne Ulpien : *Item veniunt in hæreditatem etiam ea quæ hæreditatis causâ comparata sunt, ut putà, mancipia pecoraque, et si qua alia quæ necessariò hæreditati sunt comparata; et si quidem pecuniâ hæreditariâ sunt comparata, sinè dubio venient; si verò non pecuniâ hæreditariâ, videndum erit. Et puto etiam hæc venire, si magna utilitas hæreditatis versetur, pretium scilicet restituturo hærede; l. 20, ff. d. tit.*

403. Quoique des choses aient été acquises des deniers de la succession, lorsque le possesseur ne les a pas acquises pour la succession, mais pour lui, il n'est pas, par cela seul que ces choses ont été acquises des deniers de la succession, obligé de les restituer à l'héritier à qui il est condamné de restituer les biens de la succession; sauf à ce possesseur à faire raison, de la manière dont nous le verrons ci-après, des deniers qu'il a eus de la succession. C'est encore ce qu'enseigne Ulpien : *Non omnia quæ ex hæreditariâ pecuniâ comparata sunt, in hæreditatis petitionem*

veniunt. Denìquè scribit Julianus, si possessor ex pecunìâ hæreditariâ hominem emerit, et ab eo petatur hæreditas, ità venire in hæreditatis petitionem, hæreditatis interfuit eum emi; at si suî causâ emit, pretium venire; d. l. 20, §. 1.

Vous opposerez peut-être que nous avons dit ci-dessus, que toutes les choses provenues des choses appartenantes à la succession, appartenoient elles-mêmes à la succession. Je réponds que nous ne regardons comme choses provenues des choses appartenantes à la succession, que celles qui en sont des productions naturelles, comme sont les fruits; mais il n'en est pas de même de ce qui n'en est provenu qu'*extrinsecùs*, telles que sont les choses à l'acquisition desquelles les deniers de la succession ont pu servir. C'est encore Ulpien qui nous fournit cette distinction : *Ea quæ post aditam hæreditatem accedunt, si quidem ex ipsâ hæreditate, puto hæreditati accedere; si extrinsecùs, non : quia personæ possessoris accedunt;* d. l. 20, §. 3.

404. Il nous reste à observer que, dans la restitution qui doit être faite au demandeur en exécution de la sentence rendue à son profit sur la demande en pétition d'hérédité, le possesseur contre qui elle est intervenue, y doit comprendre tous les effets de la succession, non seulement ceux qu'il possédoit déja lors de la demande donnée contre lui, mais pareillement ceux qu'il n'a commencé de posséder que depuis le procès : *Si quo tempore conveniebatur possessor hæreditatis, pauciores res possidebat, deindè aliarum quoque rerum possessionem adsumpsit, eas quoque victus restituere debebit, sive ante receptum judicium, sive posteà acquisierit possessionem;* l. 51, ff. d. tit.

405. Il y a plus : quand même le défendeur n'auroit rien possédé dépendant de la succession lors de la demande donnée contre lui, quoique la demande ne parût pas alors procéder contre lui; si depuis la demande il a commencé à posséder quelque chose dépendante de la succession, il doit être condamné à la restituer : *Si quis, quùm peteretur ab eo hæreditas, neque rei neque juris velut possessor erat, verùm posteà aliquid adeptus est, an petitione hæreditatis videatur teneri? Celsus,* lib. 4, ff. *rectè scribit,*

hunc condemnandum, licèt ab initio nihil possedit; l. 18, §. 1, ff. d. tit.

§. III. De la différence entre le possesseur de bonne foi et celui de mauvaise foi, par rapport aux choses qu'ils ont cessé ou manqué de posséder.

406. Il n'y a aucune différence entre le possesseur de bonne foi et le possesseur de mauvaise foi, par rapport aux choses dépendantes de la succession, qui se trouvent être par-devers eux et en leur possession, lors de la restitution qui est à faire au demandeur en pétition d'hérédité, qui a obtenu sur sa demande; ils sont tenus l'un et l'autre de les restituer.

Mais il y a une grande différence entre eux, par rapport à celles qu'ils ont cessé ou même manqué de posséder. Le possesseur de mauvaise foi est tenu de la restitution de celles qu'il a, par son fait ou par sa faute, cessé ou même manqué de posséder, comme s'il les possédoit encore : au contraire, le possesseur de bonne foi n'est point tenu de la restitution des choses qu'il a cessé de posséder, pendant qu'il croyoit de bonne foi que la succession dont elles dépendoient lui appartenoit, et encore moins de celles qu'il a manqué de posséder, seulement lorsqu'il a retiré quelque profit de celles qu'il a cessé de posséder, soit en les vendant, ou autrement : il est sujet à une prestation personnelle de la somme dont il se trouve profiter, comme nous le verrons en la section suivante.

Cette différence entre le possesseur de mauvaise foi et celui de bonne foi, se trouve portée par le sénatus-consulte rendu sur la constitution d'Adrien (1), où il est dit : *Eos qui bona invasissent, quùm scirent ad se non pertinere, etiamsi ante litem contestatam fecerint quominùs possiderent, perindè condemnandos, quasi possiderent ; eos autem qui justas causas habuissent, quare bona ad se per-*

---

(1) Les empereurs romains n'osoient pas encore s'attribuer la puissance royale et législative. Lorsqu'ils vouloient faire passer une constitution sur quelque matière, ils la faisoient proposer au sénat *per suos quæstores candidatos;* et le sénat, qui leur étoit asservi, ne manquoit pas de rendre un sénatus-consulte en conformité.

tinere existimassent, usquè eò duntaxat quò locupletiores ex eâ re facti essent; l. 20, §. 6, *d. tit.*

La raison de cette différence vient de ce que la connoissance qu'a un possesseur, que la succession des biens de laquelle il s'est mis en possession ne lui appartient pas, lui fait contracter envers le véritable héritier l'obligation de les lui restituer. Lors donc qu'au préjudice de cette obligation, il dispose de quelqu'un desdits biens, ou cesse par son fait, de quelque manière que ce soit, de les posséder, il commet un dol envers cet héritier à qui il est obligé de les rendre; et ce dol doit le faire considérer comme s'il les possédoit encore, et le faire condamner à les restituer : *Qui dolo desiit possidere, pro possidente damnatur, quia pro possessione dolus est;* l. 131, ff. *de reg. juris.* Au contraire, le possesseur qui croit de bonne foi que la succession des biens dont il s'est mis en possession, lui appartient, peut très-licitement disposer des choses qui en font partie, et cesser, de telle manière que bon lui semble, de posséder ces choses qu'il croit de bonne foi lui appartenir. Il ne commet en cela aucun dol envers personne. Il n'a pu contracter, à l'égard desdites choses, aucune obligation envers le véritable héritier à qui il ignoroit qu'elles appartenoient; il n'a commencé à s'obliger envers cet héritier que du jour que cet héritier s'est présenté, et lui a justifié de son droit; et il ne peut paroître s'être obligé envers lui qu'à lui rendre les choses dépendantes de la succession, qui se trouvoient pour lors par-devers lui, et le profit qu'il se trouve avoir de celles qu'il n'a plus, l'équité ne permettant pas de profiter aux dépens d'autrui.

407. Ulpien, en interprétant le sénatus-consulte ci-dessus mentionné, sur ces mots, *fecerint quominùs possiderent,* dit, *accipiens sive dolo desierit possedisse, sive dolo noluerit possessionem admittere;* d. l. 25, §. 8.

Finge. Par exemple, une personne à qui le défunt avoit prêté une chose, est venue pour la rendre au possesseur de mauvaise foi, qui s'est mis en possession des biens de la succession de ce défunt : ce possesseur n'a pas voulu la recevoir, et lui a dit qu'il lui en faisoit présent. Quoiqu'il ne

possède point, et qu'il n'ait jamais possédé cette chose, il
est tenu de la restitution de cette chose, comme s'il la possédoit. La disposition qu'il a faite de cette chose, qu'il savoit
ne lui pas appartenir, est un dol qui doit le faire regarder
comme s'il la possédoit : *Pro possidente damnatur, quia
pro possessione dolus est; d. l. 131, ff. de reg. jur.*

408. Le principe que le possesseur de mauvaise foi qui
a cessé, par son fait et par dol, de posséder est tenu de la restitution de la chose qu'il a cessé de posséder, comme s'il
la possédoit encore, a lieu, soit que cette chose ait cessé
d'exister, soit qu'elle existe encore entre les mains d'une
autre personne envers qui ce possesseur en a disposé; et
l'héritier a le choix d'en demander la restitution, ou à celui
qui a cessé de la posséder, ou au tiers qui la possède. C'est
pourquoi Ulpien, en interprétant ces termes de la constitution d'Adrien, *perindè condemnandos quasi possiderent,*
dit : *Si ab alio res possideatur, sive in totum extat, locum
habebit hæc clausula : undè si sit alius possessor, ab
utroque hæreditas peti posset; et si per multos ambulave-
rit possessio, omnes tenebuntur; d. l. 25, §. 8.*

409. Le principe que le possesseur de mauvaise foi est
tenu de la restitution des choses dépendantes de la succession qu'il a vendues, de même que s'il ne les avoit pas vendues, et qu'il les possédât encore, reçoit exception en
deux cas.

Le premier cas est, lorsque la vente a été faite pour l'a-
vantage de la succession ; auquel cas, le possesseur n'est
obligé qu'à rendre compte du prix de la vente. C'est ce
qu'enseigne Ulpien : *Si fundum hæreditarium distraxit
(possessor malæ fidei scilicet), si quidem sine causâ, et
ipsum fundum et fructus in hæreditatis petitionem venire;
quòd si æris exsolvendi gratiâ hæreditarii id fecit, non
ampliùs venire quàm pretium; d. l. 20, §. 2, ff. d. tit.*

410. Le second cas est, lorsque l'héritier trouve plus
d'avantage à se faire rendre compte, par le possesseur de
mauvaise foi, du prix de la vente qu'il a faite d'une chose
de la succession, qu'à le faire regarder comme s'il ne l'a-

voit pas vendue : *Si prædo dolo desiisset* (1) *possidere, res autem eo modo interierit* (2) *quo esset interitura, etsi eadem causa possessionis mansisset ; quantùm ad* (3) *verba senatûs-consulti, melior est causa prædonis quàm bonæ fidei possessoris ; quia prædo* (4) *si dolo desierit, ità condemnetur atque si possideret ; nec adjectum esset, si res interierit : sed non est dubium quin non debeat melioris esse conditionis prædo quàm bonæ fidei possessor ; itaque* (5) *etsi pluris venierit res, electio debebit esse actoris*

(1) En vendant une chose d'une succession qu'il savoit ne lui pas appartenir, et des biens de laquelle il savoit, par conséquent, n'avoir pas droit de disposer.

(2) Depuis la vente qu'il en a faite.

(3) Qui sont rapportés *suprà*, n. 406.

(4) Le sens est, à s'en tenir purement aux termes du sénatus-consulte, qui ordonne que le possesseur de mauvaise foi *qui dolo desiit possidere*, en vendant une chose de la succession, soit considéré comme s'il ne l'avoit pas vendue, comme s'il eût continué de la posséder, et qu'il demeure, en conséquence, débiteur de la chose *in specie* ; lequel sénatus-consulte ne s'est pas d'ailleurs expliqué sur le cas auquel la chose seroit périe par un cas fortuit, depuis la vente que le possesseur de mauvaise foi en a faite : il s'en suivroit que, dans cette espèce, la condition du possesseur de mauvaise foi seroit meilleure que celle du possesseur de bonne foi ; car le possesseur de mauvaise foi, demeurant débiteur *in specie* de la chose qu'il a vendue, seroit entièrement déchargé de son obligation par l'extinction de cette chose survenue depuis par un cas fortuit, comme le sont tous les débiteurs d'une chose *in specie*, par l'extinction de la chose due, arrivée par cas fortuit. Au contraire, le possesseur de bonne foi, n'étant débiteur que de la somme qu'il a vendu la chose, ne seroit pas déchargé de son obligation par l'extinction qui surviendroit de la chose qu'il a vendue, qui ne faisoit plus l'objet de son obligation. La condition du possesseur de mauvaise foi se trouveroit donc, en ce cas, meilleure que celle du possesseur de bonne foi, ce qui seroit absurde. La disposition du sénatus-consulte qui ordonne que le possesseur de mauvaise foi *qui dolo desiit possidere res hæreditatis*, soit regardé comme les possédant encore, et comme étant demeuré débiteur de ces choses *in specie* ; cette disposition, dis-je, est établie uniquement en faveur de l'héritier : il faut donc dire que l'héritier ne peut s'en servir, suivant le principe, *Licet juri in suum favorem introducto renuntiare*, et qu'il peut, au lieu de cela, demander compte à ce possesseur des sommes qu'il a reçues ou dû recevoir pour le prix des choses de la succession qu'il a vendues.

(5) C'est un autre cas auquel l'héritier trouve plus d'avantage à se faire rendre compte du prix que la chose a été vendue, qu'à se la faire rendre en nature : l'héritier doit, dans ce cas, comme dans tous les autres, avoir le choix de la demande qui lui est la plus avantageuse.

ut pretium consequatur, alioquin lucretur aliquid prædo;
l. 36, §. 3, ff. *de petit. hær.*

411. Le possesseur de mauvaise foi ayant été condamné, aux termes du sénatus-consulte, à restituer à l'héritier les choses de la succession dont il a disposé par mauvaise foi, comme s'il les possédoit encore, et ne pouvant satisfaire à cette condamnation, n'ayant plus ces choses en sa possession, et n'étant plus en son pouvoir de les recouvrer, la condamnation se convertit en celle de dommages et intérêts que souffre l'héritier de la privation de ces choses.

Suivant le droit, on s'en rapportoit, en ce cas, sur la somme à laquelle devoient monter ces dommages et intérêts, au serment *in litem* de l'héritier : *Tàm adversùs eum qui dolo fecit quominùs possideat, quàm adversùs possidentem, in* (1) *litem juratur;* l. 25, §. 10, ff. *de hæred. petit.*

Dans notre pratique françoise, on ne défère point le serment *in litem;* mais les dommages et intérêts doivent être réglés par experts dont les parties conviendront, qui auront connoissance des effets que le possesseur a manqué de représenter.

Quelquefois le juge les arbitre lui-même.

412. Enfin le possesseur de mauvaise foi est tenu de rendre à l'héritier le prix des choses de la succession qui ont péri, quoique par cas fortuit, dans le cas auquel il est vraisemblable que s'il les eût rendues à l'héritier, cet héritier les eût vendues, et en eût par ce moyen évité la perte. Le possesseur est pareillement tenu de rendre le prix des choses de la succession qu'un tiers a acquises par droit d'usucapion, que l'héritier eût pu interrompre, si ce possesseur de mauvaise foi lui eût rendu les titres et enseignements de la succession : *Restituere pretia debebit possessor, etsi deperditæ sint res vel diminutæ...... quia si petitor rem consecutus esset, distraxisset, et verum rei pretium non perderet;* d. l. 20, §. *fin.* ff. *de petit. hæred. Deper-*

---

(1) *Qui quamvìs res possideat, per contumaciam non vult eam restituere, et eam abscondit.*

ditum intelligitur, quod in rerum naturâ esse desiit, di-
minutum verò quod usucaptum est, et sic de hœreditate
exiit; l. 21, ff. d. tit.

413. Lorsqu'un tuteur, par mauvaise foi, s'est mis en possession, en son nom de tuteur, pour son mineur, des biens
d'une succession qu'il savoit ne pas appartenir à son mineur,
le jurisconsulte Ariston pensoit que, sur la demande en pétition d'hérédité, donnée par le véritable héritier contre le
mineur sorti de tutelle, le mineur devoit être condamné
à la restitution des choses de cette succession que son tuteur avoit laissé perdre, ou qu'il avoit, de quelque manière
que ce soit, cessé, par son dol ou par sa faute, de posséder; pourvu néanmoins que son tuteur fût solvable, et que
ce mineur pût, pour les condamnations intervenues contre
lui, auxquelles le dol ou la faute du tuteur auroit donné
lieu, avoir un recours efficace contre ce tuteur. Pomponius,
qui rapporte cette opinion, décide, avec plus de raison, qu'il
doit suffire que le mineur cède à l'héritier, demandeur en
pétition d'hérédité, l'action qu'il a contre son tuteur pour se
faire rendre compte desdites choses; l'équité ne permettant
pas qu'il essuie des condamnations pour le dol et la faute
de son tuteur, dont il est innocent : *Elegantiùs dici po-*
test actiones duntaxat quas haberet cum tutore pupillus,
petitori hœreditatis prœstandas esse; l. fin. ff. de adm. et
per. tut.

§. IV. Pour quelle part la restitution doit-elle être faite, lorsque le demandeur en pétition d'hérédité n'est héritier que pour partie?

414. Lorsque le demandeur en pétition d'hérédité n'est
héritier que pour partie, *putà*, pour un quart, et qu'il n'a
en conséquence revendiqué, par cette action, que la partie
de cette succession qui lui appartient, le possesseur contre
qui la demande a été donnée ne doit, en exécution de la
sentence qui a fait droit sur la demande, restituer au demandeur que la portion indivise dans les effets que ce possesseur possède, quelque peu qu'il en possède, qui appartient à ce demandeur, *putà*, le quart par indivis, s'il est
héritier pour un quart; car le demandeur en pétition d'hé-

rédité, tant qu'il n'y a pas encore eu de partage de la succession, n'a que la part indivise pour laquelle il est héritier dans chacune de toutes les choses dont la succession est composée : ce n'est que par l'action *familiæ erciscundæ*, qui doit suivre celle en pétition d'hérédité, que cet héritier en partie obtiendra une part certaine et déterminée dans les biens de la succession : *Non possumus consequi*, dit Julien, *per hæreditatis petitionem id quod judicio familiæ erciscundæ consequimur, ut à communione discedamus; quàm ad officium judicis nihil ampliùs pertineat, quàm ut partem hæreditatis pro indiviso restitui mihi jubeat;* l. 7, ff. *si pars hæred. pet.*

415. Ceci a lieu lorsque le possesseur, contre qui l'héritier pour partie a revendiqué la portion à lui appartenante dans la succession, et a obtenu en sa demande, est lui-même héritier pour les autres portions, ou du moins pour quelqu'une des autres portions. Mais lorsque le possesseur, contre qui la demande est donnée, est un usurpateur qui s'est mis sans droit en possession des biens de la succession qu'il a prétendu mal-à-propos lui appartenir; quoique, selon la rigueur et la subtilité du droit, le demandeur ne puisse exiger que la portion indivise pour laquelle il est héritier des effets de la succession qui sont entre les mains de ce possesseur, l'équité veut que, en attendant que ceux qui sont héritiers pour les autres portions se présentent, toutes les choses de la succession qui sont entre les mains de ce possesseur soient remises en entier à cet héritier, quoiqu'il ne le soit que pour partie, plutôt que d'être laissées à cet usurpateur qui n'a aucun droit aux biens de la succession : l'héritier pour partie à qui il les remettra doit seulement, en ce cas, se charger envers lui de le défendre, pour raison qesdites choses, contre les demandes en pétition d'hérédité que pourroient donner contre lui les héritiers des autres portions.

SECTION IV.

Des prestations personnelles dont est tenu le possesseur, sur la demande en pétition d'hérédité.

416. Quoique la pétition d'hérédité soit principalement une action réelle qui naît du domaine que le demandeur a de l'hérédité qu'il revendique par cette action, soit pour le total, lorsqu'il est héritier unique, soit pour partie, lorsqu'il ne l'est que pour partie, elle renferme néanmoins des prestations personnelles dont est tenu le possesseur contre qui cette action est donnée, et qui naissent des obligations que ce possesseur est censé avoir contractées envers l'héritier demandeur en pétition d'hérédité. C'est ce qui fait dire à Ulpien : *Petitio hæreditatis etsi in rem actio sit, habet tamen præstationes quasdam personales;* l. 25, §. 18, ff. *de petit. hæred.*

Ces prestations personnelles consistent dans le compte que le possesseur doit rendre de ce qu'il a reçu des débiteurs de la succession, du prix de la vente des effets de la succession, des fruits qu'il en a perçus, et lorsque le possesseur est de mauvaise foi, même de ceux qu'il a pu percevoir, et généralement de tous les profits qu'il a retirés des biens de la succession; comme aussi, lorsque le possesseur est un possesseur de mauvaise foi, il doit rendre compte des dégradations et détériorations qui ont été faites, par son fait ou par sa faute, dans les biens de la succession : *Petitio hæreditatis habet præstationes personales, ut putà eorum quæ à debitoribus sunt exacta, item pretiorum* (1); d. l. 25, §. 18.

417. Il suffit que le possesseur, soit qu'il soit de mauvaise foi, ou qu'il soit de bonne foi, ait retiré quelque profit des biens de la succession, pour qu'il soit tenu d'en rendre compte, et de le rendre à l'héritier qui a obtenu en sa demande en pétition d'hérédité, quand même ce profit viendroit de la vigilance et de l'industrie de ce possesseur, et

_____

(1) *Quæ ex venditione rerum hæreditariarum possessor redegit.*

que l'héritier n'eût pas fait ce profit, s'il eût été en possession des biens de la succession.

Par exemple, lorsque le possesseur a vendu des biens de
la succession, le prix qu'il a reçu de cette vente est un
profit qu'il a eu des biens de la succession, qu'il doit rendre
à l'héritier, quoique l'héritier n'eût pas lui-même fait ce
profit, *putà*, parceque ces choses sont péries par cas fortuit peu après la vente qui en a été faite, et que l'héritier
ne se fût pas également dépêché de les vendre. C'est ce
qui est expressément porté par le sénatus-consulte susmen-
tionné : *Ait senatus, placere à quibus petita hæreditas
fuisset, si adversùs eos judicatum esset, pretia quæ ad eos
rerum ex hæreditate venditarum pervenissent, etsi ante
aditam hæreditatem deperissent, diminutæve essent, restituere debere;* l. 20, §. 17, ff. d. tit.

418. De ce principe naît la décision de la question suivante : Le possesseur contre qui la demande en pétition
d'hérédité a été donnée avoit, long-temps avant cette demande, vendu un effet de la succession pour un prix très
avantageux; depuis il a trouvé l'occasion de racheter cet
effet à très bon compte. On demande si, sur la demande
en pétition d'hérédité, ce possesseur, sur-tout s'il étoit possesseur de bonne foi, doit avoir le choix de rendre l'effet
de la succession qu'il a par-devers lui en nature, ou le prix
qu'il a reçu pour la vente qu'il en a faite.

Paul décide qu'il ne suffit pas à ce possesseur de rendre
la chose; qu'il doit rendre avec la chose le profit qu'il a retiré de la vente qu'il en a faite : par exemple, s'il l'a vendue
cent livres, et qu'il l'ait rachetée pour quatre-vingts, il
doit rendre avec la chose la somme de vingt livres. Il se
fonde sur ce que c'est un profit qu'il a eu des biens de la
succession. Or, suivant la constitution d'Adrien, le possesseur, quoique de bonne foi, doit, sur la demande, rendre
tout le profit qu'il a retiré des biens de la succession : *Si
rem et pretium habeat bonæ fidei possessor, putà, quòd
eamdem rem (hæreditariam quam vendidit) emerit, an
audiendus sit, si velit rem dare, non pretium?..... In
oratione D. Hadriani ità est :* « Dispicite, Patres conscripti,

« numquid sit æquius possessorem non facere lucrum , et
« pretium quod ex alienâ re perceperit, reddere, quia po-
« test existimari in locum hæreditariæ rei venditæ pretium
« ejus successisse , et quodammodò ipsum hæreditarium
« factum. » *Oportet igitur possessorem et rem restituere
petitori, et quod ex venditione ejus rei hæreditariæ lucra-
tus est* ; l. 22 , ff. *d. tit.*

419. Il en est de même de toutes les autres espèces de
profits que le possesseur a retirés de la vente qu'il a faite
des effets de la succession : ce possesseur, quoique possesseur de bonne foi, ne peut les retenir, et doit les rendre à
l'héritier, sur la demande en pétition d'hérédité : *Proindè
si non pretium, sed etiam pœna tardiùs pretio soluto pervenit, poterit dici, quia locupletior in totum* (1) *factus
est, debere venire, licèt de pretio solummodò senatus sit
locutus* ; l. 23 , §. 1 , ff. *d. tit. Sed etsi lege commissoriâ vendidit, idem dicendum lucrum quod sensit lege* (2) *commissoriâ, præstaturum* ; l. 25.

420. Quand même le profit que le possesseur a fait des
biens de la succession seroit un profit déshonnête , et par
conséquent tel que l'héritier ne l'eût pas fait, ce possesseur
doit le rendre à l'héritier, sur la demande en pétition d'hérédité : *Si possessor ex hæreditate inhonestos habuerit
quæstus, hos etiam restituere cogetur, nec honesta* (3) *in-
terpretatio non honesto quæstu lucrum possessori faciet* ;
l. 52 , ff. *d. tit.*

---

(1) C'est-à-dire, parcequ'il a profité de tout ce qu'il a reçu, *tàm pœnæ
nomine, quàm pretii nomine.*

(2) *Finge.* Le possesseur avoit vendu une chose de la succession , avec la
clause que , faute par l'acheteur de payer le prix dans un certain temps, là
chose lui seroit rendue, et qu'il retiendroit la somme payée par l'acheteur,
par forme d'arrhes.

(3) Le sens est : L'honnête interprétation qui, dans d'autres cas, fait
regarder un gain déshonnête comme n'étant pas un véritable gain, ne doit
pas avoir lieu dans ce cas-ci, de peur que, si on disoit que l'héritier ne
doit point exiger la restitution de ce gain déshonnête, parceque ce n'est pas
un véritable gain, le possesseur qui l'a fait n'en profitât , et ne fût par-là de
meilleure condition que celui qui auroit fait un bon et honnête usage des
biens de la succession.

421. En un mot, c'est une règle générale qui ne souffre point d'exception, que le possesseur ne peut retenir aucun profit qu'il a retiré des biens de la succession, quel qu'il soit : *Omne lucrum auferendum esse tàm bonæ fidei possessori quàm prædoni dicendum est ; l. 28, ff. d. tit.*

422. En cela conviennent le possesseur de bonne foi et le possesseur de mauvaise foi ; mais ils diffèrent en plusieurs points sur les prestations personnelles auxquelles ils sont sujets, sur la demande en pétition d'hérédité.

Ces différences proviennent des différentes causes d'où naissent les obligations que le possesseur de bonne foi et celui de mauvaise foi contractent envers l'héritier.

La connoissance qu'a le possesseur de mauvaise foi, lorsqu'il se met en possession des biens d'une succession, qu'elle ne lui appartient pas, lui fait dès-lors contracter l'obligation de les rendre ; et cette obligation naît de ce précepte de la loi naturelle, *Bien d'autrui tu ne prendras, ni retiendras à ton escient.* Au contraire, le possesseur de bonne foi, qui croit de bonne foi que la succession lui appartient, qui use et dispose des biens qui en dépendent, comme des choses qu'il croit de bonne foi lui appartenir, ne contracte point cette obligation ; l'unique cause de celle qu'il contracte, est la règle d'équité qui ne permet pas que nous nous enrichissions aux dépens d'autrui, ni par conséquent que nous retenions le profit que nous avons retiré des choses qui appartiennent à autrui, lorsque nous venons à apprendre qu'elles appartiennent à autrui.

De là naissent les différences entre le possesseur de bonne foi et le possesseur de mauvaise foi, à l'égard des prestations personnelles auxquelles ils sont sujets, sur la demande en pétition d'hérédité :

Première différence.

423. Le possesseur de mauvaise foi est obligé de tenir compte à l'héritier de tout ce qui lui est parvenu des biens de la succession, quand même il l'auroit depuis dissipé, et ne s'en trouveroit pas plus riche : au contraire, le possesseur de bonne foi n'est tenu de rendre ce qui lui est parvenu

des biens de la succession, que jusqu'à concurrence de ce qu'il se trouve en profiter au temps de la demande en pétition d'hérédité.

La raison de cette différence est évidente. Le possesseur de mauvaise foi ayant connoissance que tout ce qui lui parvient des biens de la succession ne lui appartient pas, il sait qu'il n'a pas le droit d'en disposer et de le dissiper, et il est tenu de le conserver à l'héritier à qui il appartient, comme un *negotiorum gestor* est tenu de conserver et de rendre à celui à qui appartiennent les biens, dans la gestion desquels il s'est immiscé, tout ce qui lui est parvenu desdits biens.

Au contraire, le possesseur de bonne foi, croyant que la succession lui appartenoit, a pu très licitement disposer, comme bon lui a semblé, de tout ce qui lui est parvenu de cette succession, et le dissiper comme choses dont il croyoit de bonne foi être le maître; c'est pourquoi il ne doit être tenu de rendre que ce dont il se trouve profiter lors de la demande en pétition d'hérédité, par laquelle on lui a fait connoître que ce qui lui est parvenu des biens de la succession appartient au demandeur en pétition d'hérédité.

Le principe que nous venons de rapporter, que le possesseur de bonne foi, à la différence du possesseur de mauvaise foi, n'est tenu de ce qu'il a retiré des biens de la succession, que jusqu'à concurrence de ce qu'il se trouve en profiter au temps de la pétition d'hérédité, est exprimé en termes formels dans le sénatus-consulte que nous avons déja plusieurs fois cité, où il est dit : *Qui justas causas habuissent quare bona ad se pertinere existimassent, usquè eò quô locupletiores ex eâ re facti essent (condemnandos)*; l. 20, §. 6.

Il ne suffit donc pas que le possesseur de bonne foi ait retiré quelque profit des biens de la succession, s'il ne l'a pas conservé; s'il l'a dissipé avant la demande en pétition d'hérédité, si lors de cette demande il ne s'en trouve pas plus riche, il n'a rien à rendre. C'est pourquoi Ulpien, en interprétant ces termes du sénatus-consulte, *placere à quibus hæreditas petita fuisset, si adversùs eos judicatum esset, pretia quæ ad eos rerum ex hæreditate venditarum* PERVENISSENT...... *restituere debere,* dit à l'égard du possesseur de bonne foi : *Finge pretium acceptum, vel per-didisse, vel consumpsisse, vel donasse; et verbum qui-dem* PERVENISSE *ambiguum est, solum ne hoc contineret quod primâ ratione fuerit, an verò et id quod durat? Et puto..... ut ità demùm computet si factus sit locupletior;* l. 23, ff. *d. tit.*

Ailleurs le même Ulpien dit : *Consuluit senatus bonæ fidei possessoribus, ne in totum damno afficiantur, sed in id duntaxat teneantur in quo locupletiores facti sunt; quemcumque igitur sumptum fecerunt ex hæreditate, si quid dilapidaverunt, perdiderunt, dùm re suâ se abuti putant, non præstabunt;* l. 25, §. 11, ff. *d. tit.*

Il auroit pu paroître à quelqu'un que le possesseur de bonne foi profite des biens de la succession dont il a fait donation, parceque, par ces donations, il s'est fait des amis de qui il a quelque droit d'attendre d'être récompensé des donations qu'il leur a faites.

Néanmoins Ulpien décide qu'il n'est censé avoir profité qu'autant qu'il a reçu effectivement quelques récompenses desdites donations, et seulement jusqu'à concurrence de la valeur desdites récompenses : *Nec si donaverint, locupletiores facti videbuntur, quamvis ad remunerandum sibi aliquem naturaliter obligaverunt. Planè si* αντιδωρα, *id est, remunerationes acceperunt; dicendum est autem locupletiores factos, quatenùs acceperunt; velut genus quoddam hoc esset permutationis;* d. l. 25, §. 11.

Quoique le possesseur de bonne foi ait consommé dans son ménage les deniers qui lui étoient venus de la succession, il est censé en profiter au temps de la pétition d'hérédité, jusqu'à concurrence de la somme qu'il avoit coutume de prendre dans son patrimoine pour cet emploi, et qu'il a épargnée en se servant des deniers de la succession.

Mais si, se comptant plus riche par la succession qu'il croyoit lui appartenir, il a dépensé, dans son ménage, des deniers de cette succession, plus qu'il n'avoit coutume de dépenser, il ne sera censé avoir profité et être plus riche que jusqu'à concurrence de la somme qu'il avoit coutume de dépenser, et qu'il a épargnée. C'est ce qu'enseigne Ulpien : *Quod quis ex hæreditate erogavit, utrùm totum decidat* (1), *an verò pro ratâ patrimonii ejus? Ut putà penum hæreditariam ebibit; utrùm totum hæreditati expensum feratur, an aliquid patrimonio ejus; ut in id factus locupletior* (2) *videatur quod solebat ipse erogare ante delatam hæreditatem; ut si quid lautius, contemplatione hæreditatis, in hoc non videatur factus locupletior, in statutis verò suis sumptibus videatur locupletior…. verius est, ut ex suo patrimonio decidant ea quæ, etsi hæres non fuisset, erogasset;* l. 25, §. 16.

424. Du principe que le possesseur de bonne foi n'est tenu de la restitution des deniers de la succession que jusqu'à concurrence de ce qu'il en profite, il suit que s'il les a placés à intérêt, s'il a été payé par ceux à qui il les a donnés à intérêt, il doit tenir compte des sommes qui lui ont été payées, tant pour le principal que pour les intérêts ; mais s'il n'en a pas été payé, il lui suffit de céder à l'héritier ses actions contre les débiteurs, pour que ledit héritier s'en fasse payer comme il pourra. C'est ce que Paul enseigne dans l'espèce proposée : *Dicendum itaque est,* dit-il, *in bonæ fidei possessore hæc tantummodò eum præstare debere, id est vel sortem et usuras ejus, si et eas percepit; vel nomina cum eorum cessione in id faciendâ quod ex his adhuc deberetur, periculo scilicet petitoris;* l. 30, ff. d. tit.

425. Lorsque le possesseur de bonne foi a employé les deniers de la succession à faire emplette d'une certaine chose pour son compte et pour son usage, ce n'est pas de cette chose que l'héritier doit demander la restitution, mais de la somme de deniers qu'il a employée à cette emplette, dont il est censé profiter au moyen de cette emplette ; sauf que s'il l'avoit achetée plus qu'elle ne vaut, il ne seroit censé profiter que de la somme qu'elle vaut : *Si rem distraxit, et ex pretio aliam rem comparavit, veniet pretium*

---

(1) Supple, *summæ ex hæreditate redactæ quam possessor petitori restituere debet.*

(2) *Possessor bonæ fidei eatenùs videtur locupletior ex pecuniâ hæreditariâ quam in proprios usus consumpsit, quatenùs pepercit pecuniæ propriæ quàm in eos impendisset, si pecuniam hæreditariam non impendisset.*

in petitionem hæreditatis, non res quam in patrimonium suum convertit : sed si res minoris valet quàm comparata est, hactenùs locupletior factus videtur, quatenùs res valet ; quemadmodùm si consumpsisset in totum locupletior factus non videbitur; l. 25, §. 1.

426. Lorsque le possesseur de bonne foi, qui a été condamné à rendre au demandeur en pétition d'hérédité la moitié qui appartient à ce demandeur dans la succession, est lui-même héritier pour l'autre moitié; s'il a consommé en pure perte la moitié de cette succession, c'est une question, s'il doit imputer en entier cette perte sur sa portion, de manière qu'il doive rendre tout ce qui lui reste des biens de la succession, ou s'il doit l'imputer en entier sur la portion qu'il doit rendre au demandeur, de manière qu'il ne lui reste plus rien à lui rendre; ou plutôt si ce qu'il a consommé des biens de la succession doit s'imputer, tant sur la portion qu'il doit rendre, que sur la sienne, par proportion. C'est l'avis d'Ulpien : *Si quis putans se ex asse hæredem (quùm esset hæres ex dimidiâ duntaxat, et petitor ex alterâ dimidiâ), partem dimidiam hæreditatis sine dolo malo consumpserit..... puto residuum integrum non esse restituendum, sed partem ejus dimidiam;* d. l. 25, §. 15.

427. Il nous reste à examiner à quel temps on doit avoir égard pour juger si tout le profit que le possesseur de bonne foi a retiré de la succession, subsiste encore par-devers lui, à l'effet qu'il soit tenu de le restituer à l'héritier demandeur, s'il obtient en sa demande en pétition d'hérédité. On doit pour cela avoir égard à deux temps.

1° On doit avoir égard au temps de la litiscontestation (dans notre droit françois, au temps de la demande). C'est de ce temps que le possesseur de bonne foi devient débiteur, envers le demandeur en pétition d'hérédité, de tout le profit qu'il se trouve alors avoir de la succession : il est obligé dès-lors de le lui conserver, sans qu'il puisse, par son fait ou par sa faute, en rien diminuer.

On doit aussi avoir égard au temps du jugement, en ce sens, que, si depuis la litiscontestation il est survenu, sans le fait ni la faute de ce possesseur, quelque perte dans les biens de la succession qui étoient par-devers lui, il ne soit tenu de rendre que ce qui lui reste. C'est en ce sens qu'on doit entendre ce que dit Ulpien : *Quo tempore locupletior esse debeat bonæ fidei possessor dubitatur, sed magis est rei judicatæ tempus spectandum esse ; l. 36, §. 4, ff. d. tit.*

428. Quoique le possesseur de bonne foi cesse d'être réputé possesseur de bonne foi, et devienne semblable au possesseur de mauvaise foi, comme nous l'avons observé *supra*, néanmoins il diffère encore en un point, même depuis la litiscontestation, du possesseur de mauvaise foi.

Paul nous fait observer cette différence : *Illud quoque quod in oratione D. Hadriani est, ut post acceptum judicium id actori præstetur quod habiturus esset, si eo tempore quo petit restituta esset hæreditas ; interdùm durum est : quid enim si post litem contestatam mancipia, aut jumenta, aut pecora deperierunt? Damnari debebit secundùm verba constitutionis, quia potuit petitor distraxisse ea? Et hoc justum esse in specialibus petitionibus Proculo (1) placet; Cassius contrà sensit. In prædonis personâ Proculus rectè existimat; in bonæ fidei possessoribus Cassius : nec enim debet possessor aut mortalitatem præstare, aut præter metum periculi hujus, temerè indefensum jus suum relinquere; l. 40, ff. de petit. hæred.*

429. Toutes les décisions des lois romaines que nous avons rapportées sont très conformes aux principes de l'équité naturelle dans la théorie ; mais il est très difficile d'en faire l'application dans la pratique. En effet, il n'est guère possible de connoître si le possesseur de bonne foi, qui a reçu des sommes d'argent des débiteurs de la succession, et du prix de la vente des effets de cette succession, et qui les a employées, s'en trouve plus riche ou non au temps de la demande en pétition d'hérédité : il faudroit pour cela entrer dans le secret des affaires des particuliers, ce qui ne doit

---

(1) Proculus, qui vivoit long-temps avant Adrien, en traitant de l'action en revendication, avoit pareillement pensé que la perte arrivée depuis la litiscontestation, quoique sans la faute du possesseur par-devers qui elle étoit, devoit tomber sur ce possesseur; et il y a même raison dans le cas de la pétition d'hérédité.

pas être permis. Il a fallu, dans notre pratique françoise, s'attacher à une autre règle sur cette matière, qui est que personne ne devant être présumé dissiper ce qui fait le fonds d'un bien qu'il croit lui appartenir, le possesseur de bonne foi des biens d'une succession est censé avoir profité de tout ce qui lui est parvenu des biens de cette succession ; et qui en compose le fonds mobilier, et en profiter encore au temps de la pétition d'hérédité, à moins qu'il ne fasse apparoir du contraire.

C'est pourquoi, lorsque le possesseur de bonne foi a été condamné de rendre les biens de la succession au demandeur, il doit lui donner un compte de toutes les sommes qu'il a reçues, soit des débiteurs de la succession, soit du prix de la vente des effets de ladite succession, et généralement de tout ce qui lui est parvenu de ce qui compose le fonds mobilier de la succession. Sur le montant de toutes ces sommes, on doit lui faire déduction de toutes les dépenses qu'il justifiera avoir faites pour les biens de la succession, sans qu'elles puissent être critiquées, lorsqu'elles ont été faites avant la demande, et pendant que la bonne foi duroit. Ces dépenses, eu égard à sa qualité de possesseur de bonne foi, doivent lui être allouées, quand même elles auroient été faites mal-à-propos : car n'étant tenu, en sa qualité de possesseur de bonne foi, de la restitution des biens de la succession, que jusqu'à concurrence de ce qu'il est présumé en profiter ; soit que ces dépenses aient été bien ou mal faites, il suffit qu'il établisse qu'il les a faites, pour qu'il établisse qu'elles ont diminué le profit qu'il a retiré de la succession, et par conséquent qu'elles ont diminué ce qu'il doit rendre à l'héritier.

On doit pareillement allouer en déduction à ce possesseur de bonne foi toutes les pertes qu'il justifiera avoir faites sur les biens qui lui sont provenus de la succession, sans qu'on doive examiner, lorsqu'elles sont survenues avant la demande, si c'est par son fait ou par sa faute qu'elles sont arrivées ; car, de quelque manière qu'elles soient arrivées, il suffit qu'elles soient arrivées, pour qu'elles aient diminué le profit que ce possesseur a retiré des biens de la succes-

sion, et pour qu'elles doivent, par conséquent, lui être allouées en déduction sur ce qu'il doit rendre au demandeur,
n'étant tenu de lui rendre les biens de la succession que
jusqu'à concurrence de ce qu'il en profite.

À l'égard des dépenses qu'il auroit faites depuis la demande pour les biens de la succession, n'étant plus, depuis
la demande, réputé possesseur de bonne foi, elles ne doivent lui être allouées qu'autant qu'il se seroit fait autoriser
par le juge pour les faire, ou du moins qu'il seroit évident
qu'il étoit indispensable de les faire.

Par la même raison, les pertes survenues dans les biens
de la succession, depuis la demande, ne doivent lui être allouées en déduction, qu'autant qu'elles seroient arrivées
sans sa faute.

Seconde différence.

430. La seconde différence entre le possesseur de bonne
foi et le possesseur de mauvaise foi, par rapport à la restitution des biens qu'ils doivent faire à l'héritier qui a obtenu
en sa demande en pétition d'hérédité, concerne les fruits
desdits biens.

Les fruits que le possesseur a perçus des biens de la succession, étant des choses qui font elles-mêmes partie de
cette succession, et qui en sont des accroissements, comme
nous l'avons déja vu *suprà, n.* 400, le possesseur, quoique
possesseur de bonne foi, est tenu, suivant les principes du
droit romain, de compter à l'héritier à qui il doit rendre
les biens de la succession, de tous les fruits qu'il a perçus
depuis qu'il s'est mis en possession desdits biens ; mais il
n'est tenu de ceux qu'il a perçus avant la litiscontestation,
que jusqu'à concurrence de ce qu'il s'est trouvé en profiter,
et en être plus riche au temps de la litiscontestation. Au
contraire, le possesseur de mauvaise foi est tenu de compter
de tous les fruits qu'il a perçus, soit qu'il en ait profité,
soit qu'il n'en ait point profité. C'est ce qu'enseigne Paul :
*Prædo fructus suos non facit, sed augent hæreditatem,
ideòque eorum quoque fructus præstabit : in bonæ fidei
possessore, hi tantùm veniunt in restitutionem quasi aug-*

menta hæreditatis, per quos locupletior factus est; l. 40,
§. 1, ff. *de hær. pet.*

Le possesseur de bonne foi est-il présumé avoir profité
et être enrichi des fruits qu'il a perçus avant la demande,
s'il ne justifie du contraire, de même qu'il est présumé,
suivant notre pratique françoise, avoir profité de ce qu'il a
reçu des débiteurs de la succession, ou du prix de la vente
des meubles de la succession, comme nous l'avons observé
suprà, n. 429? Il me semble qu'il seroit équitable d'admettre une différence entre le cas de l'article 429 et ce
cas-ci. Dans le cas de l'article 429, le possesseur de bonne
foi regardoit ce qu'il a reçu des débiteurs, ou du prix de la
vente des meubles de la succession, comme un fonds mobilier d'une succession qu'il croyoit lui être échue. Un père
de famille étant plutôt présumé conserver que dissiper les
fonds qu'il croit lui appartenir, le possesseur de bonne foi
est présumé avoir conservé ce fonds mobilier de la succession, et en être enrichi, tant qu'il n'apparoît pas du contraire : mais si un père de famille est présumé conserver
ses fonds, il est, au contraire, présumé dépenser ses revenus. Le possesseur de bonne foi regardant comme ses revenus les fruits qu'il perçoit des biens d'une succession qu'il
croyoit lui appartenir, il semble qu'on devroit présumer
qu'il les a dépensés, soit en vivant plus largement, soit en
les employant en aumônes, et qu'il n'en est pas enrichi,
tant qu'on ne justifie pas le contraire, et qu'il devroit, en
conséquence, être déchargé de compter des fruits. Il faut
néanmoins convenir que notre pratique françoise est contraire, et qu'on exige de celui qui s'est mis en possession d'une
succession, qu'il compte des fruits à l'héritier qui l'a évincé.

431. Le possesseur de bonne foi n'étant tenu des fruits
qu'il a perçus que jusqu'à concurrence de ce qu'il s'en est
trouvé plus riche, à plus forte raison il ne doit pas être tenu
de ceux qu'il a manqué de percevoir. Au contraire, le possesseur de mauvaise foi doit rendre compte, non seulement
des fruits qu'il a perçus, mais même de ceux qu'il a manqué
de percevoir : *Et fructus non (solùm) quos perceperunt,
sed quos percipere debuerunt præstaturos*; d. l. 25, §. 4.

452. Cette différence entre le possesseur de bonne foi et le possesseur de mauvaise foi ne subsiste qu'à l'égard des fruits qui ont été perçus, ou qui ont dû être perçus avant la litiscontestation. Le possesseur de bonne foi cessant d'être réputé tel lors de la litiscontestation, il est tenu, de même que le possesseur de mauvaise foi, de compter indistinctement de tous les fruits qu'il a perçus depuis la litiscontestation, même de ceux qu'il a manqué, par sa faute, depuis ce temps, de percevoir ; l. 1, §. 1, *Cod. de petit. hæred.*

Troisième différence.

453. La troisième différence entre le possesseur de bonne foi et le possesseur de mauvaise foi, par rapport à la restitution qui doit être faite des biens de la succession au demandeur en pétition d'hérédité, concerne les intérêts.

Le possesseur de mauvaise foi ne doit pas, à la vérité, les intérêts des sommes d'argent qui lui sont provenues de la succession dont il s'est emparé, tant qu'il n'y touche point : *Papinianus, lib.* 3 *Quæstionum : Si possessor hæreditatis, pecuniam inventam in hæreditate non attingat, negat eum omninò in usuras conveniendum;* l. 20, §. 15, *de petit. hæred.* Mais lorsqu'il a employé ces sommes à ses propres affaires, il en doit les intérêts à l'*instar* d'un *negotiorum gestor,* qui s'est ingéré dans la gestion des biens qui ne lui appartenoient pas, lequel est tenu, en ce cas, des intérêts. *Voyez* l. 31, §. 3, ff. *de neg. gest.;* l. 10, §. 3, v° *quod si non mand.,* ff. *mand.*

Au contraire, lorsque le possesseur de bonne foi a employé à ses affaires les sommes de deniers qui lui sont provenues de la succession, il est bien tenu de rendre lesdites sommes, lorsqu'il se trouve en avoir profité, et en être plus riche au temps de la pétition d'hérédité; mais l'héritier ne peut en exiger de lui aucuns intérêts. C'est ce qui est porté en termes formels par le sénatus-consulte rendu en conformité de la constitution d'Adrien : *Quùm hi qui se hæredes existimant, hæreditatem distraxerint, placere redactæ ex pretio rerum venditarum pecuniæ usuras non esse exigendas;* l. 20, §. 6, ff. *de petit. hæred.*

434. Cette différence entre le possesseur de bonne foi et le possesseur de mauvaise foi, par rapport aux intérêts, ne paroît pas être suivie dans notre pratique françoise. Le possesseur rend compte de toutes les sommes qu'il a reçues des biens de la succession; et quoiqu'il soit possesseur de mauvaise foi, il ne doit les intérêts de la somme dont il est reliquataire par son compte, que du jour qu'il a été mis en demeure de la payer.

Quatrième différence.

435. La quatrième différence entre le possesseur de bonne foi et le possesseur de mauvaise foi, concerne les dégradations faites aux biens de la succession.

Le possesseur de mauvaise foi, par la connoissance qu'il a que les biens de la succession ne lui appartiennent pas, contracte envers le véritable héritier, comme nous l'avons déja dit, l'obligation de les lui conserver en bon état, jusqu'à la restitution qu'il est obligé de lui en faire. Cette obligation étant accessoire de la première, faute d'avoir rempli cette obligation, il est tenu de tous les dommages et intérêts résultants des dégradations arrivées par son fait.

Au contraire, le possesseur de bonne foi, qui a un juste sujet de croire que les biens de la succession lui appartiennent, ne contracte point ces obligations envers le véritable héritier; il peut licitement négliger et laisser détériorer des biens dont il se croit le maître. Il ne doit donc pas être tenu des dégradations qu'il a faites aux biens de la succession, tant que sa bonne foi a duré avant la litiscontestation sur la pétition d'hérédité (à moins que ce ne fussent des dégradations dont il eût profité, comme s'il avoit abattu une haute-futaie qu'il eût vendue, et dont il eût reçu le prix).

Mais, depuis la litiscontestation, le possesseur de bonne foi, cessant d'être réputé tel, est obligé, depuis ce temps, à conserver en bon état les biens de la succession, et il est tenu, de même que le possesseur de mauvaise foi, des dégradations qui, depuis ce temps, seroient survenues par sa faute. Le possesseur, dit Ulpien, *sicut sumptum quem fecit, deducit, ità si facere debuit nec fecit, culpæ hujus reddat rationem, nisi bonæ fidei possessor est ; tunc enim quia quasi suam rem neglexit, nulli querelæ subjectus est ante petitam hæreditatem ; posteà verò et ipse prædo est ;* l. 31, §. 3, ff. d. tit.

436. Tout ce qui vient d'être dit de cette différence entre le possesseur de bonne foi et le possesseur de mauvaise foi, a pareillement lieu dans notre droit françois ; sauf que, dans notre droit, le simple exploit d'assignation, par lequel l'héritier demandeur en pétition d'hérédité donne copie de ses titres, a le même effet, à cet égard, qu'avoit, par le droit romain, la litiscontestation ; et c'est de ce jour que le possesseur de bonne foi commence à être obligé de conserver les biens de la succession, et à être tenu des dégradations qui y seroient faites par son fait ou par sa faute.

437. On a élevé la question de savoir si, de même que le possesseur de mauvaise foi est tenu des dégradations arrivées par son fait ou par sa faute dans les biens de la succession, il est tenu des prescriptions des créances de la succession, et des insolvabilités survenues dans les débiteurs, depuis qu'il s'est mis en possession des biens de cette succession, faute par ce possesseur d'avoir fait des poursuites contre eux. Ulpien décide la question pour la négative, par la raison qu'il n'étoit pas en son pouvoir de poursuivre ces débiteurs, lesquels, sur les poursuites qu'il auroit faites contre eux, auroient été en droit de lui opposer qu'il eût à justifier de sa qualité d'héritier, ce qu'il n'eût pu faire, puisqu'il ne l'étoit pas : *Illud prædoni imputari non potest cur passus est debitores liberari, et pauperiores fieri, et non eos convenit, quùm actionem non habuerit ;* d. l. 31, §. 4.

Cette décision a lieu, dans le cas auquel le possesseur a connoissance, à la vérité, que les biens de la succession dont il s'est mis en possession ne lui appartiennent pas, mais ne sait pas à qui ils appartiennent, et à qui il doit les restituer.

Au contraire, lorsque ce possesseur de mauvaise foi connoissoit le véritable héritier à qui il devoit rendre les biens de la succession ; si, faute par ce possesseur d'avoir rendu, aussitôt qu'il l'a pu, les biens et les titres de la succession, cet héritier, qui n'avoit pas les titres, n'a pu poursuivre les débiteurs de la succession, le possesseur doit, en ce cas, être tenu envers l'héritier, par forme de dommages et intérêts, de l'indemniser des prescriptions arrivées dans les créances et droits de la succession que cet héritier auroit pu interrompre, et des insolvabilités des débiteurs, qu'il eût pu prévenir, si le possesseur lui eût rendu à temps les titres qui lui étoient nécessaires pour les poursuivre.

SECTION V.

Des prestations personnelles auxquelles est tenu le demandeur envers le possesseur qui doit lui rendre les biens de la succession.

438. Le demandeur qui a obtenu en sa demande en pétition d'hérédité est aussi, de son côté, tenu envers le possesseur à certaines prestations personnelles.

De même que la gestion des biens de la succession, dans laquelle s'est ingéré celui qui s'en est mis en possession, oblige ce possesseur à rendre compte au véritable héritier de ce qui lui est parvenu ou qui a dû lui parvenir des biens de cette succession, comme nous l'avons vu en la section précédente, elle oblige pareillement l'héritier à faire raison à ce possesseur des dépenses qu'il a faites pour les biens de la succession.

L'héritier peut être obligé à faire raison de deux manières de ces dépenses au possesseur :

1° En les lui passant en déduction dans le compte que le possesseur doit rendre des sommes qui lui sont parvenues de la succession, et dont il est débiteur envers l'héritier ;

2° Lorsque les mises que le possesseur a faites excèdent les sommes dont il est débiteur, l'héritier doit payer de ses propres deniers cet excédant au possesseur, lequel, jusqu'au paiement qui lui en doit être fait, a droit de retenir, *veluti quodam pignoris jure*, les héritages et autres effets de la succession qu'il a par-devers lui.

439. Lorsque le possesseur est un possesseur de bonne foi, pour que les dépenses qu'il a faites soient passées en

déduction sur les sommes qui lui sont parvenues de la succession dont il est débiteur, il n'importe qu'elles aient été faites utilement ou non ; il suffit qu'il les ait faites. C'est une suite nécessaire du principe qu'il n'est tenu de ce qui lui est parvenu des biens de la succession, que jusqu'à concurrence de ce qu'il se trouve en profiter.

C'est pourquoi, s'il a payé une somme à quelqu'un qui se prétendoit faussement créancier de la succession, quoique ce paiement n'ait pas tourné au profit de la succession, l'héritier doit lui passer en déduction la somme qu'il a payée, sauf à la répéter contre le prétendu créancier qui l'a indûment reçue, *per condictionem indebiti*, à laquelle l'héritier doit être subrogé au possesseur qui l'a payée, lui en ayant tenu compte.

Lorsque les dépenses que le possesseur de bonne foi a faites excèdent la somme dont il est débiteur ; pour que l'héritier soit tenu de lui payer de ses propres deniers cet excédant, il faut que ces dépenses aient été utilement faites, ou du moins que ce possesseur ait eu quelque juste raison pour les faire.

A l'égard du possesseur de mauvaise foi, il ne peut même se faire allouer en déduction les dépenses qu'il a faites, que lorsqu'elles ont été utilement faites, et que la succession en a profité.

440. Les dépenses que fait ordinairement le possesseur pour la succession, sont les paiements qu'il fait aux créanciers, des sommes qui leur étoient dues par la succession. Ces dépenses tournent au profit de la succession, et par conséquent elles doivent être allouées au possesseur qui a fait ces paiements : *Si quid possessor solvit creditoribus, reputabit*; l. 31, ff. *d. tit.*

Si la quittance de la somme qui a été allouée au possesseur étoit susceptible de quelque difficulté de la part du créancier au nom de qui elle a été donnée, elle ne devroit être allouée à ce possesseur qu'à la charge par lui de s'obliger envers l'héritier à la garantir, et à faire valoir cette quittance, dans le cas auquel le créancier la contesteroit, et demanderoit la somme : *Julianus scribit, ità imputatu-*

17.

rum possessorem, si caverit à se petitorem defensum iri;
d. l. 30.

441. De même qu'on doit allouer au possesseur ce qu'il
a payé aux créanciers de la succession, on doit pareillement
lui allouer ce qui lui étoit dû lorsqu'il étoit lui-même créancier de la succession. Cela est sans difficulté à l'égard du
possesseur de bonne foi : *Justus possessor dubio procul debebit deducere quod sibi debetur ;* d. l. 31, §. 2.

On refusoit, dans le droit romain, cette compensation au
possesseur de mauvaise foi : *Si aliquid prædoni debebatur,
hoc deducere non debebit;* d. l. 31, §. 1. Dans notre droit,
elle doit être admise, si la dette est certaine et liquide.

442. On doit sur-tout allouer au possesseur de mauvaise
foi, aussi bien qu'au possesseur de bonne foi, les dépenses
qu'il a faites pour la maladie du défunt, et pour les frais
funéraires : *In restituendâ hæreditate compensatio ejus
habebitur quod tu in mortui infirmitatem, inque sumptum funeris, bonâ fide ex proprio tuo patrimonio erogasse
probaveris;* l. 4, *Cod. de hæred. petit.*

Néanmoins, lorsque la dépense que le possesseur a faite
pour les frais funéraires du défunt est exorbitante, elle
ne doit être allouée au possesseur de mauvaise foi que jusqu'à concurrence de la somme à laquelle ces frais ont coutume de monter, eu égard à la qualité et aux facultés du
défunt.

443. L'héritier doit aussi allouer au possesseur les sommes
qu'il a payées pour acquitter les legs, lorsque ces legs
étoient dus.

Si ces legs n'étoient pas dus, parceque le testament qui les
renferme a été depuis déclaré nul, le paiement qui en a
été fait n'ayant pas, en ce cas, tourné au profit de la succession, le possesseur de mauvaise foi ne peut se faire allouer par l'héritier les sommes qu'il a payées pour acquitter
lesdits legs; il n'a d'action que contre les légataires qui les
ont reçues indûment, *per condictionem indebiti.*

Mais lorsque le possesseur qui les a acquittées est un
possesseur de bonne foi, on lui permet, en considération
de sa bonne foi, de retenir les sommes qu'il a payées sur

les biens de la succession ; à la charge seulement par lui de céder à l'héritier les actions qu'il a contre les légataires pour la répétition de ce qu'il leur a payé, pour être lesdites actions exercées aux risques de l'héritier. C'est ce qu'enseigne Gaïus : *Si possessor hæreditatis ob id quòd ex testamento hæredem se esse putaret, legatorum nomine de suo solvit; si quis ab intestato eam hæreditatem evincat* (1)..... *secundùm senatûs-consulti sententiam subveniendum ei est, ut ipse quidem ex retentione rerum hæreditariarum sibi satisfaciat, cedat autem actionibus petitori, ut suo periculo eas exerceat; l.* 17, ff. *de petit. hæred.*

444. Dans le compte que rend le possesseur, même de mauvaise foi, des fruits qu'il a perçus, on doit lui allouer les frais qu'il a faits pour les faire venir et pour les recueillir : *Fructus intelliguntur deductis impensis quæ quærendorum, cogendorum, conservandorumque eorum gratiâ fiunt. Quod non solùm in bonæ fidei possessoribus naturalis ratio expostulat, verùm etiam in prædonibus; l.* 36, §. 5, ff. *d. tit.*

Le possesseur de bonne foi a cela de plus, qu'il est fondé à se faire faire raison, par l'héritier, des frais qu'il a faits pour faire venir les fruits, quoiqu'il n'en ait point été recueilli : *Si sumptum quidem fecit, nihil autem fructuum perceperit, æquissimum erit rationem horum quoque in bonæ fidei possessoribus haberi; l.* 37, ff. *d. tit.*

445. A l'égard des impenses qui ont été faites par le possesseur dans les biens de la succession dont il étoit en possession, il n'y a pas de différence entre le possesseur de bonne foi et celui de mauvaise foi, pour celles qui étoient nécessaires; on en doit faire raison à l'un et à l'autre. A l'égard de celles qui étoient seulement utiles, il y a ces deux différences, que le possesseur de bonne foi est fondé en droit pour en prétendre le remboursement, et ce qui lui est dû de la somme entière à laquelle elles ont monté; au lieu que ce remboursement n'est accordé au possesseur de mauvaise

_____

(1) *Quo casu legata testamento relicta corruunt.*

foi que par indulgence et contre la rigueur du droit, et qu'il
ne lui est dû que jusqu'à concurrence de ce que l'héritage
sur lequel elles ont été faites en est actuellement plus
précieux : *In cæteris necessariis et utilibus impensis
posse separari, ut bonæ fidei possessores has (1) quoque imputent; prædo autem de se queri debeat quòd sciens
in rem alienam impendit : sed benignius est in hujus quoque personâ haberi rationem (2) impensarum; non enim
debet petitor ex alienâ jacturâ lucrum facere... Planè potest in eo differentia esse, ut bonæ fidei quidem possessor
omnimodò impensas deducat, licèt res non extet in quam
fecit, sicut tutor vel curator consequuntur; prædo autem non
aliter quàm si res melior sit; l. 38, ff. d. tit. Utiles autem
necessariæque sunt, veluti quæ fiunt reficiendorum ædi-
ficiorum gratiâ, aut in novellata, etc.; l. 39.*

Que doit-on dire des impenses purement voluptuaires ?
Gaïus les alloue au possesseur de bonne foi; mais il n'accorde à celui de mauvaise foi que la faculté d'emporter ce
qui peut être emporté.

*Videamus tamen ne ad picturarum quoque et marmo-
rum, et cæterarum voluptuariarum rerum impensas
æquè proficiat exceptio? Utique si modò bonæ fidei possessores sumus : nam prædoni probè dicetur non debuisse
in alienam rem supervacuas impensas facere, ut tamen
potestas ei fuerit tollendorum eorum quæ sine detrimento
ipsius rei tolli possunt; d. l. 39, §. 1.*

446. L'héritier à qui le possesseur restitue les biens de
la succession, non seulement lui doit faire raison de ce
qu'il a déboursé pour lesdits biens; il doit aussi l'indemniser
des engagements qu'il a contractés pour raison de quelque
bien de la succession. Paul rapporte cet exemple : *Si possessor caverit, v. g., damni (3) infecti, cavendum est possessori; l. 40, §. 3, d. tit.*

On peut rapporter d'autres exemples. A l'ordre du prix

---

(1) *Scilicet utiles.*

(2) *Secùs* en matière d'action en revendication; *suprà, n.* 350.

(3) La caution *damni infecti* est celle que le propriétaire d'une maison
voisine de la mienne, qui a quelque sujet de craindre qu'il ne tombe quelque

d'un héritage hypothéqué à une créance de la succession du défunt, le possesseur qui s'étoit mis en possession des biens de la succession a touché le montant de cette créance, et il s'est obligé de rapporter la somme qu'il a touchée, envers un créancier conditionnel antérieur, dans le cas auquel la condition de sa créance s'accompliroit. Ce possesseur ayant depuis été condamné, sur la demande en pétition d'hérédité, à rendre à l'héritier les biens de la succession, il n'est tenu de lui rendre cette somme qu'il a touchée à l'ordre, et pour laquelle il a donné caution de la rapporter, qu'à la charge par l'héritier de lui donner lui-même caution de l'indemniser et de rapporter la somme à sa décharge, en cas d'accomplissement de la condition.

SECTION VI.

Des actions qui sont à l'instar de la pétition d'hérédité.

447. Lorsque le roi a succédé par droit d'aubaine aux biens d'un défunt étranger; lorsqu'il a succédé par droit de bâtardise ou de déshérence aux biens d'un défunt qui n'a point laissé d'héritiers, ou par droit de confiscation aux biens d'un condamné; pareillement, lorsqu'un seigneur haut-justicier succède aux biens d'un défunt par droit de déshérence ou par droit de bâtardise, dans les cas où il en a le droit; ou lorsqu'il succède à un condamné; dans tous ces cas, le roi et le seigneur haut-justicier ne sont héritiers ni du défunt, ni du condamné aux biens duquel ils succèdent : car un héritier est celui qui succède à la personne

---

chose de ma maison, qui cause du dommage à la sienne, a droit d'exiger de moi, pour que je lui réponde de ce dommage, au cas qu'il arrive. Si le possesseur a contracté un pareil engagement envers un voisin, pour une maison de la succession, l'héritier, à qui le possesseur rend cette maison, est tenu de donner caution à ce possesseur de l'en indemniser.

Je pense aussi que, en ce cas, le possesseur, qui n'a contracté cet engagement envers le voisin qu'en une qualité de possesseur de cette maison qu'il n'a plus, est fondé à dénoncer à ce voisin la sentence rendue sur la pétition d'hérédité, par laquelle il en a été évincé, et à demander qu'il soit, en conséquence, déchargé de son engagement; sauf au voisin à se pourvoir contre l'héritier qui est rentré en possession de la maison.

du défunt, qui est une continuation de la personne du défunt, qui succède à tous ses droits actifs et passifs. Or le roi
ni le seigneur haut-justicier qui succèdent, dans tous ces
cas, aux biens du défunt ou du condamné, ne succèdent
pas pour cela à sa personne; ils ne succèdent pas pour cela
à son hérédité. L'aubain qui ne laisse aucuns enfants nés
en France, et le condamné à une peine capitale, ne laissent
pas même aucune hérédité : leur personne est entièrement
éteinte par leur mort; ils ne laissent rien qui puisse la représenter. Le défunt, aux biens duquel le roi ou le seigneur
haut-justicier succèdent par droit de déshérence, laisse
bien après sa mort une hérédité qui représente sa personne;
mais lorsque, ne se présentant aucuns parents pour recueillir cette hérédité, le roi ou le seigneur haut-justicier
succèdent aux biens qui en dépendent, ce n'est pas l'hérédité qu'ils recueillent, ce n'est pas à l'hérédité qu'ils succèdent; ils ne succèdent qu'aux biens qui en dépendent,
comme à des biens vacants, et qui ne sont réclamés par
personne. Cela paroît en ce que le roi ou le seigneur haut-
justicier qui succèdent à ces biens, ne sont pas tenus directement des dettes du défunt, comme en auroit été tenu celui
qui auroit recueilli son hérédité : ils n'en sont tenus qu'indirectement, parceque ces dettes sont des charges des biens
auxquels ils succèdent, suivant cette maxime, *Bona intelliguntur cujusque, quæ deducto ære alieno supersunt;* l. 39,
§. 1, ff. *de verb. sign.* Et ils peuvent s'en décharger en
abandonnant les biens; à la différence d'un héritier, qui
ne peut se décharger des dettes en abandonnant les biens,
parceque ce n'est pas seulement à cause des biens qu'il en
est tenu, mais comme successeur *in universum jus defuncti.*

Il résulte de tout ce que nous venons de dire, que ni le roi
ni le seigneur haut-justicier ne peuvent avoir la pétition d'hérédité proprement dite, pour revendiquer la succession des
biens d'un défunt ou d'un condamné, qu'ils prétendent leur
appartenir à titre d'aubaine, bâtardise, déshérence ou confiscation, contre les possesseurs qui se seroient emparés desdits biens ou de partie, et qui en disputeroient la succession

au roi ou au seigneur; car la pétition d'hérédité, comme nous l'avons définie *suprà*, *n*. 365, est une action par laquelle un héritier revendique une hérédité qui lui appartient, contre les possesseurs de quelques biens ou droits de cette hérédité, qui la lui disputent. Le roi ni le seigneur haut-justicier n'étant point héritiers de celui aux biens duquel ils succèdent, et cette succession n'étant point une hérédité, il s'ensuit qu'ils ne peuvent avoir, pour raison de cette succession, la pétition d'hérédité contre ceux qui la leur disputent.

Mais si le roi et le seigneur haut-justicier ne peuvent avoir la pétition d'hérédité pour raison de ces espèces de successions de biens, on peut leur accorder une action qui soit à l'*instar* de la pétition d'hérédité, par laquelle ils puissent revendiquer le droit de succession à l'universalité des biens du défunt ou du condamné, qui leur appartient à titre d'aubaine, bâtardise, déshérence ou confiscation, contre ceux qui se sont mis en possession desdits biens ou de partie, qui leur contestent ce droit.

Cette action est, de même que la pétition d'hérédité, une action *in rem*, qui naît du droit de propriété de la succession à l'universalité des biens du défunt ou du condamné, droit qui leur a été acquis par l'ouverture du droit d'aubaine, bâtardise, déshérence ou confiscation, par laquelle le roi ou le seigneur haut-justicier revendiquent, non aucune chose particulière, mais le droit de succession à l'universalité des biens du défunt ou du condamné, à titre d'aubaine, bâtardise, déshérence ou confiscation, contre le possesseur qui le leur conteste.

Tout ce que nous avons dit de la pétition d'hérédité, dans les sections précédentes, peut s'appliquer à cette action que le roi et le seigneur haut-justicier ont à l'*instar* de la pétition d'hérédité.

448. Pareillement, dans les provinces où il y a des mortaillables, lorsqu'un seigneur succède à son serf, il n'est point héritier de ce serf, il succède seulement à l'universalité des biens de ce serf : ce n'est donc point la pétition d'hérédité, mais une action à l'*instar* de la pétition d'hé-

rédité qu'il a contre ceux qui se seroient mis en possession des biens ou de partie des biens de ce serf, et qui lui disputeroient cette succession.

449. L'universalité des biens mobiliers qu'un religieux pourvu d'un bénéfice qui l'a fait sortir du cloître, avoit de son vivant, et qu'il a laissé à sa mort, n'est point une hérédité; car une hérédité est une succession à tous les droits actifs et passifs du défunt, dans laquelle la personne civile du défunt se continue, et de laquelle se revêt l'héritier qui recueille l'hérédité.

Il est évident que cela ne peut convenir à un religieux, qui, ayant, par sa profession religieuse, perdu l'état civil, ayant dès ce moment cessé d'avoir une personne civile, ne peut pas avoir une hérédité qui soit la continuation d'une personne civile qu'il n'avoit plus. L'universalité des biens mobiliers que ce religieux a laissés à sa mort, à laquelle on donne le nom de *pécule*, ne peut donc passer pour une hérédité; et par conséquent ceux que la loi appelle à la succession de ce pécule n'ont pas la pétition d'hérédité, mais une autre action à l'*instar*, contre ceux qui se seroient mis en possession des effets de ce pécule ou de partie, et qui leur en disputeroient la succession.

TRAITÉ
DE LA POSSESSION.

~~~~~~

ARTICLE PRÉLIMINAIRE.

Quoique la possession n'ait rien de commun avec le domaine de propriété, *Nihil commune habet proprietas cum possessione*, l. 12, §. 1, ff. *de acq. poss.*, puisqu'on peut avoir la possession d'une chose sans en avoir le domaine, et que, *vice versâ*, on peut en avoir le domaine sans en avoir la possession; néanmoins, comme la possession fait présumer le domaine dans celui qui a la possession, et qu'elle est une des manières d'acquérir le domaine, nous avons cru qu'on pouvoit joindre au *Traité du Domaine de Propriété* un *Traité de la Possession*.

Nous traiterons, dans un premier chapitre, de la nature de la possession; de ses différentes espèces; de ses différents vices. Nous verrons, dans un second, si on peut se changer le titre et les qualités de sa possession. Nous traiterons, dans un troisième chapitre, des choses qui sont susceptibles ou non de possession, et de la quasi-possession; et de celles qui ne sont pas susceptibles de possession. Nous traiterons, dans un quatrième chapitre, de la manière dont s'acquiert la possession, et dont elle se retient; et des personnes par lesquelles nous pouvons l'acquérir et la retenir. Dans un cinquième, nous traiterons des manières dont se perd la possession; dans un sixième, des droits et des actions qui naissent de la possession.

CHAPITRE PREMIER.

De la nature de la possession; de ses différentes espèces; et de ses différents vices.

ARTICLE PREMIER.

De la nature de la possession.

1. Le jurisconsulte Paul définit ainsi la possession : *Possessio appellata est à sedibus* (1) *quasi positio, quia naturaliter tenetur ab eo qui ei insistit, quam Græci* Κατοχεν *appellant.*

On peut la définir, la détention d'une chose corporelle que nous tenons en notre puissance, ou par nous-mêmes, ou par quelqu'un qui la tient pour nous et en notre nom.

2. La possession est un fait, plutôt qu'un droit dans la chose qu'on possède. Un usurpateur a véritablement la possession de la chose dont il s'est emparé injustement; il est néanmoins évident qu'il n'a aucun droit dans cette chose.

3. Quoique la possession ne soit pas un droit dans la chose, elle donne néanmoins au possesseur plusieurs droits par rapport à la chose qu'il possède.

1° Elle l'en fait réputer le propriétaire, tant que le véritable propriétaire ne se fait pas connoître, et ne la réclame pas.

2° La possession donne au possesseur des actions pour s'y faire maintenir, lorsqu'il y est troublé; ou pour se la faire restituer, lorsqu'il en a été dépouillé.

Nous traiterons de ces actions au sixième chapitre.

Ces deux effets de la possession sont communs à la possession qui procède d'un juste titre, et à celle qui est destituée de titre; à celle qui est de mauvaise foi, comme à celle qui est de bonne foi.

Un troisième effet de la possession, qui est particulier à

___

(1) C'est la leçon florentine. La Vulgate porte, *à pedibus, quasi pedum positio.*

celle qui procède d'un juste titre, et qui est de bonne foi, est qu'elle fait acquérir au possesseur, au bout d'un certain temps qu'elle a duré, le domaine de la chose qu'il possède : c'est ce qu'on appelle le droit d'usucapion ou prescription, dont nous traiterons dans un Traité qui doit suivre celui-ci.

4. Les jurisconsultes romains avoient élevé sur la nature de la possession cette question, si deux personnes pouvoient avoir quelquefois, chacune pour le total, la possession d'une même chose. On convenoit que c'étoit un principe pris dans la nature des choses, que deux personnes ne pouvoient pas avoir, chacune pour le total, la possession d'une même chose : *Plures eamdem rem in solidum possidere non possunt : contrà naturam quippe est, ut quùm ego aliquid teneam, tu quoque id possidere videaris; l. 3, §. 5, ff. de acquir. possess.*

Mais les Sabiniens pensoient que ce principe étoit susceptible d'une distinction. Ils convenoient bien que deux personnes ne pouvoient avoir, chacune pour le total, la même espèce de possession d'une même chose. C'est ce qu'enseigne Julien, qui étoit de leur école : *Dico in solidum precariò non magis possunt, quàm duo in solidum vi possidere aut clàm; nam neque justæ, neque injustæ possessiones duæ concurrere possunt; l. 19, ff. de precar.*

Mais les jurisconsultes de cette école pensoient qu'une personne pourroit paroître avoir *in solidum* la juste possession d'une même chose, en même temps que celui qui l'en avoit dépouillée, avoit *in solidum* la possession injuste de cette même chose : pareillement, que celui qui avoit donné à quelqu'un, à titre de précaire, la possession de sa chose, pouvoit paroître avoir *in solidum* la possession civile de cette chose, en même temps que celui à qui il l'avoit donnée à ce titre, avoit *in solidum* la possession précaire de cette même chose.

Les Proculéiens pensoient plus sainement, et plus conformément à la nature des choses, que le principe que deux personnes ne peuvent avoir, chacune pour le total, la possession d'une même chose, n'étoit susceptible d'aucune distinction; que, pendant que l'usurpateur avoit la possession

injuste de la chose qu'il avoit usurpée, la personne qui en
avoit été dépouillée n'en pouvoit conserver aucune possession : pareillement, que celui qui avoit donné à quelqu'un,
à titre de précaire, la possession d'une chose, n'en conservoit aucune possession pendant que duroit la possession
précaire de celui à qui il l'avoit donnée à ce titre : *Sabinus
scribit, eum qui precariò dederit et ipsum possidere, et
eum qui precariò rogaverit : idem Trebatius probavit exis-
timans posse alium justè, alium injustè possidere, duos
injustè, vel duos justè non posse : quam Labeo* (1) *repre-
hendit, quoniam in summâ* (2) *possessionis non multùm
interest justè quis an injustè possideat.*

Ce sentiment des Proculéiens a prévalu ; car Paul ajoute
tout de suite : *Quod est verius ; non enim magìs eadem possessio apud duos esse potest, quàm ut tu stare videaris in
eo loco in quo ego sto, vel in quo sedeo, tu sedere videaris ;*
d. l. 3, §. 5.

Deux personnes ne peuvent pas, à la vérité, posséder,
chacune séparément pour le total, une même chose ; mais
deux personnes qui possèdent en commun une chose, lorsque cette chose est indivisible, la possèdent conjointement
chacune pour le total ; car elles ne peuvent pas posséder
pour partie une chose qui, étant indivisible, n'en est pas
susceptible.

Par exemple, lorsque deux personnes possèdent en commun une maison qui a un droit de servitude sur la maison
voisine, ce droit étant une chose indivisible, chacune d'elles
possède pour le total, non séparément, mais en commun,
ce droit de servitude.

5. Dans ce que nous avons dit, que deux personnes ne
peuvent pas avoir la possession d'une chose chacune pour
le total, la possession convient avec le domaine, que deux
personnes ne peuvent pareillement avoir chacune pour le
total : *Duo non possunt esse domini in solidum :* mais elle
en diffère en ce que le domaine ne peut procéder que d'un

----

(1) Qui étoit le chef de l'école opposée.

(2) *In summâ possessionis ;* c'est-à-dire, quant au fait dans lequel consiste
la possession.

seul et même titre ; car, ayant une fois acquis le domaine d'une chose à quelque titre que ce soit , je ne puis plus l'ac-quérir à un autre titre , étant impossible, *per rerum natu-ram , que j'acquière* ce qui est déja à moi : *Quod meum est, ampliùs meum fieri non potest*. Au contraire, la pos-session que nous avons d'une chose peut procéder de plu-sieurs titres : *Ex plurimis causis possidere possumus, ut quidam putant : et eum qui usuceperit, et pro emptore, et pro suo* (1) *possidere ; sic enim et si ei qui pro emptore possidebat hæres sim, eamdem rem et pro emptore et pro hærede possideo : nec enim, sicut dominium non potest nisi ex unâ causâ contingere, ità et possidere ex unâ dun-taxat causâ possumus ;* d. 1. 3, §. 4.

Des différentes espèces de possession.

6. Il y a deux principales espèces de possession ; la pos-session civile, et la possession purement naturelle.

La possession civile est la possession de celui qui possède une chose comme à lui appartenante en propriété, soit qu'il en soit effectivement le propriétaire, soit qu'il ait seulement quelque juste sujet de croire l'être ; *Possessio animo domi-nantis.*

Pour qu'une possession soit possession civile, il faut qu'elle procède d'un juste titre ; c'est-à-dire, d'un titre qui soit de nature à transférer la propriété, tel que le titre de vente, d'échange, de donation, etc. ; soit que ce titre ait effecti-vement transféré la propriété de la chose au possesseur, soit que, par défaut de pouvoir d'aliéner dans celui de qui le possesseur tient la chose à ce titre ; le titre lui ait seule-ment donné un juste sujet de se croire le propriétaire de la chose.

Ces différents titres, d'où procède la possession civile, forment autant de différentes espèces de possession civile, qu'il y a de ces différents titres : *Genera possessionum tot*

---

(1) L'usucapion est un nouveau titre *pro suo*, ajouté au titre *pro emptore.*

sunt, quot et causæ acquirendi ejus quod nostrum non sit;
velut pro emptore, pro donato, pro legato, pro dote, pro
hærede, pro noxæ dedito, pro suo, sicut in his quæ terrâ
marique vel ab hostibus capimus, vel quæ ipsi ut in re-
rum naturâ essent fecimus; et in summâ magis unum
genus est possidendi, species infinita; d. l. 3, §. 21, ff. d. tit.

7. Nous traiterons de ces différents titres dans notre *Traité*
des Prescriptions.

Observons seulement que, pour que la possession que
vous avez d'une chose soit censée procéder de quelqu'un de
ces justes titres, *putà*, pour qu'elle soit une possession *pro*
emptore à titre d'achat, et qu'elle soit, en conséquence,
une possession civile et une juste possession, il ne suffit pas
qu'il soit intervenu un contrat de vente, par lequel vous
ayez effectivement acheté cette chose; il faut que la tradition vous en ait été faite, en exécution de ce contrat, par
le vendeur de qui vous l'avez achetée, ou par ses représen-
tants. Mais si vous vous êtes emparé de cette chose de votre
autorité privée, sans le consentement de votre vendeur,
votre possession n'est pas une possession *pro emptore*; c'est
une possession *pro possessore*; c'est une injuste possession :
Si vendidero (tibi) nec tradidero rem, si non voluntate
meâ nactus sis possessionem, non pro emptore possides,
sed prædo es; l. 3, ff. d. tit.

Il en seroit autrement, si, sur le refus de votre vendeur,
vous vous étiez fait mettre par le juge en possession de la
chose que vous avez achetée : votre possession seroit une
juste possession *pro emptore.* C'est ce qu'enseigne Paul :
Justè possidet qui authore prætore possidet; l. 11, ff. d. tit.

8. Pour qu'une possession soit réputée procéder d'un
juste titre, et être en conséquence possession civile, il faut
que le possesseur fasse apparoir de ce titre, ou qu'elle ait
duré un assez long temps pour faire présumer qu'il en est
intervenu un. Nous verrons ailleurs quel doit être ce temps.

9. La possession qui procède d'un juste titre est une
juste possession, une possession civile, quand même ce titre
n'auroit pas transféré la propriété de la chose au possesseur,
comme nous l'avons déja observé *suprà;* mais il faut, en ce

cas, que le titre soit accompagné de bonne foi; c'est-à-dire, que le possesseur n'ait pas eu de connoissance que celui de qui il acquéroit la chose n'avoit pas le droit de l'aliéner.

Le titre fait présumer cette bonne foi dans le possesseur, tant qu'on ne justifie pas le contraire; c'est à celui qui attaque la légitimité d'une possession qui procède d'injuste titre, à prouver que le possesseur a eu connoissance que celui de qui il a acquis n'étoit pas propriétaire de la chose, et n'avoit pas le droit de l'aliéner.

10. Passons à la possession purement naturelle. Il y en a plusieurs espèces.

La première est celle qui est destituée de titre, celle dont le possesseur ne peut donner aucune bonne raison pourquoi il possède : *Qui interrogatus cur possideat, responsurus sit, Quia possideo; l.* 12, ff. *de hæred. petit.* On appelle cette possession, *Possessio pro possessore.*

Quoique le possesseur ne produise aucun titre de sa possession, lorsqu'elle a duré un temps assez considérable pour en faire présumer un, ne paroissant d'ailleurs aucun vice dans cette possession, on ne la doit pas regarder comme absolument destituée de titre, étant censée procéder d'un titre présumé; elle est, en conséquence, une possession civile, et non une possession purement naturelle.

11. La seconde espèce de possession purement naturelle est celle qui procède, à la vérité, d'un titre de nature à transférer la propriété, mais qui est infectée de mauvaise foi, qui consiste dans la connoissance que le possesseur avoit que celui de qui il a acquis la chose n'avoit pas le pouvoir de l'aliéner.

12. La troisième espèce de possession purement naturelle est celle qui procède d'un titre nul; car un titre nul n'étant pas un titre, la possession qui en procède est une possession sans titre. Telle est celle que l'un des conjoints par mariage a d'une chose dont l'autre conjoint lui a fait donation pendant le mariage, contre la prohibition de la loi : *Quod uxor viro aut vir uxori donavit, pro possessore possidetur; l.* 16, ff. *de acquir. poss.*

13. Enfin, la quatrième espèce de possession purement

naturelle est celle qui procède d'un titre valable, mais qui n'est pas de nature à transférer la propriété.

Quoique la possession qui procède de tels titres soit en un sens *juste*, en ce qu'elle ne renferme aucune injustice; elle n'est pas ce qu'on appelle *juste possession*, en prenant ce terme, *juste possession*, dans son sens propre, pour une possession civile, pour une possession *animo dominantis*.

On peut apporter pour exemple de possession qui procède de titres qui ne sont pas de nature à transférer la propriété, la possession d'un engagiste. Cet engagiste ne possède pas la chose qu'il tient à titre d'engagement, *tanquam rem propriam*; il la possède, au contraire, *tanquam rem alienam*, comme chose dont celui de qui il la tient par engagement demeure propriétaire, puisqu'il peut, en remboursant la somme pour laquelle elle est engagée, rentrer en la jouissance et possession de cette chose : cette possession n'est pas une possession civile, une possession *animo dominantis*; elle n'est qu'une possession purement naturelle.

Il en est de même de la possession d'un usufruitier, à qui le propriétaire a transféré expressément la possession de la chose, pendant le temps que dureroit l'usufruit; cette possession est une possession naturelle : *Naturaliter videtur possidere is qui usumfructum habet*; l. 12, ff. d. tit.

Telle est aussi la possession d'un séquestre, lorsque deux personnes qui se disputent l'une à l'autre, non seulement la propriété d'une chose, mais encore la possession, ne pouvant ni l'une ni l'autre justifier leur possession, sont convenues de la séquestrer, *non simplicis custodiæ causâ*, mais à l'intention de se dépouiller de la possession par elles respectivement prétendue, et de la remettre au séquestre, jusqu'à la décision du procès sur la propriété, ou lorsque, sans que les parties en soient convenues, le juge l'a ainsi ordonné. Quoique dans ces cas la possession de ce séquestre soit une véritable possession qui procède d'un titre valable, cette possession n'est qu'une possession naturelle, parceque ce séquestre possède la chose *tanquam rem alienam*; il ne la possède pas *tanquam rem propriam*, il ne la possède pas *animo dominantis*.

Un quatrième exemple d'une possession naturelle qui procède d'un titre valable, mais qui n'est pas de nature à transférer la propriété, est celle d'une chose que quelqu'un a à titre de précaire. Le possesseur qui possède une chose à ce titre, la possède *tanquam rem ejus à quo eam precario rogavit;* il ne la possède pas *tanquam rem propriam :* sa possession ne peut donc être qu'une possession naturelle; elle ne peut être une possession *animo dominantis,* une possession civile.

14. Observez une différence entre la première espèce de possession naturelle, et les trois autres.

La première espèce de possession naturelle, qui est celle de celui qui ne rapporte aucun titre de sa possession, n'est réputée possession purement naturelle, que lorsqu'elle n'a pas duré assez long-temps pour faire présumer un titre; autrement elle est censée procéder d'un juste titre, sinon produit, au moins présumé par le long temps qu'elle a duré; et elle est en conséquence réputée possession civile, *possessio animo dominantis.*

Au contraire, les trois autres espèces de possessions, celle qui est infectée de mauvaise foi, celle qui procède d'un titre nul, celle qui procède d'un titre valable, à la vérité, mais qui n'est pas de nature à transférer la propriété, quelque long temps qu'elles aient duré, ne sont que des possessions naturelles : car la mauvaise foi dont la possession est infectée, de même que la nullité ou la qualité du titre dont elle procède, réclame perpétuellement contre la qualité de possession *animo dominantis,* et de possession civile qu'on vouloit lui donner.

De là vient cet axiome de droit : *Melius est non habere titulum, quàm habere vitiosum.*

15. Il ne faut pas confondre, avec la possession naturelle, la détention de ceux qui détiennent une chose pour un autre, et au nom d'un autre; tels que sont des fermiers, des locataires, des dépositaires, des emprunteurs ou commodataires. La détention qu'ont ces personnes de la chose qui leur a été louée, ou donnée en dépôt, ou prêtée, n'est qu'une pure détention, *mera custodia,* et n'est pas même

une possession purement naturelle ; car détenant la chose, non en leur nom, mais au nom de celui qui la leur a louée, ou donnée en dépôt, ou prêtée, la détenant comme ses fermiers, ses locataires, ses dépositaires, c'est celui qui la leur a louée, ou donnée en dépôt, ou prêtée, qui la possède par leur ministère, c'est lui qui a par eux la possession de cette chose. Ils ne peuvent donc pas l'avoir ; car deux personnes ne peuvent pas posséder en même temps *in solidum* la même chose : *Plures eamdem rem in solidum possidere non possunt ;* l. 3, §. 5, ff. *de acq. poss.* La détention qu'ils ont de la chose ne peut donc être regardée comme une possession, même seulement naturelle, qu'ils aient de la chose : *Eam rem non possident, sed sunt in possessione ejus rei illius nomine qui eam per ipsos possidet.* C'est ce qu'enseigne l'empereur Alexandre Sévère : *Qui ex conducto possidet, quamvis corporaliter teneat, non tamen sibi, sed domino rei* (qui lui a fait bail) *creditur possidere ;* l. Cod. *comm. de usuc.* Car c'est le bailleur qui possède par le preneur ; *et per colonos et inquilinos possidemus ;* l. 25, §. 1, ff. *de acq. poss.*

16. Il en est de même d'un gardien ou commissaire établi à une saisie, soit de meubles, soit de fruits pendants par les racines, soit même à la saisie réelle d'un héritage. Ce gardien ou commissaire n'a qu'une simple garde des choses saisies, auxquelles il est établi gardien ou commissaire ; il n'en a aucune possession : il les détient pour et au nom de la partie saisie ; et c'est la partie saisie qui continue d'en avoir par lui la possession, jusqu'à ce qu'elle en soit dépossédée par la vente et adjudication des choses saisies. Notre coutume d'Orléans en a une disposition en l'*art.* 3, où elle dit : *Main de justice ne dessaisit personne.*

C'est aussi ce qu'enseigne Pomponius à l'égard des différentes espèces de saisies de biens qui étoient en usage par le droit romain : *Quùm legatorum vel fideicommissi servandi causâ, vel quia damni infecti non caveatur, bona possidere prætor permittit, vel ventris nomine in possessionem nos mittit, non possidemus, sed magis custodiam et observationem nobis concedit ;* l. 12, ff. *quib. ex caus. in poss.*

ARTICLE III.

Des différents vices des possessions.

17. Le vice le plus ordinaire des possessions est la mauvaise foi.

Cette mauvaise foi n'est autre chose que la connoissance qu'a le possesseur, que la chose qu'il possède, et dont il se porte pour propriétaire, ne lui appartient pas; c'est *scientia rei alienæ*.

18. Ce vice ne se présume pas dans une possession qui procède d'un juste titre : elle en est néanmoins susceptible; mais c'est à celui qui attaque la légitimité d'une telle possession, à prouver la mauvaise foi du possesseur, c'est-à-dire, la connoissance qu'il a eue que celui de qui il a acquis la chose n'avoit pas le droit de l'aliéner; comme nous l'avons déja observé *suprà*.

Au contraire, le vice de mauvaise foi se présume dans une possession dont le possesseur ne rapporte aucun titre, à moins qu'elle n'eût duré pendant un assez long temps pour en faire présumer un.

19. Une seconde espèce de vice des possessions, est le vice de violence.

La possession *violente* renferme aussi le vice de mauvaise foi : mais, outre ce vice, elle en a un autre, qui est le vice de violence, qui lui est particulier.

La possession *violente* d'une chose est celle de celui qui, pour l'acquérir, en a dépouillé par violence l'ancien possesseur.

Par exemple, la possession violente d'une chose mobilière est la possession d'un ravisseur qui en a dépouillé par violence celui par-devers qui elle étoit.

La possession violente d'un héritage est celle de celui qui en a chassé par violence l'ancien possesseur.

20. Ma possession est-elle une possession violente, lorsque m'étant, pendant l'absence du possesseur, introduit dans un héritage où je n'ai trouvé personne; depuis, avant que j'en eusse acquis la possession par an et jour, je l'ai empê-

ché d'y rentrer? La raison de douter est, que je n'ai employé aucune violence pour entrer dans cet héritage. Néanmoins Ulpien décide que la possession est, en ce cas, une possession violente : *Qui ad nundinas profectus neminem reliquerit, et dum ille à nundinis redit, aliquis occupaverit possessionem.... si revertentem dominum non admiserit, vi magis intelligi possidere, non clàm;* l. 6, §. 1, ff. de acq. poss.

La raison de cette décision est, que le possesseur qui étoit sorti de son héritage en conservoit la possession par la volonté qu'il avoit d'y rentrer, comme nous le verrons ci-après. Ce n'est que lorsque je l'ai empêché d'y rentrer, que je l'ai dépouillé de sa possession, et que je l'ai acquise; ayant employé pour cela la violence, c'est par violence que j'ai acquis la possession de cet héritage, et la possession que j'ai de cet héritage est une possession violente; voyez *infrà*.

21. Pour que je sois censé avoir acquis par violence la possession d'une chose, et en avoir dépouillé l'ancien possesseur, il n'importe que ce soit l'ancien possesseur lui-même que j'en aie dépouillé, ou ceux qui la tenoient pour lui et en son nom : *His dejectis, ipse de possessione dejici videtur;* l. 1, §. 22, ff. *de vi et vi arm.* Voyez *infrà*.

22. Il n'importe non plus que celui que j'ai dépouillé de la chose dont je me suis emparé par violence, fût, ou non, le propriétaire de cette chose; il suffit qu'il en fût le possesseur, pour que la possession que j'ai acquise, en l'en dépouillant, soit une possession violente : *Fulcinius dicebat vi possideri, quoties vel non dominus, quùm tamen possideret, vi dejectus est;* l. 8, ff. d. tit.

23. Pour que je sois censé avoir dépouillé par violence le possesseur de la chose dont je me suis emparé, et que ma possession soit en conséquence une possession violente, il n'importe que j'aie exercé la violence par moi-même, ou par d'autres qui l'aient fait par mon ordre et en mon nom; car je suis censé avoir fait moi-même ce qui a été fait par mon ordre et en mon nom, suivant cette règle du droit : *Dejicit et qui mandat;* l. 152, ff. *de reg. jur. Parvi referre*

visum est suis manibus quis dejiciat, an per alium; l. 1, §. 12, ff. *de vi et vi arm.*

Je suis pareillement censé avoir fait moi-même ce que quelqu'un a fait en mon nom, quoique sans mon ordre, lorsque j'y ai donné depuis mon approbation : car c'est un principe, que *In maleficio ratihabitio mandato comparatur;* d. l. 152, §. 2, ff. *de reg. jur. Si quod alius dejecit ratum habuero, sunt qui putant, secundùm Sabinum et Cassium, qui ratihabitionem mandato comparant, me videri dejecisse..... et hoc verum est;* d. l. 1, §. 14, ff. *de vi et vi arm.*

24. Il n'importe non plus quelle espèce de violence ait été employée. Il n'importe que ce soit à main armée ou sans armes, avec attroupement ou sans attroupement; il suffit que, par la violence que j'ai exercée, le possesseur de la chose dont je me suis emparé en ait été dépouillé malgré lui, et sans aucun consentement de sa part.

25. Mais si j'avois fait consentir le possesseur à me faire un abandon de sa chose, quoique j'eusse employé la violence et les menaces pour extorquer de lui ce consentement, la possession de la chose que j'aurois acquise par cet abandon seroit une possession injuste, comme procédante d'un titre injuste; mais elle ne seroit pas une possession *violente;* car on ne peut pas dire, en ce cas, que celui qui m'a fait l'abandon de la chose en ait été dépouillé : *Non est vi dejectus qui compulsus est in possessionem inducere;* l. 5, ff. *de vi et vi arm.*

26. Enfin, il n'y a de possession *violente* que celle qui a été acquise par violence. Si, ayant acquis sans violence la possession d'une chose, j'ai employé la force contre celui qui est venu m'y troubler, ma possession n'est pas pour cela une possession violente : *Qui per vim possessionem suam retinuerit, Labeo ait non vi possidere;* l. 1, §. 28, ff. *d. tit.*

27. Une troisième espèce de vice des possessions, est le vice de clandestinité. On appelle *clandestinité,* la possession que quelqu'un a acquise d'une chose par des voies clandestines, c'est-à-dire, en se cachant de celui qu'il craignoit devoir la revendiquer : *Clam possidere eum dicimus qui*

furtivè ingressus est possessionem, ignorante eo quem sibi controversiam facturum suspicabatur, et ne faceret, timebat; l. 6, ff. d. tit.

28. C'est au temps auquel quelqu'un a acquis la possession d'une chose, qu'on doit avoir égard pour décider si la possession est clandestine. C'est pourquoi, lorsque le possesseur d'une chose qui n'en a point acquis la possession par des voies clandestines, ayant eu depuis avis qu'elle appartenoit à une certaine personne, a caché cette chose, pour empêcher cette personne de la revendiquer, en lui en dérobant la connoissance, sa possession ne devient pas pour cela clandestine : *Is qui, quùm possideret non clàm, se celavit, in eâ causâ est ut non videatur clàm possidere. Non enim ratio obtinendæ possessionis, sed origo nanciscendæ exquirenda est; d. l. 6.*

Africanus apporte cet exemple : *Servum tuum à Titio emi, et traditum possedi; deindè quùm comperissem tuum esse, celare cœpi; non ideò magis clàm possidere videri me ait; l. 40, §. 2, d. tit.*

29. De même que la possession que je n'ai point acquise par des voies clandestines, ne devient point une possession clandestine, quoique depuis je l'aie cachée; pareillement la possession d'une chose que j'ai acquise par des voies clandestines, en la cachant à une personne qui eût pu la revendiquer, ne cesse pas d'être clandestine, quoique j'en aie depuis donné connoissance à cette personne. C'est pourquoi Africanus, après ce que nous venons de rapporter, ajoute de suite : *Retrò quoque si sciens tuum servum non à domino emerim, et tunc clàm eum possidere cœpissem, posteà certiorem te fecerim, non ideò desinere me clàm possidere; d. §. 2.*

30. Une quatrième espèce de vice ou de défaut dans les possessions, est celui qui résulte de l'inhabilité du titre dont elle procède, à transférer la propriété.

CHAPITRE II.

Si on peut se changer le titre et la qualité de sa possession.

31. C'est un ancien principe de droit, qu'on ne peut, par la seule volonté, ni par le seul laps de temps, se changer à soi-même la cause de sa possession : *Illud à veteribus præceptum* (1) *est, neminem sibi ipsum causam possessionis mutare posse;* l. 3, §. 19, ff. *de acq. poss.*

Par exemple, s'il paroît qu'une chose que je possède m'ait été donnée à titre d'engagement, ayant commencé à la posséder à ce titre, quelque déclaration que je fasse, quelque long temps qui s'écoule, tant qu'il ne paroîtra pas d'autre titre survenu depuis moi, mes héritiers et les héritiers de mes héritiers *in infinitum* continueront toujours à la posséder à ce titre d'engagement, lequel résistera toujours à la prescription que nous pourrions prétendre de cette chose.

32. Ce principe a lieu, non-seulement à l'égard de la possession, mais pareillement à l'égard de la nue détention d'une chose que quelqu'un tient, non en son nom, mais pour un autre et au nom d'un autre. Par exemple, s'il paroît que l'héritage dans lequel je suis m'a été donné à ferme ou à loyer, par quelqu'un, à moi, ou à quelqu'un dont je suis l'héritier, ou médiat ou immédiat, quelque long temps qui se soit écoulé depuis le bail, quelque long temps qu'il y ait que je n'en paie plus ni fermes ni loyers; tant qu'il ne paroît pas d'autre titre qui soit survenu depuis, je suis censé avoir toujours continué de tenir cet héritage en qualité de fermier ou locataire, de celui qui en a fait le bail, ou de ses héritiers. Pareillement, s'il paroît qu'une chose qui est par-devers moi m'a été prêtée ou donnée en dépôt, soit à moi, soit à quelqu'un dont je suis l'héritier, quelque long temps qu'il y ait qu'elle soit par-devers moi, tant qu'il

_____
(1) *Præceptum* se prend ici pour *definitum tanquam certissima juris regula.*

ne paroît pas d'autre titre, je suis toujours censé la tenir
comme un dépôt ou un prêt de celui qui l'a donnée ou prêtée; et je ne puis, par conséquent, par quelque temps que
ce soit, l'acquérir par droit d'usucapion : *Quod vulgò res-*
pondetur causam possessionis neminem sibi mutare posse,
sic accipiendum, ut possessio non solùm civilis, sed etiam
naturalis (1) *intelligatur; et proptereà responsum est ne-*
que colonum, neque eum apud quem res deposita aut cui
est commodata, lucri faciendi causâ pro hærede (2) *usu-*
capere posse; l. 1, §. 1, ff. *pro hærede.*

33. Non seulement on ne peut pas se changer soi-même
la cause et le titre de sa succession, mais encore on ne peut
en changer les qualités et les vices : telle elle a commencé,
telle elle continue toujours. Par exemple, si la possession a
commencé par être une possession violente, une possession
clandestine, une possession de mauvaise foi, une possession
précaire, elle continuera toujours d'être une possession
violente, une possession clandestine, une possession de
mauvaise foi, etc., non seulement dans la personne de celui
dans qui elle a commencé, mais pareillement dans celle de
ses héritiers, et des héritiers de ses héritiers *in infinitum,*
quelque bonne foi qu'ils eussent eux-mêmes : car les héritiers étant la continuation de la personne du défunt, étant
successores in universum jus defuncti, la possession à laquelle ils ont succédé au défunt est la même possession
qu'auroit le défunt, qui continue avec les mêmes qualités
et les mêmes vices qu'elle avoit lorsqu'elle a commencé.
C'est de ces principes qu'a été formé cet axiome de droit :
Vitia possessionum à majoribus contracta perdurant; l. 11,
Cod. de acq. poss. C'est conformément à ces principes que

---

(1) Les termes de *possessio naturalis* sont pris ici *largè*, en un sens im-
propre, pour toute détention d'une chose, quelle qu'elle soit, même pour la
nue détention de ceux qui tiennent une chose pour et au nom d'un autre,
comme il paroît par les exemples qui vont être rapportés.

(2) *Id est ille qui rem ex causâ conductionis, vel ex causâ depositi aut com-*
modati tenet, causam suæ detentionis mutare non potest confingendo apud se
alium titulum possessionis, putà, titulum pro hærede, ut possit hujus lucrum
facere et eam usucapere. Ita Cujac. ad h. l. in comm. ad dig. Juliani.

Papinien dit : *Quùm hæres in jus omne defuncti succedit,
ignoratione suâ, defuncti vitia non excludit ; l. 11, ff. de
div. et temp. præscr.*

34. Il n'en est pas de même d'un successeur qui a succédé à une chose à quelqu'un à titre singulier : la possession
qu'a ce possesseur, qui procède du titre auquel il l'a acquise, est une possession qui lui est propre, qui commence
en sa personne, qui n'est point une continuation de celle
que son auteur a eue, et qui ne peut, par conséquent, en
avoir ni les qualités ni les vices.

Il est vrai que ce successeur a la faculté de joindre à sa
possession celle qu'a eue son auteur ; et, lorsqu'il la joint, il
ne peut la joindre qu'avec ses qualités et ses vices. Mais comme
c'est une faculté qu'il a, dont il peut, à son gré, user ou ne
pas user, il ne joint à sa possession celle de son auteur, que
lorsqu'elle étoit une juste possession. Si elle étoit vicieuse,
il ne la joint pas à la sienne ; il se borne à sa propre possession, qui procède du titre auquel il l'a acquise.

35. Celui qui a la possession, ou même la nue détention
d'une chose, ne peut, non plus que ses héritiers, par une
simple destination, ni par quelque laps de temps que ce
soit, changer la cause ni les qualités de sa possession ou
détention, tant qu'il ne paroît aucun nouveau titre d'acquisition : mais ce possesseur ou détenteur peut, durant sa
possession ou détention, acquérir par un nouveau titre d'acquisition la chose qu'il possédoit ou détenoit seulement ; et
il aura une nouvelle possession de cette chose qui procédera
de ce nouveau titre, et qui ne sera plus la possession ou détention qu'il avoit auparavant, et qu'il cesse d'avoir en acquérant
la nouvelle. C'est ce que nous enseigne Marcellus : *Quod
scriptum est apud veteres, neminem sibi causam possessionis mutare posse, credibile est de eo cogitatum, qui et
corpore et animo possessioni incumbens, hoc solum statuit,
ut aliâ ex causâ id possideret ; non si quis, dimissâ possessione primâ, ejusdem rei denuò ex aliâ causâ possessionem
nancisci velit ; l. 17, §. 1, ff. de acq. poss.* Julien apporte
cet exemple : *Si quis emerit fundum sciens ab eo cujus non
erat, possidebit pro possessore : sed si eumdem à domino*

emerit, incipit pro emptore possidere, nec videbitur sibi ipsi causam possessionis mutasse; l. 33, §. 1, ff. *de usurp. et usucap.*

Pareillement, *Si is qui apud me deposuit, vel commodavit, eam rem vendiderit mihi vel donaverit, non videbor causam possessionis mihi mutare, qui ne possidebam quidem;* l. 5, §. 20, ff. *de acq. poss.*

36. De même que de possesseur de mauvaise foi d'une chose, ou même de simple détenteur de cette chose que je détenois pour et au nom d'un autre, je puis, par un nouveau titre, en devenir le légitime possesseur, comme dans les exemples ci-dessus rapportés; pareillement, *vice versâ,* de légitime possesseur que j'étois d'une chose, je puis, par un nouveau titre, ne la plus détenir que pour et au nom d'une autre personne; comme lorsque j'ai vendu une chose dont j'étois légitime possesseur à quelqu'un qui, par le contrat de vente que je lui en fais, m'en fait un bail à loyer. Dans cette espèce, *non muto mihi causam possessionis, sed desino possidere, et alium possessorem ministerio meo facio;* l. 18, ff. *de acq. poss.*

CHAPITRE III.

Quelles choses sont susceptibles, ou non, de la possession et de la quasi-possession.

37. Il n'y a que les choses corporelles qui soient susceptibles de possession : *Possideri possunt quæ sunt corporalia;* l. 3, ff. *de acq. poss.*

C'est ce qui résulte de la définition et des notions que nous avons données de la possession, au commencement de ce Traité. Posséder une chose, tenir une chose par nous-mêmes, ou par d'autres qui la tiennent en notre nom, étant *rei insistere, incubare,* il est évident que cela ne peut convenir qu'aux choses corporelles.

Même parmi les choses corporelles, il y en a quelques-unes qui ne sont pas susceptibles de possession : telles sont celles qui sont *divini aut publici juris*, comme sont une église, un cimetière, une place publique. Il est évident que ces choses ne peuvent pas être la matière de la possession des particuliers.

Une chapelle domestique qui est dans une terre, étant une chose consacrée à Dieu, une chose *divini juris*, nous ne pouvons, à la vérité, la posséder *per se*, mais nous sommes censés la posséder avec la terre dont elle est une dépendance.

38. Les choses incorporelles, c'est-à-dire, celles *quæ in jure consistunt*, ne sont pas susceptibles, à la vérité, d'une possession véritable et proprement dite ; mais elles sont susceptibles d'une quasi-possession : *Jura non possidentur, sed quasi-possidentur*.

Cette quasi-possession d'un droit consiste dans la jouissance qu'en a celui à qui il appartient.

Par exemple, je suis censé avoir la quasi-possession d'un droit de dîme ou d'un droit de champart, par la perception que je fais de la dîme ou du champart.

Je suis censé avoir la quasi-possession d'un droit de fief, d'un droit de censive, d'une rente, soit foncière, soit constituée, par les aveux qui m'en sont portés, par les reconnoissances qui me sont passées, par le paiement qui m'est fait, soit des cens, soit des arrérages de rente.

Je suis censé avoir la quasi-possession d'un droit de servitude, lorsque je fais dans l'héritage, au vu et au su du propriétaire de cet héritage, ce que mon droit de servitude me donne droit d'y faire.

J'ai la quasi-possession d'un droit de justice sur un territoire, par les actes judiciaires qu'y font mes officiers ; par la comparution des justiciables aux assises que tient mon juge, et par le défaut qu'il prononce contre les absents.

En général, la jouissance que j'ai de quelque droit que ce soit, en est une quasi-possession.

Cette quasi-possession est susceptible des mêmes qualités et des mêmes vices que la véritable possession.

CHAPITRE IV.

Comment s'acquiert et se retient la possession; et des personnes par lesquelles nous pouvons l'acquérir et la retenir.

SECTION PREMIÈRE.

Comment s'acquiert la possession.

39. Pour acquérir la possession d'une chose, il faut la volonté de la posséder, jointe à la préhension de cette chose: *Adipiscimur possessionem corpore et animo, neque per se animo, aut per se corpore; l. 3, §. 1. ff. de acq. poss.*

Nous traiterons, dans un premier paragraphe, de la volonté de posséder; dans le second, de la préhension de la chose; dans un troisième, des personnes qui sont capables ou incapables d'acquérir la possession; dans un quatrième, des personnes par lesquelles nous pouvons acquérir la possession d'une chose.

§. I. De la volonté de posséder.

40. Il est évident qu'on ne peut acquérir la possession d'une chose, sans avoir la volonté de la posséder.

Par exemple, on me fait entrer dans le cabinet d'une personne à qui je vais rendre visite : en l'attendant, je prends un livre que je trouve sur son bureau, pour voir ce que c'est. Il est évident que, quoique je l'aie entre mes mains, je n'en acquiers pas la possession; car je n'ai pas la volonté de le posséder.

Pareillement à l'égard des héritages : si, dans un voyage, je vais coucher au château de mon ami en son absence; quoique je sois seul dans ce château, je n'en acquiers pas la possession ; car je n'ai pas la volonté de l'acquérir : *Qui jure familiaritatis amici fundum ingressus est, non videtur possidere, quia non eo animo ingressus est ut possideat, licèt corpore in fundo; l. 41, ff. de acq. poss.*

De ce principe, que pour acquérir la possession d'une chose, il faut avoir la volonté de la posséder, il s'ensuit que si j'ai acheté de vous une chose, et que vous m'en livriez une autre que je prends, par erreur, pour celle que j'ai achetée, et dont j'ai intention d'acquérir la possession, je n'acquiers la possession ni de celle que j'ai acquise par erreur, parceque ce n'est pas celle dont j'ai la volonté d'acquérir la possession, ni de celle que j'ai la volonté d'acquérir, parceque je ne l'ai pas reçue : *Si me in vacuam possessionem fundi Corneliani miseris, ego putarem me in fundum Sempronianum missum, et in Cornelianum iero, non acquiram possessionem, nisi fortè in nomine tantùm erraverimus, in corpore consentiamus ;* l. 34, ff. d. tit.

§. II. De la préhension.

41. La possession s'acquiert *corpore et animo*, comme nous l'avons dit. Il ne suffit donc pas que j'aie la volonté de posséder une chose dont vous avez consenti de m'abandonner la possession, pour que je puisse en acquérir la possession ; il faut une préhension corporelle de la chose. Si c'est un meuble, il faut que ce meuble me soit remis entre les mains, ou en celles de quelqu'un de ma part, qui le reçoive pour moi et en mon nom ; si c'est un héritage, il faut que je me transporte sur cet héritage pour m'en mettre en possession, ou que j'y fasse transporter quelqu'un qui s'en mette en possession de ma part. Au reste, je suis censé avoir acquis la possession de tout l'héritage, aussitôt que j'y suis entré et que j'y ai mis le pied, ou par moi-même, ou par quelqu'un de ma part, sans qu'il soit nécessaire que ni moi, ni celui que j'ai envoyé de ma part, nous nous transportions sur toutes les pièces de terre dont l'héritage est composé : *Quod dicimus et corpore et animo acquirere nos debere possessionem, non utique ità accipiendum est, ut qui fundum possidere velit, omnes glebas circumambulet ; sed sufficit quamlibet partem ejus fundi introire, dum mente et cogitatione hæc sit, ut totum fundum usquè ad terminum velit possidere ;* l. 3, §. 1, ff. de acq. poss.

Cela a lieu à l'égard de celui qui acquiert la possession

d'un héritage que l'ancien possesseur consent de lui abandonner. Il en est autrement d'un usurpateur qui s'empare par violence d'un héritage dont il chasse l'ancien possesseur; cet usurpateur n'acquiert la possession que pied à pied, des parties de l'héritage dont il s'empare : *Si cum magnâ vi ingressus est exercitus, eam tantummodò partem quam intraverit obtinet;* l. 18, §. 4, ff. *d. tit.*

42. Du principe qu'il faut une préhension corporelle de la chose pour en acquérir la possession, naît la décision d'une question dans l'espèce suivante : Un ouvrier, en faisant de mon ordre un fossé sur mon héritage, y a découvert un pot dans lequel étoit un trésor : il m'en est venu donner avis. On demande si la connoissance que j'ai que ce trésor est dans mon héritage, jointe à la volonté que j'ai de le posséder, m'en fait acquérir la possession, au moins pour la part qui m'en appartient comme propriétaire de l'héritage. Les Proculéiens tenoient l'affirmative; mais il a prévalu, conformément à notre principe, que je n'en pouvois acquérir la possession qu'en le faisant tirer du lieu où il étoit : *Neratius et Proculus (putant).... si thesaurum in fundo meo positum sciam, continuò me possidere; quia quod desit naturali possessioni, id animus implet.... Quidam putant Sabini sententiam veriorem esse, nec aliàs eum qui scit, possidere, nisi de loco motus sit; quia non sit sub custodiâ nostrâ; quibus consentio;* d. l. 3, §. 3, ff. *de acq. poss.*

43. Le principe qu'il faut une préhension corporelle de la chose, pour en acquérir la possession, souffre exception dans le cas de plusieurs espèces de traditions, par lesquelles celui à qui elles sont faites est censé acquérir la possession de la chose dont on entend lui faire la tradition, avant qu'il soit intervenu aucune préhension corporelle de cette chose. Ces espèces de traditions sont rapportées en notre Traité du Domaine de Propriété, *part.* 1, *ch.* 2, *sect.* 4, *etc.* Nous y renvoyons.

§. III. Des personnes qui sont capables ou incapables d'acquérir la possession d'une chose.

44. La volonté d'acquérir la possession d'une chose étant absolument nécessaire pour l'acquérir, c'est une conséquence que les personnes qui n'ont pas l'usage de raison, telles que les fous, les insensés et les enfants, et qui sont, par conséquent, incapables de volonté, sont incapables d'acquérir par elles-mêmes la possession d'aucune chose. C'est ce qu'enseigne Paul : *Furiosus et pupillus non potest incipere possidere, quia affectionem non habent, licèt maximè corpore suo rem contingant; sicuti si quis dormienti aliquid in manu ponat;* l. 1, §. 3, ff. *de acq. poss.*

45. Ce qui est dit du mineur *impubère* ne doit s'entendre que de celui qui est dans l'âge d'enfance; il en est autrement lorsque l'*impubère* a un âge suffisant pour comprendre ce qu'il fait. C'est pourquoi Paul ajoute tout de suite : *Ofilius et Nerva filius, etiam sine tutoris auctoritate possidere incipere posse pupillum aiunt; eam enim rem facti, non juris esse : quæ sententia recipi potest, si ejus ætatis sunt ut intellectum capiant.*

Outre la raison que Paul apporte, que la possession n'est qu'une chose de fait, on peut ajouter que le mineur n'ayant pas besoin de l'autorité de son tuteur pour faire sa condition meilleure, il ne peut, à la vérité, rien aliéner, ni s'obliger sans l'autorité de son tuteur : mais il n'en a pas besoin pour acquérir; il peut, sans l'autorité de son tuteur, accepter des domaines, et, par la tradition qui lui est faite des choses données, en acquérir non seulement la possession, mais le domaine.

46. A l'égard des enfants et des fous, qui sont incapables de volonté, ils ne peuvent pas, à la vérité, comme nous l'avons dit, acquérir par eux-mêmes la possession d'une chose; mais ils peuvent l'acquérir par le ministère de leurs tuteurs et curateurs; la volonté qu'ont les tuteurs et curateurs d'acquérir pour ces personnes, supplée à la volonté qui leur manque.

47. Par la même raison, les corps et les communautés,

les hôpitaux, ne peuvent, à la vérité, acquérir par eux-mêmes la possession d'aucune chose : *Municipes per se nihil possidere possunt, quia universi possidere non possunt; l.* 1, §. 22 : mais ils le peuvent par le ministère de leurs syndics et administrateurs.

48. Quoiqu'une femme sous puissance de mari, qui n'est ni séparée, ni marchande publique, ne puisse rien acquérir sans être autorisée de son mari, ou par justice, comme nous l'avons vu dans notre *Traité de la Puissance du Mari*, néanmoins la possession n'étant qu'une chose de fait, je crois qu'elle peut, sans être autorisée, acquérir la possession d'une chose; mais elle ne peut, sans être autorisée, exercer les droits qui résultent de cette possession.

§. IV. Par qui nous pouvons acquérir la possession.

49. Nous pouvons acquérir la possession d'une chose, non seulement par nous-mêmes, mais aussi par ceux qui la reçoivent pour nous et en notre nom. Par exemple, lorsque j'envoie un tailleur chez un marchand pour m'acheter de l'étoffe pour me faire un habit, il m'acquiert la possession de cette étoffe, lorsqu'il la reçoit des mains du marchand pour moi et en mon nom : *Per procuratorem, tutorem, curatoremve possessio nobis acquiritur; l.* 1, §. 20, ff. *de acq. poss.*

50. Observez que, pour que nous acquérions la possession d'une chose par un autre, il faut qu'il ait intention de nous l'acquérir.

De là il suit, 1° que nous ne pouvons pas acquérir la possession d'une chose par le ministère d'une personne qui, n'ayant pas l'usage de raison, est incapable de volonté. C'est pourquoi, si j'avois envoyé un fou prendre possession pour moi d'un héritage que j'ai acheté; quoiqu'il s'y transportât, il ne m'en acquerroit pas la possession : *Ille per quem volumus possidere talis esse debet, ut habeat intellectum possidendi; l.* 1, §. 9, ff. *d. tit. Et ideò si furiosum servum miseris ut possideas, nequaquàm videris apprehendisse possessionem; d. l.* 1, §. 10.

51. De là il suit, 2° que si vous ayant chargé de faire

pour moi l'emplette d'une certaine chose, au lieu de vous acquitter de votre commission, et de faire cette emplette pour moi, vous l'avez faite pour vous, je n'acquiers point par vous la possession de cette chose que vous avez reçue pour vous. C'est pourquoi Paul, après avoir dit que *Per procuratorem, tutorem, curatoremve possessio nobis acquiritur*, ajoute : *Quùm autem suo nomine nacti fuerint possessionem, non cum eâ mente ut operam duntaxat suam accommodarent nobis, non possunt acquirere; d. l.* 1, §. 20.

52. Mais lorsque quelqu'un que j'ai chargé de me faire l'emplette d'une chose, en a fait l'emplette pour moi, et l'a reçue pour moi et en mon nom, j'en acquiers par lui la possession aussitôt qu'il la reçoit pour moi, même avant que j'en aie eu avis, et quoique j'ignore encore qu'il l'a reçue : *Per liberam personam ignoranti quoque acquiri possessionem..... receptum est; l.* 1, *Cod. de acq. poss.*

53. Cela a lieu, lorsque celui qui a reçu pour moi la chose avoit charge de moi de recevoir pour moi cette chose, ou du moins lorsqu'il avoit charge de moi de me faire l'emplette d'une chose de ce genre : car la procuration que je lui ai donnée d'en faire l'emplette pour moi, suppose en moi la volonté d'acquérir la possession de la chose qu'il recevra pour moi; laquelle volonté persévère en moi au temps qu'il la reçoit, et suffit pour m'en faire acquérir par lui la possession, quoique j'ignore encore qu'il l'ait reçue. Il n'en est pas de même lorsqu'un de mes amis, sans avoir charge de moi, fait pour moi l'emplette d'une chose qu'il sait devoir me faire plaisir, et la reçoit pour moi et en mon nom. Je n'en acquiers par lui la possession que depuis que j'ai eu avis de cette emplette qu'il a faite pour moi, et que je l'ai approuvée; car je n'ai pas pu avoir plus tôt la volonté d'en acquérir la possession : *Procurator, si quidem mandante domino rem emerit, protinùs illi acquirit possessionem; quòd si suâ sponte emerit, non, nisi ratam habuerit dominus emptionem; l.* 42, §. 1, *ff. de acq. poss.*

SECTION II.

Comment se retient et se conserve la possession.

54. De même que nous acquérons la possession d'une chose, non seulement par nous-mêmes, mais aussi par d'autres qui la reçoivent pour nous et en notre nom, comme nous l'avons vu en l'article précédent; pareillement, nous retenons la possession d'une chose, non seulement par nous-mêmes, mais par d'autres qui la détiennent pour nous et en notre nom : *Et per colonos et inquilinos aut servos nostros possidemus;* l. 25, §. 1, ff. *de acq. poss. Et generaliter quisquis omninò nostro nomine sit in possessionem, veluti procurator, hospes, amicus, non possidere videmur;* l. 9, ff. *d. tit.*

En cela l'acquisition de la possession et la conservation de la possession conviennent; mais elles diffèrent principalement en deux points.

Première différence.

55. Pour acquérir la possession d'une chose, la seule volonté ne suffit pas; il faut une préhension corporelle de la chose, ou par nous-mêmes, ou par quelqu'un qui l'appréhende pour nous et en notre nom, comme nous l'avons vu *suprà, n.* 41.

Au contraire, lorsque nous avons acquis la possession d'une chose, la seule volonté que nous avons de la posséder suffit pour nous en faire conserver la possession, quoique nous ne détenions pas cette chose corporellement, ni par nous-mêmes, ni par d'autres.

Les empereurs Dioclétien et Maximien nous font observer cette différence : *Licèt possessio nudo animo acquiri non possit; tamen solo animo retineri potest;* l. 4, *Cod. de acq. poss.*

Cette volonté de retenir la chose se suppose toujours, tant qu'il ne paroît pas une volonté contraire bien marquée. C'est pourquoi, quand même une personne auroit abandonné la culture de ses héritages, elle ne seroit pas, pour cela, censée avoir la volonté d'en abandonner la possession : elle seroit donc présumée avoir la volonté de la retenir, et elle la retiendroit en effet. C'est ce que décident les empereurs dans la loi ci-dessus citée : *Si ergo, continuent-ils, prædiorum desertam possessionem non derelinquendi affectione transacto tempore non coluisti, sed motus necessitate culturam eorum distulisti, præjudicium ex transmissi temporis injuriâ generari non potest;* d. l. 4, *Cod. d. tit.*

Paul, pour exemple du principe que nous retenons la possession d'une chose par la seule volonté de la retenir, sans aucune détention corporelle, nous rapporte ce cas : *Saltus hibernos æstivosque animo possidemus, quamvis eos certis temporibus relinquamus;* l. 3, §. 11, ff. *de acq. poss.*

56. Il n'est pas même nécessaire, pour conserver la possession des choses que je possède, que j'aie une volonté positive d'en retenir la possession : une volonté négative suffit; c'est-à-dire qu'il suffit que la volonté que j'ai eue de la posséder, lorsque j'en ai acquis la possession, n'ait pas été révoquée par une volonté contraire : car tant qu'elle n'a point été révoquée par une volonté contraire, elle est toujours censée persévérer, et j'en retiens la possession, à moins que quelqu'un ne l'eût usurpée sur moi, et ne m'en eût dépossédé.

Notre principe, que, pour retenir la possession d'une chose, il n'est pas nécessaire d'avoir une volonté positive et formelle de la posséder, ne peut être révoqué en doute. Lorsqu'une personne dort, il est évident que, pendant son sommeil, elle est incapable de volonté, et qu'elle ne peut par conséquent, pendant son sommeil, avoir une volonté positive de posséder toutes les choses qu'elle possédoit avant son sommeil : oseroit-on douter qu'elle en conserve la possession pendant son sommeil?

Pareillement, lorsqu'une personne a perdu l'usage de la raison, et qu'elle est devenue, par la folie, incapable de volonté; quoiqu'elle ne puisse plus avoir une volonté positive de rien posséder, oseroit-on douter que, pendant sa folie, et même avant qu'on l'ait pourvue d'un curateur, elle conserve la possession de ce qu'elle possédoit?

57. C'est conformément à ce principe que, suivant la

maxime de notre droit françois, *Le mort saisit le vif*, la possession de toutes les choses qu'un défunt possédoit, au temps de sa mort, passe, dès l'instant de sa mort, en la personne de son héritier, non seulement avant qu'il ait accepté la succession, pourvu qu'il l'accepte par la suite, mais même avant qu'il ait eu connoissance de la mort du défunt, et que sa succession lui ait été déférée, et par conséquent avant qu'il ait pu avoir une volonté positive de posséder les choses que le défunt possédoit lors de sa mort. La raison en est, que l'héritier étant regardé comme la continuation de la personne du défunt, la possession de toutes ces choses, qui passe à cet héritier, n'est que la continuation de celle qu'avoit le défunt. L'héritier conserve et retient cette possession plutôt qu'il ne l'acquiert, et par conséquent il n'a pas besoin pour cela d'avoir une volonté positive de posséder toutes ces choses.

58. Par la même raison, la succession vacante d'un défunt, quoiqu'elle ne soit qu'une personne fictive, incapable de volonté, est néanmoins censée posséder toutes les choses que le défunt possédoit lors de sa mort; parceque cette succession vacante, qui n'est que la continuation de la personne du défunt, en possédant les choses que le défunt possédoit au temps de sa mort, ne fait que retenir et conserver la possession que le défunt avoit lors de sa mort. Or, suivant notre principe, on peut retenir la possession sans avoir une volonté positive de posséder.

Seconde différence.

59. Pour que nous puissions acquérir la possession d'une chose par un autre, il faut que celui par qui nous acquérons la possession ait une volonté formelle de nous l'acquérir, qui concoure avec la nôtre : au contraire, pour que nous retenions la possession d'une chose en laquelle d'autres ont été mis en possession pour nous, il n'est point nécessaire qu'ils conservent la volonté de la détenir pour nous.

De là il suit que si mon fermier, qui détient pour moi et en mon nom mon héritage, vient à perdre l'usage de la raison; quoiqu'il soit, par sa folie, incapable de volonté, et qu'il ne puisse plus, par conséquent, détenir pour moi et en mon nom mon héritage, je ne laisse pas d'en retenir par lui la possession : *Per colonos et inquilinos aut servos nostros possidemus ; etsi moriantur aut furere cœperint, aut alii locent, intelligimur nos retinere possessionem ;* d. l. 25, ff. *de acq. poss.*

60. Il y a plus : quand même celui qui a commencé d'être en possession d'une chose, pour moi et en mon nom, changeroit de volonté, et auroit la volonté de ne la plus détenir en mon nom, mais au sien, il seroit toujours censé la détenir en mon nom, et je continuerois de posséder par lui mon héritage. Cela est conforme au principe que nous avons rapporté *suprà, n.* 31, que personne ne peut se changer la cause et les qualités de sa possession ou de sa détention.

61. Nous retenons la possession d'une chose par ceux qui la détiennent pour nous et en notre nom, non seulement lorsqu'ils la détiennent par eux-mêmes, mais encore lorsqu'ils la détiennent par d'autres, quand ceux par qui ils la détiennent les en croiroient les véritables possesseurs, et auroient, par conséquent, l'intention de la détenir pour eux et non pour nous; car en détenant la chose pour eux, qui ne peuvent la posséder, *quùm non possint mutare sibi causam possessionis suœ,* ils la détiennent indirectement pour nous, sans le savoir. C'est ce qu'enseigne Paul : *Si ego tibi commodavero, tu Titio, qui putet tuum esse, nihilominùs ego id possidebo ; et idem erit si colonus meus fundum locaverit, aut is apud quem deposueram, apud alium rursùs deposuerit ; et id quamlibet per plurium personam factum, observandum ità erit;* l. 30, §. 6, ff. *de acq. poss.*

62. Lorsque celui par qui nous possédons une chose est mort, et que cette chose se trouve par-devers son héritier, nous continuons de la posséder par son héritier.

Par exemple, lorsque mon fermier meurt, je continue de posséder par son héritier l'héritage que je possédois par lui.

Cela a lieu, quand même l'héritier de mon fermier ne seroit pas lui-même mon fermier, *putà*, parceque je n'avois fait le bail que pour sa vie : cela n'empêche pas que je ne sois possesseur par cet héritier de l'héritage, tant qu'il y demeure, de même que je le possédois par le défunt : *Hæredem coloni, quamvis colonus non est, domino possidere existimo;* l. 60, §. 1, ff. *d. tit.*

Il y a plus : quand même l'héritier de mon fermier auroit ignoré que le défunt n'étoit que le fermier de l'héritage, et qu'il l'en auroit cru le propriétaire, et qu'en conséquence il regardât cet héritage comme un héritage à lui appartenant, et non comme un héritage dont il ne fût en possession qu'en mon nom, il devroit néanmoins être censé n'en être en possession qu'en mon nom; car sa possession étant la même que celle à laquelle il a succédé au défunt, celle que le défunt avoit, n'étant qu'une possession qui avoit pour cause le bail à ferme que je lui avois fait de mon héritage, n'étant, par conséquent, qu'une possession en laquelle il étoit en mon nom, celle de son héritier, nonobstant la fausse opinion qu'il en a, ne peut être qu'une possession en laquelle il est en mon nom, personne ne pouvant, par son opinion, se changer la cause et les qualités de sa possession : *Nemo ipse sibi potest mutare causam possessionis suæ*, comme nous l'avons vu *suprà*.

63. Il résulte de tout ce que nous avons dit jusqu'à présent, que nous retenons la possession d'une chose par celui qui en est en possession en notre nom, ou par son héritier, ou par celui qui la détient pour lui, tant que ces personnes conservent la possession de la chose en laquelle elles sont pour nous. Sur quoi, observez que quoique le fermier d'un héritage, ou le locataire d'une maison, qui est en possession de cet héritage ou de cette maison en mon nom, s'en soit absenté pour un temps, sans y laisser personne de sa part, dans le dessein d'y retourner, il est censé continuer d'en être en possession, par la volonté qu'il a d'y retourner, et j'en conserve la possession par lui. C'est ce qu'enseigne Javolenus : *Si colonus non descrendæ possessionis*

causâ, exisset de fundo et eò redisset, eumdem locatorem possidere placet; l. 31, ff. *d. tit.*

Javolenus dit, *non deserendæ possessionis causâ;* car, suivant l'opinion de l'école des Sabiniens, dont étoit ce jurisconsulte, lorsque celui qui étoit en possession d'une chose en mon nom, en abdiquoit la possession, *putà*, lorsque mon fermier abandonnoit mon héritage dans le dessein de n'y plus revenir, j'en perdois la possession. C'est ce qu'enseigne Africanus, qui suivoit l'opinion de cette école. Après avoir dit qu'après la mort de mon fermier je conservois, par son héritier, la possession de l'héritage en laquelle le défunt étoit en mon nom, il ajoute : *Aliud existimandum* SI COLONUS *sponte discesserit;* l. 40, §. 1.

Proculus et son école enseignoient, au contraire, que quoique celui qui étoit en possession d'une chose en mon nom, eût abdiqué cette possession, je ne laisserois pas d'en conserver la possession, par ma seule volonté de la posséder, à moins qu'un tiers ne s'en fût emparé, et ne m'en eût dépossédé : *Quùm quis persuaserit familiæ meæ ut de possessione decedat, possessio quidem non amittitur, sed de dolo judicium in eum competit, si quid mihi damni* (1) *accesserit;* l. 31, ff. *de dolo malo.*

Paul suit ce sentiment : *Si servus vel colonus per quos corpore possidebam, decesserint discesserintve, animo retinebo possessionem;* l. 5, §. 8, ff. *de acq. poss.*

Le sentiment des Proculéiens est le plus raisonnable, et Justinien l'a confirmé en la loi dernière, *Cod. d. tit.*

CHAPITRE V.

Comment se perd la possession.

64. Quoique la possession d'une chose consiste dans une détention corporelle de cette chose, ou par nous-mêmes,

---

(1) Soit parceque mon héritage est resté inculte, soit parceque cela anroit donné occasion à un tiers de s'en mettre en possession, et de m'en déposséder.

ou par d'autres qui la détiennent en notre nom; néanmoins, lorsque nous avons une fois acquis la possession d'une chose par une préhension corporelle que nous avons faite de cette chose par nous-mêmes, ou par quelque autre en notre nom, avec la volonté de la posséder, nous pouvons conserver et retenir cette possession, par la seule volonté que nous avons de la conserver, quand même, pendant quelque temps, nous cesserions de la détenir corporellement par nous-mêmes, ou par d'autres. C'est ce que nous avons établi en l'article précédent.

De là il suit que, pour perdre la possession que nous avons d'une chose, il ne suffit pas que nous cessions de la détenir corporellement, si nous n'avons pas une volonté formelle d'en abandonner la possession, ou si nous n'en sommes dépossédés par quelqu'un malgré nous. C'est en ce sens que Paul dit : *Ut nulla possessio acquiri nisi animo et corpore potest, ità nulla amittitur, nisi in quâ utrumque in contrarium actum* (1); l. 153, ff. *de reg.*

C'est conformément à ce principe que Proculus dit : *Si is qui animo possessionem saltûs retineret, furere cœpisset, non potest, dum fureret, ejus saltûs possessionem amittere; quia furiosus non potest desinere animo possidere;* l. 27, ff. *de acq. poss.*

Nous allons parcourir les différentes manières dont se perd la possession. Nous traiterons, dans un premier article, des manières dont nous perdons la possession par notre volonté; dans un second, des manières dont nous la perdons malgré nous.

_____

(1) Cela n'est dit qu'en ce sens, que, de même que pour l'acquisition de la possession, une préhension corporelle de la chose ne suffit pas, sans la volonté d'en acquérir la possession; de même, pour la perdre, il ne suffit pas de cesser de détenir corporellement une chose, sans la volonté d'en perdre la possession. En cela l'acquisition et la perte de la possession conviennent; mais elles diffèrent, comme nous le verrons *infrà*, en ce que, pour acquérir, la volonté ne suffit pas sans une préhension corporelle; au lieu que la volonté seule suffit pour perdre la possession.

ARTICLE PREMIER.

Des manières dont nous perdons la possession par notre volonté.

65. Nous perdons la possession d'une chose par notre volonté, ou par la tradition que nous en faisons à quelqu'un dans le dessein de la lui transférer, ou par un abandon pur et simple.

§. I. De la perte de la possession par la tradition.

66. Il est évident que la tradition que nous faisons d'une chose à quelqu'un, dans le dessein de lui en transférer la possession, renferme la volonté de la perdre, et qu'elle nous la fait perdre, puisque nous ne pouvons la lui transférer qu'en la perdant.

Lorsque la tradition est une tradition réelle, nous perdons la possession *animo et corpore.* Nous ne la perdons pas moins par les traditions feintes, quoique nous la perdions, en ce cas, *animo solo, absque corporali discessione.*

Par exemple, si j'ai vendu un héritage à quelqu'un qui me l'a donné à ferme par le même acte, la tradition feinte qui renferme ce bail à ferme lui en fait acquérir la possession par moi, qui en prends possession en son nom, en me déclarant tenir dorénavant cet héritage en son nom et comme son fermier; et je perds en même temps la possession que j'en avois, *animo, absque corporali discessione.*

67. La tradition étant une manière de perdre la possession par notre volonté, accompagnée du fait de la tradition, il suit de là qu'un mineur, à qui la volonté d'aliéner ce qui lui appartient n'est pas permise, s'il n'est autorisé de son tuteur, peut bien, en faisant à quelqu'un la tradition réelle d'une chose, sans y être autorisé par son tuteur, cesser de la posséder corporellement, mais qu'il en conserve néanmoins la possession : *Possessionem pupillum sine tutoris auctoritate amittere posse constat, non ut animo, sed ut corpore desinat possidere; quod est enim facti potest amittere;* l. 29, ff. *de acq. pos.*

Marcien dit encore plus formellement : *Pupillus.... alie-*

*nare nullam rem potest nisi præsente tutore auctore, et
ne quidem possessionem quæ est naturalis, ut Sabinianis
visum est; quæ sententia vera est; l. 11, ff. de acq. rer.
dom.*

68. Nous perdons la possession d'une chose aussitôt que
nous en avons fait la tradition à quelqu'un, dans le dessein
de la lui transférer, lorsque cette tradition se fait purement
et simplement; mais lorsque nous y avons attaché quelque
condition, nous n'en perdons la possession, et elle n'est
transférée à celui à qui la tradition est faite, que lorsque la
condition sous laquelle elle lui a été faite aura été accomplie. C'est ce qu'enseigne Julien : *Si quis possessionem
fundi ità tradiderit, ut ità demùm cedere eâ dicat, si ipsius fundus esset, non videtur possessio tradita, si fundus
alienus sit : hoc ampliùs existimandum est possessiones
sub conditione tradi posse, sicut res sub conditione tradun-
tur, neque aliter accipientis fiunt quàm conditio extiterit;*
l. 38, §. 1, ff. de acq. pos.

69. Lorsque je n'ai apposé aucune condition à la tradition
que j'ai faite d'une certaine chose, à une personne que je
croyois jouir de la raison, dans le dessein de la lui transférer,
aurai-je perdu la possession par cette tradition, dans le cas
auquel la personne à qui la tradition de la chose a été faite
n'en auroit pu acquérir la possession, faute d'avoir l'usage
de la raison, et par conséquent faute d'avoir la volonté nécessaire pour l'acquérir? Celse décide cette question pour
l'affirmative : *Si furioso quem suæ mentis existimas, eo
quòd forte in conspectu inumbratæ quietis fuit constitutus,
rem tradideris; licèt ille non erit adeptus possessionem, tu
possidere desinis; sufficit quippe dimittere possessionem,
etiàmsi non transferas : illud enim ridiculum est dicere,
quòd non aliter vult quis dimittere quàm si transferat :
imò vult dimittere, quia existimat se transferre;* l. 18, §. 1,
d. tit.

Cette décision de Celse me paroît souffrir difficulté. La
volonté que la tradition renferme, n'est pas une volonté
absolue de perdre la possession de la chose, mais une volonté de la transférer à celui à qui la tradition est faite, et

de la perdre, par conséquent, en la lui transférant. Ce n'est donc que par la translation que je lui en ferai, que je veux la perdre et que je dois la perdre. Quelque pure et simple qu'ait été *extrinsecùs* la tradition que j'ai faite, la volonté que cette tradition renferme de perdre la possession, est une volonté à laquelle *vi ipsâ et naturaliter inest* la condition qu'elle passera à celui à qui la tradition est faite.

§. II. De la perte de la possession par l'abandon pur et simple.

70. Il y a cette différence entre la tradition dont nous avons parlé au paragraphe précédent, et l'abandon pur et simple, que celui qui fait la tradition d'une chose à quelqu'un, dans le dessein de lui en transférer la possession, n'a la volonté de perdre la possession que pour la transférer à celui à qui il fait la tradition. Au contraire, celui qui fait un abandon pur et simple de la possession d'une chose, a une volonté absolue de perdre la possession.

On peut apporter pour exemple d'un abandon pur et simple de possession, celui que nous faisons de la possession de certaines choses mobilières que nous jetons dans la rue ou ailleurs, comme choses qui ne sont bonnes à rien, et que nous ne voulons plus posséder.

Nous faisons pareillement un abandon pur et simple de la possession d'un héritage, lorsque nous en sortons à dessein de n'y plus revenir et de ne le plus posséder.

Le déguerpissement que je fais d'un héritage chargé d'une rente foncière, pour m'en décharger à l'avenir, est aussi un abandon pur et simple que je fais de la possession de cet héritage. Mon unique dessein, en le déguerpissant, est d'en perdre la possession pour me décharger des charges attachées à cette possession, et de notifier cet abandon au seigneur de rente foncière à qui j'en fais le déguerpissement. Il n'importe qu'il l'accepte, et qu'il rentre en la possession de l'héritage, ou qu'il ne juge pas à propos d'y rentrer.

71. L'abandon que nous faisons de la possession d'une chose est ordinairement accompagné de l'abandon que nous faisons pareillement du domaine de cette chose. Néanmoins, quelquefois nous retenons le domaine des choses dont nous

abandonnons la possession, comme lorsqu'un marchand, dans le cas d'une tempête, jette à la mer ses marchandises pour alléger le vaisseau. Il en abandonne la possession; car il ne peut pas être censé posséder ces marchandises que la mer emporte, et qu'il n'est plus en son pouvoir de recouvrer. Néanmoins il en conserve le domaine; et s'il arrivoit que la mer les jetât sur le rivage, il auroit le droit, en les faisant reconnoître, de les revendiquer, comme nous l'avons vu en notre *Traité du Domaine de propriété*.

72. L'abandon que nous faisons de la possession d'une chose, se fait ordinairement *corpore et animo*. Il peut se faire aussi *animo solo*, par la seule volonté qu'une personne en ses droits a d'en abondonner la possession. Par exemple, *Si in fundo sis, et tamen nolis eum possidere, protinùs amittes possessionem : igitur amitti et animo solo potest, quamvis acquiri non potest;* l. 3, §. 6, ff. *de acq. possess.*

En cela la possession est différente du domaine : car nous ne pouvons, par notre seule volonté, perdre le domaine d'une chose tant que nous en retenons la possession : *Differentia inter dominium et possessionem hæc est, quòd dominium nihilominùs ejus manet qui dominus esse non vult; possessio autem recedit, ut quisque constituit nolle possidere;* l. 17, §. 2, ff. *d. tit.*

ARTICLE II.

Des manières dont nous perdons la possession malgré nous.

§. I. Des manières dont nous perdons malgré nous la possession d'un héritage.

73. Nous perdons malgré nous la possession d'un héritage, lorsque quelqu'un nous en chasse : *Constat possidere nos, donec discesserimus, aut vi dejecti fuerimus;* l. 3, §. 9, ff. *de acq. pos.*

Nous sommes censés dépossédés, et nous perdons la possession d'un héritage, non seulement lorsque c'est nous-mêmes qui en avons été chassés, mais pareillement lorsqu'on a chassé notre fermier, notre locataire, notre concierge, ou autre qui le détenoit pour nous et en notre nom ; et nous sommes censés avoir perdu la possession de notre héritage aussitôt qu'on les en a chassés, avant que nous en ayons reçu la nouvelle. C'est ce qu'enseigne Ulpien : *Quod servus, vel procurator, vel colonus tenent, dominus videtur possidere, et ideò his dejectis ipse dejici de possessione videtur, etiamsi ignorat eos dejectos per quos possidebat;* l. 1, §. 22, ff. *de vi et vi arm.*

74. Nous sommes censés avoir été chassés de notre héritage, et en avoir, par conséquent, perdu malgré nous la possession, non seulement lorsque par force on nous a contraints d'en sortir, mais pareillement lorsque, nous en étant absentés, on nous a par force empêchés d'y rentrer. C'est ce qu'enseigne Ulpien : *Si quis de agro suo, vel de domo processisset, nemine suorum relicto, mox revertens, prohibitus sit ingredi vel ipsum prædium, vel si quis eum in medio itinere detinuerit, et ipse possiderit, vi dejectus videtur: ademisti enim ei possessionem quam animo retinebat, etsi non corpore;* d. l. 1, §. 24.

Il en est de même, si l'on a empêché d'y entrer quelqu'un qui y venoit de notre part : *Nihil interesset ipsum an alium ex voluntate ejus missum prohibuerit;* l. 18, ff. *d. tit. de vi.*

75. Il n'est pas même absolument nécessaire, pour que je sois censé avoir été chassé de mon héritage, et en avoir en conséquence perdu la possession, que je me sois présenté pour y rentrer. Il suffit que, sur l'avis que j'ai eu que des gens étoient dans mon héritage, dans le dessein d'employer la violence pour m'empêcher d'y rentrer, je me sois abstenu d'y retourner, par la crainte de cette violence : *Si quis nuntiat domum à latronibus occupatam, et dominus timore conterritus noluerit accedere, amisisse eum possessionem placet;* l. 3, §. 8, ff. *de acq. pos.*

76. Une seconde manière dont nous perdons malgré nous la possession d'un héritage, est lorsque nous la laissons usurper par quelqu'un qui s'en est mis en possession, et en a joui pendant un an et jour, sans que nous ayons, de notre part, fait pendant ce temps aucun acte de possession, et sans

que nous ayons apporté, de notre part, aucun trouble à sa jouissance ; car, par cette jouissance d'an et jour, il a acquis la possession, et nous a, par conséquent, fait perdre la nôtre.

77. Enfin, nous perdons la possession d'un héritage lorsqu'il est submergé par la mer ou par la rivière : *Quod mari aut flumine occupatum sit, possidere nos desinimus ; l. 30, §. 3, ff. eod.*

Il en est autrement d'une inondation passagère. Nous retenons la possession de notre héritage inondé, en attendant que la rivière s'en soit retirée.

78. La saisie que des créanciers font des meubles, ou même des héritages de leur débiteur, ne lui en fait pas perdre la possession, comme nous l'avons vu *suprà*, n. 16.

Le vassal dont l'héritage est saisi féodalement, est bien censé dépossédé de l'héritage vis-à-vis du seigneur, lequel est censé le posséder en son propre nom, comme y étant rentré par la saisie féodale : mais cet effet de la saisie n'étant considéré qu'entre le seigneur et le vassal, et n'étant que momentané, le vassal est censé, vis-à-vis des tiers, continuer de posséder son héritage, quoique saisi féodalement.

§. II. Comment perdons-nous malgré nous la possession des choses mobilières ?

79. Nous perdons malgré nous la possession des choses mobilières, lorsqu'elles cessent d'être sous notre garde ; c'est-à-dire, lorsqu'elles cessent d'être dans un lieu où nous puissions les avoir quand nous le voudrons : *Res mobiles, excepto (1) homine, quatenùs sub custodiâ nostrâ sint, hactenùs possideri ; id est quatenùs si velimus, naturalem possessionem nancisci possimus ; l. 3, §. 13, ff. eod.*

_____

(1) Le droit romain exceptoit de ce principe la possession que nous avons de nos esclaves. Nous étions censés conserver la possession d'un esclave fugitif, quoiqu'il ne fût plus dans un lieu où il fût en notre pouvoir de l'avoir quand nous le voudrions. La raison de l'exception est, que tout ce qu'un esclave a, même la possession, appartient à son maître : la possession que cet esclave fugitif a de lui-même, est une possession qui appartient à son maître. N'y ayant pas d'esclaves en France, cette exception ne reçoit pas d'application dans notre droit françois.

Il suit de ce principe, que nous perdons la possession, non seulement des choses mobilières qui nous sont ravies, mais pareillement de celles qui nous sont dérobées : *Rem quœ nobis subrepta est perindè intelligimur desinere possidere, atque eam quœ vi nobis erepta est; l. 15.*

80. Il suit pareillement de ce principe, que nous perdons la possession des choses mobilières que nous avons perdues de manière que nous ne savons plus où elles sont : *Si id quod possidemus ità perdiderimus, ut ignoremus ubi sit, desinimus possidere; l. 25.*

Comme, par exemple, si vos cavales ou vos vaches qui paissoient dans un pâturage, ayant été épouvantées, ont pris la fuite et ne sont pas revenues, de manière que vous ne savez ce qu'elles sont devenues; ou si quelque chose qui étoit derrière votre voiture s'en est détachée, et s'est perdue en chemin; ou si quelque chose est tombée de votre poche, etc. ; en tous ces cas, vous êtes censé avoir perdu la possession de ces choses aussitôt qu'elles ont été perdues, même avant qu'une autre personne les ait trouvées : *Pecus simul atque aberraverit, aut vas ità exciderit ut non inveniatur, protinùs desinere à nobis possideri, licèt à nullo possideatur; l. 3, §. 13.*

En cela la possession des choses mobilières est différente de la possession des héritages, que nous ne perdons pas malgré nous, tant qu'un autre n'en a pas usurpé sur nous la possession.

81. Il ne faut pas confondre avec les choses perdues celles qui, n'étant pas sorties de ma maison, y sont seulement égarées : parceque j'ai perdu la mémoire de l'endroit de ma maison où elles sont, je ne laisse pas d'en conserver la possession. C'est pourquoi Paul, après ce que nous avons rapporté de la loi 3, §. 13, ajoute de suite : *Dissimiliter atque si sub custodiâ meâ sit, nec inveniatur, quia præsentia ejus sit, et tantùm cessat diligens inquisitio.*

Par la même raison, je ne perds point la possession d'une chose, tant qu'elle n'a point été déplacée du lieu où je l'ai mise pour l'y garder, quoique j'aie perdu la mémoire du lieu où je l'ai mise ; et il n'importe que ce soit dans mon héritage ou dans celui d'autrui. C'est ce qu'enseigne Papinien : *Peregrè profecturus pecuniam in terrâ, custodiæ causâ, condiderat : quùm reversus locum thesauri* (1) *immemoriâ non repeteret... an desiisset pecuniam possidere ; vel si posteà cognovisset locum, an confestim possidere inciperet, quæsitum est? Dixi, quoniam custodiæ causâ pecunia condita proponeretur, jus possessionis ei qui condidisset non videri peremptum, nec infirmitatem memoriæ damnum afferre possessionis quam alius non invasit.... Et nihil interest pecuniam in meo an in alieno condidissem... nec alienus locus meam propriam aufert possessionem, quùm suprà terram, an infrà terram possideam nihil intersit ; l. 44.*

CHAPITRE VI.

Des droits qui naissent de la possession ; et des actions possessoires.

82. Quoique la possession ne soit pas un droit dans la chose, et qu'elle ne soit en elle-même qu'un fait, elle donne néanmoins au possesseur certains droits par rapport à la chose qu'il possède.

Il y en a qui sont particuliers aux possesseurs de bonne foi ; d'autres qui sont communs à tous les possesseurs.

Ceux qui sont particuliers aux possesseurs de bonne foi, sont, 1° le droit d'usucapion ou de prescription ; c'est-à-dire, le droit qu'a le possesseur de bonne foi, d'acquérir, par la possession, la propriété de la chose qu'il possède, après l'accomplissement du temps de possession réglé par la loi. Nous traiterons de ce droit dans un Traité qui suivra celui-ci.

2° Le droit qu'a le possesseur de bonne foi, de percevoir à son profit les fruits de la chose, jusqu'à ce qu'elle soit revendiquée par le propriétaire, sans être tenu de les rapporter et d'en faire raison lorsqu'il la revendiquera. Nous

---

(1) Ce terme est pris ici improprement.

avons traité de ce droit dans notre précédent Traité, *partie* 2, *chap.* 1.

3° Le droit qu'a le possesseur, lorsqu'il a perdu la possession de la chose qu'il possédoit de bonne foi, de la revendiquer, quoiqu'il n'en soit pas le propriétaire, contre celui
qui s'en trouve en possession sans titre. Nous avons aussi
traité de ce droit au même chapitre, *art.* 1, §. 2.

83. A l'égard des droits que donne la possession, qui sont
communs à tous les possesseurs, le principal est, qu'elle
les fait réputer par provision propriétaires de la chose qu'ils
possèdent, tant qu'elle n'est point revendiquée par celui
qui en est effectivement le propriétaire, ou qui a droit de
la revendiquer, et même après qu'elle a été revendiquée,
jusqu'à ce que celui qui l'a revendiquée ait justifié de son
droit.

J'ai dit, *ou qui a droit de la revendiquer*, parcequ'un
ancien possesseur de bonne foi, qui a perdu la possession
d'une chose, est reçu, quoiqu'il n'en soit pas propriétaire,
à la revendiquer contre celui qui la possède sans titre,
comme nous l'avons vu en notre *Traité du Domaine de Propriété*, *n.* 292 *et suiv.*

Le possesseur, quel qu'il soit, étant réputé propriétaire
de la chose qu'il possède, jusqu'à ce qu'il en soit évincé,
doit cependant en percevoir les fruits, et jouir de tous les
droits attachés à la propriété de la chose, tant honorifiques
qu'utiles.

84. Le possesseur, quel qu'il soit, doit aussi avoir une
action pour être maintenu dans sa possession, lorsqu'il y
est troublé par quelqu'un, et pour y être rétabli, lorsque
quelqu'un l'en a dépossédé par violence. L'action qu'avoit,
par le droit romain, le possesseur d'un héritage, lorsqu'il
étoit troublé dans sa possession, s'appeloit *interdictum uti
possidetis* : il en avoit une autre, lorsqu'il avoit été dépossédé par violence, qui s'appeloit *interdictum de vi*, autrement *undè vi*.

Notre droit françois donne aussi au possesseur, quel qu'il
soit, pour l'un et pour l'autre cas, une action qu'on appelle
complainte. Lorsque le possesseur l'intente pour le cas au-

quel il est troublé dans sa possession, elle s'appelle *com-plainte en cas de saisine et nouvelleté*. Lorsqu'il l'intente pour le cas auquel il a été dépossédé par violence, elle s'appelle *complainte pour force* ou *pour dessaisine*, autrement *action de réintégrande*. Nous traiterons de l'un et de l'autre cas en des sections séparées. Nous ajouterons une troisième section sur la complainte en matière de bénéfices.

SECTION PREMIÈRE.

De la complainte en cas de saisine et nouvelleté.

85. On peut la définir, une action possessoire que le possesseur d'un héritage, ou d'un droit réel, ou d'une universalité de meubles, a contre celui qui le trouble dans sa possession, aux fins qu'il y soit maintenu, et qu'il soit fait défenses à celui qui l'y trouble, de l'y troubler.

Cette action a un grand rapport avec celle qu'on appeloit en droit *interdictum uti possidetis*.

Le terme de *complainte* convient d'une manière particulière au cas pour lequel cette action est intentée; car chacune des parties s'y plaint réciproquement du trouble apporté par l'autre à la possession que chacune d'elles prétend avoir de l'héritage dont elles se contestent la possession.

Le terme de *saisine* signifie la même chose que *possession;* et le terme de *nouvelleté* se prend pour le trouble que quelqu'un prétend avoir été apporté à sa possession par quelque nouvelle entreprise de son adversaire. C'est pourquoi ces termes, *complainte en cas de saisine et de nouvelleté,* ne signifient autre chose qu'une action dans le cas d'une saisine, c'est-à-dire, d'une possession que chacune des parties litigantes se dispute, et par laquelle chacune d'elles *se plaint de la nouvelleté,* c'est-à-dire, du trouble qu'elle prétend que l'autre partie y a apporté.

86. Les ordonnances et plusieurs coutumes ont parlé de cette action. Nous nous bornerons à rapporter ce qu'en ont dit l'ordonnance de 1667 et la coutume de Paris.

L'ordonnance de 1667, *tit.* 18, *art.* 1, dit : « Si aucun

« est troublé en la possession et jouissance d'un héritage,
« ou droit réel, ou universalité de meubles qu'il possédoit
« publiquement, sans violence, à autre titre que de fermier
« ou possesseur précaire, il peut, dans l'année du trouble,
« former complainte en cas de saisine et nouvelleté, contre
« celui qui lui a fait ce trouble. »

La coutume de Paris, *art.* 96, dit pareillement : « Quand
« le possesseur d'aucun héritage ou droit réel, réputé im-
« meuble, est troublé et empêché en sa possession et jouis-
« sance, il peut et lui loist soy complaindre, et intenter
« poursuite en cas de saisine et nouvelleté, dans l'an et jour
« du trouble à lui fait, et donné audit héritage ou droit réel,
« contre celui qui l'a troublé. »

Nous verrons sur cette action, 1° quelles en sont les prérogatives ; 2° pour quelles choses elle peut être intentée ;
3° par qui ; 4° contre qui ; et en quels cas ; 5° quelle est la
procédure qui doit être tenue sur cette action, et à quoi
elle se termine.

§. I. Des prérogatives de l'action de complainte.

87. Quoique les juges subalternes puissent avoir la connoissance des actions de complainte en matière profane,
c'est néanmoins une prérogative de ces actions, qu'elles
puissent être portées directement par-devant les juges royaux,
sans que les seigneurs de justice puissent être reçus à les
revendiquer, quand même l'héritage qui en fait l'objet seroit situé, et les parties seroient domiciliées dans l'étendue
de leur justice.

C'est encore une des prérogatives de cette action, que les
sentences rendues sur ces actions, par les juges royaux,
s'exécutent nonobstant l'appel, en donnant caution. *Ordon.*
de 1667, *tit.* 18, *art.* 7.

§. II. Pour quelles choses peut-on intenter la complainte?

88. L'ordonnance et la coutume de Paris donnent plus
d'étendue à la complainte, que n'en avoit l'*interdictum uti*
possidetis.

Celui-ci n'avoit lieu que pour les maisons et fonds de terre : il n'avoit point lieu pour les droits réels que quelqu'un avoit dans un héritage. Il y avoit d'autres interdits particuliers pour certains droits de servitudes prédiales, tels que l'*interdictum de itinere actuque privato, de aquâ quotidianâ et œstivâ, de fonte.*

Notre complainte peut être intentée, non seulement pour les héritages ; elle peut l'être aussi pour les droits réels que nous avons dans un héritage. L'ordonnance et la coutume de Paris s'en sont expliquées en termes formels dans les articles ci-dessus rapportés.

Si les droits réels, étant des choses incorporelles *quæ solo intellectu continentur*, ne sont pas susceptibles de la possession proprement dite, ils sont susceptibles d'une quasi-possession, qui consiste dans la jouissance que nous en avons, pour la conservation de laquelle nous pouvons intenter la complainte.

Je puis donc, lorsque je suis en possession, par exemple, d'un droit de champart, intenter cette action contre ceux qui m'y troubleroient.

89. Je puis l'intenter, non seulement contre un tiers qui me le disputeroit, et entreprendroit de le lever à mon exclusion; je puis même l'intenter contre le débiteur qui prétend que son héritage n'est pas sujet à ce droit, et qui refuse en conséquence de me le payer. Ce refus est un trouble qu'il apporte à la possession en laquelle je suis de percevoir ce droit sur son héritage, qui donne lieu à la complainte que je puis former contre lui, et sur laquelle, en établissant ma possession, je dois être maintenu par provision dans la possession de percevoir le champart jusqu'au jugement définitif qui interviendra au pétitoire.

On doit dire la même chose des rentes foncières.

90. Quoique les droits de servitudes prédiales soient des *droits réels* que nous avons dans un héritage, néanmoins, celui qui a joui du passage par un héritage, ou de quelque autre espèce de servitude, par quelque temps que ce soit, sans avoir aucun titre pour en jouir, n'est pas reçu à former la complainte, lorsqu'il en est empêché; parce que,

suivant les principes de notre droit françois, la jouissance que quelqu'un a du passage par un héritage, ou de quelque autre espèce de servitude, sans avoir aucun titre, est présumée une jouissance de pure tolérance. Or, une telle jouissance n'est pas suffisante pour former la complainte. L'article de l'ordonnance de 1667, ci-dessus rapporté, dénie en termes formels cette action à celui qui n'est que possesseur précaire.

Mais lorsque celui qui a joui rapporte un titre en vertu duquel il a joui du passage, ou de quelque autre espèce de servitude sur un héritage ; quoique le possesseur de l'héritage, qui l'a troublé dans sa jouissance, conteste la validité de son titre ; la jouissance qu'il a eue en vertu de ce titre ne passe plus pour une simple tolérance : elle suffit pour qu'il puisse former la complainte, et demander à être maintenu par provision dans sa jouissance, jusqu'à ce qu'il ait été statué définitivement au pétitoire.

91. Il en est de même de tous les droits qui sont de nature à ne pouvoir s'acquérir par la seule possession sans titre, tels que sont les droits de banalité, les droits de corvées. Le seigneur qui en a joui sans titre, n'est pas reçu à former la complainte pour y être maintenu ; cette possession en laquelle il en a été sans titre, étant présumée injuste et extorquée dans son origine, par un abus que le seigneur a fait de sa puissance. Mais lorsque le seigneur rapporte un titre, quoique ce titre soit contredit, il suffit, pour que le seigneur puisse former la complainte, et pour qu'il doive être maintenu par provision dans la possession du droit par lui prétendu, jusqu'à ce qu'il ait été statué définitivement au pétitoire.

92. Il est évident que nous ne pouvons être reçus à former la complainte pour des droits que nous sommes incapables de posséder ; c'est pourquoi les laïques n'étant pas capables de posséder des dîmes ecclésiastiques, et pouvant seulement posséder des dîmes inféodées, un laïque ne peut être reçu à former la complainte pour une dîme dont il jouit, s'il ne justifie, par des aveux qui remontent à plus de cent ans, qu'elle est inféodée.

93. L'ordonnance ajoute, parmi les choses pour lesquelles

on peut former la complainte, une *universalité de meubles*. Elle dénie par-là tacitement la complainte pour de simples meubles. Elle est conforme en cela aux coutumes du royaume. Celle de Paris dit, *article* 97 : « Aucun n'est «recevable de soi complaindre et intenter les cas de nou-«velleté pour une chose mobilière particulière, mais bien «pour universalité de meubles comme en succession mo-«bilière. »

Notre coutume d'Orléans, *art.* 489, a une pareille disposition.

Notre droit françois est en cela différent du droit romain qui, outre l'*interdictum uti possidetis*, qu'il accordoit à ceux qui étoient troublés dans la possession de quelque héritage, pour y être maintenus, accordoit aussi une autre action possessoire, appelée *interdictum utrubi*, à ceux qui étoient troublés dans la possession d'une chose mobilière. Mais dans notre droit françois, lorsque deux parties se disputent une chose mobilière, on entre d'abord dans la question de la propriété.

94. La coutume de Paris, en l'article ci-dessus rapporté, apporte pour exemple d'une universalité de meubles, pour laquelle elle permet d'intenter la complainte, celui d'une succession mobilière. Je me suis mis en possession de la succession mobilière d'un défunt; j'en ai joui pendant an et jour : au bout de ce temps, il vient un tiers qui se prétend héritier à mon exclusion, et qui apporte quelque trouble à ma possession, *putà*, en faisant des poursuites en son nom contre les débiteurs de la succession. Je puis intenter contre lui la complainte, aux fins que je sois maintenu et gardé en la possession de cette succession, et qu'il lui soit fait défenses de m'y troubler, sauf à lui de se pourvoir au pétitoire.

On peut encore apporter pour exemple d'une universalité de meubles pour laquelle on peut intenter la complainte, le pécule qu'un religieux curé a laissé en mourant. Si celui qui, se prétendant avoir droit de succéder à ce pécule, s'en est mis en possession, et qu'il soit troublé dans sa possession, il peut, pour raison de ce pécule, intenter la complainte contre celui qui l'y trouble.

§. III. Par qui la complainte peut être intentée.

95. La complainte étant une action par laquelle quelqu'un demande à être maintenu dans la possession d'une chose, c'est une conséquence qu'il n'y a que celui qui a la possession d'une chose, qui puisse être fondé à intenter la complainte pour raison de cette chose.

Il n'y a donc que le possesseur d'un héritage, c'est-à-dire, celui qui le détient pour lui et en son nom, qui soit fondé à intenter l'action de complainte pour cet héritage, lorsqu'il est troublé dans sa possession.

Il n'importe qu'il le possède par lui-même, ou par d'autres qui le détiennent pour lui, tels que ses fermiers ou locataires.

Il n'importe aussi qu'il possède l'héritage justement ou injustement: car, dans l'action de complainte, il n'est pas question du droit de la possession; il n'est question que du seul fait de la possession.

Il suffit donc que quelqu'un ait de fait la possession d'un héritage, quelle que soit sa possession, pour qu'il soit fondé à intenter la complainte contre tous ceux qui l'y troublent, quels qu'ils soient: *Qualiscumque possessor, hoc ipso quòd possessor est, plus juris habet quàm ille qui non possidet; l. 2, ff. uti poss.*

96. Il faut excepter de cette règle les possesseurs qui ont usurpé leur possession, soit par violence, soit par des voies clandestines, ou dont la possession est précaire, lesquels ne sont pas fondés à former la complainte contre celui sur qui ils ont usurpé la possession par ces voies, ni contre celui de qui ils la tiennent précairement. Mais ces possesseurs sont fondés à la former contre des tiers. C'est ce qu'enseigne Ulpien: *Quod ait prætor in interdicto,* NEC VI, NEC CLAM, NEC PRECARIO ALTER AB ALTERO POSSIDEBIT, *hoc eò pertinet, ut si quis possidet vi, aut clàm, aut precario; si quidem ab alio, prosit possessio; si verò ab adversario suo, non debeat eum, propter hoc quod ab eo pos-*

sidet, èvincere : has enim possessiones non debere profi-
cere palàm est ; l. 1, §. fin. ff. d. tit.

C'est ce que prétendoit notre ancienne coutume d'Orléans, par ces termes, On acquiert possession en jouissant
par an et jour, *nec vi, nec clàm, nec precariò ab adver-*
sario ; lesquels termes n'ont été retranchés, lors de la réformation, que comme superflus, et devant être suffisamment sous-entendus.

97. Le mari ayant, pendant le mariage, la possession
des héritages propres de sa femme, étant, comme s'en explique la coutume de Paris, *art. 233, seigneur des actions*
possessoires qui procèdent du côté de sa femme, il n'est pas
douteux qu'il peut former la complainte pour les héritages
propres de sa femme; mais il doit la former en sa qualité
de mari d'une telle.

Il faut excepter le cas de la séparation de biens, soit
contractuelle, soit judiciaire. Ce n'est point le mari ; en ce
cas, c'est la femme qui a la possession de ses héritages ; et
c'est en conséquence elle seule qui peut former la complainte pour lesdits héritages, y étant autorisée par son
mari, ou, à son défaut ou refus, par justice.

98. Puisque celui dont l'héritage est saisi réellement en
conserve la possession, comme nous l'avons vu *suprà, n.* 16,
il peut former la complainte, s'il lui est apporté quelque
trouble par des tiers. S'il négligeoit de le faire, elle pourroit être formée, sous son nom, à la poursuite et diligence
du commissaire à la saisie réelle.

99. Celui dont l'héritage est saisi féodalement, n'en étant
censé dépossédé que vis-à-vis du seigneur, et étant censé,
vis-à-vis des tiers, en conserver la possession, comme nous
l'avons vu *suprà*, c'est une conséquence qu'il peut former
la complainte s'il y étoit troublé par des tiers.

100. La complainte ne pouvant être formée que par celui
qui a la possession, elle ne peut être formée par les déten-
teurs qui ne détiennent l'héritage que pour un autre et en
son nom, tels que sont des fermiers et locataires.

C'est pourquoi, lorsqu'un fermier est troublé dans sa jouissance, si c'est par son bailleur, il ne peut pas former contre

lui la complainte ; il n'a contre lui que l'action *ex conducto*.
Pareillement, si c'est par un tiers qu'il y est troublé, il n'a
contre ce tiers qu'une action *in factum*; et si le défendeur,
par ses défenses, prétendoit la possession, le fermier doit les
dénoncer à son bailleur, pour que son bailleur forme lui-
même complainte.

L'usufruitier d'un héritage peut bien former la complainte
pour son droit d'usufruit, dont il a une quasi-possession,
lorsqu'il y est troublé ; mais il ne peut pas former la complainte pour l'héritage même ; car ce n'est pas lui, c'est le
propriétaire qui en est le possesseur, et qui peut seul former
la complainte.

§. IV. Contre qui peut-on intenter la complainte; et pour quel trouble ?

101. Le possesseur d'un héritage, ou de quelque autre
chose pour laquelle on peut intenter la complainte, peut
l'intenter contre tous ceux qui le troublent dans sa possession, quels qu'ils soient.

Il peut l'intenter même contre le propriétaire de l'héritage qui le troubleroit dans la possession qu'il en a; et ce
propriétaire n'est reçu, ni à justifier, ni même à alléguer
son droit de propriété, jusqu'à ce que l'action en complainte
que le possesseur a formée contre lui ait été instruite, et
entièrement terminée par une sentence qui maintienne le
possesseur en sa possession.

102. Il y a deux espèces de troubles pour lesquels on peut
intenter la complainte, le trouble *de fait*, et le trouble *de
droit*.

On appelle trouble de fait, les différents faits par lesquels
quelqu'un entreprend quelque chose sur un héritage dont
je suis en possession, soit en le labourant, soit en coupant
les fruits qui y sont pendants, soit en y abattant quelque
arbre, ou en arrachant quelque haie, ou en comblant un
fossé, ou en y en ouvrant un. Je puis prendre pour trouble
à ma possession les entreprises faites sur mon héritage, ré-
sultantes de quelqu'un de ces différents faits, et en conséquence intenter la complainte contre celui qui les a faites.

Lorsque je suis ainsi troublé dans la possession que j'ai

d'un héritage, je ne dois pas laisser passer l'année depuis le trouble, sans former la complainte contre celui qui a fait le trouble, ou sans m'opposer de fait à son entreprise, *putà*, en détruisant ce qu'il a fait sur mon héritage; autrement, comme la possession s'acquiert en jouissant par an et jour sans trouble, il pourroit prétendre avoir acquis la possession de l'héritage par la jouissance qu'il en auroit eue sans trouble par an et jour.

103. Le trouble de droit est celui qui résulte de quelque demande judiciaire, par laquelle quelqu'un me disputeroit la possession que je prétends avoir de quelque héritage. Par exemple, si quelqu'un, prétendant avoir la possession de quelque héritage dont je prétends, de mon côté, être le possesseur, donnoit contre moi une demande en complainte; étant assigné sur cette demande, je dois lui déclarer que je prends sa demande pour trouble fait à la possession en laquelle je prétends être de l'héritage, et lui former, de mon côté, la complainte, aux fins d'être maintenu en ma possession, et qu'il lui soit fait défenses de m'y troubler.

§. V. Quelle procédure on tient sur l'action de complainte; et à quoi elle se termine.

104. Lorsque la partie assignée sur la demande en complainte ne forme point d'opposition à la complainte, le demandeur obtient une sentence qui le maintient en possession.

Au contraire, lorsqu'elle forme opposition à la complainte, en articulant possession contraire, le juge rend un appointement qui permet aux parties respectives de faire preuve de leur possession. Après les enquêtes faites et rapportées, celle des parties qui a fait la preuve de sa possession, obtient sentence qui la maintient dans sa possession, et fait défenses à l'autre partie de l'y troubler, sauf à se pourvoir au pétitoire.

L'effet de cette sentence est, que la partie qui, par cette sentence, a été maintenue en possession, n'aura rien à prouver lorsqu'elle sera poursuivie au pétitoire, et sera présumée propriétaire, jusqu'à ce que l'autre partie, sur la demande qu'elle formera au pétitoire, ait amplement justifié.

105. Lorsque les enquêtes sont contraires, de manière que le juge ne puisse connoître laquelle des parties qui se disputent la possession de l'héritage, a cette possession, le juge, en ce cas, sans rien statuer sur la possession, ordonne que les parties instruiront au pétitoire; et l'héritage sera déclaré appartenir à celle des parties qui, sur l'instance au pétitoire, aura le mieux établi son droit de propriété.

Quelquefois le juge ordonne que la possession sera séquestrée pendant le procès sur le pétitoire.

Quelquefois le juge accorde la récréance à l'une des parties, c'est-à-dire, une possession provisionnelle pendant le procès au pétitoire. Cette récréance n'a d'autre effet que de donner à la partie à qui elle a été accordée, le droit de jouir de l'héritage contentieux, pendant le procès au pétitoire, à la charge d'en rendre compte à l'autre partie, dans le cas auquel cette partie obtiendroit au pétitoire : mais cette récréance n'a pas l'effet qu'a la sentence de pleine maintenue, de déclarer possesseur celui qui l'a obtenue, et de le faire présumer propriétaire, sans qu'il ait besoin de prouver son droit de propriété, tant que l'autre partie n'aura pas pleinement justifié le sien. Au contraire, la sentence de simple récréance laisse la possession *in incerto*, et ne déclare point possesseur celui qui l'a obtenue ; elle ne le dispense pas par conséquent d'établir, sur l'instance au pétitoire, le droit de propriété qu'il prétend avoir de l'héritage contentieux.

SECTION II.

De la réintégrande.

106. On appelle action en réintégrande, l'action de complainte, lorsqu'elle se donne pour le cas de force et de dessaisine, c'est-à-dire, dans lequel le possesseur n'est pas seulement troublé, mais a été entièrement dépossédé par violence.

Elle a les mêmes prérogatives que celle qui s'intente en cas de nouvelleté ; *suprà*, *n.* 87.

On peut la définir, une action que celui qui a été dépossédé par violence de quelque héritage, a contre celui qui l'en a dépossédé, pour être rétabli dans sa possession.

Cette action a rapport à celle qui est connue dans le droit romain sous le nom d'*interdictum undè vi*, qui fait la matière du titre du Digeste, *de vi et vi armatâ*.

Nous verrons sur cette matière, 1° à l'égard de quelles choses il y a lieu à cette action ; 2° en quels cas elle a lieu ; 3° par qui elle peut être intentée ; 4° contre qui elle doit être intentée ; 5° dans quel temps elle doit être intentée ; 6° quel est l'effet de cette action.

§. I. A l'égard de quelles choses il y a lieu à l'action de réintégrande.

107. L'*interdictum undè vi* du droit romain, auquel répond notre action de réintégrande, a lieu à l'égard de toutes les espèces de biens fonds dont quelqu'un a été dépossédé, soit fonds de terre, soit maisons : *Generaliter ad omnes hoc pertinet interdictum, qui de re solo cohærenti dejiciuntur ; qualisqualis enim fuerit locus undè quis vi dejectus est, interdicto locus erit*; l. 1, §. 4, ff. *de vi et vi arm. Proindè etsi superficiaria insula fuerit quâ quis dejectus est, apparet interdicto locum fore*; d. l. 1, §. 5.

Planè si quis de ligneis œdibus dejectus fuerit, nemo ambigit interdicto locum fore ; quia qualequale sit quod solo cohæret, indè qui vi dejectus est, habet interdictum; d. l. §. 8.

A l'égard des choses meubles, quelque grand qu'en soit le volume, elles ne peuvent, *principaliter et per se*, donner lieu à l'*interdictum undè vi*, lorsqu'elles ont été ravies à quelqu'un par violence : *Illud in dubium non venit interdictum hoc ad res mobiles non pertinere*; d. l. §. 6. *Si quis de nave vi dejectus est, huic interdicto locus non est*; d. l. §. 7.

Mais lorsqu'elles s'étoient trouvées dans un héritage dont quelqu'un avoit été dépossédé par violence, l'*interdictum undè vi*, qui avoit lieu pour l'héritage, s'étendoit à ces choses qui s'y étoient trouvées : *Si quæ res sunt in fundo vel in œdibus undè quis dejectus est, etiam earum nomine interdictum competere non est ambigendum;* d. l. 1, §. 6.

108. Pareillement, dans notre droit, notre action de réintégrande étant une branche de l'action de complainte, n'a lieu que pour les immeubles, et non pour de simples meubles.

Ceux à qui on a ravi des choses meubles, ont bien une action contre le ravisseur, pour en obtenir la restitution; et il suffit, pour l'obtenir, qu'ils établissent que la chose leur a été ravie, sans qu'on doive entrer dans l'examen du droit que les parties y ont; mais cette action n'est qu'une action ordinaire, qui n'est pas l'action de réintégrande, et qui n'en a pas les prérogatives.

§. II. En quels cas il y a lieu à l'action de réintégrande.

109. Il résulte de la définition que nous avons donnée de l'action en réintégrande, que, pour qu'il y ait lieu à cette action, il faut que quelqu'un ait été dépossédé par violence d'un héritage qu'il possédoit. On ne peut être dépossédé de ce qu'on n'a pas encore possédé : c'est pourquoi, si j'ai été empêché, quoique par violence, de me mettre en possession d'un héritage que je n'avois pas encore possédé, quelque droit que je puisse avoir de m'en mettre en possession, il n'y a pas lieu à cette action. C'est ce qu'enseigne Ulpien : *Interdictum hoc nulli competit, nisi ei qui tunc quùm dejiceretur, possidebat; nec alius dejici visus est quàm qui possidet;* l. 1, §. 23, ff. *de vi.* Et plus bas, il dit : *Eum qui neque animo neque corpore possidebat, ingredi autem et incipere possidere prohibeatur, non videri dejectum verius est; dejicitur enim qui amittit possessionem, non qui non accipitur;* d. l. 1, §. 26.

On peut apporter pour exemple le cas auquel l'achecheteur d'un héritage, à qui le vendeur a permis de s'en mettre en possession quand il voudroit, s'est, avant qu'il lui en ait fait aucune tradition, ni réelle ni feinte, présenté pour s'en mettre en possession, et en a été empêché par violence, soit par le vendeur, soit par un tiers : il n'y a pas lieu à l'action de réintégrande.

110. Il en seroit autrement si, m'étant absenté de mon

héritage sans y laisser personne de ma part, avec l'intention d'y retourner, quelqu'un, à mon retour, m'eût par violence empêché d'y rentrer. Je suis, en ce cas, censé dépossédé de la possession que je retenois, par la volonté que j'avois de revenir dans mon héritage, comme nous l'avons vu *suprà*, n. 74; et il y a lieu à la réintégrande contre celui qui m'en a dépossédé en m'empêchant d'y rentrer, et s'en est mis de cette manière en possession.

111. Il y a lieu à la réintégrande, lorsqu'un héritier est empêché par violence de se mettre en possession d'un héritage que le défunt possédoit lors de sa mort : car, suivant la règle de notre droit françois, *Le mort saisit le vif*, il est censé avoir succédé à la possession que le défunt avoit de cet héritage; il est censé en avoir été mis en possession par le défunt dès l'instant de sa mort, de laquelle possession il est dépossédé par la violence exercée pour l'empêcher d'y entrer.

112. Pour que quelqu'un soit censé avoir été dépossédé par violence d'un héritage, et pour qu'il y ait lieu en conséquence à la réintégrande, il n'importe que ce soit lui-même, ou ceux qui le détenoient en son nom, tels qu'un concierge, un fermier ou un locataire, qui en aient été chassés par violence, ou qu'on ait empêché d'y rentrer, comme nous l'avons déja vu *suprà*, n. 73.

113. Le droit romain faisoit une distinction, si la violence par laquelle quelqu'un avoit été dépossédé d'un héritage, avoit été faite sans armes, ou avec des armes. Lorsqu'on n'avoit pas employé d'armes, il y avoit lieu à l'action qu'on appeloit *interdictum de vi quotidianâ* : lorsqu'on s'étoit servi d'armes, il y avoit lieu à une autre action qu'on appeloit *de vi armatâ*. Il y avoit quelques différences entre l'une et l'autre action, que nous avons observées au titre de nos Pandectes, *de vi èt vi armatâ*, n. 13 et 14.

Dans notre droit françois, il n'y a qu'une seule action de réintégrande : mais, suivant les circonstances de l'atrocité de la violence, celui qui a été dépossédé par violence peut, au lieu de la réintégrande, prendre la voie de la plainte, et poursuivre criminellement ceux qui l'ont commise.

§. III. Par qui l'action de réintégrande peut être intentée.

114. Tous ceux qui ont été dépossédés d'un héritage par violence, ont droit d'intenter cette action de réintégrande pour en recouvrer la possession.

Pour que quelqu'un soit reçu à intenter l'action de réintégrande, il n'est pas nécessaire que la chose dont il a été dépossédé fût une chose qui lui appartînt, et dont il fût propriétaire; il suffit qu'il la possédât : *Fulcinius dicebat vi possideri, quoties vel non dominus, quùm tamen possideret, vi dejectus est; l. 8, ff. de vi et vi arm.*

Il n'importe pas non plus que la possession dont a été dépossédé celui qui intente la réintégrande, fût une possession civile procédante d'un juste titre, ou qu'elle fût une possession seulement naturelle, destituée de titre, ou procédante d'un titre nul : *Dejicitur is qui possidet, sive civiliter, sive naturaliter possideat; nam et naturalis possessio ad hoc interdictum pertinet; l. 1, §. 9, ff. d. tit.*

Ulpien en apporte un exemple dans l'espèce d'une femme qui a été dépossédée par violence d'un héritage dont son mari lui avoit fait donation pendant le mariage. Quoique la possession qu'elle avoit de son héritage procédât d'un titre nul, et fût une possession injuste et purement naturelle, néanmoins elle est reçue à intenter l'action de réintégrande : *Si maritus uxori donavit, eaque dejecta sit, poterit interdicto uti; d. l. 1, §. 10.*

En un mot, quelque vicieuse que soit la possession dont quelqu'un a été dépossédé par violence, fût-ce une possession qu'il eût lui-même acquise par violence, il est reçu à intenter l'action de réintégrande contre un tiers qui l'en a dépossédé : *Qui à me vi possidebat, si ab alio dejiciatur, habet interdictum; d. l. 1, §. 30.*

115. L'action de réintégrande étant l'action qu'a celui qui a été dépossédé, et n'y ayant que celui qui possédoit qui puisse être censé avoir été dépossédé, il s'ensuit que lorsqu'un fermier a été chassé par violence d'un héritage

qu'il tenoit à ferme, il peut bien avoir une action *in factum*
contre celui qui a exercé la violence, pour réparation du
tort qu'il lui a causé; mais il ne peut pas intenter contre lui
l'action de réintégrande; *d. l.* 1, §. 10 : car ce n'est pas
lui qui possédoit l'héritage, ni par conséquent lui qui en
a été dépossédé; c'est celui de qui il le tenoit à ferme,
qui en étoit le possesseur, et qui en a été dépossédé, et
c'est lui seul qui a droit d'intenter l'action de réintégrande.

116. Il ne faut pas dire la même chose d'un usufruitier,
lorsqu'il est chassé par violence d'un héritage dont il jouissoit par usufruit, ni même de celui qui n'y avoit qu'un simple droit d'usage, quoique cet usufruitier ou cet usager
possédassent plutôt un droit d'usufruit ou d'usage dans l'héritage, qu'ils ne possédoient l'héritage même. Cette possession, quelle qu'elle soit, dont ils ont été dépossédés, suffit
pour qu'ils soient reçus à intenter la réintégrande, pour être
réintégrés dans la jouissance ou l'usage de l'héritage dont ils
ont été chassés : *Qui usûsfructûs nomine taliter qualiter fuit
in possessione, utetur hoc interdicto;* l. 3, §. 17, ff. *d. tit.*

ITEM, *Si non ususfructus, sed usus sit relictus, competit hoc interdictum;* d. l. 3, §. 16.

117. Si cet usufruitier est mort peu après avoir été chassé,
ses héritiers sont-ils reçus à intenter la réintégrande? La
raison de douter est, que l'usufruit étant éteint par sa mort,
et ne passant pas à ses héritiers, l'action que cet usufruitier
avoit, pour être réintégré dans la jouissance de l'héritage,
paroît devoir être pareillement éteinte : néanmoins, Ulpien
décide que ses héritiers sont reçus à l'intenter. La raison
est, que cette action ayant été acquise à l'usufruitier, il la
transmet à ses héritiers, non pas, à la vérité, pour le rétablissement dans la jouissance de l'héritage pour l'avenir,
ce qui lui étoit personnel, et ne peut passer à ses héritiers,
mais pour la restitution des jouissances dont il a été privé
jusqu'à sa mort : *Si quis posteaquàm prohibitus est, capite minutus sit, vel mortuus; rectè dicitur hæredibus
et successoribus competere hoc interdictum; non ut in futurum constituatur ususfructus, sed ut præterita causa
et damnum præteritum sarciatur;* d. l. 3, §. 17.

§. IV. Contre qui peut-on intenter l'action de réintégrande?

118. Celui qui a été dépossédé par violence d'un héritage peut intenter l'action de réintégrande, non seulement contre ceux qui ont par eux-mêmes employé la violence pour l'en déposséder, mais encore contre celui qui leur en a donné l'ordre; car, par cet ordre qu'il a donné, il est censé l'en avoir lui-même dépossédé : *Parvi enim referre visum est suis manibus quis dejiciat, an verò per alium ; l. 1, §. 12, ff. d. tit. Dejicit et qui mandat ; l. 152, §. 1, ff. de reg. jur.*

119. Quand même ceux qui ont dépossédé quelqu'un par violence en mon nom, l'auroient fait sans en avoir alors de moi aucun ordre; si depuis j'ai approuvé ce qu'ils ont fait en mon nom, on peut intenter contre moi l'action de réintégrande, de même que si je leur en avois donné l'ordre; car mon approbation de ce qu'ils ont fait en mon nom, équipolle à un ordre que je leur aurois donné de le faire : *Si quod alius dejecit, ratum habuero, sunt qui putent secundùm Sabinum et Cassium, qui ratihabitionem mandato comparant, me videri dejecisse, interdictoque isto teneri. Et hoc verum est ; l. 1, §. 14, ff. de vi et vi arm.*

C'est le cas de cette règle de droit : *In maleficio ratihabitio mandato comparatur; d. l. 152, §. 2, ff. de reg. jur.*

120. Quoique celui qui a commandé, ou même seulement approuvé ce qui a été fait en son nom pour déposséder quelqu'un par violence, soit censé l'avoir lui-même dépossédé, et soit par conséquent tenu de l'action de réintégrande, cela n'empêche pas que ceux qui ont exercé la violence, quoique en son nom et par son ordre, ne soient pareillement tenus de l'action de réintégrande solidairement avec lui; car s'il est en faute pour leur donner cet ordre, ils sont pareillement en faute pour l'avoir exécuté : *Quoties verus procurator dejecerit, cum utrolibet eorum, id est sive domino, sive procuratore, agi posse Sabinus ait.... non enim excusatus est qui jussu alicujus dejecit, non magis quàm si jussu alicujus occidit, d. l. 2, §. 13.*

121. Mais si celui au nom duquel quelqu'un m'a dépossédé par violence, n'a ni commandé ni approuvé ce qui a été fait en son nom, l'action de réintégrande ne peut être intentée contre lui ; elle ne peut l'être que contre celui qui a commis la violence : *Quùm falsus est procurator, cum ipso tantùm procuratore interdici debere;* d. §.

122. Celui qui a été dépossédé par violence n'est pas fondé à exercer cette action de réintégrande contre celui qu'il trouve en possession de la chose dont il a été dépossédé par violence, si ce possesseur n'y a aucune part : *Quùm à te vi dejectus sum, si Titius eamdem rem possidere cœperit, non possum cum alio, quàm tecum, interdicto experiri;* l. 7, ff. d. tit.

123. Au reste, celui qui a dépossédé quelqu'un par violence d'un héritage, ne peut se défendre de cette action de réintégrande, quand même il offriroit de justifier qu'il en est le véritable propriétaire, et que celui qu'il en a dépossédé le possédoit indûment. On n'examine, sur l'action en réintégrande, que le seul fait de la dépossession par violence; et quel que puisse être le spoliateur, il suffit qu'il soit établi qu'il a dépossédé par violence le demandeur en réintégrande, pour qu'il doive être condamné à le rétablir dans la possession de l'héritage dont il l'a dépossédé. Jusqu'à ce qu'il l'ait rétabli en possession, et même jusqu'à ce qu'il ait entièrement satisfait à la sentence, par le paiement des dommages et intérêts auxquels il a été condamné envers le demandeur spolié, il ne doit ni être écouté à alléguer le droit de propriété qu'il prétend avoir de l'héritage, ni être admis à former la demande au pétitoire : *Spoliatus ante omnia restituendus.*

Si néanmoins le spolié au profit de qui la sentence a été rendue étoit en demeure de faire liquider les dommages et intérêts, et taxer les dépens auxquels le spoliateur a été condamné, le spoliateur pourroit être reçu à procéder au pétitoire, en donnant, au préalable, caution de les payer aussitôt qu'ils auroient été liquidés et taxés; *ordonnance de* 1667, *tit.* 18, *art.* 7.

§. V. Dans quel temps doit être intentée l'action de réintégrande ; et des fins de non recevoir contre cette action.

124. L'action de réintégrande, lorsqu'elle est poursuivie au civil, doit, de même que la complainte, être intentée dans l'année, laquelle se compte du jour que la violence a cessé, et que le spolié a été en pouvoir de l'intenter. Quelques coutumes s'en sont expliquées. Celle de Cambrai, *tit.* 25, *art.* 26, dit : Action pour spoliation s'intente par complainte ou clain de rétablissement dedans l'an. Cela est aussi conforme aux principes du droit romain sur l'*interdictum de vi*, conçu en ces termes : *Undè tu illum vi dejecisti, aut familia tua dejecit ; de eo, quæque tunc ille ibi habuit, tantummodò intrà annum, post annum de eo quod ad eum qui vi dejecit pervenerit, judicium dabo ;* l. 1, ff. *d. tit. de vi et vi arm. Annus in hoc interdicto utilis est ;* d. l. 1, §. 39.

Si donc on a laissé passer l'année sans intenter cette action, il résulte de ce laps de temps une fin de non recevoir contre cette action qu'on voudroit intenter après l'année.

Néanmoins, même après l'année, lorsque le spoliateur se trouve en possession de l'héritage dont il a dépossédé quelqu'un, ou de quelques-unes des choses qui s'y sont trouvées, il ne peut, par aucune fin de non recevoir, même après l'année, se défendre de restituer au spolié ledit héritage ou lesdites choses dans l'état qu'il les a.

125. Tant que le spolié est dans l'année, quand même il auroit débuté par donner une demande en revendication contre le spoliateur, il n'en résulte aucune fin de non recevoir qui l'empêche, en laissant sa demande en revendication, de former l'action de réintégrande. C'est ce qu'enseigne Papinien : *Eum qui fundum vindicavit, ab eo cum quo interdicto undè vi potuit experiri, pendente judicio, nihilominùs interdicto rectè agere placuit ;* l. 18, §. 1, ff. *de vi et vi arm.*

126. Lorsque la violence est de nature à être poursuivie extraordinairement, l'accusation peut être intentée

dans les vingt ans, de même que pour tous les autres crimes.

§. VI. De l'effet de l'action de réintégrande; et de la sentence qui intervient sur cette action.

127. Le spolié est fondé à demander sur cette action, 1° qu'il soit rétabli en possession de l'héritage dont il a été dépossédé.

S'il n'est plus au pouvoir du spoliateur de rétablir le spolié dans la possession de l'héritage dont il l'a dépossédé, le spoliateur doit être condamné à lui en restituer le prix, et en ses dommages et intérêts; et cela a lieu quand même ce seroit sans aucune faute de sa part, mais par un accident de force majeure, comme dans le cas auquel la maison dont le spoliateur a dépossédé le spolié, auroit été incendiée par le feu du ciel. C'est ce qu'enseigne Paul : *Si vi me dejeceris, quamvis sine dolo et culpâ amiseris possessionem, tamen damnandus es quanti meâ interest; quia in eo ipso culpa tua præcessit, quòd omninò vi dejecisti :* l. 15, ff. d. tit.

Et Julien : *Huic consequens esse ait, ut villæ quoque et ædium incendio consumptarum pretium restituere cogatur; ubi enim quis, inquit, dejecit, per eum stetisse videtur quominùs restitueret;* l. 1, §. 35, ff. d. tit.

Par ces derniers termes, *per eum stetisse videtur quominùs restitueret,* le jurisconsulte rend la raison pour laquelle le spoliateur est tenu de rendre le prix de la chose au spolié, quoiqu'elle ait péri sans son fait et par une force majeure : C'est, dit-il, parceque le spoliateur est, par le seul fait de la spoliation, réputé de plein droit en demeure de restituer la chose. Or, c'est un principe, qu'une chose dont la restitution est due, est aux risques du débiteur qui est en demeure de la restituer.

128. On n'entre pas même, à l'égard du spoliateur et du voleur, dans l'examen dans lequel on entre à l'égard des autres débiteurs qui sont en demeure de restituer une chose, qui est de savoir si la chose qu'ils sont en demeure de restituer fût également périe entre les mains de celui

à qui elle devoit être restituée : ces personnes sont trop défavorables pour qu'on doive entrer, à leur égard, dans cet examen, comme nous l'avons observé en notre Traité des Obligations, *n.* 664.

129. Mais dans le for intérieur, lorsque je sais que je ne me serois pas défait de la chose dont j'ai été spolié ou qui m'a été volée, et qu'elle seroit également périe entre mes mains, comme elle est périe entre les mains du spoliateur ou du voleur ; la spoliation ou le vol ne m'ayant, par l'évènement, causé aucun tort, je ne crois pas que je puisse, en conscience, me faire payer du prix de cette chose par le spoliateur ou le voleur ; car les règles de la charité qui nous est commandée, même à l'égard de ceux qui ont mal mérité de nous, ne permettent pas que nous puissions exiger d'eux, lorsqu'ils ont commis quelque délit envers nous, plus que la réparation du tort que leur délit nous a causé.

130. Le demandeur en action de réintégrande est fondé, en second lieu, à demander la restitution de toutes les choses qui se sont trouvées dans l'héritage lorsqu'il en a été dépossédé, soit qu'elles lui appartinssent, soit qu'elles appartinssent à d'autres : *Quod ait prætor, quæque habuit, sic accipimus ut omnes res contineantur, non solùm quæ propriæ ipsius fuerunt, verùm etiam si quæ apud eum depositæ, vel ei commodatæ, vel pignoratæ, quarumque usum, vel usumfructum, vel custodiam habuit, vel si quæ ei locatæ sunt ; quùm enim dicat prætor* HABUIT, *omnia hæc habendi verbo continentur ;* d. l. 1, §. 33.

La restitution de ces choses doit être faite au demandeur en réintégrande, soit qu'elles soient encore dans l'héritage dont il a été dépossédé, soit qu'elles ne s'y trouvent plus : *Rectissimè prætor addidit,* TUNC *ibi habuit :* TUNC *sic accipimus quùm dejiceretur ; et ideò etsi quod posteà desiit illìc esse, dicendum erit, in interdictum venire ;* d. l. 1, §. 34.

Quand même ces choses seroient péries sans la faute du spoliateur, il ne laissera pas d'être obligé d'en restituer la valeur : *Eum qui vi dejecit ex eo prædio in quo homines fuerant, propius esse, ut etiam sine culpâ ejus mortuis hominibus œstimationem eorum per interdictum restituere debeat; sicuti fur hominis, etiam mortuo eo, tenetur; d. §. 34.*

Triphonius en rend cette raison, *quia ex ipso tempore delicti plusquàm frustrator debitor constitutus est; l.* 19, ff. *d. tit.* Le sens est : Si une chose est aux risques de tout débiteur qui est en demeure de la rendre, à plus forte raison elle doit être aux risques d'un spoliateur, bien plus odieux que le simple débiteur; lequel spoliateur, par le seul fait de la spoliation, a été, dès ce temps, constitué de plein droit en demeure de rendre les choses dont il s'est emparé.

131. Observez à l'égard des choses qui étoient dans l'héritage lorsque le demandeur en a été dépossédé, que pour qu'il soit fondé à en demander la restitution, il n'est pas besoin qu'il ait la preuve, à l'égard de chacune desdites choses, qu'elle fût dans son héritage; mais il doit être cru à son serment, jusqu'à concurrence néanmoins d'une certaine somme que le juge doit arbitrer, eu égard à la vraisemblance qui résulte des circonstances et de la qualité de la personne; l. 9, *Cod. undè vi.*

132. Le demandeur en réintégrande est fondé, en troisième lieu, à demander la restitution des fruits, tant de l'héritage dont il a été dépossédé, depuis le jour qu'il en a été dépossédé, que de toutes les choses frugifères qui y étoient : *Ex die quo quis dejectus est, fructuum ratio habetur.... Idem est et in rebus mobilibus quœ ibi erant; nam earum fructus computandi sunt, ex quo quis vi dejectus est;* l. 1, §. 40.

Cette restitution de fruits n'est pas bornée à ceux que le spoliateur a perçus; il doit restituer même ceux qu'il n'a pas perçus, et que le demandeur auroit pu percevoir, s'il n'eût pas été dépossédé : *Fructus etiam quos vetus possessor percipere potuit, non tantùm quos prædo percepit, venire non ambigitur;* l. 4, *Cod. undè vi.*

133. Enfin le demandeur en réintégrande est fondé à demander ses dommages et intérêts, lesquels comprennent

non seulement les pertes qu'il a souffertes, mais pareillement toùt le gain dont il a été privé par la dépossession : *Vivianus refert in hoc interdicto omnia quæcumque habiturus vel adepturus erat is qui dejectus est, si vi dejectus non esset, restitui, aut eorum litem à judice æstimari debere, eumque tantùm consecuturum, quanti suâ interesset se vi dejectum non esse;* d. l. 1, §. 41.

Voyez, sur les dommages et intérêts, notre *Traité des Obligations.*

SECTION III.

De la complainte en matière de bénéfice.

134. La complainte en matière de bénéfice est une action par laquelle un ecclésiastique, qui a pris possession d'un bénéfice dont il a été pourvu, demande à être maintenu dans la possession de ce bénéfice, contre un autre ecclésiastique qui en a aussi pris possession.

Nous verrons, dans un premier article, quels sont les juges par-devant lesquels la complainte doit être intentée : dans un second, nous traiterons de la prise de possession du bénéfice qui la doit précéder : dans un troisième, de la possession triennale qui l'exclut. Nous verrons, dans un quatrième, par qui, et contre qui elle s'intente. Nous traiterons, dans un cinquième, de la procédure qu'on tient sur cette action; et dans un sixième, des jugements qui interviennent.

ARTICLE PREMIER.

A quels juges appartient la connoissance des complaintes en matière de bénéfice.

135. Quoique les bénéfices soient choses spirituelles, néanmoins la complainte en matière de bénéfice est de la compétence des juges séculiers; car c'est le fait de la possession qui fait l'objet de cette action, et ce fait de possession n'est pas quelque chose de spirituel. C'est la puissance séculière que Dieu a chargée du maintien de l'ordre public et de la tranquillité publique; et c'est une chose qui appartient à l'ordre public et à la tranquillité publique, qu'il ne

soit apporté aucun trouble à la possession de toutes les choses que chacun possède, quelles qu'elles soient, profanes ou spirituelles. L'action de complainte en matière de bénéfice, par laquelle un ecclésiastique conclut contre un autre à ce qu'il lui soit fait défenses de le troubler en la possession de son bénéfice, est donc une action qui est du ressort de la puissance séculière, et dont la connoissance appartient aux juges séculiers.

Ce droit qu'ont les juges séculiers de connoître des complaintes en matière de bénéfice, ne leur est point contesté. Les papes l'ont eux-mêmes reconnu. Martin V, par une bulle adressée au roi Charles VII, qui a été enregistrée au parlement, reconnoît en termes formels la légitimité de l'usage immémorial dans lequel on est en France de porter les causes sur le possessoire des bénéfices devant les juges royaux. On trouve, dans le Recueil des Preuves des libertés de l'Église gallicane, une autre bulle du pape Eugène IV, qui porte la même chose; et un bref de Léon X, adressé à François Ier, par lequel il lui recommande la cause qu'un nommé Jean de Ansedona avoit devant ses juges, sur le possessoire de deux bénéfices qu'il avoit en France.

136. L'Église étant sous la protection spéciale du roi, le roi a réservé à ses juges, privativement à ceux des seigneurs, la connoissance de ces complaintes.

C'est ce qui est formellement porté par *l'article 4 du titre 15 de l'ordonnance de 1667*, dont voici les termes : « Les complaintes pour bénéfices seront poursuivies par-« devant nos juges, auxquels la connoissance en appar-« tient, privativement aux juges d'Église et à ceux des sei-« gneurs; encore que les bénéfices soient de la fondation « des seigneurs, ou de leurs auteurs, et qu'ils en aient la « présentation ou collation. »

Par ces termes de l'article, *nos juges*, il faut entendre les baillis et sénéchaux, auxquels la connoissance de ces causes est attribuée par l'édit de Crémieu, *article 13*, privativement aux prevôts royaux.

Les juges de privilége sont aussi compris sous ces termes, *nos juges*, tels que sont ceux des requêtes, et les juges conservateurs des priviléges des universités. Les parties qui ont droit de *committimus*, peuvent, s'ils sont demandeurs, porter ces causes devant les juges de leur privilége, ou les y évoquer, et les faire renvoyer, lorsqu'elles ont été assignées, devant le juge ordinaire.

ARTICLE II.

De la prise de possession du bénéfice, qui doit précéder la complainte.

137. Un ecclésiastique ne peut être censé en possession d'un bénéfice, s'il n'en a pris possession dans la forme ordinaire. La complainte étant une action par laquelle un ecclésiastique demande à être maintenu dans la possession d'un bénéfice, c'est une conséquence qu'il ne peut intenter cette action qu'il n'ait pris auparavant possession du bénéfice dans la forme ordinaire.

Il y a deux espèces de prise de possession ; la prise de possession réelle, et la prise de possession civile.

§. I. De la prise de possession réelle.

138. Pour qu'un ecclésiastique puisse prendre possession réelle d'un bénéfice, il faut qu'il ait un titre canonique, c'est-à-dire, des provisions par lesquelles ce bénéfice lui ait été conféré.

139. Lorsque ce sont des provisions de la cour de Rome, si ce bénéfice est un bénéfice à charge d'ames, soit que les provisions aient été expédiées *in formâ dignum*, soit qu'elles l'aient été *in formâ gratiosâ ;* pour que le pourvu en puisse prendre possession réelle, il faut que, outre ses provisions, il ait encore le *visa* de l'évêque dans le diocèse duquel est situé le bénéfice. Si le bénéfice n'est pas à charge d'ames, le pourvu n'a besoin du *visa* de l'évêque diocésain, que lorsque ses provisions sont *in formâ dignum ;* il n'en a pas besoin lorsqu'elles sont *in formâ gratiosâ ;* édit du mois d'avril 1695, *art. 2 et 3.*

Les provisions *in formâ dignum* sont celles qui sont adressées à l'ordinaire, à qui le pape donne commission de conférer le bénéfice à l'impétrant : elles sont ainsi appelées, parce que le style commence par ces mots: *Dignum arbitramur.*

Les provisions *in formâ gratiosâ* sont celles qui sont expédiées sur un certificat de vie et mœurs préalable, donné par l'ordinaire à l'impétrant, par lesquelles le pape confère lui-même directement le bénéfice à l'impétrant.

Dans les cas auxquels le *visa* est nécessaire, le pourvu doit se présenter en personne devant l'évêque, ou, en son absence, à ses vicaires-généraux, lesquels, après examen fait de sa vie, de ses mœurs, de sa religion, de sa science, lui accordent le *visa*. En cas de refus, l'évêque doit exprimer les causes du refus dans l'acte qu'il lui donne; *édit de 1695, art. 5.*

140. L'ecclésiastique qui a les titres nécessaires pour prendre possession réelle d'un bénéfice, peut le prendre en personne, ou par quelqu'un qui soit fondé de sa procuration spéciale.

141. Lorsque le bénéfice n'est point un bénéfice qui le rende membre d'un chapitre, il doit, pour en prendre possession, se transporter en personne, ou par son procureur spécial, avec un notaire apostolique et deux témoins, en l'église où il prend possession, avec les cérémonies qui sont d'usage dans le diocèse, dont le notaire apostolique dresse un acte, et lui en délivre une expédition. Si on faisoit refus d'ouvrir les portes de l'église, le notaire apostolique dresseroit procès-verbal du refus, et le pourvu prendroit possession à la porte ou à la vue du clocher, dont le notaire apostolique dresseroit un acte.

Lorsque le bénéfice rend le titulaire membre d'une église cathédrale, collégiale ou conventuelle, dans laquelle il y a un greffier ou secrétaire qui a coutume de dresser et expédier les actes de prise de possession, le pourvu, pour prendre possession, se présente en personne, ou par son procureur spécial, au chapitre, qui le met en possession, dont le greffier du chapitre dresse un acte, et lui en délivre une expédition. Ces greffiers sont expressément maintenus dans ce droit par l'édit de création des notaires apostoliques, *art. 3.* Mais si le chapitre refusoit de mettre le pourvu en possession, et le greffier du chapitre d'en donner acte, le pourvu se présenteroit avec un notaire apostolique et deux témoins, qui en dresseroit procès-verbal. C'est ce qui est porté par ledit édit, *art.* 3.

142. La prise de possession réelle met le titulaire en possession, tant des fonctions spirituelles et ecclésiastiques dépendantes du bénéfice, que du temporel dudit bénéfice.

§. II. De la prise de possession civile.

143. Il y a une autre prise de possession, qu'on appelle *prise de possession civile.* L'ecclésiastique qui a acquis un droit à un bénéfice dont il n'a pu encore obtenir les provisions, ou pour lequel il n'a pu obtenir le *visa* nécessaire pour en prendre possession réelle, obtient du juge royal, par une ordonnance au bas d'une requête, la permission d'en prendre, pour la conservation de son droit, une espèce de prise de possession, qu'on appelle *prise de possession civile,* par le ministère d'un notaire apostolique, qui en dresse un acte.

Par exemple, lorsqu'un ecclésiastique françois a retenu en cour de Rome une date pour l'impétration d'un bénéfice vacant; l'ecclésiastique ayant, par la rétention de cette date, acquis un droit au bénéfice, dont le pape, suivant nos maximes, ne peut lui refuser des provisions; si le pape les refuse, ou diffère de les donner, cet ecclésiastique peut, sur un certificat de la rétention de la date qui lui est donné par le banquier, présenter requête au juge royal, qui lui permet d'en prendre possession civile.

Pareillement, lorsque l'ordinaire a refusé des provisions à un ecclésiastique qui a droit à un bénéfice, tel qu'est un gradué; ou a refusé un *visa* à un pourvu en cour de Rome, lequel est appelant du refus; le juge royal permet à l'ecclésiastique de prendre possession civile.

144. Cette prise de possession civile ne donne pas le droit de faire aucunes des fonctions spirituelles et ecclésiastiques dépendantes du bénéfice; *édit d'avril* 1695: elle n'a d'effet que pour la conservation du droit qu'a au bénéfice celui qui a pris cette possession.

ARTICLE III.

De la possession triennale qui exclut la complainte.

145. Lorsque quelqu'un est en possession actuelle d'un bénéfice depuis trois ans ou plus, dans laquelle il n'a souffert pendant ledit temps aucun trouble, on ne peut plus former contre lui aucune demande en complainte pour raison de ce bénéfice, pourvu qu'il ait au moins un titre coloré, en vertu duquel il le possède.

C'est la disposition du concordat, au titre *de pacificis possessoribus*, où il est dit : *Statuimus quod quicumque, dummodò non sit violentus, sed habens coloratum titulum, pacificè et sine lite prælaturam seu quodcumque beneficium ecclesiasticum triennio proximo hactenùs vel pro tempore possederit, vel possidebit, in petitorio vel possessorio, à quoquam, etiam ratione juris noviter reperti, molestari nequeat*, etc.

La pragmatique-sanction et le concile de Bâle avoient de pareilles dispositions.

Nous verrons, dans un premier paragraphe, quelles choses sont requises pour que le possesseur d'un bénéfice puisse jouir du privilége accordé par le concordat à la possession triennale. Nous verrons, dans un second, ce qu'on entend par titre coloré, et quels sont les défauts que ce titre, soutenu de la possession triennale, peut purger.

§. I. Quelles choses sont requises pour que le possesseur d'un bénéfice puisse jouir du privilége accordé à la possession triennale.

146. Cinq choses sont requises pour que le possesseur d'un bénéfice puisse jouir du privilége accordé par le concordat à la possession triennale.

1° Il faut que le possesseur ait possédé le bénéfice pendant le temps de trois ans entiers et consécutifs depuis la prise de possession; et on compte dans ce temps celui pendant lequel, depuis la prise de possession du titulaire, l'évêque ou l'archidiacre a joui du bénéfice comme déportuaire : car ce déportuaire jouit *alieno nomine* : le titulaire n'en est pas moins censé le possesseur pendant ce temps; de même qu'en matière profane le propriétaire ne laisse pas d'être censé posséder son héritage, quoiqu'un usufruitier en possède les fruits; *Rebuff. de pacif. poss.*, *n.* 85.

2° Il faut que le possesseur ait joui pendant tout ledit temps *sans aucun trouble, pacificè et sine lite;* ce qui doit s'entendre de la part du demandeur qui a formé contre lui la complainte : car le demandeur, après ledit temps, n'est pas recevable à lui opposer le trouble qui lui auroit été fait par des tiers; *Rebuff., ibid., n.* 167. Il suffit que ce demandeur ait tardé à donner sa demande jusqu'après l'expiration du temps de trois ans, pour que l'exception qui résulte de la possession triennale puisse lui être opposée.

3° Il faut qu'il n'y ait eu aucun accident de force majeure qui ait empêché le demandeur de donner sa demande dans les trois ans; car, en ce cas, on ne pourroit pas lui opposer la prescription qui résulte de la possession triennale, suivant le principe, *Adversùs non valentem agere, nulla currit præscriptio.* Le concordat s'en est expliqué, en exigeant néanmoins du demandeur, que s'il n'a pas été en son pouvoir de former sa demande dans les trois ans, il ait au moins fait les protestations qu'il étoit en son pouvoir de faire. C'est ce qui résulte de ces termes du concordat, qui suivent, *præterquàm prætextu hostilitatis aut alterius legitimi impedimenti, de quo protestari et illud intimari debeat.*

4° Il faut que le possesseur triennal ne se soit pas mis en possession du bénéfice par violence; *dummodò non sit violentus.*

5° Enfin, il faut que sa prise de possession ait été précédée d'un titre au moins coloré : car la possession qu'on prend d'un bénéfice sans titre, n'est pas tant une possession qu'une intrusion, qui ne peut donner aucun droit, quelque longue que soit sa durée.

§. II. Ce qu'on doit entendre par *titre coloré* ; quels sont les vices que le titre coloré, soutenu de la possession triennale, peut purger.

147. Rebuffe, en son Traité *de pacificis possessoribus*, *n.* 32, définit le titre coloré, *Titulus habitus ab eo qui habet potestatem conferendi seu eligendi, sive de jure communi, sive speciali, et nisi obstitisset aliquod impedimentum, fuisset justus.*

Rebuffe apporte pour exemple d'un titre coloré, le cas auquel le possesseur triennal produiroit la collation qui lui a été faite par le collateur du bénéfice, sans avoir la présentation de celui qui a droit d'y présenter. La raison est, que c'est la collation qui est le titre ; la présentation n'est qu'une condition requise pour rendre le titre légitime, mais dont le défaut de rapport n'empêche pas que le titre ne soit au moins un titre coloré.

Il en est de même du défaut de rapport de la procuration *ad resignandum* de l'ancien titulaire. Le possesseur triennal qui produit la collation qui lui a été faite du bénéfice sur résignation, est censé avoir un titre coloré, quoiqu'il ne rapporte pas la procuration *ad resignandum* de l'ancien titulaire ; *Héricourt*, *p.* 2, *tit.* 18, *n.* 21.

On ne peut pas non plus opposer au possesseur triennal qui produit le titre par lequel le bénéfice lui a été conféré, le défaut d'insinuation, soit de ses titres, soit de son acte de prise de possession ; *Héricourt*, *ibid.*

Pareillement, lorsqu'il a été pourvu sur une résignation, la possession triennale couvre le défaut de publication de la résignation ; *Héricourt*, *ibid.*

En général la possession triennale couvre tous les défauts de forme ; *Héricourt*, *ibid.*, *n.* 19.

148. Il y a de certains vices dans le titre, que la possession triennale ne couvre pas : tel est le vice de simonie. Lorsqu'il est justifié que le bénéfice a été conféré par simonie, la collation est tellement nulle qu'elle ne peut passer pour un titre coloré, par quelque laps de temps que ce soit que le pourvu ait possédé le bénéfice, quand même la simonie auroit été commise par un tiers, à l'insu du pourvu, pour lui faire obtenir le bénéfice.

149. La possession triennale ne peut pas couvrir le vice d'une collation faite par quelqu'un qui n'auroit pas le droit de conférer le bénéfice en aucun cas. C'est ce qui résulte de la définition que nous avons donnée ci-dessus du titre coloré : *Titulus habitus ab eo qui habet potestatem conférendi*, etc. Donc le titre ne peut passer pour être au moins coloré, lorsque celui qui l'a conféré n'avoit aucun droit de le conférer.

De là naît la décision de la question proposée par Pastor, si la collation faite d'un bénéfice simple, qui est à la collation de l'évêque, faite par le chapitre *sede vacante*, peut passer pour un titre coloré.

Pastor avoit décidé pour l'affirmative, parceque la juridiction de l'évêque est dévolue au chapitre pendant la vacance du siége; en quoi il est repris par Sollier, qui décide que cette collation ne peut passer pour un titre coloré, la collation des bénéfices simples n'appartenant point au chapitre pendant la vacance du siége, mais au roi, par son droit de régale. Héricourt suit l'avis de Sollier, *p. 2*, *tit.* 18, *n.* 19.

150. Héricourt, *ibidem*, propose une question à l'égard de la collation qu'un vicaire-général auroit faite d'un bénéfice à la collation de l'évêque, quoique les lettres du vicaire-général ne contiennent point le pouvoir de les conférer. Il incline à décider qu'un tel titre n'est pas même coloré. La question me paroît souffrir plus de difficulté que la précédente; car on n'ignore pas que le chapitre n'a pas le droit de conférer, *sede vacante*, les bénéfices simples; mais on peut facilement se persuader qu'un vicaire-général qui s'ingère dans la collation des bénéfices, en a le pouvoir par une clause de ses lettres; et cette opinion commune, qu'on a dans le public, qu'il a ce pouvoir, peut valider les collations qu'il a faites, et les faire passer au moins pour titres colorés; *Arg. L. Barbarius Philippus, ff. de off. præt.*

On doit sur-tout présumer qu'il avoit ce pouvoir, lorsque ces lettres n'ont pu être produites, *putà*, parce que les registres où elles ont dû être insinuées ont été perdus.

10.

151. La collation faite par quelqu'un qui n'avoit aucun droit de conférer, ne peut passer même pour un titre coloré; mais elle est un titre coloré, quoique, lorsqu'elle a été faite, il y eût en la personne du collateur quelque empêchement qui empêchoit l'exercice de son droit; comme s'il étoit alors suspens, la possession triennale couvre ce défaut.

152. La possession triennale ne couvre pas le vice d'inhabilité à tenir le bénéfice, qui se trouve dans le possesseur triennal, et qui subsistoit encore lors de la demande donnée contre lui; par exemple, s'il étoit irrégulier lorsque le bénéfice lui a été conféré, et qu'au temps de la demande cette irrégularité ne fût pas encore levée par une dispense; *Héricourt, ibid., n.* 20.

153. On a fait à ce sujet la question, si la possession triennale d'une cure de ville, conférée à un prêtre non gradué, couvroit le défaut de ses grades, s'il n'étoit pas gradué au temps de la demande. Rebuffe, en son Traité *de pacificis Possessoribus, n.* 83, pense que la possession triennale couvre ce défaut. La disposition du concordat, qui veut que ces bénéfices ne soient conférés qu'à des gradués, étant un droit établi en faveur des gradués, ils ont pu y renoncer, et sont censés y avoir renoncé, pour raison de la cure conférée à un prêtre non gradué, lorsqu'ils l'ont laissé pendant trois ans en possession paisible de cette cure. L'incapacité d'un prêtre non gradué pour avoir une cure de ville, n'est pas une incapacité absolue; elle n'est que relative au droit qu'ont les gradués d'avoir ces bénéfices exclusivement à tous autres, et d'empêcher qu'ils ne soient conférés à d'autres; laquelle incapacité cesse lorsque les gradués ont renoncé tacitement à leur droit.

Héricourt, *ibidem*, décide au contraire que la possession triennale d'une cure de ville ne couvre pas l'incapacité du possesseur qui n'est pas gradué au temps de la demande donnée contre lui. Il se fonde sur la déclaration du roi Henri II, du 9 mars 1551, qui défend absolument aux juges d'avoir aucun égard aux impétrations de cures de ville, obtenues par des personnes non graduées, ni à aucunes dispenses obtenues à cet égard. Le motif exposé dans le préambule de la déclaration, est celui de l'instruction des habitants des villes, qui demande que les cures de villes ne soient confiées qu'à des personnes qui aient fait une preuve publique de leur science par les degrés qu'ils ont obtenus. Ce n'est donc pas seulement en faveur des gradués que la loi a requis cette qualité. Maynard, *liv.* 1, *chap.* 55, rapporte un arrêt du parlement, qui a adjugé la récréance d'une cure de ville à un gradué contre un possesseur triennal non gradué; et il observe que c'est parce qu'il n'étoit pas encore justifié pleinement que le lieu fût une ville, qu'il n'eut pas la maintenue, qui sans cela n'eût pas souffert de difficulté, parcequ'ajoute-t-il, lorsqu'une qualité est requise par une loi pour tenir un bénéfice, le défaut de cette qualité ne peut se couvrir.

Par la même raison, Héricourt, *ibid.*, décide, contre le sentiment de Rebuffe, que la possession triennale ne peut servir à un séculier pour tenir un bénéfice affecté aux réguliers; *et vice versâ.*

ARTICLE IV.

Par qui et contre qui la complainte est-elle formée?

154. L'ecclésiastique qui a pris possession d'un bénéfice, soit qu'il en ait pris une possession réelle, soit qu'il n'en ait pris qu'une possession civile, peut former la complainte contre un autre ecclésiastique qui, soit avant, soit depuis sa prise de possession, a aussi pris possession du même bénéfice.

On opposera peut-être que je puis bien former la complainte contre celui qui a pris possession du même bénéfice depuis ma prise de possession, sa prise de possession étant un trouble qu'il fait à la mienne; mais que je ne puis pas la former contre celui qui a pris possession avant moi, sa prise de possession ne pouvant être un trouble fait à ma possession, que je n'avois pas encore. Je réponds que ce n'est pas sa prise de possession, mais la continuation dans cette possession qu'il a prise, que je soutiens illégitime, et dans laquelle il demeure depuis ma prise de possession, qui est un trouble fait à ma possession, pour lequel je forme la complainte.

Il résulte de ceci, que lorsque deux ecclésiastiques ont pris possession du même bénéfice, c'est le plus diligent qui donne la demande en complainte.

155. La partie qui est assignée sur une demande en complainte doit, de son côté, former la complainte contre le demandeur, et prendre pour trouble à sa possession, tant la demande du demandeur, que sa prise de possession.

Lorsque plusieurs ont pris possession d'un même bénéfice, chacun d'eux forme la complainte contre tous les autres.

Un tiers qui auroit pris possession d'un bénéfice, même depuis l'instance qui est entre deux parties pour ce bénéfice, peut intervenir dans l'instance, et former sa complainte contre les deux parties.

156. Les mineurs peuvent, sans autorité ni assistance de tuteur ni de curateur, donner demande en complainte pour leurs bénéfices, et défendre à celles qui sont données contre eux, de même qu'ils peuvent intenter toutes les autres actions qui concernent les droits, fruits et revenus de leurs bénéfices, et y défendre. C'est la disposition de l'ordonnance de 1667, *tit.* 15, *art.* 14, qui a, sur ce point, adopté le droit des Décrétales, *cap. Si annum, de judic. in* 6°.

Il faut néanmoins que le mineur soit pubère. C'est ce qui est expressément porté par le chapitre *Si annum*, d'où ce droit est tiré. Il y est dit, *Si annum quartum decimum peregisti*, etc.

ARTICLE V.

De la procédure qui se tient sur la complainte.

157. L'assignation sur la demande en complainte se donne à personne ou domicile, lorsque la partie assignée est en possession actuelle du bénéfice; sinon elle doit être donnée au lieu du bénéfice; *ordonnance de* 1667, *tit.* 15, *art.* 3.

Le demandeur doit, par l'exploit d'assignation, déclarer

le titre de sa provision , et le genre de vacance sur lequel il a été pourvu : il doit aussi donner , par cet exploit , des copies signées de lui , de ses titres et capacités ; *ordonnance de 1667, ibid., art. 2.*

Ces titres dont il doit donner copie , sont ses provisions, le *visa*, dans les cas auxquels il est nécessaire , et l'acte de sa prise de possession.

On entend par ses capacités, les actes probatifs des qualités qui lui sont nécessaires pour être capable de posséder le bénéfice : tels sont , son extrait baptistère , ses lettres de tonsure , ses lettres de prêtrise , ou d'un autre ordre ; ses lettres de degré , et l'attestation du temps d'étude , lorsqu'il a été pourvu en qualité de gradué , etc.

Si le demandeur avoit manqué de donner par l'exploit d'assignation ces copies , je pense qu'il pourroit les donner dans le cours de l'instance , et qu'il ne seroit sujet à d'autre peine , faute de les avoir données par l'exploit d'assignation , qu'à celle portée par l'article 6 du titre 2 de l'ordonnance , contre les demandeurs qui n'ont pas donné par l'exploit copie des titres servant de fondement à leur demande , qui est, que les copies qu'ils en donneront par la suite , et les réponses qui y seront faites , seront à leurs frais , et sans répétition.

158. La partie assignée doit pareillement déclarer par ses défenses le titre de sa provision , et le genre de la vacance sur laquelle il a été pourvu , et donner copie de ses titres et capacités ; *ordonnance de 1667, ibid., art.* 6.

Les intervenants doivent déclarer la même chose par leur requête d'intervention , et ils doivent donner pareillement copie , tant de leur requête que de leurs titres et capacités, au procureur de chacune des parties ; *ordonnance de 1667, ibid., art.* 12.

159. Il y a cela de particulier à l'égard des dévolutaires, que lorsqu'un dévolutaire intente la complainte pour un bénéfice qu'il a obtenu en cour de Rome , comme vacant par la prétendue nullité du titre , ou par la prétendue incapacité de celui qui en est en possession actuelle , ce dévolutaire est obligé de donner caution suffisante pour répondre

du jugé, jusqu'à la somme de 500 livres, dans le délai qui lui sera prescrit; et faute de la donner dans ledit délai, l'ordonnance le déclare déchu de son droit, sans qu'il puisse être reçu à purger la demeure; *ordonnance de 1667, tit.* 15, *art.* 13.

C'est le seul cas auquel on exige d'un François cette espèce de caution; hors ce cas, il n'y a que les étrangers non naturalisés qui soient tenus à cette caution, pour former quelque demande que ce soit.

160. Lorsque, pendant le cours du procès, l'une des parties résigne son droit purement et simplement, ou en faveur, le résignataire pourra reprendre l'instance par une simple requête verbale faite judiciairement, sans appeler parties; *ibid., art.* 16. Mais jusqu'à ce que ce résignataire ait fait cette reprise, la procédure se continue contre le résignant, *ibid., art.* 13, sans que le résignataire puisse être reçu à former opposition en tiers contre ce qui seroit jugé avec le résignant; comme l'a fort bien observé Héricourt : car étant en son pouvoir de reprendre l'instance, il doit s'imputer de ne l'avoir pas fait, et d'avoir laissé continuer la procédure contre son résignant.

Le résignataire qui a repris l'instance, se charge de tout l'évènement du procès : c'est pourquoi, si par la sentence définitive rendue au profit de l'autre partie, *il intervient aucune condamnation de restitution de fruits, dépens, dommages et intérêts, elle sera exécutée contre le résignataire, même pour les fruits échus et les dépens faits avant la résignation admise.* Néanmoins le résignant est garant des fruits, dépens, dommages et intérêts de son temps; *ordonnance de 1667, ibid., art.* 18.

161. Lorsque pendant le procès sur la complainte entre deux parties, celle qui étoit en possession actuelle du bénéfice vient à mourir, l'ordonnance, pour empêcher que le bénéfice ne demeure vacant et sans desservissement, permet à la partie survivante d'obtenir à son profit la récréance du bénéfice contentieux, sur une simple requête à l'audience, en rapportant l'extrait mortuaire de la partie décédée, et les pièces justificatives de la litispendance.

Lorsqu'il y a un successeur nommé à la partie décédée, qui a pris possession du bénéfice, le survivant n'est plus à temps pour demander la récréance. C'est ce qui a été jugé par arrêt du 13 juillet 1707, rapporté au troisième tome des Arrêts d'Augear.

Lorsque le procès étoit pendant entre plus de deux parties, la récréance ne peut être accordée, que toutes les parties survivantes appelées.

162. Il y a cette grande différence entre la complainte en matière de bénéfice, et la complainte pour choses profanes, que dans celle-ci il n'est question que du seul fait de la possession : les parties ne sont pas reçues à alléguer le droit de propriété qu'elles prétendent avoir de l'héritage qui fait l'objet de la complainte, ni à produire leurs titres de propriété ; cet examen est réservé pour le procès sur le pétitoire, qui ne peut commencer qu'après que celui sur la demande en complainte aura été terminé.

Au contraire, dans la complainte en matière de bénéfices, comme on n'autorise point d'autre possession que celle qui procède d'un titre légitime, les parties doivent chacune produire leurs titres et pièces justificatives des qualités qu'elles doivent avoir, comme nous l'avons déja vu suprà, n. 157 ; et c'est sur l'examen de ces titres et des pièces, et sur les contredits qu'on fournit contre, que les juges prononcent sur la complainte, soit définitivement, soit par provision.

ARTICLE VI.

Des jugements qui interviennent sur la complainte.

163. Lorsque la cause est portée à l'audience, après l'examen fait des titres et pièces respectives des parties, si l'une des parties paroît avoir suffisamment justifié le droit qu'elle a au bénéfice, les juges rendent une sentence définitive, par laquelle ils lui adjugent la pleine maintenue du bénéfice ; et si c'étoit l'autre partie qui eût eu la possession actuelle du bénéfice, ils la condamnent à lui restituer les fruits.

164. Lorsque les juges trouvent que la cause n'est pas

encore suffisamment éclaircie, et qu'il est besoin d'un plus grand examen pour rendre la sentence définitive, ils adjugent à la partie qui paroît avoir le droit le plus apparent, la récréance, c'est-à-dire, la possession provisionnelle du bénéfice pendant le procès.

165. Quelquefois, ils ordonnent le séquestre du bénéfice; auquel cas l'économe séquestre du diocèse (qui est un officier créé par édit du mois de novembre 1691) se met en possession, pendant le procès, des biens dépendants du bénéfice, les régit, en perçoit les fruits et revenus, à la charge d'en rendre compte à la partie qui aura obtenu en définitif.

A l'égard des fonctions spirituelles du bénéfice, les juges, par le même jugement qui ordonne le séquestre, renvoient devant l'évêque diocésain, pour nommer un tiers pour desservant, à qui il assignera une rétribution telle qu'il jugera convenable, dont il sera payé sur les revenus du bénéfice, par privilége, et nonobstant toutes saisies et empêchements; *édit du mois d'avril* 1695, *article* 8.

166. Ces jugements de récréance ou de séquestre doivent être exécutés avant qu'il soit procédé sur la pleine maintenue; *ordonnance de* 1667, *ibid.*, *article* 6.

167. C'est une chose particulière aux complaintes sur le possessoire des bénéfices, que les sentences de récréance, de séquestre ou de maintenue (rendues sur ces demandes), ne sont valables ni exécutoires, si elles ne sont données par plusieurs juges, au moins au nombre de cinq; *ordonnance de* 1667, *ibid.*, *art.* 17.

168. Lorsque les juges qui les ont rendues étoient en nombre suffisant, ces sentences s'exécutent nonobstant l'appel; ce qui a lieu pour toutes les complaintes, même en matière profane, comme nous l'avons vu *suprà*.

169. Il nous reste à observer que lorsque l'instance en complainte sur le possessoire d'un bénéfice a été terminée par une sentence de pleine maintenue, les parties ne peuvent plus, comme on le prétendoit autrefois, se pourvoir au pétitoire devant le juge d'église. La jurisprudence est constante aujourd'hui, que si le juge d'église entreprenoit

d'en connoître, il y auroit lieu à l'appel comme d'abus. La raison est, que dans les complaintes en matière de bénéfice, le jugement de pleine maintenue étant rendu sur l'examen des titres respectifs et capacités des parties, au profit de celui dont le droit au bénéfice est le mieux établi, il ne reste plus rien à examiner; et on ne pourroit procéder au pétitoire, sans renouveler la même question que celle qui a déja été jugée.

FIN DU TRAITÉ DE LA POSSESSION.

TRAITÉ
DE LA PRESCRIPTION
QUI RÉSULTE
DE LA POSSESSION.

~~~~~~

ARTICLE PRÉLIMINAIRE.

1. La prescription dont nous traitons ici n'a rien de commun que le nom avec celle qui a fait la matière du huitième chapitre de la troisième partie de notre Traité des Obligations. Nous traitons ici de celle par laquelle quelqu'un acquiert par la possession qu'il a eue d'une chose, pendant le temps réglé par la loi, le domaine de propriété de cette chose, et l'affranchissement des rentes, hypothèques et autres charges réelles dont elle étoit chargée.

C'est un des principaux droits que la possession donne aux possesseurs de bonne foi.

C'est aussi une des manières d'acquérir du droit civil, comme nous l'avons vu en notre Traité du Domaine de Propriété, *n.* 253. Cette manière d'acquérir le domaine s'appeloit, dans le droit romain, *Usucapion*.

Modestinus définit l'usucapion, *Adjectio* (1) *dominii per continuationem possessionis temporis lege definiti*; L. 3, ff. *de usucap.*

_____

(1) En ce sens, que le droit d'usucapion, *post completum possessionis tempus, rei dominium adjiciat et tribuat possessori qui antè ejus possessionem duntaxat habebat.*

Nous la définissons, le droit qui nous fait acquérir le domaine de propriété d'une chose, par la possession paisible et non interrompue que nous en avons eue pendant le temps réglé par la loi.

2. Par l'ancien droit romain, il n'y avoit que certaines choses qu'on appeloit *res mancipi*, qui fussent susceptibles du droit d'usucapion ; et le temps pour l'usucapion de ces choses étoit d'un an, si elles étoient meubles, et de deux ans seulement, si elles étoient immeubles. C'est ce qui est porté par un des articles de la loi des Douze-Tables : *Usûs autoritas* (1) *fundi* (2) *biennium, cæterarum rerum annuus usus est.*

A l'égard des choses incorporelles, et même des choses corporelles qui n'étoient pas *res mancipi*, ni par conséquent susceptibles d'un domaine civil, elles n'étoient pas par conséquent susceptibles de l'usucapion, qui est une manière du droit civil d'acquérir le domaine civil.

3. Le préteur avoit, à l'égard de ces choses qui n'étoient pas susceptibles de l'usucapion, établi la prescription *longi temporis*, pour en tenir lieu en quelque façon.

Suivant ce droit du préteur, le possesseur de bonne foi, qui avoit eu une possession paisible et non interrompue, soit d'un droit incorporel, soit d'un héritage qui n'étoit pas du nombre de ceux qui étoient *res mancipi*, pendant le temps de dix ans *inter præsentes*, et de vingt ans *inter absentes*, acquéroit, après l'accomplissement du temps de sa possession, non le domaine de la chose, mais une prescription ou fin de non recevoir, à l'effet d'exclure la demande

---

(1) Ces termes, *usûs autoritas*, signifient la même chose qu'*usucapio*.

(2) *Fundi.* Ce terme comprend toutes les choses *quæ solo tenentur* : *Fundi appellatione omne ædificium et omnis ager continetur*; l. 211, ff. *de verb. sign.*

en revendication du propriétaire de la chose, qui n'auroit été intentée qu'après l'accomplissement de ce temps.

Depuis, on avoit aussi accordé une action utile à ce possesseur pour revendiquer la chose, lorsqu'il en avoit perdu la possession après l'accomplissement du temps de la prescription.

4. Justinien, par sa constitution qui est dans la Loi unique, *Cod. de usucap. transform.*, a fondu ensemble l'usucapion et la prescription *longi temporis;* et après avoir aboli, par cette loi, la distinction entre les choses *mancipi* et les choses *nec mancipi*, et après avoir pareillement aboli par la Loi unique, *Cod. de nudo jur. quir. tollendo*, la distinction du *dominium civile et quiritarium*, et du *dominium naturale*, il a ordonné que le temps pour l'usucapion des meubles seroit de trois ans, et que celui pour l'usucapion de tous les héritages et fonds de terre, de même que pour les droits incorporels, seroit de dix ans *inter prœsentes*, et de vingt ans *inter absentes*.

Justinien, par cette constitution, a transformé la prescription de dix et vingt ans en un véritable droit d'usucapion, puisqu'elle fait acquérir au possesseur le domaine de propriété de l'héritage ou du droit incorporel dont il a eu, pendant ce temps, une possession ou quasi-possession paisible et non interrompue.

5. La coutume de Paris, et la plupart de nos coutumes, ont adopté la prescription de dix et vingt ans dans la forme que lui a donnée Justinien par sa constitution, et elles lui ont conservé le nom de prescription, quoiqu'elle dût plutôt avoir aujourd'hui le nom d'usucapion.

Il y a néanmoins quelques coutumes, du nombre desquelles est notre coutume d'Orléans, qui n'admettent point d'autres prescriptions pour les immeubles, que celle de trente ans.

Nous traiterons, dans la première partie de ce Traité, de cette prescription de dix ou vingt ans, qui est la principale espèce des prescriptions qui font acquérir par la possession.

Nous traiterons, dans la seconde, des autres espèces de prescriptions qui font acquérir par la possession.

PREMIÈRE PARTIE.

De la prescription de dix ou vingt ans, qui fait acquérir par la possession.

6. La coutume de Paris, *art.* 113, établit la prescription de dix et vingt ans, en ces termes : « Si aucun a joui « ou possédé héritage ou rente à juste titre, tant par lui « que par ses successeurs dont il a le droit et cause, fran- « chement et sans inquiétation, par dix ans entre présens, « et vingt ans entre absens, âgés et non priviligiés, il ac- « quiert prescription dudit héritage ou rente. »

Nous verrons dans un premier chapitre, quelles sont les choses qui sont ou ne sont pas susceptibles de cette prescription ; au profit de quelles personnes, et contre quelles personnes elle peut courir. Dans un second, nous traiterons des qualités que doit avoir la possession pour opérer cette prescription. Nous traiterons, dans un troisième, du juste titre d'où doit procéder la possession. Dans un quatrième, du temps que doit durer la possession, et de l'union qu'un successeur peut faire de la possession de ses auteurs à la sienne. Dans un cinquième, de l'effet de la prescription.

CHAPITRE PREMIER.

Des choses qui sont susceptibles de la prescription de dix et vingt ans ; au profit de quelles personnes, et contre quelles personnes elle peut courir.

ARTICLE PREMIER.

Des choses qui sont ou ne sont pas susceptibles de la prescription de dix et vingt ans.

7. La prescription de dix et vingt ans étant un droit d'usucapion, et une manière d'acquérir le domaine de propriété d'une chose par la possession que nous en avons, c'est une conséquence que les choses que les particuliers sont incapables d'acquérir, ne peuvent être susceptibles de cette prescription.

De là il suit, que toutes les choses qui sont hors du commerce ne peuvent être susceptibles de cette prescription, telles que sont les églises, les cimetières, les places publiques, les chemins publics, non seulement les grands chemins qu'on appelle *viæ militares* ou *viæ regiæ*, mais même les chemins de traverse qu'on appelle *viæ vicinales*. C'est pourquoi, si quelqu'un s'étoit emparé d'un chemin public et l'eût labouré, et me l'eût ensuite vendu comme un terrain dont il se disoit propriétaire; quoique je l'aie acquis de bonne foi, dans l'opinion en laquelle j'étois que c'étoit une chose qui lui appartenoit, je ne puis en acquérir par cette prescription le domaine de propriété.

8. La prescription de dix et vingt ans étant une espèce d'aliénation que l'ancien propriétaire de la chose est censé en faire malgré lui, à celui qui l'acquiert par la prescription, faute par l'ancien propriétaire de l'avoir réclamée dans le temps prescrit par la loi, suivant cette règle de droit: *Alienare videtur qui patitur usucapi;* c'est une conséquence que toutes les choses dont les lois défendent l'aliénation, ne sont pas susceptibles de cette prescription.

En conséquence, les biens des mineurs n'en sont pas susceptibles.

Non est incognitum id temporis quod in minore ætate transmissum est, longi temporis præscriptioni non imputari : ea enim tunc currere incipit, quando ad majorem ætatem dominus rei pervenerit; l. 3, Cod. quib. non objic. long., etc.

La coutume de Paris, et la plupart des autres coutumes, le déclarent formellement par ces termes, *entre âgés.*

Outre la première raison que nous avons rapportée de ces dispositions qui ont soustrait à la prescription les biens des mineurs, tant qu'ils sont mineurs, raison tirée de ce que les lois en défendent l'aliénation, on peut apporter pour seconde raison, qu'en vain la prescription courroit-elle pendant la minorité, les mineurs étant restituables; *In his pro prætermiserunt; l. 8, Cod. de int. rest.*, et par conséquent étant restituables contre la négligence qu'ils auroient eue à en arrêter le cours.

9. Les coutumes ayant dit indistinctement : Si aucun a joui et possédé.... *entre âgés;* c'est une conséquence que non seulement le temps de la prescription ne peut commencer contre les mineurs, mais même que lorsqu'il a commencé à courir contre un majeur qui a laissé pour héritier un mineur, il cesse, dans ces coutumes, de courir contre cet héritier pendant sa minorité. C'est le droit commun dont les coutumes de Lodunois, *chap.* 20, *art.* 7, et de Bretagne, *art.* 286, se sont écartées, en faisant courir le temps de la prescription contre les mineurs pourvus de tuteur, lorsqu'elle a commencé contre un majeur dont ils sont héritiers.

10. On a fait la question, si la disposition des coutumes qui ne permettent pas que les biens des mineurs soient susceptibles de la prescription de dix et vingt ans, s'étend à ceux des interdits. Plusieurs tiennent l'affirmative, parceque la même raison se rencontre; les lois ne défendant pas moins l'aliénation des biens de ces personnes que de ceux des mineurs.

11. Par la même raison, le fonds dotal n'est pas susceptible de cette prescription.

12. Par la même raison, les biens d'église et des communautés n'en sont pas susceptibles; mais ils le sont d'une autre espèce de prescription de quarante ans. Nous en traiterons en la seconde partie.

13. Lorsque l'église et un particulier, ou lorsqu'un mineur et un majeur sont propriétaires en commun d'un héritage qu'un tiers possède de bonne foi, en vertu d'un juste titre, ce n'est que pour la part qui appartient à l'église ou au mineur, que l'héritage n'est pas susceptible de cette prescription. Le possesseur peut acquérir, par cette prescription, la part qui appartient au particulier copropriétaire de l'église, ou au majeur copropriétaire du mineur. La coutume de Bourbonnois, *chap. 3, art. 2*, en a une disposition.

Si néanmoins la chose dont un mineur et un majeur, ou l'église et un particulier, sont copropriétaires, est une chose indivisible, elle ne sera point du tout sujette à la prescription; car n'étant pas susceptible de parties, elle ne peut y être sujette pour partie; *Bourbonnois, ibid.*

Ces dispositions de la coutume de Bourbonnois sont conformes au droit commun, et à ce principe général, que ce n'est que dans les choses indivisibles que le mineur relève le majeur.

14. Les biens du domaine de la couronne ne sont ni sujets à cette prescription, ni à aucune autre.

Les biens engagés du domaine sont dans le commerce, quant au droit qui a été accordé à l'engagiste par l'engagement; et ils sont, quant à ce droit, susceptibles de la prescription de dix et vingt ans: mais le droit de domaine direct que le roi s'y est réservé, ne peut s'acquérir par prescription, par quelque temps que ce soit que les possesseurs les aient possédés de bonne foi comme biens ordinaires, et non dépendants de la couronne.

Ce que nous avons dit, que les biens du domaine n'étoient susceptibles d'aucune prescription, ne doit pas s'étendre aux biens qui sont, à la vérité, échus et dévolus au

domaine, *putà*, par droit d'aubaine, bâtardise, déshérence ou confiscation, et dont le domaine ne s'est pas encore mis en possession : ces biens ne sont point encore regardés comme biens hors du commerce, et dont l'aliénation
soit défendue; et ils sont par conséquent susceptibles de la
prescription de dix et vingt ans. On peut tirer argument
de ce que dit Modestinus : *Quamvis adversùs fiscum usucapio non procedat, tamen 'ex bonis vacantibus, nondùm
tamen nuntiatis, emptor prædii ex iisdem bonis si extiterit,
rectè diutinâ possessione capiet; idque constitutum est;*
l. 18, ff. *de usucap.*

15. La loi *Julia* et la loi *Plautia* excluoient encore de
l'usucapion et de cette prescription les héritages dont quelqu'un s'étoit emparé par violence, jusqu'à ce que ce vice eût
été purgé par le rétablissement du spolié en sa possession :
c'est pourquoi un tiers qui, avant que ce vice fût purgé,
avoit acheté de bonne foi l'héritage, ignorant ce vice, ne
pouvoit en acquérir la propriété, ni par usucapion, ni par
prescription; *voyez* nos Pandectes, au titre *de usucap.*, *n.* 25
et suiv. Il en étoit de même, par la loi *Julia repetundarum,*
des choses entachées du vice de concussion; l. 8, *princ. et*
§. 1, ff. *ad l. Jul. repetund.*

Il ne paroît pas que les dispositions de ces lois, qui renferment un droit purement arbitraire, aient été adoptées
dans notre jurisprudence.

16. Hors les biens dont les lois défendent l'aliénation,
tous les autres biens immeubles sont susceptibles de cette
prescription de dix et vingt ans, non seulement les immeubles réels, tels que les fonds de terre et les maisons, mais
même les choses incorporelles. La raison de douter à l'é-
gard de celles-ci, est, que la possession consistant dans une
préhension corporelle de la chose, les choses incorporelles,
qui sont choses *quæ tangi non possunt*, et qui ne tombent
pas sous les sens, ne sont pas susceptibles de possession,
ni par conséquent de cette prescription qui nous fait acquérir la propriété des choses par la possession qu'on en a eue.

Néanmoins, comme ces choses sont susceptibles, sinon

d'une véritable possession, au moins d'une quasi-possession qui consiste dans la jouissance qu'on en a eue, on les a regardées comme susceptibles de la prescription de dix et vingt ans, qui en fait acquérir la propriété par la jouissance qu'on en a eue pendant ledit temps.

La coutume de Paris s'en est expliquée formellement en l'article rapporté ci-dessus; il y est dit: Si aucun a joui et possédé héritage *ou rente*. Ce qui s'entend tant des rentes constituées que des rentes foncières, et s'étend aux autres droits et choses incorporelles.

17. Il nous reste à observer que les choses susceptibles de cette prescription le sont, soit pour le total, lorsque le possesseur les a acquises et possédées pour le total; soit pour une certaine partie divisée ou indivisée, lorsqu'il les a acquises et possédées pour cette partie : mais on ne peut ni posséder, ni acquérir, par cette prescription, une portion incertaine d'une chose : *Incertam partem possidere nemo potest; l. 32, §. 2, ff. de usucap. Locus certus ex fundo et possideri et per longam possessionem capi non potest; et certa pars pro indiviso, quæ introducitur vel ex emptione, vel quâlibet aliâ ex causâ. Incerta autem pars nec tradi nec capi potest, veluti si ità tibi tradam quidquid mei juris in fundo est; nam qui ignorat, nec tradere nec accipere id quod incertum est, potest; l. 26, ff. de acquir. poss.*

ARTICLE II.

Au profit de quelles personnes le temps de la prescription peut-il courir; et quelles personnes peuvent acquérir par cette prescription ?

18. La prescription étant, suivant la définition que nous en avons donnée, l'acquisition du domaine de propriété d'une chose par *la possession* qu'on en a eue pendant le temps réglé par la loi, c'est une conséquence que le temps pour la prescription d'une chose ne peut courir qu'au profit des personnes qui la possèdent.

Pour que le temps pour la prescription d'une chose coure au profit d'une personne, il n'importe qu'elle la possède par elle-même, ou par d'autres qui la détiennent en son nom et pour elle.

Il n'est pas non plus nécessaire que la personne au profit de laquelle court le temps pour la prescription, ait pendant tout le temps une volonté positive de la posséder. Lorsqu'une personne a une fois acquis la possession d'une chose, il suffit que la volonté qu'elle a eue de la posséder n'ait point été révoquée, pour qu'elle soit censée en conserver toujours la possession, comme nous l'avons observé *suprà*, Traité de la Possession, *n*. 55 *et* 56; et par conséquent pour que le temps pour la prescription de cette chose continue de courir à son profit.

C'est conformément à ces principes, que Paul décide que lorsqu'un homme, après avoir acquis la possession d'une chose, perd l'usage de la raison, et devient par conséquent incapable d'une volonté positive de la posséder, le temps pour la prescription de cette chose ne laisse pas de courir et de s'accomplir à son profit : *Furiosus quod ante furorem possidere cœpit, usucapit*; l. 4, §. 3, ff. *de usucap.*

19. Par la même raison, le temps pour la prescription d'une chose, qui a commencé à courir au profit d'une personne, continue de courir, et peut même s'accomplir au profit de son héritier, et, à défaut d'héritier, au profit de sa succession vacante : car une succession vacante est censée être la continuation de la personne du défunt, et continuer de posséder ce que le défunt possédoit. C'est conformément à ces principes que Nératius dit : *Cœptam usucapionem à defuncto, posse et ante aditam hœreditatem impleri, constitutum est*; l. 40, ff. *d. tit.*

La maxime de notre droit françois, *Le mort saisit le vif*, ajoute une raison de plus en faveur de cette décision.

20. Pour que le temps pour la prescription d'une chose coure au profit de quelqu'un, outre qu'il faut qu'il possède, il faut encore qu'il soit capable d'acquérir par prescription.

Par le droit romain, il n'y avoit que les citoyens qui en fussent capables; les étrangers étoient exclus de ce droit, par cet article de la loi des douze Tables : *Adversùs hostem* (1) *æterna auctoritas* (2) *esto*.

Par quelque temps donc qu'un étranger eût possédé une chose, il ne pouvoit en acquérir par prescription le domaine de propriété, et le propriétaire étoit toujours recevable à la revendiquer sur lui, en justifiant de son droit de propriété. La raison est, que les étrangers ont bien avec les citoyens *communionem juris gentium;* mais ils n'ont pas *communionem juris civilis.* C'est pourquoi, ils peuvent bien obliger envers eux les citoyens par les contrats qui sont du droit des gens; ils peuvent bien acquérir les biens des citoyens par les manières d'acquérir qui sont du droit des gens; mais ils ne sont pas capables d'acquérir par les manières d'acquérir du droit civil. C'est par cette raison qu'ils sont incapables de recueillir ce qui leur seroit laissé par testament, et qu'ils sont incapables de recueillir des successions, les testaments et les successions étant des manières d'acquérir du droit civil. Par la même raison, les étrangers sont incapables d'acquérir par usucapion ou par prescription; cette manière d'acquérir étant une manière d'acquérir du droit civil, qui n'a été établie que pour les citoyens.

Ces raisons paroissent devoir recevoir application dans notre droit françois, pour y exclure du droit d'acquérir par prescription, les étrangers non naturalisés, et empêcher que le temps de la prescription ne puisse courir à leur profit, tant qu'ils n'ont pas obtenu le droit de citoyens par des lettres de naturalisation.

21. Dumoulin, *in cons. par. art.* 12, compte parmi ceux qui ne peuvent acquérir par cette prescription la chose

---

(1) Ce terme, *hostem*, ne doit pas s'entendre *d'un ennemi*, mais seulement *d'un étranger*, comme nous l'apprenons de Cicéron, *lib.* 1, *de Officiis: Hostis apud majores nostros, is dicebatur quem nunc* PEREGRINUM *dicimus: indicant* XII *Tabulæ..... adversùs hostem æterna auctoritas esto.* Le terme qui signifioit *ennemi* étoit celui de *perduellis*, comme l'observe Gaïus sur la loi des douze Tables : *Quos nos hostes appellamus, eos veteres perduelles appellabant; per eam adjectionem indicantes cum quibus bellum esset;* l. 234, ff. *de verb. signif.*

(2) *Auctoritas* est pris là pour le droit de revendiquer la chose.

qu'ils possèdent, quoiqu'ils la possèdent en vertu d'un juste titre et de bonne foi, celui qui est le seigneur féodal de l'héritage qu'il possède, et celui qui est vassal de la seigneurie qu'il possède.

Par exemple, dans le cas auquel j'aurois acheté un héritage qui relevoit de moi en fief, à Pierre que j'en croyois en possession, et que je croyois en être le propriétaire, quoique ce fût Jacques qui le fût, Dumoulin prétendoit que quoique je possédasse cet héritage en vertu d'un juste titre et de bonne foi, je ne pouvois acquérir la propriété de cet héritage par la prescription de dix et vingt ans, ni par quelque laps de temps que ce fût. Il ajoute, que quand même Pierre, de qui j'ai acheté l'héritage, auroit été lui-même possesseur de bonne foi, et auroit commencé le cours de la prescription, je ne pourrois pas en continuer le cours, parceque la coutume dit, *Le seigneur féodal ne peut prescrire contre son vassal;* et que Jacques, propriétaire de l'héritage, étant en cette qualité mon vassal, je ne puis le prescrire contre lui. La raison de cette disposition se tire, suivant cet auteur, de la protection et de la fidélité qu'un seigneur et un vassal se doivent réciproquement, *propter summam ac sinceram fidem quœ servari debet inter patronum et clientem,* qui rejette entre ces personnes toute prescription ; *quœ quùm sit,* dit-il, *usurpatio alieni, repugnat huic fidelitati quœ est peculiaris et substantialis feudo.* Cette opinion de Dumoulin n'a pas été suivie; et il a prévalu que cet axiome de la coutume, *Le seigneur ne peut prescrire contre son vassal,* ne devoit être entendu qu'en ce sens, que le seigneur ne pouvoit pas acquérir par prescription la propriété du fief de son vassal, par la possession qu'il en auroit eue en sa qualité de seigneur, en vertu d'une saisie féodale; parceque le titre de saisie féodale étant un titre par lequel le seigneur possède le fief saisi, non comme quelque chose qui lui appartienne à toujours, mais comme quelque chose qui ne lui appartient qu'en attendant que le vassal se présente à la foi, à laquelle il doit être reçu toutes les fois qu'il s'y présentera, sa présence est un titre qui réclame perpétuellement contre la prescription.

En un mot, la coutume ne veut dire autre chose, sinon que le seigneur ne peut prescrire le fief de son vassal par la possession qu'il en auroit en qualité de seigneur, par la saisie féodale ; mais elle ne veut pas dire, comme l'avoit pensé Dumoulin, que le seigneur ne puisse prescrire le fief de son vassal, même dans le cas auquel il le posséderoit en vertu d'un titre tout-à-fait étranger à sa qualité de seigneur, telle qu'est une vente qui lui en auroit été faite par une personne qu'il croyoit en possession de cet héritage, et qu'il en croyoit propriétaire, quoiqu'elle ne le fût pas. Il paroît que dès le temps de la réformation de la coutume de Paris, cette interprétation avoit prévalu ; et c'est en conséquence que, pour qu'on ne pût se méprendre sur le sens de ces termes, *Le seigneur ne peut prescrire contre son vassal,* et pour qu'on n'y donnât pas l'extension que Dumoulin y avoit donnée, on en a donné l'explication dans l'*art.* 12 de la nouvelle coutume, qui est conçu en ces termes : « Le « seigneur féodal ne peut prescrire contre son vassal le fief « sur lui saisi, ou mis en sa main par faute d'homme, droits « et devoirs non faits, ou dénombrement non baillé. »

Il est étonnant que, nonobstant cette explication que la coutume a donnée de ces termes, *Le seigneur ne peut prescrire contre son vassal,* M⁰ Guyot, en son Traité des Fiefs, soutienne qu'on doit encore les entendre dans le sens qu'y avoit donné Dumoulin. Les raisons qu'il apporte pour son opinion sont très foibles, et il avoue qu'elle est contraire à celle de tous les auteurs : c'est pourquoi il doit demeurer pour constant que celui qui a acheté ou acquis à quelque autre titre un héritage de quelqu'un qu'il croyoit en être le propriétaire, quoiqu'il ne le fût pas, peut en acquérir la propriété par cette prescription de dix ou vingt ans, quoiqu'il relève en fief de lui ; et que sa qualité de seigneur n'est point un obstacle à cette prescription, n'ayant point possédé l'héritage en cette qualité de seigneur, mais en vertu d'un titre étranger à cette qualité.

Vice versâ, celui qui a acheté ou acquis à quelque autre

titre une seigneurie de quelqu'un qu'il croyoit de bonne foi en être le propriétaire, quoiqu'il ne le fût pas, peut en acquérir la propriété par cette prescription de dix ou vingt ans, quoiqu'il soit vassal de cette seigneurie ; car ce n'est pas en sa qualité de vassal, mais par un titre étranger à cette qualité, qu'il prescrit.

ARTICLE III.

Contre quelles personnes le temps de la prescription peut courir.

22. Le temps pour la prescription d'une chose ne peut courir contre le propriétaire de cette chose, tant qu'il se trouve dans l'impossibilité d'intenter son action pour la revendiquer, suivant cette maxime : *Contrà non valentem agere nulla currit præscriptio.*

Il suit de là que dans les coutumes du Lodunois et de Bretagne, qui font courir la prescription contre les mineurs lorsqu'elle a commencé contre un majeur dont ils sont héritiers, elle ne court néanmoins contre ces mineurs que lorsqu'ils sont pourvus de tuteurs ; ces mineurs étant dans l'impossibilité de l'arrêter, tant qu'ils n'ont point de tuteurs qui puissent former pour eux l'action de revendication. La coutume de Bretagne s'en est expliquée en l'article ci-dessus cité, *n.* 9, où il est dit : « Les prescriptions com- « mencées avec les majeurs courent contre..... mineurs, « insensés étant pourvus de tuteurs, curateurs, etc. »

De là il suit pareillement, que dans le système de ceux qui pensent que les biens des insensés et autres semblables personnes, sont susceptibles de cette prescription, le temps de cette prescription ne court pas néanmoins contre ces personnes, tant qu'elles sont destituées de curateur.

23. Il suit aussi de là, que le temps de la prescription ne court pas contre le propriétaire pendant qu'il est absent pour le service de l'État, s'il n'y a personne qui soit chargé de ses affaires.

Quand même ce ne seroit pas pour le service de l'État que le propriétaire eût été absent, mais pour quelque autre juste cause qui l'eût obligé de partir sans avoir le loisir de charger quelqu'un de ses affaires : ou si la personne qu'il en avoit chargée en partant, a cessé, par mort ou autrement, d'en avoir soin, le temps de la prescription ne doit pas courir contre lui : *Quam (præscriptionem) contrà absentes vel Reipublicæ causâ, vel maximè fortuito casu nequaquàm valere decernimus; l. 4, Cod. quib. non obj. long. temp.*

Il en est de même généralement de toutes les autres justes causes d'empêchement qui empêchent le propriétaire d'intenter son action ; le temps de la prescription ne court pas, tant que l'empêchement subsiste.

24. Observez, à l'égard de ces absents et autres, une différence entre le droit romain et le nôtre, qui est que, par le droit romain, ce n'étoit que par le secours de la restitution, que le propriétaire obtenoit que le temps qu'avoit duré son absence, ou quelque autre empêchement, fût soustrait de celui de la prescription; *l. 7, Cod. quib. non obj.*; au lieu que, par le droit françois, l'absence *Reipublicæ causâ*, ou autre empêchement, pendant qu'il dure, arrête de plein droit et empêche de courir contre le propriétaire le temps de la prescription, de même que la minorité, sans qu'il soit besoin de restitution.

25. Du principe que *Contrà non valentem agere non currit præscriptio*, il suit encore, que lorsqu'un homme a vendu l'héritage propre de sa femme à quelqu'un qui l'a acheté de bonne foi, croyant que celui qui le lui vendoit en étoit le propriétaire, le temps de la prescription de cet héritage ne court pas pendant le mariage contre la femme qui en est la propriétaire; la puissance que son mari a sur elle, pendant le mariage, étant censée l'avoir empêchée d'intenter contre le possesseur une demande en revendication, qui auroit réfléchi contre le mari, comme garant des évictions. Plusieurs coutumes en ont des dispositions; Anjou, le Maine, Grand-Perche, etc.

CHAPITRE II.

Des qualités que doit avoir la possession pour opérer la prescription.

26. La possession, pour opérer la prescription, et faire acquérir au possesseur le domaine de propriété de la chose qu'il a possédée pendant le temps réglé par la loi, doit être une possession civile et de bonne foi, qui procède d'un juste titre, qui ait été publique, paisible, et non interrompue.

ARTICLE PREMIER.

La possession doit être une possession civile et de bonne foi.

27. Quoique nous ayons défini la prescription, *suprà*, *n.* 1, l'acquisition que nous faisons du domaine de propriété d'une chose par la possession que nous en avons eue, il ne faut pas néanmoins en conclure que toute possession, même celle qui procède d'un injuste titre, puisse opérer la prescription : *Separata est causa possessionis et usucapionis*, dit Paul : *nam verè dicitur quis emisse, sed malâ fide ; quemadmodùm qui sciens alienam rem emit, pro emptore possidet, licèt usu non capiat*; l. 2, §. 1, ff. *pro empt.*

La possession, pour pouvoir opérer la prescription, doit être une possession civile et de bonne foi.

On appelle *possession civile*, la possession de celui qui possède *animo domini*, c'est-à-dire, comme s'en réputant le propriétaire. La possession de ceux qui possèdent une chose *tanquam alienam*, telle qu'est celle d'un séquestre, et celle des créanciers auxquels un débiteur a fait un abandon d'un héritage, pour en jouir jusqu'à ce qu'ils soient entièrement remplis de leurs créances par les revenus, est une possession naturelle, qui n'est pas de nature à opérer la prescription.

28. La bonne foi qui doit accompagner la possession pour opérer la prescription, peut se définir, la juste opinion qu'a le possesseur qu'il a acquis le domaine de propriété de la chose qu'il possède ; *justa opinio quæsiti dominii.*

Cette opinion, quoique fondée sur une erreur de fait, ne laisse pas d'être une juste opinion, et de donner à la possession le caractère de possession de bonne foi.

Par exemple, lorsque quelqu'un m'a vendu, comme chose à lui appartenante, un héritage dont il étoit en possession, et qui ne lui appartenoit pas, l'opinion que j'avois qu'il en étoit le propriétaire, et qu'il m'en a transféré la propriété, quoique fondée sur une erreur de fait, est une juste opinion qui me rend possesseur de bonne foi. L'erreur de fait en laquelle j'étois, est excusable, ayant un juste sujet de croire propriétaire celui que j'en voyois en possession ; la possession faisant réputer le possesseur pour le propriétaire de la chose qu'il possède. C'est pourquoi Paul dit : *Qui à quolibet rem emit, quam putat ipsius esse, bonâ fide emit ;* l. 27, ff. *de contrah. empt.*

29. Il en est autrement de l'erreur du droit. L'opinion que j'ai qu'on m'a transféré la propriété d'un héritage, opinion fondée sur une erreur de droit, n'est pas une juste opinion, et elle n'a pas par conséquent l'espèce de bonne foi qui est requise pour donner à ma possession le caractère de possession de bonne foi, nécessaire pour la prescription. Paul en fait une maxime : *Nunquam in usucapionibus juris error possessori prodest ;* l. 31, ff. *de usucap.*

On peut apporter pour exemple le cas auquel votre procureur, à qui vous avez donné procuration d'administrer vos biens, croyant, par erreur de droit, que cette procuration lui donnoit le pouvoir de vendre vos héritages, en a, en vertu de cette procuration, vendu un à quelqu'un qui étoit dans la même erreur. Cet acquéreur ne pourra pas l'acquérir par prescription ; car l'opinion que l'acquéreur avoit que la propriété de l'héritage lui avoit été transférée, étant fondée sur une erreur de droit, n'est pas une juste opinion, ni par conséquent l'espèce de bonne foi requise pour la prescription.

30. La bonne foi requise pour la prescription, étant la juste opinion qu'a le possesseur que la propriété de la chose qu'il possède lui a été acquise, c'est une conséquence que lorsque mon procureur a acquis pour moi un héritage, et

en a été mis pour moi et en mon nom en possession ; quoique je possède par lui l'héritage avant que j'aie été informé de l'acquisition, je ne puis néanmoins commencer le temps pour la prescription, jusqu'à ce que j'aie été informé de l'acquisition : car je ne puis avoir l'opinion que je suis propriétaire d'un héritage, avant que de savoir qu'on en a fait pour moi l'acquisition. C'est ce qu'enseigne Paul : *Si emptam rem mihi procurator, ignorante me, meo nomine apprehenderit; quamvis possideam, eam non usucapiam; l. 47, ff. de usucap.*

31. Lorsque quelqu'un, quoique par erreur, est dans l'opinion que l'acquisition qu'il a faite d'une chose ne lui est pas permise par les lois; ne pouvant pas, en ce cas, avoir l'opinion qu'il en a acquis la propriété, dans laquelle opinion consiste la bonne foi, il ne pourra l'acquérir par usucapion ou prescription : *Si quis id quod possidet, non putat sibi per leges licere usucapere, dicendum est, etiamsi erret, non procedere tamen usucapionem; l. 32, §. 1, ff. d. tit.*

On peut, pour exemple de cette décision, faire cette espèce : Pierre, demeurant à Paris, a fait donation pendant le mariage, à sa femme, avec laquelle il étoit séparé de biens, d'un héritage qu'il possédoit de bonne foi, et qui appartenoit à Jacques, situé dans la coutume de Noyon, qui permet les donations entre vifs, entre mari et femme, pendant le mariage. Quelque temps après, Jacques donne contre cette femme une demande en revendication de cet héritage. Elle oppose qu'elle l'a acquis par prescription, l'ayant possédé, tant par elle que par son auteur, pendant le temps requis pour la prescription, en vertu d'un juste titre. Jacques réplique que la femme n'a pu acquérir l'héritage par prescription, parcequ'elle n'a pas eu la bonne foi requise pour la prescription, ayant cru, quoique par erreur, que la donation que son mari lui avoit faite étoit nulle, et n'avoit pu lui transférer la propriété de l'héritage; et pour justifier que la femme a été dans cette opinion, il produit une lettre écrite par la femme à un de ses amis, qui porte : *Quoique la donation que m'a faite mon mari ne soit pas permise par la coutume, je me flatte qu'elle tiendra, con-*

noissant assez les sentiments de son neveu qui doit lui succéder, pour être assurée qu'il respectera la volonté de son oncle. On doit, aux termes de la loi que nous venons de rapporter, décider dans cette espèce, que la femme n'a pas eu la bonne foi requise pour la prescription, et n'a pu en conséquence l'acquérir par prescription.

32. Dans une province régie par le droit écrit, un fils de famille qui avoit un pécule profectice, a acheté de ce pécule, après la mort de son père qu'il croyoit vivant, un héritage. On a fait la question de savoir s'il pouvoit être censé avoir eu la bonne foi nécessaire pour l'acquérir par prescription. La raison de douter est que, ayant cru son père vivant, il n'a pu croire avoir acquis pour lui la propriété de cet héritage, mais plutôt l'avoir acquise à son père. Néanmoins Papinien décide que le fils doit être censé, dans cette espèce, avoir la bonne foi requise pour la prescription, parce que le père et le fils étant censés comme la même personne, le fils est censé avoir cru acquérir, en quelque façon, pour lui, ce qu'il a cru acquérir pour son père : *Filiusfamiliâs emptor alienæ rei, quùm patremfamiliâs se factum ignoret, cœpit rem sibi traditam possidere : cur non capiat usu, quùm bona fides initio possessionis adsit, quamvis eum se per errorem esse arbitretur, qui rem ex causâ peculiari quæsitam nec possidere possit; L. 44, §. 4, ff. d. tit.*

33. Lorsque l'acheteur d'un héritage a connoissance qu'il n'appartient pas pour une certaine partie divisée ou indivisée à son vendeur, ce n'est que pour cette partie qu'il n'est pas possesseur de bonne foi; il est possesseur de bonne foi du surplus, et il peut acquérir par prescription le surplus. Mais lorsque l'acheteur sait seulement en général que l'héritage n'appartient pas pour le total à son vendeur, sans savoir pour quelle partie il ne lui appartient pas, l'acheteur ne pouvant, en ce cas, avoir l'opinion, à l'égard d'aucune partie de l'héritage, qu'elle appartient au vendeur, et qu'il lui en ait transféré la propriété, il n'est possesseur de bonne foi d'aucune partie de cet héritage, il n'en peut rien acquérir par prescription. C'est ce que Javolenus a

fort bien observé : *Emptor fundi partem ejus alienam esse non* (1) *ignoraverat. Responsum est nihil eum ex eo fundo longâ possessione capturum. Quod ità verum esse existimo, si quœ pars aliena esset in eo fundo, emptor ignoraverat : quòd si certum locum esse sciret, reliquas partes longâ possessione capi posse non dubito;* L. 4, ff. *pro empt. Idem juris est si is qui totum fundum emebat, pro indiviso partem aliquam alienam esse scit; eam enim duntaxat non capiet; cæterarum partium non impedietur longâ possessione capio;* d. L. 4, §. 1.

34. Par le droit romain, il suffisoit que le possesseur eût eu au commencement de sa possession la bonne foi qui est requise pour la prescription; la connoissance qui lui survenoit depuis, que la chose ne lui appartenoit pas, n'empêchoit pas que le temps de la prescription ne continuât de courir à son profit, et ne la lui fît acquérir lorsqu'il étoit accompli : *Si eo tempore quo res mihi traditur, putem vendentis esse, deindè cognovero alienam esse, perseverat per longum tempus capio;* L. 48, §. 1, ff. *de acq. rer. dom.*

Nous avons, dans notre droit françois, abandonné sur ce point le droit romain, et embrassé la disposition du droit canonique, qui exige la bonne foi pendant tout le temps qui est requis pour la prescription.

Cette disposition du droit canonique est très équitable. Par la connoissance qui survient au possesseur, avant qu'il ait accompli le temps de la prescription, que la chose qu'il avoit commencé de bonne foi à prescrire ne lui appartient pas, il contracte l'obligation de la rendre; laquelle obligation naît du précepte de la loi naturelle, qui défend de retenir le bien d'autrui. Cette obligation étant une fois contractée, dure toujours, jusqu'à ce qu'elle soit acquittée, et résiste à la prescription : elle passe aux héritiers de ce possesseur, et elle empêche pareillement que ses héritiers ne puissent prescrire.

35. Ce que nous disons, que la bonne foi doit durer pendant tout le temps de la possession, s'entend d'une même

_____

(1) Cujas restitue ainsi le texte, au lieu de *alienam non esse ignoraverat.*

possession. Mais si j'ai commencé à posséder de mauvaise
foi un héritage appartenant à Jacques, que j'ai usurpé sur
Pierre, qui en étoit le possesseur, et que, sur une demande
en revendication que Pierre étoit prêt à donner contre
moi, j'aie acheté de Pierre cet héritage, ma possession de
cet héritage, qui procède de la vente que Pierre m'en a
faite, étant une nouvelle possession, quoiqu'elle succède
immédiatement et sans intervalle à la possession de mauvaise foi que j'avois de cet héritage, il suffit que, au temps
de la vente que Pierre m'a faite de cet héritage, j'aie cru
de bonne foi que Pierre, de qui je l'achetois, en étoit le
propriétaire, et que cette bonne foi ait toujours duré depuis, pour que je puisse, par cette nouvelle possession,
commencer et parachever le temps de la prescription contre
Jacques qui est le propriétaire, sans que mon ancienne
possession de mauvaise foi, qui a précédé celle-ci, y puisse
apporter aucun obstacle.

36. Il nous reste à observer à l'égard de la bonne foi,
qu'elle se présume dans le possesseur qui possède en vertu
d'un juste titre, tant qu'on n'établit pas le contraire.

ARTICLE II.

La possession, pour opérer la prescription, doit être publique.

37. La possession qui nous fait acquérir, par droit de
prescription, le domaine de propriété d'un héritage, doit
être une possession publique. Quelques coutumes s'en expliquent. Celle d'Etampes, *art. 63*, dit : *Quand aucun a
joui d'un héritage pleinement, paisiblement,* PUBLIQUEMENT,
il acquiert prescription. Celle de Melun, *art.* 170, dit :
*Quand aucun a joui..... au vu et su de tous ceux qui l'ont
voulu* VOIR *et* SAVOIR.

C'est pourquoi si quelqu'un, pour agrandir ses caves,
en a fouillé une sous le terrain de la maison voisine, et l'a
unie aux siennes, sans que son voisin s'en soit aperçu, et
a depuis vendu sa maison telle qu'elle se poursuit; quoique
l'acquéreur ait possédé de bonne foi la cave qui a été fouil-
lée sous la maison voisine, il ne pourra l'acquérir par pres-

cription , cette possession n'étant pas une possession publique. La coutume d'Orléans , *art.* 253 , a parlé de ce cas , en disant que *fouillement en terre, grattement.... n'attribuent, par quelque laps de temps que ce soit, droit de possession à celui qui aura fait ladite entreprise.*

Il faut ajouter , ni à ses successeurs , même à titre singulier , la possession qu'ils en ont n'étant pas une possession publique.

ARTICLE III.

La possession doit être paisible, et non interrompue.

38. Pour que la possession de dix ou vingt ans fasse acquérir, par droit de prescription , au possesseur le domaine de propriété de l'héritage qu'il a possédé pendant ce temps , il faut qu'elle n'ait point été interrompue pendant tout ce temps : c'est ce qui résulte de la définition que nous avons rapportée *suprà, n.* 1 : *Adjectio dominii per continuationem possessionis, etc.*

Il y a deux espèces d'interruptions , l'interruption naturelle, et l'interruption civile.

§. I. De l'interruption naturelle.

39. Il y a interruption naturelle dans la possession d'une chose, lorsque celui qui la possédoit a cessé pendant quelque temps de la posséder.

Cette interruption naturelle de la possession qui arrêtoit le cours de l'usucapion, est ce que les jurisconsultes romains appeloient *usurpatio : Usurpatio est usucapionis interruptio* ; l. 2, ff. *de usuc.*

Par exemple, si après avoir possédé de bonne foi, et en vertu d'un juste titre, un héritage qui ne m'appartenoit pas, pendant six ans, mon voisin s'en est emparé et en a acquis la possession par an et jour ; quoique, sur une action de revendication, j'aie fait condamner ce voisin à me le délaisser, et que, depuis le délaissement qu'il m'en a fait, je l'aie encore possédé pendant quatre ou cinq ans, je ne l'aurai pas acquis par la prescription de dix ans ; car la possession que j'ai eue de cet héritage pendant six ans, ayant été interrompue, puisque j'ai cessé de le posséder, ne peut plus me servir pour la prescription, et je ne puis compter le temps que depuis que j'ai commencé de nouveau à posséder l'héritage, après le délaissement que m'en a fait le voisin qui s'en est emparé.

40. La possession est interrompue, non seulement lorsque le possesseur l'a perdue par négligence et par sa faute; elle l'est pareillement lorsqu'il a été dépossédé, même par violence : *Naturaliter interrumpitur possessio, quùm quis de possessione vi dejicitur, vel alicui res eripitur;* l. 5, ff. *de usucap.*

Il n'importe, à cet égard, par qui le possesseur ait été dépossédé, par le propriétaire de la chose, ou par quelque autre personne que ce soit; ni quel ait été le titre de sa possession, lucratif ou onéreux : *Nec eo casu quicquam interest, is qui usurpaverit* (1) *dominus sit nec ne;* d. l. *Ne illud quidem interest pro* (2) *suo quisque possideat, an ex lucrativâ causâ.*

La loi 27, ff. *de acq. poss,* où il est dit : *Qui vi dejectus est, perindè habendus est ac si possideret,* n'est point contraire; car cela n'est dit que vis-à-vis du spoliateur.

Quelques auteurs pensent que cette disposition du droit romain ne doit pas être adoptée dans notre droit, et qu'on n'y doit point regarder comme interrompue la possession de celui qui a été dépossédé par violence, lorsqu'il a été rétabli dans l'année.

41. La possession que j'avois d'un héritage est interrompue, et je cesse de le posséder, lorsque j'en ai fait un bail à ferme à celui qui en est le propriétaire, que j'en ai mis en possession; car ce propriétaire de l'héritage ne peut être censé le tenir pour moi et en mon nom, en qualité de fermier, personne ne pouvant être fermier de sa propre chose. C'est ce qu'enseigne Javolenus : *Ei à quo fundum pro hærede diutiùs possidendo capturus eram, locavi eum : an*

---

(1) *Id est, interruperit possessionem eum dejiciendo.*

(2) *Id est,* suivant la Glose, *pro suâ pecuniâ, seu ex onerosâ causâ.* Ailleurs ces termes se prennent dans un autre sens.

*ullius momenti eam locationem existimes quæro? Quòd
si nullius momenti existimes, an durare nihilominùs usucapionem ejus fundi putes?..... Respondit: Si is qui pro
hærede domum possidebat, domino eam locavit, nullius
momenti locatio est, quia dominus rem suam conduxis-
set: sequitur ergo, ut ne possessionem quidem locator retinuerit; ideòque longi temporis præscriptio non durabit;
l. 21, ff. de usucap.*

Il en est de même lorsque j'en ai mis le propriétaire en
possession à titre de nantissement, ou de dépôt, ou de prêt,
ou de précaire; car le propriétaire d'une chose ne peut pas
avoir sa propre chose en gage, ni en être le dépositaire, ni
le possesseur précaire, de même qu'il n'en peut être le locataire ni le fermier: *Neque pignus, neque depositum,
neque precarium, neque emptio, neque locatio rei suæ
consistere potest; l. 45, ff. de reg. jur.*

42. Si lorsque je vous ai passé bail à loyer d'une chose
que je possédois en vertu d'un juste titre, ou lorsque je vous
l'ai donnée à titre de dépôt, de prêt ou de nantissement,
vous n'en étiez pas encore le propriétaire, mais que vous
soyez devenu depuis l'unique héritier du propriétaire; dès
l'instant que vous en êtes devenu le propriétaire, je suis
censé avoir cessé de la posséder, car dès que vous en êtes le
propriétaire, vous n'êtes plus une personne par qui je puisse
être censé en retenir la possession. C'est ce qu'enseigne Julien:
*Si rem alienam bonâ fide emeris, et mihi pignori dederis,
ac precariò rogaveris, deindè me dominus hæredem insti-
tuerit, desinit pignus esse, et sola precarii rogatio supererit;
idcircò usucapio tua interpellabitur; l. 29, ff. de pign. act.*
Dès que je suis devenu propriétaire de la chose, vous avez
cessé de pouvoir être censé la posséder par moi, comme la tenant de vous à titre de gage; un propriétaire ne pouvant pas
avoir sa propre chose en gage : il ne vous reste plus qu'une
possession précaire que vous tenez de moi; mais il est évident qu'on ne peut prescrire contre un propriétaire par une
possession qu'on tient précairement de lui.

43. Il n'est pas douteux que lorsque le possesseur d'une
chose la donne à titre de ferme, ou de loyer, ou de dépôt, ou

de prêt, à quelqu'un qui n'en est pas le propriétaire, il continue de la posséder, et le temps de la prescription continue de courir à son profit; car un fermier, un locataire, un dépositaire, un emprunteur, ne détiennent la chose que pour, et au nom de celui de qui ils la tiennent, qui la possède par eux.

44. Il y a plus de difficulté à l'égard d'un créancier à qui il l'a donnée en nantissement; car le gage étant le droit de posséder une chose *in securitatem debiti*, quoique le créancier ne possède pas la chose qui lui a été donnée en gage, *tanquam rem propriam, sed tanquam rem alienam*, il la possède pour lui; il en a une possession naturelle, qui paroît devoir faire cesser celle de celui qui la lui a donnée en nantissement. Néanmoins c'est un droit reçu, que celui qui a commencé à posséder une chose en vertu d'un juste titre, et qui la donne en nantissement à son créancier, est censé, quant à l'effet de la prescription, continuer de la posséder par ce créancier, et que le temps pour la prescription court à son profit, soit que la chose soit par-devers le créancier, soit qu'il l'en ait retirée précairement. C'est ce qu'enseigne Julien : *Qui pignoris causâ fundum creditori tradit, intelligitur* (1) *possidere. Sed etsi eumdem precariò rogaverit, æquè* (2) *per diutinam possessionem capiet : nam quùm possessio creditoris non impediat capionem, longè minùs precarii rogatio impedimento esse debet; quùm plus juris in possessione habeat qui precariò rogaverit, quàm qui omninò non possidet;* l. 36,. ff. de acq. poss.

45. Lorsque l'héritage que j'ai commencé de posséder en vertu d'un titre est saisi réellement par mes créanciers, ma possession n'est point interrompue par la saisie réelle, et le temps de la prescription continue de courir à mon

___

(1) *Jam quidem ipse non possidet, sed creditor : verùm utilitatis causâ receptum est ut quoad usucapionis causam intelligatur possidere per creditorem, et ut possit cœptam à se usucapionem adimplere per possessionem creditoris cui rem pignori dedit. Ità Cujacius, ad hanc legem.*

(2) *Ratio dubitandi, quòd precaria possessio quam habet à creditore, non fit possessio civilis quæ sola proficit ad usucapionem. Respondet : Quùm receptum sit ut hoc casu possit, etiamsi ipse omninò non possideat, cœptam usucapionem adimplere per possessionem creditoris, à fortiori potest eam hoc casu adimplere per possessionem quam precariò habet à creditore.*

profit pendant la saisie ; car je continue de le posséder par le commissaire à la saisie réelle, qui le détient pour moi et en mon nom, comme nous l'avons vu dans le Traité de la Possession, *n.* 16.

46. Lorsqu'un héritage tenu en fief est saisi féodalement, le possesseur n'en est dessaisi par la saisie féodale que vis-à-vis du seigneur ; il continue de le posséder vis-à-vis de tous autres ; sa possession n'est pas interrompue, et le temps pour la prescription continue de courir, et peut même se parachever pendant la saisie.

47. Enfin le dérangement d'esprit qui survient dans le possesseur n'interrompt point la possession, ni le cours du temps de la prescription, comme nous l'avons vu *suprà*, *ibid.*, *n.* 56.

§. II. De l'interruption civile.

48. L'interruption civile est celle qui résulte de l'interpellation judiciaire, c'est-à-dire, d'une demande judiciaire donnée contre le possesseur pour lui faire délaisser la chose.

Par le droit romain, lorsque quelqu'un avoit commencé de posséder une chose en vertu d'un juste titre, la demande judiciaire qui étoit donnée contre lui pour la lui faire délaisser, ni même la litiscontestation qui intervenoit sur cette demande, n'empêchoient pas que le temps pour l'usucapion ne continuât de courir, et même que l'usucapion ne s'accomplît pendant le procès. C'est ce qu'enseigne Paul : *Si rem alienam emero, et quùm usucaperem, eamdem rem dominus à me petierit, non interpellari usucapionem litiscontestatione ;* l. 2, §. 21, ff. *pro empt.* Mais par la litiscontestation, le possesseur contractoit envers le demandeur l'obligation de lui rendre la chose, s'il justifioit qu'il en fût le propriétaire au temps de la litiscontestation ; et le juge le condamnoit à la rendre, quoiqu'il l'eût acquise par droit d'usucapion, et même à donner caution au demandeur, qu'il n'avoit apporté aucun changement à l'état de cette chose, depuis l'accomplissement de l'usucapion. C'est ce qu'enseigne le même Paul : *Si post acceptum judicium possessor usu hominem cœpit, debet eum tradere, eoque nomine de dolo cavere : periculum est enim ne eum vel pignoraverit vel manu miserit ;* l. 18 , ff. *de rei vind.*

49. Cujas pense qu'il n'y avoit que l'usucapion qui s'accomplît pendant le procès; qu'il en étoit autrement à l'égard de la prescription *longi temporis ,* et qu'elle étoit arrêtée de plein droit par la litiscontestation. Il se fonde sur ce rescrit des empereurs Dioclétien et Maximien : *Longi temporis præscriptio his qui bonâ fide acceptam possessionem et continuatam nec interruptam* INQUIETUDINE LITIS *tenuerunt, solet patrocinari ;* l. 2, *Cod. de long. temp. præscr.*

Il se fonde encore sur un rescrit des empereurs Sévère et Antonin , aux termes duquel , non seulement la litiscontestation qui intervient sur une demande en revendication donnée contre le possesseur , arrête le cours de la prescription , mais encore affecte sa possession d'un vice qui la rend incapable d'opérer la prescription , tellement que quand même le demandeur auroit depuis abandonné sa demande , et que le possesseur auroit , depuis l'abandon de la demande , possédé la chose pendant tout le temps requis pour la prescription , il ne la pourroit acquérir par prescription. Il n'y a dorénavant que son successeur à titre singulier qui puisse commencer par lui-même le temps de la prescription , et la parachever : *Quùm post motam et omissam quæstionem , res ad nova* (1) *dominia bonâ fide transierint , et exindè novi viginti anni intercesserint sine interpellatione , non est inquietanda quæ nunc possidet persona. Quæ sicut accessione prioris domini* (2) *non utitur, qui est inquietatus ; itâ nec impedienda est , quòd ei* (3) *mota controversia sit. Quòd si prior possessor inquietatus est ; etsi posteà per longum tempus sine aliquâ interpellatione in possessione remansit , tamen non potest uti longi temporis præscriptione ;* l. 1, *Cod. de præscr. long. temp.*

Constantin en donne la raison , qui est que , depuis l'interruption que la litiscontestation sur la demande en re-

___

(1) *Id est ad novos possessores bonæ fidei , qui titulo singulari successerunt ei cui mota est controversia.*

(2) *Id est prioris possessoris.*

(3) *Priori possessori.*

vendication, donnée contre le possesseur, a apportée à sa possession, la possession qu'il a eue depuis cette interruption n'a plus été qu'une possession vacillante; elle n'a plus été la possession d'un homme qui croit avec assurance posséder une chose qui lui appartient : *Nemo ambigit*, dit cet empereur, *possessionis duplicem esse rationem : aliam quæ jure consistit : aliam quæ corpore : utramque autem ità demùm esse legitimam, quùm omnium adversariorum silentio et taciturnitate firmatur ; interpellatione verò et controversiâ progressâ, non posse eum intelligi possessorem, qui, licèt possessionem corpore teneat, tamen ex interpositâ contestatione et causâ in judicium deductâ, super jure possessionis vacillet ac dubitet; l.* 10, *Cod. de acq. poss.*

50. Une simple dénonciation que j'aurois faite à quelqu'un, de mes prétentions sur la chose qu'il possède, n'interrompt point sa possession, ni le cours de la prescription : *Alienam aream bonâ fide emit, et ante impletam diutinam possessionem, ædificare cœpit; ei denuntiante domino soli, intrà tempora diutinæ possessionis perseveravit : quæro utrùm interpellata sit, an cœpta duraverit? Respondit, secundùm ea quæ proponerentur, non esse interpellatam; l.* 13, *ff. pro empt.*

51. Tels sont les principes du droit romain sur l'interruption civile. Dans notre droit françois, il n'est pas douteux que l'interruption civile arrête de plein droit le cours de la prescription. La coutume de Paris, en l'article 113 ci-dessus rapporté, et la plupart des autres coutumes, s'en expliquent formellement par ces termes : *Quiconque a joui et possédé.... sans inquiétation.*

L'exploit d'assignation sur une demande en revendication donnée contre le possesseur, forme l'interruption civile. Du jour que cet exploit lui a été posé, sa possession cesse d'être une possession *sans inquiétation*, telle que les coutumes la demandent pour la prescription; et par conséquent le temps de la prescription doit dès ce jour cesser de courir.

Observez qu'un exploit d'assignation, quoique devant un

juge incompétent, ne laisse pas d'être une interruption
civile, qui arrête le cours de la prescription. C'est ce qui a
été jugé par un arrêt du 1ᵉʳ juillet 1627, dans une matière
de retrait lignager, où tout est de rigueur; ce qui doit
avoir lieu à plus forte raison dans toutes les autres matières.
L'arrêt est au Journal des Audiences.

52. Si l'assignation étoit donnée au fermier, que le demandeur croyoit être le possesseur de l'héritage, cette
assignation ne pourroit arrêter le cours de la prescription,
qui court au profit du possesseur qui l'a donné à ferme :
elle ne cessera de courir que du jour du nouvel exploit
d'assignation qui aura été posé au possesseur, sur l'indica-
tion qu'en aura donnée le fermier; et si, dans le temps in-
termédiaire entre l'assignation donnée au fermier et celle
donnée au possesseur, le temps de la prescription s'étoit
accompli, l'assignation donnée au possesseur auroit été
donnée à tard.

Si néanmoins le demandeur pouvoit établir qu'il y a eu
fraude et collusion entre le possesseur et son fermier, pour
amuser le demandeur et lui cacher le nom du possesseur
jusqu'à l'accomplissement du temps de la prescription, le
demandeur à qui le possesseur opposeroit la prescription
pourroit, contre la prescription, opposer avec succès la
réplication de dol.

53. Lorsque le demandeur a laissé tomber en péremption la demande qu'il a donnée contre le possesseur, et
qu'il y a eu un jugement qui a déclaré la péremption acquise, l'effet de la péremption étant de faire regarder
comme non avenue la demande, elle ne peut avoir aucun
effet, ni par conséquent celui d'avoir apporté une interruption à la possession du possesseur, et d'avoir arrêté le
cours de la prescription, laquelle conséquemment doit continuer de courir et de se parachever nonobstant cette demande; *ordonnance de Roussillon.*

Mais si les titres du demandeur, dont le possesseur a eu
la communication dans l'instance qui a été périmée, établissoient le droit de propriété du demandeur; si le demandeur donnoit une nouvelle demande contre le possesseur,

et que ce possesseur lui opposât la prescription, ce demandeur seroit-il bien fondé à soutenir que la prescription,
avant qu'elle fût accomplie, a cessé de courir au profit de
ce possesseur, non par la première demande qui a été donnée contre lui, laquelle, étant tombée en péremption, n'a
pu produire aucun effet ; mais par la connoissance qu'il a
eue du droit de propriété du demandeur par la communication qu'il a eue de ses titres ? Cette connoissance ayant,
dira-t-on, fait cesser la bonne foi du possesseur, qui consiste dans la juste opinion qu'a un possesseur que la chose
qu'il possède lui appartient, a conséquemment fait cesser
le cours de la prescription, laquelle ne peut courir sans
être accompagnée de la bonne foi du possesseur ; puisque,
comme nous l'avons vu *suprà*, n. 34, suivant les principes de notre droit, la bonne foi du possesseur doit durer
pendant tout le temps de la prescription, jusqu'à son entier
accomplissement.

Nonobstant ces raisons, on doit dire que le cours de la
prescription n'a point été interrompu ; que la communication qui a été faite au possesseur des titres du demandeur, sur la demande qu'il a laissé périmer, ne doit point
être censée avoir donné au possesseur une connoissance
parfaite que la chose appartenoit au demandeur ; qu'il a eu,
au contraire, un juste sujet de croire qu'il y avoit quelque
défaut dans les titres du demandeur, puisqu'il abandonnoit sa demande, et qu'en conséquence il a eu sujet de
continuer à se croire propriétaire de l'héritage, en quoi
consiste la durée de la bonne foi, nécessaire pour la prescription. *Voyez* ce que nous avons dit dans notre *Traité
du Domaine de Propriété*, n. 342, dans une espèce à peu
près semblable.

54. Lorsque le propriétaire pour partie d'un héritage
a donné une demande en revendication, pour la partie qui
lui en appartient, contre un possesseur qui le possède pour
le total en vertu d'un juste titre, cette demande n'interrompt la possession de ce possesseur et le cours de la prescription, que pour la part du demandeur ; le possesseur

continuant de posséder le surplus *sans inquiétation*, le temps pour la prescription continue de courir à son profit.

Néanmoins, si par la communication que le possesseur a eue des titres du demandeur, qui sont des titres communs à ce demandeur et à ses copropriétaires, ledit possesseur a été instruit du droit de propriété qu'ont lesdits copropriétaires, cette connoissance, qui fait cesser la bonne foi de la possession par rapport aux parts desdits copropriétaires qui n'ont pas encore donné la demande, interrompt aussi et arrête le cours de la prescription pour les parts desdits copropriétaires.

C'est pourquoi, lorsque par la suite lesdits copropriétaires donneront demande contre ce possesseur pour leurs parts; si le possesseur leur oppose qu'il a accompli le temps de la prescription pour ces parts avant leur demande, ils seront bien fondés à lui répondre, qu'il n'a pas accompli la prescription, et qu'elle a été interrompue par la connoissance de leur droit de propriété, qu'il a acquise par les titres qui lui ont été communiqués dans le procès qu'il a eu sur la première demande qui a été donnée contre lui.

55. Lorsque plusieurs possèdent en commun, de bonne foi, en vertu d'un juste titre, un héritage qui ne leur appartient pas; si le propriétaire ne donne la demande que contre l'un deux, la demande n'interrompt le cours de la prescription que pour sa part; elle continue de courir et peut se parachever pour les parts des autres qui, n'ayant point été assignés, possèdent leurs parts sans inquiétation. Mais si le possesseur pour partie, qui a été assigné seul, s'est porté pour possesseur du total, et a caché par dol au demandeur, qu'il avoit des copossesseurs, pour leur donner le temps de parachever pour leurs parts la prescription, il sera tenu des dommages et intérêts du demandeur, comme nous l'avons vu en notre Traité du Domaine de Propriété, *n.* 301; et si les copossesseurs avoient été participants de cette fraude, le propriétaire qui donneroit par la suite la demande contre eux, pourroit opposer à la prescription qu'ils lui opposeroient, la réplication du dol, comme dans le cas du nombre 51, *suprà.*

56. Lorsque la chose qui fait l'objet de la prescription est une chose indivisible, qui n'est susceptible ni de parties réelles, ni même de parties intellectuelles, tel qu'est un droit de passage; chacun de ceux qui en sont propriétaires en commun, en étant propriétaire pour le total, puisqu'on ne peut pas être propriétaire pour partie d'une chose qui n'est pas susceptible de parties, la demande donnée par l'un des propriétaires doit interrompre la prescription pour le total, et par conséquent l'interrompre pour tous les propriétaires.

Pareillement, si cette chose est possédée par plusieurs en commun, chacun des possesseurs en étant possesseur pour le total, la demande donnée contre l'un d'eux interrompt la possession pour le total, et par conséquent contre tous; une même possession ne pouvant pas être pour le total interrompue et non interrompue.

CHAPITRE III.

Du juste titre requis pour la prescription.

57. On appelle *titre de possession*, tout contrat ou acte en conséquence duquel quelqu'un a été mis en possession d'une chose.

On appelle *juste titre*, un contrat ou autre acte qui est de nature à transférer la propriété, par la tradition qui se fait en conséquence; de manière que lorsqu'elle n'est pas transférée, c'est par le défaut de droit en la personne qui fait la tradition, et non par le défaut du titre en conséquence duquel la tradition a été faite.

Tels sont tous les contrats par lesquels on s'oblige à donner à quelqu'un la chose même qui en fait l'objet, et non pas seulement la jouissance, l'usage ou la possession de cette chose.

Ces titres sont appelés *justes titres*, parceque, étant de leur nature translatifs de propriété, ils donnent un juste sujet à ceux qui acquièrent la possession d'une chose à ces titres, de s'en croire propriétaires, n'ayant pu déviner que la personne de qui ils ont acquis la chose, et qu'ils voyoient en possession de cette chose, n'en fût pas propriétaire.

Suivant ces notions, les contrats de vente, d'échange, les donations, les legs, etc., sont de justes titres. Au contraire, un bail à loyer ou à ferme, un contrat de nantissement, un titre de séquestre, de précaire, etc., ne sont pas de justes titres.

Une saisie féodale n'est pas non plus un juste titre, comme nous l'avons déjà remarqué *suprà, n. 2*; car, de sa nature, elle ne donne au seigneur qu'une propriété momentanée du fief saisi, jusqu'à ce que le vassal se présente à la fin.

58. La nécessité d'un juste titre pour la prescription, est renfermée dans la définition que nous avons donnée de la prescription. Nous l'avons définie, l'acquisition que nous faisons du domaine de propriété d'une chose, par la juste possession que nous en avons. Il faut donc, pour la prescription, que la possession soit une juste possession, une possession *animo dominii*, une possession d'une chose dont on se croit avec fondement le propriétaire, et par conséquent qui procède d'un juste titre : car on ne peut pas se croire avec fondement propriétaire d'une chose qu'on possède en vertu d'un titre qui n'est pas de sa nature translatif de propriété, ni d'une chose dont on s'est emparé sans titre. C'est suivant ces principes que les empereurs Dioclétien et Maximien répondent : *Nullo justo titulo præcedente possidentes, ratio juris quærere dominium prohibet : idcireò quùm etiam usucapio cesset, intentio dominii nunquam absumitur;* l. 24, *Cod. de rei vind.*

La coutume de Paris, *art.* 113, ci-dessus rapporté, exige en termes formels un juste titre pour la prescription dont nous traitons : elle dit, *Quiconque a joui et possédé héritage à* JUSTE TITRE.

Nous parcourrons, dans un premier article, les différentes espèces de justes titres les plus ordinaires, qui opèrent la prescription qui en procède. Dans un second, nous verrons les choses qui sont requises dans le titre nécessaire pour la prescription. Dans un troisième, nous verrons si l'opinion erronée qu'a le possesseur, que sa possession procède d'un juste titre, équipolle à ce juste titre, lorsqu'elle a un juste fondement. Enfin, dans un quatrième, nous verrons comment le possesseur doit justifier que sa possession procède d'un juste titre.

ARTICLE PREMIER.

Des différentes espèces de justes titres.

Nous les rapporterons dans le même ordre dans lequel Justinien les a rapportées dans ses Pandectes.

§. I. Du titre *pro emptore.*

59. Justinien, dans ses Pandectes, rapporte en premier lieu, parmi les justes titres d'où procède la possession, le titre *pro emptore;* c'est-à-dire, le contrat de vente qui a été fait à quelqu'un de la chose qu'il possède.

Le contrat de vente, étant de sa nature translatif de propriété, est un juste titre qui peut faire acquérir par prescription à l'acheteur de bonne foi la chose qui lui a été vendue, par la possession qui en procède.

60. Les actes équipollents à vente sont aussi de justes titres qu'on peut appeler *pro emptore.* Par exemple, lorsque quelqu'un m'a donné en paiement d'une somme d'argent qu'il me devoit, une chose que je croyois lui appartenir, quoiqu'elle ne lui appartînt pas, cette dation en paiement est une espèce de vente qu'il me fait de cette chose; *Dare in solutum est vendere;* et par conséquent cette dation en paiement est un juste titre, semblable au titre *pro emptore,* qui doit me faire acquérir par prescription la chose, par la possession qui a procédé de ce titre.

61. Ulpien rapporte un autre exemple d'un titre équipollent à vente, lorsqu'il dit : *Litis æstimatio similis est emptioni;* l. 3, ff. *pro empt.* Pour entendre ceci, il faut supposer que j'ai usurpé sur Pierre la possession d'une chose qui appartenoit à Jacques. Ayant été condamné à la rendre à Pierre, et ne satisfaisant pas à la condamnation, j'ai été condamné à en payer à Pierre la valeur en une certaine

somme d'argent que je lui ai payée. La possession que j'ai
de cette chose, en vertu du paiement que j'ai fait à Pierre,
est une possession qui procède d'un juste titre, semblable
au titre *pro emptore*, par laquelle je puis acquérir cette
chose par prescription contre Jacques, que j'ignore en être
le propriétaire : car le paiement que j'ai fait à Pierre renferme une espèce de vente que Pierre m'a faite de cette
chose pour la somme que je lui ai payée pour sa valeur :
Possessor qui litis æstimationem obtulit (1), *pro emptore
incipit* (2) *possidere ;* l. 1 , ff. *pro empt.*

§. II. Du titre *pro hærede.*

62. Le titre *pro hærede*, c'est-à-dire, le titre de succession, est aussi un juste titre. C'est un titre qui est de sa
nature translatif de propriété ; car il transmet à l'héritier la
propriété de toutes les choses de la succession dont le défunt étoit propriétaire. S'il ne lui transfère la propriété des
choses que le défunt possédoit sans en être propriétaire, ce
n'est pas par le défaut du titre ; c'est par le défaut de droit
dans la personne du défunt, qui n'a pas pu transmettre un
droit de propriété qu'il n'avoit pas. Mais il ne transmet pas
à son héritier la propriété de ces choses ; il lui transmet,
lorsqu'il les possédoit en vertu d'un juste titre, le droit d'en
continuer et d'en parachever la prescription.

63. Observez que la possession que l'héritier a des choses
de la succession, n'étant pas une nouvelle possession de
ces choses qui commence en sa personne, mais n'étant que
la continuation de la possession qu'avoit le défunt, comme
nous le verrons au chapitre suivant, le titre *pro hærede* ne
peut seul faire acquérir par prescription à l'héritier les choses
que le défunt possédoit sans en être le propriétaire, s'il n'est
joint à un autre juste titre d'où ait procédé la possession
du défunt. Par exemple, si la possession que le défunt avoit
d'un héritage provenoit d'un contrat de vente qui lui en
avoit été faite par quelqu'un qu'il croyoit en être le pro-

---

(1) Ajoutez *et solvit.*

(2) *Incipit possidere pro emptore, quod antè injustè et sine titulo possederat.*

priétaire, l'en voyant en possession, quoiqu'il ne le fût pas, la prescription qui a commencé de courir au profit du défunt continuera de courir, et pourra se parachever au profit de l'héritier ; *tit. pro emptore, pro hærede.* Mais si le défunt possédoit sans titre une chose, la possession que le défunt en avoit, étant en ce cas une possession vicieuse, celle de l'héritier, qui n'en est que la continuation, et qui doit en avoir toutes les qualités, est pareillement une possession vicieuse; et son titre d'héritier ne peut, par cette possession vicieuse, lui faire acquérir cette chose par prescription.

C'est conformément à ces principes, que l'empereur Antonin répond, que le titre *pro hærede* n'est pas un titre qui seul et par lui-même puisse être un titre pour l'usucapion : *Quùm pro hærede usucapio locum non habeat, intelligis, etc. ; l. 1, Cod. de usuc. pro hærede.*

64. Il y a néanmoins un cas auquel un héritier peut commencer en sa personne la possession d'une chose qu'il trouve parmi les effets de la succession, et l'acquérir par prescription par le titre *pro hærede ;* c'est le cas auquel une chose s'est trouvée dans la maison du défunt, sans que le défunt en ait jamais eu de connoissance. L'héritier qui la trouve dans la maison du défunt, et qui a un juste sujet de croire qu'elle fait partie des effets de la succession, possède cette chose *pro hærede* : on ne peut dire, en ce cas, que la possession de l'héritier ne soit qu'une continuation de celle du défunt, puisque le défunt n'ayant eu aucune connoissance de cette chose, n'en a pu acquérir la possession. C'est de ce cas qu'il faut entendre ce que dit Pomponius : *Plerique putaverunt, si hæres sim, et putem rem aliquam esse ex hæreditate, quæ non sit, posse me usucapere; l. 3, ff. pro hærede.*

§. III. Du titre *pro donato.*

65. Il n'importe, pour acquérir par prescription une chose par la possession qu'on en a eue, que le titre d'où la possession procède soit un titre onéreux ou un titre lucratif, pourvu que ce soit un juste titre, c'est-à-dire, un titre qui soit de sa nature translatif de propriété. C'est pourquoi

Paul enseigne que le titre de donation est un titre par lequel on peut acquérir par usucapion ou prescription : *Pro donato usucapit, cui donationis causâ res tradita est; l. 1, ff. pro donat.*

§. IV. Du titre *pro derelicto.*

66. L'abandon que quelqu'un fait d'une chose, ne voulant plus qu'elle lui appartienne, est, pour celui qui s'empare de cette chose, un juste titre, un titre translatif de propriété; car celui qui en fait l'abandon, consent tacitement que le domaine de cette chose qu'il abdique passe et soit transféré à celui qui s'en emparera.

Lorsque quelqu'un a fait l'abandon d'une chose qu'il possédoit comme chose à lui appartenante, et dont il n'étoit pas propriétaire, cet abandon ne peut faire acquérir à celui qui s'est emparé de la chose abandonnée, le domaine de propriété que n'avoit pas celui qui en a fait l'abandon : mais cet abandon est dans ce cas un juste titre, qui donne à celui qui s'est emparé de la chose le droit de l'acquérir par le temps de la prescription, lorsqu'il sait qu'elle a été abandonnée, quoiqu'il ignore par qui. C'est le cas du titre d'usucapion *pro derelicto,* et c'est de cette espèce qu'on doit entendre ce que dit Paul : *Id quod pro derelicto habitum est, et haberi putamus, usucapere possumus, etiamsi ignoramus à quo derelictum sit; l. 4, ff. pro derel.*

§. V. Du titre *pro legato.*

67. Le legs, de même que la donation, est un juste titre qui est de sa nature translatif de propriété, qui doit par conséquent donner au légataire le droit d'acquérir par prescription la chose qui lui a été délivrée à ce titre, lorsque celui qui la lui a délivrée n'en étoit pas le propriétaire, pourvu que le légataire ait cru de bonne foi qu'il l'étoit.

§. VI. Du titre *pro dote.*

68. Par le droit romain, et encore aujourd'hui dans les provinces régies par le droit écrit, le titre de dot est un titre qui est de sa nature translatif de propriété; car le mari

acquiert le domaine de propriété des choses qui lui sont données en dot par sa femme, ou par d'autres pour elle, lorsque la femme ou les autres qui les lui ont données, en étoient les propriétaires.

C'est une conséquence que ce titre de dot est un juste titre, qui lui fait acquérir par prescription les choses qui lui ont été données en dot, lorsque la femme ou autres qui les lui ont données en dot, n'en étoient pas les propriétaires, pourvu qu'il ait cru de bonne foi qu'ils l'étoient : *Titulus est usucapionis et quidem justissimus, qui appellatur pro dote; ut qui in dotem rem accipiat, usucapere possit spatio solemni, quo solent, qui pro emptore usucapiunt;* l. 1, ff. *pro dote.*

69. Il n'importe, à cet égard, que la femme ait donné en dot à son mari certaines choses, ou qu'elle lui ait donné en dot l'universalité de ses biens; le mari qui, dans l'universalité des biens que possédoit sa femme, et qu'elle lui a apportés en dot, trouve des choses qui n'appartenoient pas à sa femme, peut les acquérir par prescription, *titulo pro dote*, pourvu qu'il ait cru qu'elles lui appartenoient : *Nil refert singulæ res, an pariter universæ in dotem darentur;* d. l. 1, §. 1.

70. Il n'importe non plus que l'héritage ait été donné en dot sous une estimation ou sans estimation, *æstimatus an inæstimatus;* car, en l'un et en l'autre cas, le titre de dot en transfère la propriété au mari, lorsque la femme qui le lui a donné en dot en étoit propriétaire; avec cette seule différence, que, lorsque la femme le lui a donné sous une estimation, elle lui en transfère une propriété perpétuelle, à la charge seulement d'en rendre l'estimation lors de la dissolution du mariage; au lieu que lorsqu'elle le lui a donné sans estimation, elle lui en transfère bien le domaine de propriété, mais à la charge de le lui rendre en nature lors de la dissolution du mariage. Le titre de dot étant donc de sa nature translatif de propriété en l'un et en l'autre cas, il est en l'un et en l'autre cas un juste titre, qui doit donner au mari le droit d'acquérir par prescription l'héritage que la femme lui a donné en dot sans estimation ou avec esti-

mation, lorsqu'elle n'en étoit pas la propriétaire, pourvu qu'il ait cru de bonne foi qu'elle l'étoit.

71. N'y ayant point de dot sans mariage; lorsque le mariage qu'un homme et une femme ont contracté, est nul, les choses que la femme lui a apportées en dot ne sont point une véritable dot; il ne les possède point à titre de dot : la possession qu'il en a, est une possession destituée de titre, qui ne peut par conséquent les lui faire acquérir par prescription : *Constante matrimonio, pro dote usucapio inter eos locum habet, inter quos et matrimonium. Cæterùm si cesset matrimonium, Cassius ait cessare usucapionem, quia ei dos nulla sit;* d. l. 1, §. 3.

Ajoutez que le mariage étant illicite et nul, la convention de dot, qui est un accessoire du contrat de mariage, l'est pareillement, et ne peut être par conséquent un juste titre qui puisse donner à l'homme le droit d'acquérir par prescription les choses dont la tradition lui a été faite en conséquence.

72. Ce qu'ajoute Cassius, que cela a lieu même dans le cas auquel l'homme auroit cru son mariage valable; *Etsi maritus putavit esse sibi matrimonium quùm non esset, usucapere eum non posse, quia ei dos nulla sit;* d. L. §. 4; ne doit point être suivi dans notre droit lorsque l'erreur qui a fait croire le mariage valable a un fondement probable; car en ce cas notre droit, en faveur de la bonne foi des parties, donne les effets civils à ce mariage, quoique nul, comme nous l'avons vu en notre Traité du Mariage, *n.* 458, et par conséquent il peut y avoir une dot pour ce mariage, quoique nul; et le titre auquel l'homme possède les choses que la femme lui a apportées en dot, est un véritable titre de dot.

On peut apporter pour exemple le cas auquel un homme a épousé une femme sur de bons certificats de la mort de son mari, qu'on avoit cru tué à une bataille, et qui néanmoins étoit encore vivant. Si, long-temps après, ce premier mari qu'on croyoit mort a reparu, de manière qu'il ne soit pas douteux que le second mariage soit nul, néanmoins ce mariage, quoique nul, ayant les effets civils d'un véritable mariage en faveur de la bonne foi des parties, la dot que l'homme a reçue est une véritable dot qui lui a fait acquérir le domaine de propriété des choses que la femme lui a données en dot, et dont elle étoit propriétaire, et le droit d'acquérir par prescription celles dont il la croyoit propriétaire, quoiqu'elle ne le fût pas. Lorsque l'erreur du mariage vient à être reconnue, cette dot est rendue à la femme, qui est obligée, en ce cas, de se séparer de ce second mari ; de la même manière que dans le cas d'un véritable mariage, la dot est rendue à la femme après sa dissolution.

73. Une femme s'est constitué en dot certaines choses dont elle a fait d'avance la tradition à l'homme qu'elle devoit épouser, avec intention de lui transférer dès-lors la propriété qu'elle croyoit avoir de ces choses, quoiqu'elles ne lui appartinssent pas. La célébration du mariage ayant été retardée, on a fait la question de savoir, si le temps de la prescription pour lesdites choses pouvoit courir au profit du mari avant le mariage, dès le moment de la tradition qui lui en a été faite. La raison de douter est, que n'y ayant point de dot sans mariage, les choses qu'il a reçues ne devant commencer à être dotales que lors du mariage, le mari n'a pu les posséder à titre de dot avant le mariage. La raison de décider que la prescription a couru dès le moment de la tradition et avant le mariage, est que si ce n'est pas à titre de dot qu'elle a couru, c'est en vertu d'un autre juste titre ; et ce titre est la convention que la femme a eue avec l'homme, de lui transférer d'avance la propriété de ces choses. Cette convention est une convention permise, une convention qui de sa nature est translative de propriété, puisqu'elle auroit transféré à l'homme, au moyen de la tradition qui lui en a été faite, la propriété de ces choses, si la femme en eût été la propriétaire. Cette convention est donc un juste titre qui a pu faire courir la prescription au profit du mari, dès le moment de la tradition qui lui a été faite de ces choses : *Est quæstio vulgata, an sponsus possit, hoc est qui nondùm maritus est, rem pro dote usucapere ? Et Julianus inquit :*

Si sponsa sponso eâ mente tradiderit res, ut non ante ejus fieri vellet, quàm nuptiæ secutæ sint, usûs quoque capio cessabit : si tamen non evidenter id actum fuerit; credendum esse id agi, Julianus ait, ut statim res ejus fiant et si alienæ sint, usucapi possint : quæ sententia probabilis mihi videtur. Ante nuptias autem non pro dote usucapit, sed pro suo (1) ; d. L. 1, §. 2.

74. Une femme a donné en dot à son mari un héritage qu'elle savoit ne lui pas appartenir : le mari, qui ignoroit que l'héritage n'appartînt pas à sa femme, en a acquis la propriété par l'accomplissement du temps de la prescription. Le mari étant mort depuis, et l'héritage étant retourné à la femme, on demande si l'ancien propriétaire de cet héritage, qui en a perdu la propriété par la prescription qui s'est accomplie au profit du mari, peut néanmoins donner l'action contre la femme pour le lui délaisser. Je pense qu'il y est fondé; car la femme ayant, par la connoissance qu'elle avoit que l'héritage ne lui appartenoit pas, contracté l'obligation de le rendre au propriétaire, cette obligation dure toujours jusqu'à ce qu'elle l'ait acquittée.

75. Il reste à observer que, dans les provinces régies par le droit coutumier, le titre de dot n'est point un titre translatif de propriété, ni par conséquent un titre de prescription à l'égard des héritages qu'une femme apporte en dot à son mari, car la femme en demeure propriétaire; le mari n'en acquiert que le gouvernement et la jouissance.

§. VII. Du titre *pro suo.*

76. Le titre *pro suo* est un titre général de possession de toutes les choses dont nous acquérons, ou dont nous croyons avec fondement acquérir la propriété. Ce titre comprend sous sa généralité tous les différents titres par lesquels nous acquérons la propriété d'une chose, lorsque

---

(1) C'est-à-dire, en vertu de la convention que la femme a eue avec l'homme, pour lui transférer la propriété de ces choses ; laquelle convention, de même que toutes les autres qui sont de leur nature translatives de propriété, et qui n'ont point de nom qui leur soit particulier, est comprise sous l'appellation générale du titre *pro suo.*

la personne de qui nous la tenons en est la propriétaire, tant ceux qui ont un nom qui leur est particulier, que ceux qui n'en ont point.

Lorsque le titre en vertu duquel je possède a un nom qui lui est particulier, je possède en vertu de ce titre et en vertu du titre général *pro suo;* lorsqu'il n'en a point, mon titre d'acquisition n'a d'autre nom que celui du titre général *pro suo : Pro suo possessio talis est, quùm dominium nobis acquiri putamus, et ex eâ causâ possidemus, ex quâ acquiritur, et prœtereà pro suo; ut putà ex causâ emptionis, et pro emptore, et pro suo possideo; item donata, vel legata, vel pro donato, vel pro legato, etiam pro suo possideo;* l. 1, ff. *pro suo.*

Ces différents titres qui n'ont point de nom et qui nous font acquérir la propriété des choses par la tradition qui nous en est faite en conséquence, lorsque celui qui nous la fait ou qui y consent en est le propriétaire, sont de justes titres qui, lorsqu'il ne l'est pas, nous donnent le droit d'acquérir ces choses par usucapion ou prescription; et c'est cette usucapion qu'on appelle usucapion *pro suo.*

77. On peut apporter pour exemple de ces différents titres, une transaction par laquelle celui avec qui je transigeois m'a cédé une certaine chose comme à lui appartenante, quoiqu'elle ne lui appartînt pas; cette cession, qui m'eût fait acquérir la propriété de cette chose par la tradition qu'il m'en a faite, s'il en eût été le propriétaire, est un juste titre qui me donne le droit de l'acquérir par prescription : *Ex causâ transactionis habentes justam causam possessionis, usucapere possunt;* L. 8, *Cod. de usucap. pro empt. :* c'est une usucapion *pro suo.*

78. La perception des fruits que fait le possesseur de bonne foi, d'un héritage qui lui avoit été donné ou vendu par quelqu'un qui n'en étoit pas propriétaire, dans les principes du droit romain, n'en faisoit pas acquérir le domaine de propriété à ce possesseur : le domaine de propriété des fruits suivoit celui de l'héritage; et le propriétaire de l'héritage, lorsqu'il revendiquoit l'héritage, revendiquoit les fruits lorsqu'ils étoient extants. Mais cette percep-

tion des fruits d'un héritage qu'il croyoit de bonne foi lui
appartenir, étoit un juste titre qui lui donnoit le droit de
les acquérir par droit d'usucapion, à cause de la possession qu'il en avoit pendant le temps réglé par la loi. Le
titre de cette usucapion n'est pas le titre *pro emptore*, ou
pro donato; car on a bien vendu ou donné à ce possesseur
l'héritage dont il a perçu les fruits, mais on ne lui a ni
vendu ni donné ces fruits : *Pro nostro possidemus fructus
rei emptæ vel donatæ;* l. 2 , ff. *pro suo.*

Il en est de même de l'héritier de ce possesseur : lorsque
le temps de l'usucapion ou prescription des choses que le
défunt possédoit de bonne foi n'est point encore parachevé,
ni par lui ni par son héritier, la perception que fait l'héritier des fruits de ces choses, depuis l'adition d'hérédité,
est un juste titre qui lui donne le droit d'acquérir ces fruits
par droit d'usucapion, en les possédant pendant le temps
réglé par la loi; et cette usucapion est une usucapion *pro
suo.* C'est ce que Paul nous enseigne : *Fructus et partus
ancillarum, et fœtus pecorum, si defuncti non fuerunt,
usucapi possunt;* l. 4, §. 5, ff. *de usucap.* Voyez Cujas, *ad
hunc §um*, en son commentaire sur Paul, *ad lib.* 54.

Dans notre droit françois, le possesseur de bonne foi acquiert de plein droit le domaine de propriété des fruits
qu'il perçoit, sans qu'il ait besoin du secours de la prescription; comme nous l'avons vu en notre Traité du Domaine
de Propriété, *n.* 341.

On peut voir encore un autre exemple d'usucapion *pro
suo, suprà, n.* 73.

79. Il n'est pas douteux que les contrats d'échange et
de bail à rente, étant de leur nature translatifs de propriété,
sont de justes titres par lesquels je puis acquérir par prescription l'héritage qui m'a été donné en échange du mien,
ou à bail à rente, par quelqu'un que je croyois en être le
propriétaire, et qui ne l'étoit pas.

Le contrat de société est un contrat qui est de sa nature
translatif de propriété; car j'acquiers, par ce contrat, la
propriété des choses que mon associé a apportées par le
contrat à la société, et qui, par le partage qui s'est fait

des biens de la société, sont tombées dans mon lot, lorsque mon associé en étoit le propriétaire. Ce contrat est donc un juste titre qui, ne pouvant me transférer la propriété de ces choses, lorsque mon associé, de qui je les tiens, ne l'avoit pas, doit au moins me donner le droit de les acquérir par prescription. Il doit me donner *causam usucapiendi*.

La question est de savoir de quand commence à courir cette prescription. Lorsque mon associé, qui a apporté ces choses à la société, en étoit lui-même le possesseur de bonne foi en vertu d'un juste titre, le temps de la prescription de ces choses qui a commencé à courir au profit de mon associé, continue de courir au profit de la société depuis qu'il les y a apportées ; et s'il n'est pas encore parachevé au temps du partage, il continue de courir au profit de celui des associés à qui elles tombent par le partage.

Lorsque mon associé étoit possesseur de mauvaise foi des choses qu'il a apportées à la société, et qui me sont tombées par le partage, la prescription ne peut, en ce cas, commencer à courir qu'en ma personne. Quoique je sois censé avoir acquis pour le total ces choses qui me sont tombées en partage dès le moment du contrat de société, par l'effet rétroactif que notre jurisprudence françoise donne aux partages, néanmoins le temps de la prescription ne peut commencer à courir que du jour du partage ; car n'ayant pu savoir avant le partage si ces choses m'écherroient par le partage, je n'ai pu avoir, avant le partage, l'opinion que j'étois propriétaire de ces choses. C'est dans cette opinion que consiste la bonne foi, sans laquelle la prescription ne peut courir.

80. Lorsqu'un homme, par son contrat de mariage, a apporté à la communauté un héritage ou quelque autre chose dont il étoit possesseur de mauvaise foi ; si cet héritage, par le partage des biens de la communauté, tombe à la femme, qui ignoroit qu'il n'appartînt pas à son mari, elle pourra l'acquérir par la prescription, en vertu du titre par lequel son mari l'a apporté en communauté ; et le temps

de cette prescription commencera à courir du jour du partage par lequel il lui est échu.

Lorsque c'est la femme qui a apporté à la communauté un héritage qu'elle possédoit de mauvaise foi, le mari, qui ignore que cet héritage n'appartenoit pas à la femme, et qui en est possesseur de bonne foi en vertu du titre de son contrat de mariage, par lequel sa femme l'a apporté en communauté, peut commencer la prescription de cet héritage du jour qu'il en a été mis en possession pendant le mariage, et la parachever pendant le mariage; car le mari, pendant le mariage, est réputé seigneur, pour le total, de tous les biens qui composent la communauté. Mais si, par le partage qui en sera fait, cet héritage apporté par la femme tombe à la femme, l'héritage étant censé, en ce cas, lui avoir toujours appartenu, et n'avoir jamais appartenu au mari, la prescription n'aura pas lieu.

§. VIII. Du titre *pro soluto*.

81. Le paiement qu'on nous fait d'une chose, et qui nous en transféreroit la propriété, si celui qui le fait ou qui y consent en eût été le propriétaire, est un juste titre de possession qui nous donne le droit d'acquérir la chose par prescription, lorsqu'il ne l'étoit pas. Les jurisconsultes ont donné à ce titre le nom de *pro soluto*.

Je possède *pro soluto*, et je puis prescrire *pro soluto*, la chose qu'on m'a payée, soit qu'on m'ait payé la chose même qui m'étoit due, soit qu'on m'en ait payé une autre que j'ai bien voulu recevoir à la place : *Pro soluto usucapit, qui rem debiti causâ recipit : et non tantùm quod debetur, sed et quodlibet pro debito solutum, hoc titulo usucapi potest;* l. 46, ff. *de usucap.*

82. Observez néanmoins cette différence, que lorsque c'est la chose même qui m'étoit due, qui m'est payée, c'est le titre en vertu duquel elle m'étoit due, qui est le principal titre de la possession que j'en ai, et de la prescription que j'en acquiers : le titre *pro soluto* ne fait que concourir avec ce titre, et n'en est que l'exécution.

Par exemple, si on me fait le paiement et la tradition

d'une chose qui m'étoit due en vertu de la vente qui m'en avoit été faite, le principal titre de la possession que j'en ai, est le titre *pro emptore*, quoiqu'on puisse dire aussi que je la possède *pro soluto*. Mais lorsque la chose qu'on m'a donnée en paiement est une autre chose que celle qui m'étoit due, c'est, en ce cas, le seul titre *pro soluto* qui est le titre de la possession que j'ai de cette chose, et de la prescription que j'en acquiers.

Par exemple, si vous m'avez vendu l'héritage A, dont vous étiez obligé de me faire la tradition, et que, en paiement de cette obligation, vous m'ayez donné l'héritage B, que j'ai bien voulu recevoir à la place; le titre de la possession que j'ai de l'héritage B n'est pas le titre *pro emptore*; car ce n'est pas celui que j'ai acheté : je le possède *pro soluto*, et je l'acquiers par prescription, *tit. pro soluto*, si vous n'en étiez pas le propriétaire, et que je crusse de bonne foi que vous l'étiez.

Lorsque c'est en paiement d'une somme d'argent, qu'une chose m'a été donnée, la possession que j'en ai, outre le titre *pro soluto*, a aussi pour titre celui *pro emptore*; car la dation d'une chose en paiement d'une somme d'argent, est une espèce de vente de cette chose, *Dare in solutum est vendere*; comme nous l'avons vu *suprà*, *n.* 60.

83. Observez à l'égard du titre *pro soluto*, que, quoiqu'un paiement suppose une dette, néanmoins celui à qui on a payé une chose qu'il croyoit de bonne foi lui être due, quoiqu'il ne lui fût rien dû, peut la prescrire. C'est ce qu'enseigne Pomponius : *Hominem quem ex stipulatione te mihi debere falsò existimabas, tradidisti mihi; si scissem te mihi nihil debere, usu eum non capiam : quia si nescio, verius est ut usucapiam, quia ipsa traditio ex causâ* (1) *quam veram existimo, sufficit ad efficiendum, ut id quod mihi traditum est, pro meo possideam;* l. 3, ff. *pro suo.*

_____

(1) Pourvu que ce ne soit pas *ex causâ emptionis quam falsò crediderim intervenisse;* l. 48, ff. *de usucap.* Voyez la raison de cette exception, *infrà*, *n.* 95.

ARTICLE II.

Des choses requises à l'égard du titre pour la prescription.

84. Outre qu'il faut, pour la prescription, que le titre d'où la possession procède soit un titre qui soit de sa nature translatif de propriété, comme nous l'avons vu dans tout l'article précédent,

Il faut, 1° que ce titre soit valable; 2° il faut qu'il ne soit pas suspendu par quelque condition; 3° enfin, il faut qu'il continue d'être le titre de cette possession pendant tout le temps requis pour l'accomplissement de la prescription.

§. I. Il faut que le titre soit un titre valable.

85. Pour qu'un possesseur puisse acquérir par prescription la chose qu'il possède, il faut que le titre d'où sa possession procède soit un titre valable. Si son titre est nul, un titre nul n'étant pas un titre, la possession qui en procède est une possession sans titre, qui ne peut opérer la prescription.

Par exemple, l'institution d'héritier d'une personne qui en étoit incapable par les lois, étant un titre nul; si cet incapable, dont l'incapacité pouvoit n'être pas connue, s'est mis en possession des biens de la succession du défunt qui l'a institué héritier, son titre étant un titre nul, il ne peut rien acquérir par prescription des biens de cette succession : *Constat eum (demum) qui testamenti factionem habet, pro hærede usucapere posse; l. 4, ff. pro hærede.*

Il en est de même d'un legs qui auroit été fait à cet incapable : il ne pourra pas acquérir par prescription la chose léguée dont l'héritier, qui ne connoissoit pas son incapacité, lui a fait délivrance; car le legs, qui est le titre d'où sa possession procède, est un titre nul, qui ne peut subsister en sa personne, étant par les lois incapable du legs : *Nemo potest legatorum nomine usucapere, nisi is cum quo testamenti factio est, quia ea possessio ex jure testamenti proficiscitur; l. 7, ff. pro leg.*

86. Lorsque quelqu'un s'est mis, à titre de succession, en possession des biens de son parent qu'il croyoit mort, quoiqu'il fût encore vivant, il ne peut rien acquérir desdits biens par prescription; car son titre est un titre nul, ne pouvant pas y avoir de succession d'un homme vivant : *Pro hærede ex vivi bonis nihil usucapi potest, etiamsi possessor mortui rem fuisse existimaverit; l. 1, ff. pro hærede.*

Au contraire, si une chose léguée à quelqu'un lui a été délivrée du vivant du testateur, il peut l'acquérir par prescription, s'il a cru qu'elle appartenoit au défunt qui la lui a léguée : *Ea res quæ legati nomine tradita est, quamvis dominus ejus vivat, legatorum tamen nomine usucapietur; l. 5, ff. pro leg. Si is cui tradita est mortui esse existimaverit; l. 6, ff. d. tit.*

Cujas dit pour raison de différence, qu'il ne peut pas y avoir de succession d'un homme vivant; au lieu qu'il peut y avoir des legs d'un homme vivant, un testateur pouvant délivrer d'avance à quelqu'un les choses qu'il lui a léguées.

87. Une donation entre conjoints par mariage étant un titre nul, c'est une conséquence que le conjoint donataire ne peut, ni pendant son mariage, ni depuis sa dissolution, acquérir par prescription la chose qui lui a été donnée par l'autre conjoint.

Mais si, après la mort du conjoint donateur, son héritier consentoit l'exécution de cette donation, ce consentement de l'héritier à la donation est un nouveau titre qui est valable, qui transfère au donataire la propriété de la chose, lorsque l'héritier en est le propriétaire, ou le droit de l'acquérir par prescription, lorsqu'il ne l'est pas : *Si inter virum et uxorem donatio facta sit, cessat usucapio. Item, si vir uxori rem donaverit, et divortium intercesserit, cessare usucapionem Cassius respondit, quoniam non possit causam possessionis sibi ipsa mutare; aliàs ait, post divortium ità usucapturam, si eam maritus (1) concesserit,*

_____

(1) Le divorce n'étant pas admis parmi nous, j'ai changé l'espèce; et au lieu du cas du consentement donné par le mari après le divorce, j'ai substitué celui du consentement donné par l'héritier, qui est un cas semblable.

quasi nunc donasse intelligatur; l. 1, §. 2, ff. *pro donato.*

88. Lorsque le défaut du titre ne procède que de quelque défaut de forme, si celui en faveur de qui la forme est établie veut bien passer par-dessus la forme, et regarder le titre comme valable, il doit être réputé valable. Par exemple, lorsqu'il y a dans un legs quelque défaut de forme, si l'héritier a bien voulu n'y pas avoir égard, et a fait au légataire la délivrance de la chose léguée, le légataire en acquiert la propriété, si l'héritier en étoit le propriétaire; ou le droit de l'acquérir par prescription, *tit. pro legato,* s'il ne l'étoit pas : *Pro legato usucapit cui rectè legatum relictum est; sed etsi non jure legatum relinquatur* (1)…… *pro legato usucapi post magnas varietates obtinuit;* l. 9, ff. *pro legato.*

En général, lorsqu'un héritier m'a délivré une chose comme m'ayant été léguée, soit qu'elle l'ait été ou non, j'ai un titre pour l'acquérir par prescription : s'il n'y a pas eu de legs, ce ne sera pas le titre *pro legato,* mais ce sera le titre *pro suo : Quod legatum non sit, ab hærede tamen perperàm traditum sit, placet à legatario usucapi, quia pro suo possidet;* l. 4, §. 2, ff. *pro suo.*

89. Lorsque quelqu'un m'a vendu une chose, et m'a fait, par le contrat, remise du prix, ce contrat est nul

---

(1) J'ai supprimé les mots *vel ademptum est,* qui suivoient, comme renfermant un cas qui ne peut avoir d'application dans notre droit. Par le droit romain, un legs ne pouvoit être légalement révoqué que *testamento, aut codicillis testamento confirmatis :* la révocation qui en étoit faite, *extrà testamentum nudâ voluntate,* ne détruisoit pas le legs *subtilitate juris;* mais elle donnoit seulement à l'héritier une exception pour se défendre de l'acquitter. Si l'héritier vouloit bien ne pas profiter de cette exception, et délivroit au légataire la chose léguée, le légataire la possédoit *pro legato,* et pouvoit l'acquérir par prescription *pro legato,* si l'héritier qui la lui avoit délivrée n'en étoit pas le propriétaire. Dans notre droit, la volonté de révoquer le legs, de quelque manière qu'elle soit déclarée, détruit entièrement le legs. C'est pourquoi si l'héritier, quoiqu'il eût connoissance de la révocation, a bien voulu délivrer au légataire la chose léguée, le légataire ne la possédera pas *pro legato,* n'y ayant point de legs; mais il la possédera *pro suo* ou *pro donato,* et pourra la prescrire *pro suo* ou *pro donato;* la délivrance que l'héritier lui en a faite étant une donation qu'il lui en a faite.

comme vente, mais il est valable comme donation; c'est pourquoi il peut servir de titre pour acquérir la chose par prescription : ce ne sera pas le titre *pro emptore*, mais ce sera le titre *pro donato : Donationis causâ factâ venditione, non pro emptore, sed pro donato res tradita usucapitur;* l. 6, ff. *pro donato.*

§. II. Il faut que le titre ne soit pas suspendu par quelque condition.

90. Pour que le temps de la prescription d'une chose puisse commencer à courir, il faut que le titre d'où la possession procède ne soit suspendu par aucune condition; car tant que la condition n'est point encore accomplie, étant incertain si ce titre aura effet, et s'il aura acquis au possesseur la chose qu'il possède, le possesseur ne peut pas la posséder comme une chose qui lui appartient, mais comme une chose qui pourra lui appartenir, si la condition existe : il ne peut pas encore avoir à l'égard de cette chose *opinionem quæsiti dominii*, laquelle est nécessaire pour faire courir le temps de la prescription, comme nous l'avons vu *suprà.* C'est conformément à ces principes, que Paul dit : *Si sub conditione emptio facta sit, pendente conditione emptor usu non capiet;* l. 2, §. 2, ff. *pro empt.*

91. Paul ajoute que la prescription ne peut courir avant l'accomplissement de la condition, quand même le possesseur croiroit par erreur que la condition est accomplie : *Idemque est, etsi putet conditionem extitisse, quæ nondùm extitit; similis est enim ei qui putat se emisse;* d. §.

La raison est, que l'opinion *quæsiti dominii*, qui est nécessaire pour faire courir le temps de la prescription, doit être une opinion qui résulte du titre d'où la possession procède. Or, tant que le titre d'où la possession procède est suspendu par une condition, il n'est point encore de nature à pouvoir faire croire au possesseur que la chose lui est acquise; la fausse opinion qu'a le possesseur, que la condition est accomplie, et qu'en conséquence la chose qu'il a achetée lui est acquise, étant une opinion qui ne résulte pas du titre d'où procède sa possession, et n'ayant pas un fondement suffisant, elle ne peut faire courir la prescription; l'opinion qu'auroit un possesseur qu'il a acheté la chose qu'il possède, et qu'il en a en conséquence acquis la propriété, si dans la vérité il ne l'a point achetée, ne suffit point pour faire courir la prescription, parce qu'elle n'a pas un fondement suffisant. Par la même raison, la fausse opinion qu'a le possesseur, que la condition de son contrat d'acquisition est accomplie, ne doit pas la faire courir.

92. Paul propose ensuite le cas inverse, qui est celui auquel la condition est accomplie sans que le possesseur en ait encore connoissance; et il décide que le temps de la prescription commence à courir du jour de l'accomplissement de la condition, et non pas seulement du jour de la connoissance que le possesseur en aura : *Contrà si extitit et ignoret, potest dici (secundùm Sabinum, qui potiùs substantiam intuetur quàm opinionem) usucapere eum*; d. §. La raison est, que quoique n'ayant pas encore eu connoissance que la condition est accomplie, il n'ait pas encore une opinion formelle que la chose lui est acquise, néanmoins il a un fondement pour l'avoir, ce qui doit suffire pour faire courir le temps de la prescription; et c'est un des cas de cette règle de droit : *Plus valet quod in veritate est, quàm quod in opinione.* Instit. tit. *de leg.*, §. 11.

Suivant ces principes, lorsque quelqu'un, comme se faisant fort d'un tel, qu'il a promis de faire ratifier, m'a vendu un héritage; quoiqu'il m'en ait mis en possession incontinent après le contrat, le temps de la prescription ne commencera à courir que du jour de la prescription. La vente qui m'a été faite, étant un titre qui dépend de la condition de la ratification de ce tel, la prescription ne peut commencer à courir, suivant le principe que nous venons d'exposer, que du jour de l'accomplissement de la condition par cette ratification : tant que ce tel n'a pas ratifié, il est incertain s'il ratifiera, s'il m'aura transféré le droit qu'il peut avoir dans l'héritage. Je n'ai donc pas eu, ni même pu avoir, avant la ratification, *opinionem quæsiti dominii*, qui est absolument nécessaire pour faire courir le temps de la prescription. En vain opposeroit-on que la ratification a un effet rétroactif au contrat : cela est vrai entre les parties contractantes ; mais elle ne peut avoir cet effet au préjudice des tiers contre lesquels doit courir la prescription.

93. Observez qu'il n'y a que les conditions suspensives qui empêchent la prescription de courir jusqu'à leur accomplissement. Il n'en est pas de même de celles qui ne sont que résolutoires. La raison de différence est, que les conditions suspensives suspendent et arrêtent jusqu'à leur accomplissement tout l'effet du contrat auquel elles sont apposées. Par exemple, lorsqu'une condition suspensive est apposée à un contrat de vente, il est incertain, jusqu'à son accomplissement, si la tradition de la chose vendue, qui a été faite à l'acheteur, en exécution du contrat, lui en a transféré la propriété : il ne peut donc, avant l'accomplissement de la condition, avoir, à l'égard de cette chose, *opinionem dominii*, qui est nécessaire pour faire courir la prescription. Au contraire, les conditions qui ne sont que résolutoires n'empêchent point et n'arrêtent point l'effet du contrat ; elles le détruisent seulement pour l'avenir, lorsque les conditions viennent à s'accomplir. Par exemple, lorsqu'on a apposé à un contrat de vente une condition qui n'est que résolutoire, cette condition n'arrête point l'effet du contrat ; elle n'empêche point que la tradition de la chose vendue, qui est faite à l'acheteur en exécution de ce contrat, ne lui en transfère la propriété aussitôt et dès le moment de cette tradition : l'acheteur a donc, dès ce moment, à l'égard de cette chose, une juste opinion que la propriété lui en a été acquise ; et par conséquent, lorsqu'elle ne l'a pas été, parceque le vendeur n'étoit pas propriétaire, le temps de la prescription doit, dès ce moment, commencer à courir au profit de l'acheteur, et même se parachever, tant que la condition résolutoire n'a pas encore existé.

C'est pourquoi, dans le cas de la vente qu'on appelle *addictio in diem*, qui est celle qui est faite à quelqu'un, à condition qu'elle n'aura lieu qu'au cas qu'un autre, d'ici à un certain temps, n'offre pas une condition meilleure ; pour savoir si le temps de la prescription doit courir au profit de l'ache-

teur, du jour de la tradition de la chose vendue, qui a été
faite à l'acheteur en exécution de ce contrat, ou si elle ne
peut courir que du jour de l'accomplissement de la condition, Paul fait dépendre la question de celle de savoir si on
doit regarder la condition comme suspensive, ou seulement
comme résolutoire; et il décide, suivant l'opinion de Julien, que la condition ne doit être regardée que comme
résolutoire, et qu'en conséquence elle ne doit pas arrêter
le cours de la prescription : *Si in diem addictio facta sit
(id est, nisi quis meliorem conditionem attulerit), perfectam esse emptionem, et fructus emptoris effici, et usucapionem procedere Julianus putabat : alii et hanc sub conditione esse contractam; ille non contrahi* (1), *sed resolvi
dicebat : quæ sententia vera est;* l. 2, §. 4, ff. *pro empt.* Paul
fait le même examen à l'égard d'autres conditions, aux
paragraphes 3 et 5.

§. III. Il faut que le juste titre d'où procède la possession continue d'être
le titre de cette possession pendant tout le temps requis pour l'accomplissement de la prescription.

94. Pour que le juste titre d'où procède la possession
d'un possesseur de bonne foi, puisse opérer la prescription,
il faut qu'il continue d'être le titre de cette possession pendant le temps requis pour l'accomplissement de la prescription. Si, avant l'accomplissement de ce temps, il survient
au possesseur un nouveau titre pour la continuation de sa
possession, le titre par lequel le possesseur avoit commencé,
n'étant plus le titre de celle qui continue, ne peut plus
opérer la prescription; le temps de la prescription qu'il
avoit fait courir est arrêté, dès qu'il cesse d'être le titre
de la possession qui continue; et si le titre de celle qui
continue n'est pas de ceux par lesquels on peut prescrire,
la prescription ne pourra s'accomplir. C'est ce qu'enseigne
Pomponius : *Qui quùm pro hærede vel pro emptore usu-
caperet* (2), *precariò rogavit, usucapere non potest;* l. 6,
ff. *pro empt.*

_____

(1) *Sub conditione, sed tantùm resolvi sub conditione.*
(2) *Id est, usucapionis tempus inchoaverat, et nondùm compleverat.*

ARTICLE III.

Si l'opinion d'un juste titre qui n'a point existé peut donner lieu à la prescription.

95. Ordinairement il ne suffit pas, pour donner ouverture à la prescription, qu'un possesseur croie qu'il est intervenu un juste titre d'où sa possession procède, s'il n'est pas intervenu. Par exemple, il ne suffit pas qu'il croie qu'une chose lui a été vendue, qu'elle lui a été léguée, si elle ne lui a été ni vendue ni léguée. Celsus, lib. 34°, *errare eos ait qui existimarent, cujus rei quisque bonâ fide adeptus sit possessionem, pro suo usucapere eum posse : nihil referre emerit, nec ne; donatum sit, nec ne; si modò emptum vel donatum sibi existimaverit : quia neque pro legato, neque pro donato, neque pro dote usucapio valeat, si nulla donatio, nulla dos, nullum legatum sit; idem et in litis æstimatione placet, ut, nisi quis verè litis æstimationem subierit, usucapere non possit;* l. 27, ff. *de usucap.* Il en est de même des autres titres de prescription. Par exemple, il ne suffit pas, pour que quelqu'un puisse acquérir une chose par prescription *pro derelicto*, qu'il ait cru que cette chose dont il s'est emparé, étoit une chose que celui qui en étoit le possesseur, avoit abandonnée, si elle ne l'avoit pas été : *Nemo potest pro derelicto usucapere qui falsò existimat rem pro derelicto habitam esse;* l. 6, ff. *pro derel.*

C'est sur-tout à l'égard du titre *pro emptore*, qu'il ne suffit pas, pour acquérir une chose par prescription, que le possesseur se soit faussement persuadé l'avoir achetée, s'il n'y a point eu de vente; car c'est une chose particulière à la prescription *pro emptore*, qu'il faut, pour cette prescription, que le possesseur ait été de bonne foi, non seulement au temps de la prescription par laquelle a commencé la possession, mais encore au temps du contrat, comme nous l'avons vu *suprà*. Il faut donc qu'il y ait eu un contrat : *Pro emptore possidet qui reverà emit : nec sufficit tantùm in eâ opinione esse eum, ut putet se pro emptore possidere;*

sed debet etiam subesse causa emptionis. Si tamen existi-
mans me debere, tibi ignoranti tradam, usucapies. Quare
ergo, etsi putem me vendidisse et tradam, non capies usu?
Scilicet quia in cæteris contractibus sufficit traditionis
tempus : sic denique si sciens stipuler, rem alienam usu-
capiam, si quùm traditur mihi existimavi illius esse ; at
in emptione et illud tempus inspicitur quo contrahitur.
Igitur et bonâ fide emisse debet, et possessionem bonâ fide
adeptus esse ; l. 2, ff. pro empt.

96. Néanmoins, même à l'égard du titre *pro emptore*,
lorsque l'opinion qu'a le possesseur qu'il possède une chose
à titre de vente, quoiqu'il n'y ait point eu de vente, a un
juste fondement; cette opinion, qui est appuyée sur un
juste fondement, équivaut à un titre, et peut être comprise
sous le titre général *pro suo*, et elle peut en conséquence
donner ouverture à la prescription. Africain apporte pour
exemple le cas auquel j'ai donné commission à quelqu'un
de m'acheter une chose. Mon mandataire m'a remis cette
chose, qu'il m'a dit avoir achetée en exécution de la commission que je lui en avois donnée : quoiqu'il ne l'eût point
achetée, et que ce fût une chose qui fût par-devers lui;
le mandat que j'ai donné à ce commissionnaire de m'a-
cheter cette chose qu'il m'a remise, est pour moi un juste
fondement de croire que cette chose a été achetée pour
moi, et qu'il est intervenu un contrat de vente. Cette opinion que j'ai, appuyée sur un tel fondement, équivaut à
un titre, et doit donner ouverture à la prescription de la
chose que je possède dans cette opinion : *Quod vulgò tra-*
ditum est, eum qui existimat si quid emisse, nec emerit,
non posse pro emptore usucapere : hactenùs verum esse
ait, si nullam justam causam ejus erroris emptor (1) *ha-*
beat. Nam si forté servus vel procurator, cui emendam
rem mandasset, persuaserit ei se emisse, atque ità tra-
diderit, magìs esse, ut usucapio sequatur ; l. 1, 2, ff. *pro*
empt.

Paul rapporte un autre exemple : Un homme dont je ne

_____

(1) Ce possesseur qui se croit acheteur.

connoissois pas le dérangement d'esprit, m'a vendu et livré une chose, sans me donner alors aucun signe de son dérangement. Cette vente est nulle : un fou n'étant pas capable de contracter, il n'y a pas eu de vente. Mais cette vente nulle est pour moi, qui n'ai pu deviner le dérangement d'esprit du vendeur, un juste fondement de croire que la chose m'a été vendue ; et cette opinion que j'ai, ayant un juste fondement, équivaut à un titre pour donner ouverture à la prescription : *Si à furioso quem putem sanœ mentis emero, constitit usucapere utilitatis causâ me posse, quamvis nulla esset emptio;* l. 2, §. 16, ff. *pro empt.*

97. C'est mal-à-propos que Lemaître, sur la coutume de Paris, a écrit que la décision des jurisconsultes romains qui enseignent que l'opinion d'un juste titre, quoiqu'elle soit fausse, lorsqu'elle est appuyée sur un juste fondement, équivaut à un titre, et donne ouverture à la prescription, ne doit pas être suivie dans la coutume de Paris et autres semblables, qui exigent pour la prescription en termes formels, un titre par ces termes, *Si aucun a joui et possédé. . . . . à juste titre, etc.* L'opinion erronée d'un titre, quelque fondement qu'elle ait, n'est pas, dit cet auteur, un titre, et ne peut par conséquent remplir ce que la coutume exige pour la prescription ; on ne doit y rien suppléer, lorsqu'il s'agit de faire acquérir à quelqu'un le bien d'autrui, et d'en dépouiller le véritable propriétaire.

La réponse est, que l'opinion qu'a le possesseur que sa possession procède de quelque juste titre, quoiqu'elle soit fausse, lorsqu'elle est appuyée sur un juste fondement, est elle-même un juste titre, comme sous le titre général *pro suo :* un tel possesseur peut donc dire qu'il est dans les termes de la coutume de Paris, et qu'il a possédé à juste titre. La coutume de Paris, en l'*art.* 113, et les autres coutumes semblables, n'ont entendu faire autre chose que d'adopter la décision du droit romain sur la prescription de dix et vingt ans : les dispositions de ces coutumes doivent donc s'entendre et s'interpréter suivant les principes du droit romain, lorsque rien n'oblige de s'en écarter.

ARTICLE IV.

Comment le possesseur doit justifier du titre d'où procède sa possession.

98. C'est, à la vérité, au possesseur à justifier du contrat ou autre acte qu'il prétend être le juste titre d'où procède sa possession. Par exemple, s'il prétend qu'elle procède d'une vente qui lui a été faite de l'héritage qu'il possède, il doit en justifier par le rapport d'une expédition du contrat qui en a été passé devant notaire.

Il n'est pas nécessaire que le contrat de vente ait été ensaisiné, même dans les coutumes qui assujettissent ces contrats à cette formalité. L'ensaisinement peut être nécessaire pour faire courir le temps du retrait lignager, ou pour quelque autre cas; mais, pour la prescription, il suffit que le possesseur justifie que sa possession procède d'une vente ou de quelque autre juste titre; et il justifie suffisamment que cette vente est intervenue, par le rapport de l'expédition du contrat qui en a été passé devant notaire, sans qu'il soit besoin d'ensaisinement.

99. Si la vente qui a été faite de l'héritage au possesseur, ou tout autre juste titre, d'où procède sa possession, avoit été fait par un acte sous signatures privées, le possesseur justifieroit suffisamment de ce titre par le rapport de l'acte sous signatures privées qui en a été passé.

Mais comme les écritures privées font bien foi, même contre les tiers, que les actes qu'elles contiennent sont intervenus, mais qu'elles ne font pas également foi contre les tiers, du temps auquel ces actes sont intervenus, à cause de la facilité qu'il y a de les antidater, comme nous l'avons vu en notre Traité des Obligations, n. 750, le possesseur qui a justifié du titre d'où sa possession procède, par le rapport de l'acte sous signatures privées qui en a été passé, doit d'ailleurs prouver par témoins le temps qu'a duré sa possession qui a procédé de ce titre. C'est la disposition d'un arrêt du 29 décembre 1716, qui se trouve au sixième volume du Journal des Audiences.

100. Le possesseur n'est pas reçu à la preuve testimo-

niale de la vente ou autre titre d'où il prétend que procède sa possession, sinon en trois cas : 1° lorsqu'il n'en a pas été passé d'acte, et que la chose est d'une valeur qui n'excède pas la somme de cent livres; 2° lorsqu'il y a déja un commencement de preuves par écrit; 3° lorsque les actes par écrit sont péris par quelque accident de force majeure, et que cet accident de force majeure est constant; comme lorsqu'ils ont péri dans l'incendie de la maison où ils étoient en dépôt ; et en général toutes les fois que le possesseur peut justifier qu'ils ont été perdus sans sa faute. C'est à ce cas que nous devons appliquer ce rescrit de Dioclétien et Maximien : *Longi temporis possessione munitis, instrumentorum amissio nihil juris aufert;* l. 7, *Cod. de præscr. long. temp.*

La coutume de Paris a une disposition bien singulière à l'égard du juste titre d'où doit procéder la possession du possesseur d'un immeuble, qui oppose la prescription de dix ou vingt ans; elle veut que ce possesseur soit cru à son serment, du titre par lequel il avoit acquis lui-même d'un tiers l'héritage ou autre immeuble pour lequel il oppose la prescription.

Lorsque ce possesseur dit avoir acquis du demandeur; si le demandeur le dénie avec serment, le possesseur est obligé à justifier du titre par lui allégué.

Pareillement, lorsqu'il fait procéder sa possession, non de son propre titre, mais du titre de son auteur; le titre de son auteur n'étant pas de son fait, il n'en est pas cru à son serment, mais il en doit justifier.

Cette disposition de la coutume de Poitou, qui veut que le possesseur soit cru à son serment de son titre, doit être restreinte dans son territoire : elle ne s'accorde guère avec l'horrible corruption des mœurs de notre siècle, et avec l'irréligion qui fait tant de progrès, et qu'on professe si publiquement et si impunément.

CHAPITRE IV.

Du temps de la prescription; et de l'union du temps de la possession du successeur à celle de son auteur.

ARTICLE PREMIER.

Du temps de la prescription.

101. Le temps de la prescription des héritages ou autres immeubles, établi par l'*art.* 113 de la coutume de Paris, ci-dessus rapporté, est de dix ans entre présents, et de vingt ans entre absents : *Si aucun a joui et possédé par dix ans entre présents, et vingt ans entre absents.*

Le temps est le même que celui de la prescription *longi temporis,* en laquelle Justinien a transformé l'ancienne usucapion, et que la coutume de Paris paroît avoir voulu adopter.

102. Les années se comptant par un certain nombre de jours, et non par un certain nombre d'heures ou de moments, le temps de cette prescription de dix ou vingt ans ne doit pas se compter *à momento ad momentum;* il suffit que le dernier jour de la dixième ou de la vingtième année soit commencé, pour que le temps de la prescription soit accompli : *In usucapionibus non à momento ad momentum, sed totum postremum diem computamus;* l. 6, ff. *de usucap. In usucapione ità servatur, ut etiamsi minimo momento novissimi diei possessa sit res, nihilominùs repleatur usucapio; nec totus dies exigitur ad explendum constitutum tempus;* l. 15, ff. *de div. et temp.*

Par exemple, si j'ai été mis en possession d'un héritage le premier de janvier 1780, ne fût-ce que dans les dernières heures de la journée; aussitôt que la journée du 31 décembre 1790, qui est le dernier jour des dix ans, aura commencé, le temps de la prescription sera accompli : j'aurai acquis l'héritage par prescription; et l'ancien propriétaire viendroit à tard, s'il donnoit ledit jour la demande en revendication de son héritage.

En cela cette prescription est différente de celles qui sont établies contre les actions personnelles que des créanciers ont contre leurs débiteurs, lesquelles ne sont accomplies qu'après que le dernier jour du temps de ces prescriptions est entièrement révolu : *In omnibus temporalibus actionibus, nisi novissimus totus dies compleatur, non finitur obligatio; l. 6, ff. de obligat. et act.*

La raison de différence est, que, dans la prescription contre les actions personnelles, la loi a pour objet de punir la négligence du créancier : elle lui prescrit un certain temps dans lequel elle veut qu'il intente son action; passé lequel, elle veut qu'il n'y soit plus reçu. Le dernier jour de ce temps faisant partie de ce temps, le créancier qui intente son action le dernier jour, est encore dans le temps de l'exercer; il n'y est non recevable, et la prescription n'a lieu qu'après que ce dernier jour est révolu. Au contraire, dans la prescription de dix ou vingt ans qui a succédé à l'usucapion, la loi a pour objet de venir au secours du possesseur de bonne foi; elle veut qu'il ne soit pas perpétuellement exposé aux évictions, elle le fait propriétaire de l'héritage qu'il possède de bonne foi pendant dix ou vingt ans : or, les années se comptant par jours et non par heures, lorsqu'il est parvenu au dernier jour de la dixième ou de la vingtième année de la possession, il est vrai de dire qu'il a possédé pendant dix ou vingt ans, et qu'il a accompli le temps de la prescription.

103. La coutume dit, *par dix ans entre présents, et vingt ans entre absents.* Justinien, en la loi dernière, *Cod. de præscr. long. temp.*, définit quand la prescription est censée courir entre présents, et quand elle est censée courir entre absents. Il dit que la prescription est censée avoir couru entre présents, lorsque, tant le demandeur que le possesseur, qui lui oppose la prescription, avoient l'un et l'autre leur domicile dans la même province; et qu'elle est censée avoir couru entre absents, lorsqu'ils l'avoient en différentes provinces; et qu'il n'importe, au reste, où soit situé l'héritage qui fait l'objet de la question : *Sancimus debere in hujusmodi specie tàm petentis quàm possidentis spectari domi-*

cilium ; ut tàm is qui quæstionem inducit, quàm is qui res possidet, domicilium habeat in uno loco, id est in unâ provinciâ. At..... de rebus..... nulla est differentia, sive in eâdem provinciâ sint, sive in vicinâ, vel trans mare positæ.....; d. l.

C'est ce que nous veut faire entendre la coutume de Paris, lorsqu'elle dit en l'article 116 : *Sont réputés présents ceux qui sont demeurants en la ville, prevôté et vicomté de Paris.* En un mot, la prescription est censée être entre présents ; lorsque, tant le possesseur qui prescrit, que le propriétaire contre qui il prescrit, demeurent l'un et l'autre sous le ressort du même bailliage royal ou de la même sénéchaussée royale. Elle court, au contraire, entre absents, lorsqu'ils demeurent en différents bailliages.

La coutume de Meaux, *art.* 82, s'en explique ; elle dit : « On tient pour présents ceux qui demeurent en même bailliage royal. »

104. Lorsqu'un bailliage est partagé en plusieurs siéges, tel que celui d'Orléans, duquel dépendent ceux de Beaugency, d'Yenville, etc., le possesseur et le propriétaire sont censés présents, lorsqu'ils demeurent l'un et l'autre dans le bailliage, quoique sous différents siéges particuliers de ce bailliage.

105. Lorsque le lieu du domicile de l'une des parties est, à la vérité, sous un autre bailliage que celui où est le domicile de l'autre partie, mais y est enclavé de toutes parts, j'aurois de la peine à ne pas regarder ce cas comme le cas de la prescription entre présents.

Il en est de même du cas auquel leurs domiciles seroient, à la vérité, dans différents bailliages, mais dans les confins de chacun desdits bailliages, de manière qu'ils ne fussent pas éloignés de plus d'une lieue ou deux, ou peut-être de moins.

106. Pourvu que le possesseur qui prescrit, et le propriétaire contre qui il prescrit, demeurent en même bailliage, la prescription est censée courir entre présents, quelque éloignés qu'ils soient du lieu où est situé l'héritage qui fait l'objet de la prescription, comme nous l'avons vu *suprà, n.* 103.

La coutume de Sedan s'est écartée du droit commun en réputant la présence ou l'absence à raison de l'éloignement du lieu de la situation de l'héritage; voici comme elle s'explique, art. 513 : « Sont réputés présents ceux qui sont « demeurants dedans dix lieues à l'environ de la situation « de l'héritage ; et ceux qui sont demeurants plus loin que « de dix lieues, sont réputés absents. »

Dans cette coutume, la prescription est entre présents, lorsque le propriétaire contre qui on prescrit demeure dans les dix lieues de l'héritage.

107. Lorsque nous disons que la prescription court entre présents, lorsque tant le possesseur que le propriétaire ont leur domicile dans le même bailliage, il est évident que nous n'entendons parler que du domicile de fait et de résidence, dans le sens dans lequel l'ordonnance de 1667 le prend, lorsqu'elle dit que les exploits d'assignation doivent être donnés à personne ou domicile.

C'est pourquoi, pour que le temps de la prescription soit censé courir entre présents, il suffit que, tant le possesseur qui prescrit, que le propriétaire contre qui il prescrit, aient leur domicile de fait et de résidence dans le même bailliage, quand même ce domicile ne seroit pas leur domicile de droit; et, au contraire, il ne suffiroit pas que l'un et l'autre eussent leur domicile de droit dans le même bailliage, si l'un ou l'autre n'y avoit pas sa demeure actuelle.

Par exemple, dans le cas auquel ayant mon domicile de droit à Paris, d'où je suis originaire, et où je conserve l'esprit de retour, je serois demeurant à Orléans, où j'exerce un emploi amovible; si, depuis que j'y demeure, j'ai possédé de bonne foi, en vertu d'un juste titre, un héritage dont le propriétaire contre qui court la prescription demeure dans le bailliage d'Orléans, le temps de la prescription sera censé être couru entre présents, quoique Orléans ne soit pas mon véritable domicile, n'y étant pas pour perpétuelle demeure, mais seulement pour le temps que j'aurai mon emploi : au contraire, si le propriétaire de l'héritage que j'ai possédé depuis que je de-

meure à Orléans, demeuroit à Paris; quoique Paris soit le
lieu où est mon domicile de droit, et celui dont la loi régit
ma personne, il suffit que je n'y aie pas eu ma demeure
de fait pendant le temps de ma possession, pour que le temps
de la prescription soit censé être couru *inter absentes*.

108. Lorsque l'une des parties, soit le possesseur qui
prescrit, soit le propriétaire contre qui il prescrit, a deux
maisons dans deux différents bailliages, dans chacune desquelles il demeure pendant la moitié de l'année, sans qu'on
puisse distinguer laquelle des deux est celle dont il fait sa
principale demeure, il est censé, en ce cas, avoir deux
domiciles, et être présent dans chacun des bailliages où ils
sont; de manière que, pour que la prescription soit censée
courir entre présents, il suffit que l'autre partie ait sa demeure dans l'un des deux bailliages.

109. Lorsque l'une des parties, soit le possesseur qui
prescrit, soit le propriétaire contre qui il prescrit, n'a aucune demeure fixe nulle part, le temps de la prescription
est censé courir entre absents, et doit en conséquence être
de vingt ans; car le possesseur et le propriétaire étant réputés présents, à raison du domicile qu'ils ont l'un et
l'autre dans le même bailliage, c'est une conséquence que
celui qui n'a de domicile nulle part ne peut être censé
présent nulle part, et conséquemment que le temps de la
prescription ne peut, en ce cas, être censé courir entre
présents.

110. Lorsque le temps de la prescription a commencé
entre présents, et que, avant son accomplissement, le possesseur qui prescrit, ou le propriétaire contre qui il prescrit,
a transféré son domicile dans un autre bailliage, il faudra,
pour l'accomplissement de la prescription, doubler le
temps seulement qui restoit à courir pour la prescription
de dix ans. Par exemple, si, avant qu'ils eussent cessé de
demeurer dans le même bailliage, il s'étoit déjà écoulé six
ans, il faudra doubler le temps de quatre ans qui restoit à
courir pour la prescription; de manière que, outre les six
ans qui ont déjà couru, il en faudra encore huit pour accomplir le temps de la prescription.

Dans le cas inverse, lorsque la prescription a commencé à courir entre absents, et que, avant l'accomplissement du temps de vingt ans, nécessaire pour la prescription entre absents, le possesseur et le propriétaire se sont rapprochés et ont demeuré dans le même bailliage, le temps pour la prescription entre présents étant la moitié de celui pour la prescription entre absents, il ne faudra plus, pour accomplir la prescription, que la moitié de celui qui restoit à courir de la prescription de vingt ans, lorsqu'ils ont commencé à demeurer dans le même bailliage : par exemple, s'il s'étoit déja accompli douze ans, il ne faudra plus, pour accomplir la prescription, que quatre ans, moitié des huit qui restoient à courir pour la prescription de vingt ans, ce qui fait en tout seize ans.

111. Lorsque quelqu'un prescrit un héritage contre deux propriétaires par indivis, dont l'un demeure dans le même bailliage, et l'autre dans un autre bailliage, le possesseur acquerra par prescription la part de celui qui demeure dans le même bailliage, lorsqu'il aura possédé l'héritage pendant dix ans : mais il lui faudra dix autres années de possession pour acquérir la part de l'autre.

Pareillement, lorsque deux personnes qui possèdent par indivis un héritage demeurent, l'une dans le même bailliage que le propriétaire, l'autre dans un bailliage différent, il n'y aura que celle qui demeure dans le même bailliage, qui acquerra par dix ans de possession la part qu'elle possède ; l'autre n'acquerra la sienne que par vingt ans de possession.

En l'un et en l'autre cas, lorsque la chose qui fait la matière de la prescription est un droit indivisible, la prescription ne pourra s'accomplir pour rien, que par vingt ans de possession ; car une chose indivisible, n'étant pas susceptible de parties, ne peut s'acquérir pour partie ; elle ne peut s'acquérir que pour le total : les possesseurs de ce droit indivisible ne peuvent donc en accomplir la prescription que tous ensemble, et contre tous les propriétaires ensemble.

ARTICLE II.

De l'union de la possession du successeur avec celle de son auteur.

Il y a, à cet égard, une grande différence entre les héritiers ou autres successeurs à titre universel, et les successeurs à titre singulier.

§. I. Des héritiers et autres successeurs universels.

112. L'héritier étant censé n'être que la continuation de la personne du défunt, sa possession est censée n'être que la continuation de la possession du défunt, et n'être qu'une seule et même possession avec celle du défunt.

De ce principe on tire deux corollaires.

113. *Premier corollaire.* La possession du défunt et celle de son héritier n'étant qu'une même possession, et la bonne foi du possesseur n'étant requise pour la prescription, suivant les principes du droit romain, qu'au temps auquel la possession a commencé; lorsque le défunt avoit possédé de bonne foi un héritage, et étoit mort avant l'accomplissement du temps de la prescription, son héritier, quoiqu'il fût de mauvaise foi, et qu'il eût connoissance que l'héritage n'appartenoit pas au défunt, pouvoit, suivant le droit romain, l'acquérir par prescription, en continuant de le posséder pendant le temps qui restoit à courir pour la prescription : *Si defunctus bonâ fide emerit* (1), *usucapiétur res, quamvis hæres scit alienam esse; l.* 2, §. 19, ff. *pro empt.*

Ce corollaire n'a pas lieu dans notre droit françois ; car, suivant les principes de notre droit françois, la bonne foi du possesseur devant durer pendant tout le temps de la possession pour la prescription ; l'héritier qui est de mauvaise foi, et qui a connoissance que l'héritage n'appartenoit pas au défunt, ne peut, en continuant de le posséder, l'acquérir par prescription, sa possession étant une possession de mauvaise foi.

_____

(1) *Supple, eique res tradita sit, eamque incæperit bonâ fide possidere.*

114. *Second corollaire.* La possession de l'héritier n'é-tant que la continuation de celle du défunt, elle a les mêmes qualités qu'avoit celle du défunt. C'est pourquoi si la possession que le défunt avoit d'un héritage étoit une possession injuste, qui fût sans titre ou de mauvaise foi; quoique l'héritier soit de bonne foi, et croie de bonne foi que l'héritage appartenoit au défunt, la possession qu'il continuera d'avoir de cet héritage sera censée être une possession injuste, telle qu'étoit celle du défunt, dont elle n'est que la continuation, et il ne pourra l'acquérir par quelque long temps qu'il l'ait possédé : *Quùm hæres in omne jus defuncti succedit, ignoratione suâ defuncti vitia non excludit. . . . . usucapere non poterit quod defunctus non potuit. Idem juris est quùm de longâ possessione quæritur;* l. 11, ff. *de divers. temporal. præscript.*

115. Lorsque, tant le défunt que son héritier, ont été possesseurs de bonne foi, il n'est pas douteux que l'héritier peut, pour accomplir la prescription, joindre le temps de la possession du défunt à celui de la sienne : mais il faut, pour cela, qu'il n'y ait point eu d'interruption. Il n'y en a pas eu, si le défunt possédoit l'héritage lors de sa mort, et si depuis sa mort aucun autre que son héritier ne l'a possédé; car par la maxime, *Le mort saisit le vif,* qui est observée dans notre droit françois, l'héritier est, en ce cas, censé avoir, incontinent après la mort du défunt, continué de posséder l'héritage que le défunt avoit possédé jusqu'à sa mort.

Même par le droit romain, qui n'admettoit pas notre maxime, *Le mort saisit le vif,* il n'y avoit pas, en ce cas, d'interruption de possession; car l'hérédité jacente étoit censée, en ce cas, avoir, incontinent après la mort, continué de posséder pour l'héritier, l'héritage qu'avoit possédé le défunt. C'est pourquoi Paul dit : *Vacuum tempus quod ante aditam hæreditatem, vel post aditam intercessit, ad usucapionem hæredi procedit;* l. 31, §. 5, ff. *de usucap.* La raison est que, *Hæres et hæreditas, tametsi duas appellationes recipiunt, unius personæ tamen vice funguntur;* l. 22, ff. *d. tit.*

116. Mais lorsque, avant ou depuis la mort du défunt, un tiers a, par usurpation, acquis la possession de l'héritage que le défunt possédoit, et que depuis l'héritier le lui a fait délaisser, il y a en ce cas interruption; et l'héritier qui est rentré en possession de l'héritage ne peut joindre la possession qu'en a eue le défunt, à la sienne.

117. Lorsque quelqu'un a acheté un héritage qu'il savoit ne pas appartenir à son vendeur, et qu'étant mort avant que la tradition lui en ait été faite, la tradition en a été faite à son héritier qui étoit de bonne foi, et croyoit que l'héritage appartenoit à celui qui lui en faisoit la tradition; cet héritier pourra-t-il l'acquérir par prescription? La raison de douter est, qu'on ne peut dire, en ce cas, que l'héritier a succédé à une possession vicieuse du défunt : le défunt n'ayant jamais eu aucune possession de cet héritage, la possession que l'héritier a de cet héritage est une possession qui n'a commencé qu'en sa personne, qui a été de bonne foi dès son commencement.

Nonobstant ces raisons, on doit décider que l'héritier ne peut, en ce cas, acquérir l'héritage par prescription. La raison est, que le titre d'où procède la possession de cet héritier, est la vente qui a été faite de cet héritage au défunt, c'est le titre *pro emptore :* or, pour la prescription *pro emptore*, la bonne foi est requise, non seulement au temps de la tradition, auquel la possession de l'acheteur commence, elle est aussi requise au temps du contrat; sans cela le titre est réputé vicieux; *suprà, n.* 95. Le défunt n'ayant donc pas été acheteur de bonne foi, ayant eu, lors du contrat, connoissance que l'héritage n'appartenoit pas au vendeur, la possession de son héritier, qui procède de ce titre, procède d'un titre vicieux, et est une possession injuste qui ne peut opérer la prescription.

118. Ce que nous avons dit ci-dessus, que l'héritier d'un possesseur de mauvaise foi, quoiqu'il crût de bonne foi que l'héritage appartenoit au défunt, ne pouvoit acquérir par prescription cet héritage, par quelque long temps qu'il le possédât, a pareillement lieu à l'égard de tous les autres successeurs universels d'un possesseur de mauvaise

foi, tels que ses légataires ou donataires universels : car ces successeurs universels sont tenus de toutes les dettes du défunt, et par conséquent ils sont tenus de l'obligation que le défunt, possesseur de mauvaise foi de l'héritage, a contractée de le rendre, par la connoissance qu'il en a eue qu'il ne lui appartenoit pas. Or, il est évident que cette obligation de rendre l'héritage, dont ses successeurs universels sont tenus, est pour eux un obstacle perpétuel à la prescription de cet héritage.

§. II. Des successeurs à titre singulier.

119. Un successeur à titre singulier, tel qu'est un acheteur, un donataire ou un légataire d'un certain héritage, lorsqu'il en est possesseur de bonne foi, si son auteur, c'est-à-dire, celui qui le lui a vendu ou donné, en étoit lui-même possesseur de bonne foi, peut, pour accomplir la prescription, joindre le temps de la possession de son auteur au temps de la sienne.

Par exemple, si Pierre, possesseur de bonne foi d'un héritage appartenant à Jacques, après six ans d'une possession qu'il avoit eue de cet héritage, qui procédoit d'un juste titre, m'a vendu cet héritage, et m'en a mis en possession, j'aurai, après que je l'aurai possédé pendant quatre autres années, accompli le temps de la prescription *inter præsentes*, en joignant les six années de possession de Pierre aux quatre années de la mienne ; et j'aurai acquis la propriété de l'héritage, pourvu que Jacques ait eu son domicile dans le même bailliage où étoit le domicile de Pierre, et où étoit le mien pendant le temps qu'a couru la possession.

La raison est, que par la tradition qu'on fait à quelqu'un d'une chose, en exécution d'un titre qui est de sa nature translatif de propriété, on a intention de lui transférer tout le droit qu'on a, tant dans cette chose que par rapport à cette chose : c'est pourquoi, lorsqu'un possesseur de bonne foi m'a fait la tradition d'une chose qu'il m'a vendue, ne pouvant pas me transférer le droit de propriété de cette chose qu'il n'a pas, il me transfère *causam usucapionis;*

il me met à ses droits pour en acquérir la propriété par la prescription, en parachevant le temps de la possession qu'il a commencé d'avoir de cette chose.

120. Pour que le successeur à titre singulier puisse profiter, pour la prescription, de la possession de son auteur, il faut que, tant la possession de l'auteur, que celle du successeur, soient de justes possessions : *Ne vitiosæ quidem possessioni ulla potest accedere ; sed nec vitiosa ei quæ vitiosa non est;* l. 13, §. 13, ff. *de acquir. posses.*

Il faut, 1° que la possession du successeur soit une juste possession : *Nec vitiosæ possessioni ulla potest accedere.* Par exemple, si vous m'avez vendu une chose à l'égard de laquelle vous aviez commencé le temps de la prescription, la possédant de bonne foi en vertu d'un juste titre, et que je susse qu'elle ne vous appartenoit pas, je ne pourrai profiter du temps de votre juste possession, la mienne étant une possession de mauvaise foi : *Si eam rem quam pro emptore usucapiebas* (1), *scienti mihi alienam esse vendideris, non capiam usu;* l. 2, §. 17, ff. *pro empt.*

En cela le successeur à titre singulier, selon les principes du droit romain, étoit différent de l'héritier, lequel, quoiqu'il eût la connoissance que la chose n'appartenoit pas au défunt, pouvoit, en continuant de la posséder, l'acquérir par prescription : mais nous avons vu *suprà, n.* 113, que par notre droit françois, qui demande la bonne foi pendant tout le temps de la possession, l'héritier qui n'a pas cette bonne foi, en continuant de posséder la chose, ne peut pas plus l'acquérir par prescription, que le successeur à titre singulier.

121. Il faut, 2° pour l'union des possessions du successeur et de l'auteur, que la possession de l'auteur ait été pareillement une juste possession; autrement le successeur ne pourra pas la joindre à la sienne, quoique la sienne soit une juste possession. C'est ce qui est exprimé par ces derniers termes de la maxime ci-dessus rapportée, *sed nec vitiosa ei quæ vitiosa non est.*

___

(1) *Id est, circa quam tempus usucapionis inchoaveras.*

122. Le vice de la possession de l'auteur empêche bien son successeur à titre singulier, qui est possesseur de bonne foi, de joindre la possession de l'auteur à la sienne ; mais il n'empêche pas ce successeur à titre singulier d'acquérir par prescription la chose qu'il possède de bonne foi, lorsqu'il l'aura lui-même possédée pendant le temps requis pour la prescription : *An vitium auctoris vel donatoris, vel ejus qui mihi rem legavit, mihi noceat, si fortè auctor meus justum initium possidendi non habuit, videndum est? Et puto neque nocere neque prodesse ; nam denique et usucapere possum quod auctor meus usucapere non potuit ;* l. 5, ff. *de div. temp. præscr.*

En cela, un successeur à titre singulier est différent d'un héritier, lequel, quoiqu'il soit de bonne foi, ne peut jamais acquérir par prescription, par quelque temps que ce soit, la chose que le défunt possédoit de mauvaise foi, comme nous l'avons vu *suprà*, n. 114.

La raison de différence est, qu'un héritier étant la continuation de la personne du défunt, la possession de l'héririer n'est que la continuation de la possession du défunt, et doit par conséquent avoir les mêmes qualités et les mêmes vices. D'ailleurs l'héritier a succédé à l'obligation que le défunt avoit contractée de rendre la chose, laquelle obligation résiste à la prescription : au contraire, un successeur à titre singulier ne succède ni à la personne ni aux obligations de son auteur ; sa possession est une possession qui lui est propre, par laquelle il peut, en ne se servant point de celle de son auteur, acquérir par prescription la chose qu'il possède de bonne foi.

123. Le successeur à titre singulier étant subrogé à tous les droits de son auteur, par rapport à la chose dont la tradition lui a été faite, il peut, pour accomplir le temps de la prescription, joindre à sa possession, non seulement celle de son auteur, mais celle des auteurs de son auteur, que cet auteur qui l'a subrogé, avoit droit de joindre à la sienne ; bien entendu, pourvu que toutes ces possessions soient de justes possessions : *Accessio possessionis fit, non solùm temporis quo apud eum fuit, undè is emit ; sed*

et (1) *qui ei vendidit, undè tu emisti;* l. 15, §. 1, ff.
de div. temp. præscr.

124. Observez qu'il faut que trois choses concourent à
l'égard de la possession de l'auteur, pour que le successeur
à titre singulier la puisse joindre à la sienne.

1° Il faut que cette possession soit une juste possession,
c'est-à-dire, qui procède d'un juste titre, et qui soit de bonne
foi, comme nous l'avons déja vu.

2° Il faut que cette possession de l'auteur soit contiguë à
celle du successeur à titre singulier : s'il y a eu interruption,
le successeur ne pourra la joindre à la sienne ; car il faut
pour la prescription une possession sans interruption.

Supposons, par exemple, que Pierre, possesseur de
bonne foi d'un petit morceau de terre, dont il n'étoit pas
propriétaire, me l'a vendu. Avant que la tradition m'en ait
été faite, un usurpateur s'en est emparé, et en a acquis la
possession par an et jour. Pierre m'ayant subrogé à ses
droits, j'ai donné la demande en revendication contre l'u-
surpateur, lequel, sur cette demande, m'a délaissé le morceau de terre. Il faut, pour que je l'acquière par prescription contre celui qui en est le véritable propriétaire, que je
le possède moi-même pendant tout le temps requis pour la
prescription : car je ne puis joindre à ma possession, ni
celle de l'usurpateur, cet usurpateur n'étant pas mon auteur, et d'ailleurs sa possession étant une possession injuste ; ni celle de Pierrre mon auteur, parcequ'elle n'est
pas contiguë à la mienne.

3° Pour que le successeur puisse joindre la possession de
son auteur à la sienne, il faut que ce soit la possession que
son auteur a eue jusqu'à la tradition qu'il lui a faite, laquelle
possession est celle aux droits de laquelle son auteur l'a subrogé : mais si, depuis la tradition, et après que le successeur
a possédé depuis quelque temps la chose, son auteur l'a de
nouveau possédée, et enfin son successeur l'a recouvrée,
le successeur ne pourra pas joindre à sa possession cette
nouvelle possession de son auteur ; cette possession que son

_____

(1) *Supple, sed et temporis quo res fuit apud eum qui ei vendiderit, etc.*

auteur n'a eue que depuis la tradition qu'il lui a faite de la chose, n'étant pas celle aux droits de laquelle son auteur l'a subrogé par la tradition qu'il lui a faite ; *Hœ accessiones non tam latè accipiendœ sunt, quàm verba earum patent : ut, etiam si post venditionem traditionemque rei traditœ apud venditorem res fuerit, proficiat id tempus emptori ; sed illud solum quod ante fuit ;* l. 15, §. 5, ff. *de div. temp. prœscr.*

CHAPITRE V.

De l'effet de la prescription de dix ou vingt ans.

125. Justinien ayant fondu le droit d'usucapion des héritages dans la prescription de dix ou vingt ans, qu'il a établie par sa constitution, et que la coutume de Paris, par l'*art.* 113, a adoptée, cette prescription est un vrai droit d'usucapion, qui fait acquérir au possesseur le domaine de propriété de l'héritage ou autre immeuble qu'il a possédé en vertu d'un juste titre et de bonne foi, pendant le temps requis pour l'accomplissement de la prescription.

Plusieurs coutumes, qui, comme celle de Paris, ont adopté cette prescription, s'en expliquent en termes formels. Senlis, *art.* 118, dit, *ils acquièrent par prescription la propriété et seigneurie.* Anjou dit pareillement, *art.* 431, *a acquis le droit et propriété de la chose.* Valois, *art.* 120, *a acquis et gagné le droit de la chose.*

126. La prescription de dix ou vingt ans, non seulement fait acquérir au possesseur le domaine de propriété de l'héritage ; elle le lui fait acquérir aussi franchement et pleinement qu'il a cru de bonne foi l'avoir, et elle éteint de plein droit les rentes foncières, hypothèques et autres charges réelles dont l'héritage étoit chargé, qui n'ont point été déclarées au possesseur par son contrat d'acquisition, et qu'il a ignorées.

En cela, par le droit romain, la prescription de dix ou

vingt ans avoit plus d'effet que n'en avoit l'ancien droit d'usucapion ; car celui-ci faisoit bien acquérir le domaine, mais il le faisoit acquérir tel que l'avoit eu l'ancien propriétaire, avec toutes les hypothèques et autres charges dont cet héritage étoit chargé : *Non mutat usucapio superveniens pro emptore vel pro hærede, quominùs persecutio pignoris salva sit ; ut enim ususfructus usucapi non potest, ità persecutio pignoris quæ nulla societate dominii conjungitur, sed solâ conventione constituitur, usucapione rei non perimitur ;* l. 44, §. 5, ff. *de usucap.*

Au contraire, à l'égard de la prescription de dix ou vingt ans, les empereurs Dioclétien et Maximien répondent : *Neque data pignori prædia post intervallum longi temporis tibi auferenda sunt, quandò etiam præsentibus creditoribus decem annorum præscriptionem opponi posse tàm rescriptis nostris quàm priorum principum statutis probatum sit ;* l. 2, *Cod. si adv. cred. præscr.*

La raison de différence étoit que l'usucapion n'avoit été établie que pour acquérir le domaine civil des choses *mancipi,* et que les droits réels que des tiers ont dans les choses n'étoient pas susceptibles d'usucapion, au lieu qu'ils sont susceptibles de la prescription de dix ou vingt ans.

La coutume de Paris a pareillement attribué à la prescription de dix ou vingt ans, l'effet de faire acquérir au possesseur qui, en vertu d'un juste titre, a possédé de bonne foi un héritage pendant le temps requis pour la prescription, l'affranchissement de toutes les hypothèques, rentes foncières et autres charges réelles dont cet héritage est chargé, qui n'ont point été déclarées à ce possesseur par son contrat d'acquisition, et qu'il a ignorées. Elle en a une disposition expresse en l'*art.* 114, qui est conçu en ces termes : « Quand aucun a possédé et joui par lui et « ses prédécesseurs, desquels il a le droit et cause, d'héri-« tage ou rente, à juste titre et de bonne foi, par dix ans « entre présens, et vingt ans entre absens, âgés et non pri-« vilégiés, franchement et paisiblement, sans inquiétation « d'aucune rente ou hypothèque, tel possesseur dudit « héritage ou rente a acquis par prescription contre toutes

« rentes et hypothèques prétendues sur ledit héritage ou
« rente. »

127. La prescription établie par cet article est très différente d'une autre espèce de prescription dont nous avons
parlé dans notre *Traité des Obligations*, laquelle ne résulte
que de la négligence du créancier à demander ce qui lui
est dû, et qui, faute par lui d'en avoir fait la demande dans
le temps qui lui est prescrit, le rend au bout de ce temps,
en punition de sa négligence, non recevable à l'intenter :
nous avons appelé cette espèce de prescription, *prescription à l'effet de libérer*. Au contraire, la prescription établie
par l'*art.* 114 est une *possession à l'effet d'acquérir :* elle
est fondée sur la juste possession que le possesseur a eue
de l'héritage pendant le temps requis pour la prescription,
et sur la juste opinion où il a été qu'il avoit un domaine
de cet héritage, libre et franc des hypothèques, rentes et
autres charges réelles dont cet héritage étoit chargé, qui ne
lui avoient point été déclarées par son contrat d'acquisition;
et en conséquence de cette possession de bonne foi, la loi
lui fait acquérir ce qui manquoit à la perfection de son
domaine, en affranchissant l'héritage desdites hypothèques,
rentes et autres charges dont il étoit chargé.

128. Cette prescription étant fondée uniquement sur la
juste possession que le possesseur a eue de l'héritage pendant le temps requis pour la prescription, sans avoir eu,
pendant ce temps, connoissance des rentes et hypothèques
dont l'héritage étoit chargé, l'héritage en est déchargé par
cette prescription, quand même, pendant tout ce temps, le
créancier auroit été servi et payé de ces rentes par ceux
qui en étoient les débiteurs personnels, lesquels continueront d'en être débiteurs. La coutume de Paris en a une
disposition en l'*art.* 115, qui porte : « A lieu ladite pres-
« cription, supposé que ladite rente fût payée par celui qui
« l'a constituée au desçu du détenteur. »

129. Cette prescription a lieu, soit que le possesseur ait
acquis l'héritage de celui qui en étoit le propriétaire, et
qui ne lui a pas déclaré les hypothèques, rentes, ou autres

charges dont son héritage étoit chargé, soit qu'il l'ait acquis
de quelqu'un qui n'en étoit pas le propriétaire.

130. Observez, à l'égard du cas auquel le possesseur a
acquis l'héritage de bonne foi de quelqu'un qui n'en étoit
pas le propriétaire, que pour qu'il puisse acquérir par cette
prescription l'affranchissement des rentes, hypothèques et
autres charges dont l'héritage est chargé, il faut qu'il ait
préalablement acquis par cette prescription la propriété de
cet héritage; car, *per rerum naturam*, il n'y a que celui
qui est le propriétaire d'un héritage, qui puisse acquérir ce
qui manque à la perfection de son droit de propriété, et
l'affranchissement des charges dont son héritage est chargé.

Suivant ce principe, quoique j'aie possédé pendant dix
ans un héritage chargé d'une rente foncière, laquelle appartient à un majeur demeurant dans le même bailliage où
je demeure; si le propriétaire de l'héritage est un mineur,
contre lequel le temps de la prescription n'a pu courir pendant sa minorité, l'héritage ne sera point affranchi de la
rente jusqu'à ce que j'aie acquis la propriété de l'héritage
par l'accomplissement du temps de la prescription depuis
la majorité du propriétaire, ne pouvant pas acquérir l'affranchissement d'une charge d'un héritage, tant que l'héritage ne m'appartenoit pas encore. C'est pourquoi si, avant
l'accomplissement du temps de la prescription contre le
propriétaire, je suis évincé de l'héritage par le propriétaire,
le créancier de la rente pourra demander sa rente contre
le propriétaire, l'héritage n'en ayant point été affranchi.

131. Mais quoique le temps de la prescription ne soit pas
encore accompli contre le propriétaire de l'héritage, et
quoique, *in rei veritate*, je n'aie pas encore acquis la propriété de l'héritage, ni conséquemment l'affranchissement
de la rente dont il est chargé; néanmoins si le propriétaire
de l'héritage demeure dans le silence, et ne le revendique
pas, étant, par la seule qualité que j'ai de possesseur de
l'héritage, réputé en être le propriétaire, tant que le véritable propriétaire ne se fait pas reconnoître, et qu'il ne le
revendique pas, je pourrai opposer la prescription contre
la demande du créancier qui étoit majeur et présent pen-

dant tout le temps de ma possession, et soutenir que j'ai acquis par la prescription l'affranchissement de la rente dont l'héritage étoit chargé, sans qu'il puisse répliquer que je ne suis point encore propriétaire de l'héritage, et que je n'ai pu par conséquent acquérir l'affranchissement des charges dont l'héritage est chargé; car ce seroit de sa part exciper du droit d'autrui, à quoi il ne peut être reçu. Il suffit que je sois possesseur, pour que j'en doive être réputé le propriétaire, tant qu'il ne s'en présente pas d'autres, et pour que je sois en conséquence réputé avoir acquis par la prescription l'affranchissement de la rente.

Nous avons à voir sur cette prescription, 1° quelles sont les charges réelles qui y sont sujettes; 2° au profit de qui et contre qui court cette prescription; 3°·quelles qualités doit avoir la possession pour opérer cette prescription, et du temps de cette possession.

§. I. Quelles charges sont sujettes à cette prescription.

132. La coutume, en l'*art.* 114, ci-dessus rapporté, s'exprime ainsi : « a acquis prescription contre toutes ren- « tes et hypothèques prétendues sur ledit héritage. »

Autrefois les rentes constituées à prix d'argent étoient des charges réelles des héritages sur lesquels elles étoient cons-tituées, aussi bien que les rentes foncières créées par bail d'héritage. Aujourd'hui les rentes constituées ne sont plus regardées que comme des dettes de la personne qui les a constituées, quand même elles auroient un assignat spé-cial sur quelque héritage : cet assignat n'étant regardé que comme un droit d'hypothèque spéciale, ce n'est pas contre la rente, mais contre l'hypothèque qui a été contractée pour la rente, qu'on acquiert prescription par cet article. C'est pourquoi, comme l'a fort bien observé Lauriere sur cet article, ces termes, *contre toutes rentes,* ne doivent plus s'entendre que des rentes foncières; et ces termes, *et hypothèques,* s'entendent de toutes les espèces d'hypothèques dont l'héritage est chargé, soit qu'elles soient spéciales, soit qu'elles ne soient que générales, soit qu'elles aient été contractées pour des rentes, soit pour quelque autre espèce de créance que ce soit. Ainsi le possesseur de l'héritage à qui ces rentes et hypothèques n'ont point été déclarées par son contrat d'acquisition, et qui les a ignorées, acquiert, par la prescription établie par cet article, l'affranchissement de son héritage desdites rentes et hypothèques.

133. Quoique la coutume ait dit, *toutes rentes*, il faut néanmoins en excepter les terres seigneuriales, c'est-à-dire, celles qui sont recognitives de la seigneurie directe et du domaine de supériorité que le seigneur de qui l'héritage relève, s'est réservé : les droits de seigneurie étant imprescriptibles, les devoirs et les redevances qui en sont recognitifs le sont pareillement; et l'acquéreur de l'héritage n'en peut acquérir l'affranchissement par cette prescription, ni par quelque autre espèce de prescription que ce soit. La coutume de Paris le reconnoît en l'*art.* 124, où il est dit que le cens est imprescriptible.

Observez qu'une rente, quoique créée pas bail à cens, n'est seigneuriale que lorsqu'elle est confondue avec le cens, et n'en est pas distinguée; comme lorsqu'il est dit par le bail à cens, que l'héritage est baillé à la charge de 50 liv. de cens et rente. Les parties n'ayant point, en ce cas, distingué ce qui, dans cette unique redevance de 50 livres, devoit être le cens recognitif de la seigneurie directe, et ce qui ne devoit être qu'une simple rente, la redevance de 50 livres sera dans sa totalité réputée seigneuriale et recognitive de la seigneurie que le bailleur s'est réservée, et par conséquent dans sa totalité non sujette à la prescription de cet article, ni à aucune autre.

Au contraire, si la rente, quoique créée par un bail à cens, y étoit distinguée du cens; comme s'il étoit dit que l'héritage étoit baillé à la charge de 10 sous de cens et de 50 livres de rente; il n'y auroit, en ce cas, que le cens de 10 sous qui seroit la redevance seigneuriale; la rente de 50 livres ne seroit qu'une simple rente foncière, sujette par conséquent à la prescription établie par cet article.

134. Observez aussi que, lorsque nous disons que le cens n'est pas sujet à la prescription de cet article, ni à aucune

autre prescription, nous entendons parler d'un véritable cens, c'est-à-dire d'une redevance recognitive de la seigneurie directe que s'est retenue le seigneur de qui l'héritage relève. Mais si on a donné le nom de cens improprement et *abusivè* à une redevance qui ne soit point recognitive d'une seigneurie directe, cette redevance, quoique qualifiée de cens, ne sera qu'une simple rente foncière, sujette à la prescription de cet article, comme toutes les autres rentes. Par exemple, si le propriétaire d'un héritage qui le tient à cens d'un seigneur, l'a baillé à quelqu'un à la charge du cens dû au seigneur, et de 100 sous d'autre cens envers lui, cette redevance de 100 sous, improprement qualifiée de cens, dont il a chargé l'héritage envers lui, ne sera qu'une simple redevance foncière ; car ce propriétaire, par le bail qu'il a fait de cet héritage, n'a pu s'en retenir la seigneurie directe qu'il ne peut avoir, puisque le tenant à cens, il n'en avoit que le pur domaine utile : la redevance de 100 sous, dont il a chargé l'héritage envers lui, et qu'il a improprement qualifiée de cens, ne peut être recognitive d'une seigneurie directe qu'il n'a pas. Ce second cens n'est donc pas un véritable cens, mais une simple redevance foncière, sujette à la prescription de cet article, lorsqu'un tiers acquerra par la suite l'héritage sans qu'on lui déclare les charges dont il est chargé.

Il n'en est pas de même d'un propriétaire qui tient son héritage en fief : ce propriétaire ayant, en ce cas, l'honorifique aussi bien que l'utile du domaine de l'héritage, il peut, par le bail à cens qu'il en fait, se réserver une seigneurie directe, subordonnée à celle du seigneur de qui il relève ; et le cens dont il charge l'héritage est un véritable cens recognitif de cette seigneurie, qui ne peut jamais être sujette à cette prescription ni à aucune autre.

135. A l'exception des rentes seigneuriales et autres redevances et devoirs seigneuriaux, toutes les autres rentes, soit que ce soient des rentes en argent, soit que ce soient des rentes en grains, et généralement toutes les redevances, de quelque espèce et nature qu'elles soient, dont un héritage est chargé, sont sujettes à cette prescription.

Le champart même, lorsqu'il n'est pas seigneurial, y est sujet, et l'acquéreur qui a acquis l'héritage sans qu'on lui ait déclaré cette charge, en acquerra l'affranchissement par cette prescription, si, pendant tout le temps de la prescription, celui à qui le champart appartient a laissé ignorer à cet acquéreur cette charge, en ne levant point pendant tout ce temps son champart.

Un champart n'est pas seigneurial lorsque l'héritage qui en est chargé est en outre chargé d'un cens, soit envers le seigneur à qui est dû le champart, soit envers un autre seigneur : en ce cas, c'est le cens qui est la redevance recognitive de la seigneurie directe, et le champart n'est qu'une simple redevance foncière sujette à la prescription.

Au contraire, lorsque l'héritage qui est chargé du champart n'est chargé d'aucune autre redevance seigneuriale ni devoir seigneurial, le champart est censé être la redevance recognitive de la seigneurie directe, et par conséquent seigneurial, et non sujet à la prescription.

136. Ces termes de la coutume, *a acquis la prescription contre toutes rentes et hypothèques prétendues sur ledit héritage*, ne doivent pas se prendre *restrictivè*; sa disposition s'étend généralement à toutes les différentes espèces de droits réels que des tiers peuvent avoir sur l'héritage, qui diminuent la perfection du domaine de l'héritage, que l'acquéreur à qui ces droits n'ont pas été déclarés par son contrat d'acquisition croit avoir acquis franc et libre desdits droits : l'effet de cette prescription est, comme nous l'avons déja dit, de faire acquérir à l'acquéreur un domaine de l'héritage aussi parfait qu'il a eu un juste sujet de le croire, en affranchissant l'héritage de tous les droits réels dont il est chargé, qui en diminueroient la perfection.

Par exemple lorsque quelqu'un, en vendant son héritage, est convenu qu'il avoit la faculté de le rémérer, sans limiter le temps dans lequel il pourroit l'exercer, cette faculté dure trente ans, et l'héritage est affecté à l'exécution de la convention, en quelques mains qu'il passe. Si l'acheteur, peu d'années après, revend cet héritage à un tiers, sans lui donner connoissance de ce droit de réméré auquel l'héritage est affecté, quoique cette affectation soit quelque chose de différent d'un droit d'hypothèque, ce tiers acquéreur, qui n'a pas eu de connoissance de l'affectation de l'héritage à ce droit de réméré, en acquerra l'affranchissement par l'accomplissement de la prescription de cet article.

137. Pareillement, lorsqu'un héritage est chargé envers un particulier d'un droit de retrait conventionnel, qu'il s'est réservé lors de l'aliénation qu'il en a faite, c'est-à-dire, du droit que lui et ses successeurs auroient à toujours, de prendre le marché de l'acquéreur toutes les fois que l'héritage seroit vendu ; un tiers acquéreur de cet héritage à qui on n'a pas donné, par son contrat d'acquisition, connoissance de ce droit, acquerra, par l'accomplissement du temps de la prescription, que son héritage soit entièrement affranchi et déchargé de ce droit de retrait.

Il en est autrement du retrait seigneurial et du retrait lignager : l'acquéreur qui a acquis l'héritage qui y est sujet, n'en peut acquérir l'affranchissement par cette prescription, quoiqu'il n'en ait pas été chargé par son contrat d'acquisition ; car ces retraits étant de droit commun, il a dû s'y attendre.

138. Lorsqu'un particulier a aliéné son héritage pour un certain temps, au bout duquel l'héritage lui retourneroit ou à son successeur ; si j'ai acquis cet héritage de celui qui n'en a le domaine que pour le temps porté par le contrat originaire d'aliénation, sans qu'il m'ait déclaré que l'héritage fût sujet à réversion au bout d'un certain temps, j'acquerrai par la prescription le domaine perpétuel de cet héritage, et l'affranchissement du droit de réversion auquel l'héritage est sujet : car si la prescription me fait acquérir le domaine perpétuel d'un héritage lorsque je l'ai acquis de quelqu'un qui n'y avoit aucun droit, pourquoi me le feroit-elle moins acquérir lorsque je l'ai acquis de bonne foi de quelqu'un qui n'en avoit qu'un domaine à temps ?

139. Enfin l'acquéreur d'un héritage sujet à des devoirs de servitudes, soit personnelles, tels qu'un droit d'usufruit, un droit d'usage, un droit d'habitation, soit prédiales, en acquiert par cette prescription l'affranchissement, lorsqu'elles ne lui ont point été déclarées, et qu'il n'en a eu

aucune connoissance pendant tout le temps de la prescription, ceux qui avoient ces droits de servitude n'en ayant point usé pendant ledit temps.

En vain opposeroit-on que, par l'article 186, il est dit que la liberté des servitudes se peut acquérir contre le titre par le temps de trente ans : donc, diroit-on, elle ne peut s'acquérir par un moindre temps ; elle ne peut donc être sujette à la prescription de dix ou vingt ans. Je réponds que la prescription de trente ans, qui fait acquérir la liberté des servitudes dont il est parlé dans l'article 186, est la prescription à l'effet de libérer, qui résulte uniquement du non usage de la servitude, et qui en fait acquérir la libération, même à ceux qui les auraient constituées, ou à leurs héritiers. Ce n'est que de cette espèce de prescription qu'il est parlé en l'article 186, qui n'a rien de commun avec la prescription de l'article 114, qui résulte de la possession qu'un acquéreur de bonne foi a eue d'un héritage qu'il a possédé comme franc des droits de servitude dont il étoit chargé.

140. J'ai acquis une rente foncière qui étoit rachetable par une clause du bail à rente. Le bailleur qui me l'a vendue ne m'a point déclaré qu'elle l'étoit ; et pour m'en dérober la connoissance, il ne m'a point remis le bail entre les mains ; il a déclaré qu'il l'avoit égaré, et s'est chargé de me le remettre lorsqu'il l'auroit retrouvé. J'ai fait incontinent signifier mon contrat d'acquisition au débiteur de la rente, qui me l'a payée exactement. Ayant possédé cette rente pendant tout le temps de la prescription, sans avoir connoissance de la faculté de rachat à laquelle elle est sujette, aurois-je acquis par la prescription l'affranchissement de cette faculté de rachat auquel la rente est sujette ? Suivant la règle ordinaire, on doit décider pour l'affirmative. La charge imposée au propriétaire de la rente, d'en souffrir le rachat lorsque le débiteur jugera à propos de le faire, est une charge qui diminue la perfection du domaine de propriété de cette rente : or, suivant ces principes, l'effet de cette prescription est de faire acquérir à l'acquéreur de bonne foi d'un héritage ou d'une rente, un domaine de propriété de l'héritage ou de la rente aussi

parfait qu'il a eu sujet de croire l'avoir, en affranchissant l'héritage ou la rente de toutes les charges qui en diminuent la perfection; le débiteur de la rente, par la copie que l'acquéreur lui a signifiée de son contrat d'acquisition, ayant dû voir qu'elle n'y étoit pas déclarée rachetable, a dû le lui notifier, pour empêcher la prescription de la faculté de rachat. Faute de l'avoir fait, cette faculté doit être éteinte par cette prescription; sauf à ce débiteur son recours en dommages et intérêts contre le bailleur ou l'héritier du bailleur, qui a donné lieu à cette prescription en vendant la rente sans déclarer la faculté du rachat à laquelle elle étoit sujette.

Néanmoins, comme il n'est guère ordinaire d'acheter une rente sans en voir le titre, ce qui est dit par le contrat d'acquisition de la rente, que le vendeur en a égaré le titre, pourroit être un jeu entre le vendeur et l'acheteur, pour donner lieu à la prescription de la faculté de rachat, en faisant paroître que l'acheteur n'en a pas eu de connoissance : pour peu qu'il y ait de circonstances qui fassent présumer ce concert, on ne devroit pas avoir égard à la prescription.

141. Les droits qui ne sont pas sujets à la prescription de dix ou vingt ans, établie par l'article 114, sont :

1° Les droits seigneuriaux, comme nous l'avons déja dit.

2° L'affectation des biens d'un homme au douaire, soit coutumier, soit conventionnel, de sa femme et de ses enfants, est une charge qui n'est point sujette à cette prescription avant que le douaire soit ouvert; elle ne commence à courir que depuis qu'il est ouvert par la mort du mari. La coutume de Paris en a une disposition en l'article 117, où elle dit : « En matière de douaire, la prescription commence à « courir du jour du décès du mari seulement. » *Voyez ce que nous en avons dit en notre Traité du Douaire.*

3° Les droits de substitution dont des héritages ou rentes sont chargés, ne sont point sujets à cette prescription, lorsque la substitution a été dûment publiée et insinuée. La raison est, que celui qui a acquis ces héritages ou rentes, ne peut avoir une ignorance excusable et invincible des substitutions dont ils sont chargés, ayant pu consulter les registres publics où ces substitutions sont enregistrées.

142. Enfin il résulte de ces termes dont la coutume se sert en cet article 114, *entre.... âgés et non privilégiés,* que le possesseur ne peut acquérir, par la prescription établie par cet article, l'affranchissement des rentes, hypothèques et autres droits dont l'héritage est chargé, lorsque ces droits appartiennent à des mineurs, tant qu'ils sont mineurs; ou lorsqu'ils appartiennent à l'église, ou à des corps et communautés, même séculières, leurs biens n'étant sujets qu'à la prescription de quarante ans; ou enfin lorsqu'ils appartiennent au domaine du roi, les biens du domaine étant imprescriptibles.

§. II. Au profit de qui, et contre qui peut courir la prescription de l'article 114.

143. Les personnes au profit desquelles peut courir la prescription de l'article 114, pour l'affranchissement des rentes, hypothèques et autres droits dont l'héritage qu'elles ont acquis est chargé, sont celles au profit desquelles a pu courir la prescription pour en acquérir le domaine de propriété. *Voyez* ce que nous en avons dit *suprà, chap.* 1, *art.* 2.

144. Pareillement, le principe que nous avons exposé en l'article 3 dudit chapitre, que la prescription à l'effet d'acquérir la propriété ne court point contre le propriétaire, tant qu'il a quelque cause d'empêchement légitime qui l'empêche de revendiquer l'héritage, reçoit, aussi bien que tous les exemples que nous avons donnés de ce principe, une parfaite application aux personnes qui ont quelque rente ou hypothèque, ou quelque autre droit réel sur un héritage, contre lesquelles la prescription à l'effet de faire acquérir au possesseur l'affranchissement desdites rentes, hypothèques, ou autres droits, ne court point tant que ces personnes ont eu quelque empêchement légitime qui ne leur a pas permis de pouvoir intenter leurs actions contre le possesseur, pour se faire reconnoître desdites rentes, hypothèques ou autres droits.

Par exemple, lorsque j'ai acquis un héritage qui a appartenu à un homme marié, sur lequel sa femme a des hypothèques qu'il n'a pas déclarées lorsqu'il l'a vendu, la prescription à l'effet d'acquérir la décharge de ces hypothèques ne court point pendant le mariage; car la femme est censée n'avoir pu intenter ces actions pendant le mariage, et en avoir été empêchée par son mari, contre qui ces actions auroient réfléchi.

145. La coutume apporte un autre exemple en l'article 115. Après avoir dit que lorsque quelqu'un a acheté un héritage chargé d'une rente envers un tiers, dont le vendeur, qui en étoit le débiteur, ne lui a pas donné connoissance, le temps de la prescription n'a pas laissé de courir contre le créancier de cette rente, quoique pendant tout le temps il en ait été servi par le débiteur à l'insu du possesseur de l'héritage, la coutume ajoute : « Toutefois si le créancier « de la rente a eu juste cause d'ignorer l'aliénation, parce- « que le débiteur de ladite rente seroit toujours demeuré « en possession de l'héritage par le moyen de location, ré- « tention d'usufruit, constitution de précaire ou autres sem- « blables, pendant ledit temps, la prescription n'a cours.»

Le créancier voyant son débiteur demeurer dans l'héritage sujet à sa rente, et en étant payé par lui exactement; ne pouvant pas soupçonner qu'il l'eût aliéné, cette juste ignorance en laquelle il étoit de l'aliénation, est un empêchement qui ne lui a pas permis de demander reconnoissance à l'acheteur, et d'interrompre sa possession.

146. Observez que lorsqu'un héritage est chargé de plusieurs rentes qui n'ont point été déclarées à l'acquéreur, quoique le cours de la prescription soit arrêté contre le créancier de l'une de ces rentes, soit pour cause de minorité, soit pour cause de quelque légitime empêchement qui ne lui permette pas d'intenter son action en reconnoissance de sa rente; cela n'empêche pas que la prescription ne coure et ne s'accomplisse contre les créanciers des autres rentes, qui n'ont rien de leur part à opposer contre la prescription.

147. Pareillement, lorsque l'héritage est chargé d'une

rente due à plusieurs créanciers, quoique le cours de la prescription soit arrêté contre l'un de ces créanciers pour la part qu'il a dans la rente, cela n'empêche pas qu'elle ne coure et qu'elle ne s'accomplisse contre les autres pour le surplus.

148. Ce n'est que dans le cas auquel un droit dont l'héritage est chargé envers plusieurs, est un droit indivisible, que la prescription pour en acquérir l'affranchissement ne peut s'accomplir que contre tous ensemble, et que tant qu'elle est arrêtée de la part d'un seul de ceux à qui le droit appartient, elle ne peut courir ni s'accomplir contre les autres : la raison est, qu'il implique qu'on puisse acquérir pour partie l'affranchissement d'un droit qui n'est pas susceptible de parties.

§. III. Des qualités requises dans la possession, pour acquérir par prescription l'affranchissement des rentes, hypothèques et autres droits dont l'héritage est chargé.

149. Pour que le possesseur d'un héritage puisse acquérir par prescription l'affranchissement des rentes, hypothèques et autres droits dont l'héritage est chargé, il faut que sa possession soit une possession civile, qui procède d'un juste titre et qui soit de bonne foi. La coutume s'en explique formellement dans l'article 114 : *Quand aucun a possédé. . . . . à juste titre et de bonne* FOI.

Cette bonne foi n'est autre chose qu'une opinion fondée sur un juste fondement que ce possesseur doit avoir qu'il a acquis le domaine de l'héritage libre et franc des rentes, hypothèques et autres droits qu'on ne lui a pas déclarés : cette bonne foi n'est autre chose que *justa opinio quæsiti dominii liberi.*

150. De là il suit que s'il n'est pas absolument nécessaire, pour cette prescription, que le possesseur de l'héritage en soit le propriétaire, il est au moins nécessaire qu'il croie l'être ; car *opinio dominii liberi*, dans laquelle consiste la bonne foi nécessaire pour cette prescription, renferme nécessairement *opinionem dominii.*

Le possesseur de l'héritage ne peut donc être possesseur

de bonne foi vis-à-vis de tous ceux qui ont des rentes, hypothèques ou autres droits sur l'héritage, s'il n'est ou propriétaire, ou pareillement possesseur de bonne foi vis-à-vis du propriétaire de l'héritage. Au contraire, lorsque l'héritage est chargé de plusieurs rentes ou hypothèques; quoique le possesseur soit possesseur de mauvaise foi à l'égard de quelques-unes de ces rentes et hypothèques dont il a connoissance, et dont il ne peut, en conséquence, acquérir l'affranchissement par la prescription, cela ne l'empêche pas d'être possesseur de bonne foi vis-à-vis des autres rentes et hypothèques dont il n'a pas connoissance, et d'en acquérir l'affranchissement par la prescription.

Il reste à observer, par rapport à la bonne foi, qu'elle doit durer pendant tout le temps requis pour la prescription.

151. Pour que le possesseur puisse acquérir par la prescription l'affranchissement des rentes, hypothèques et autres charges dont l'héritage est chargé, il faut encore que la possession ait été paisible, et n'ait souffert aucune interruption.

152. Non seulement l'interruption de la possession naturelle arrête le cours de la prescription, l'interruption civile l'arrête pareillement : elle se fait par la demande que le créancier qui a une rente ou une hypothèque sur l'héritage, donne contre le possesseur, en reconnoissance de sa rente ou de son hypothèque, avant l'accomplissement du temps de la prescription. La possession de ce possesseur cessant par cette demande d'être une possession *paisible*, une possession *sans inquiétation*, cesse d'être capable d'opérer la prescription. La coutume s'en explique en l'article 114 : *Quand aucun a possédé..... franchement et paisiblement sans inquiétation d'une rente, etc.*

153. Si le créancier qui a donné la demande, la laisse tomber en péremption; cette demande qui a été, par un jugement, déclarée périmée, étant regardée comme non avenue, ne peut par elle-même interrompre le cours de la prescription : *Quod nullum est, nullum producit effectum.*

Mais si la demande qu'on a laissé tomber en péremption n'a pas, par elle-même, arrêté le cours de la prescription, ne peut-on pas dire que le cours en a été arrêté par la communication que le possesseur a eue, sur cette demande, des titres du créancier, lesquels, en donnant connoissance au possesseur du droit du créancier, ont fait cesser, par rapport à cette rente, sa bonne foi qui doit durer pendant tout le temps de la prescription? Je pense que dans ce cas la communication que le possesseur a eue des titres du créancier, n'a pas fait cesser sa bonne foi, ni par conséquent arrêté le cours de la prescription; car le défaut de poursuite du créancier a été un juste sujet de faire croire à ce possesseur que les titres du créancier n'étoient pas suffisans pour établir son droit, puisqu'il ne suivoit pas sa demande; comme nous l'avons vu *suprà*, *n*. 53.

154. Lorsque l'héritage est chargé de plusieurs rentes et hypothèques, la demande donnée par l'un des créanciers arrête bien le cours de la prescription pour la rente ou l'hypothèque de ce créancier; mais elle n'en arrête pas le cours, ni même l'accomplissement à l'égard des rentes et hypothèques des autres créanciers qui sont demeurés dans le silence : car ce n'est qu'à l'égard de la rente ou de l'hypothèque pour laquelle la demande a été donnée, que la possession du possesseur a cessé d'être *sans inquiétation;* elle a continué d'être sans inquiétation à l'égard de celles pour lesquelles on ne lui a donné aucune demande.

155. Lorsque l'héritage est chargé d'une rente qui appartient à plusieurs particuliers, la demande qui est donnée contre le possesseur de l'héritage par l'un desdits particuliers, pour la part qu'il y a, n'interrompt, à la vérité, la possession que pour cette part; mais si les titres dont on a donné communication au possesseur sur cette demande, sont des titres communs, qui aient donné au possesseur connoissance du droit de ceux qui sont créanciers de la rente pour les autres parts, cette connoissance qu'il a acquise par ces titres avant l'accomplissement du temps de la prescription, ayant fait cesser sa bonne foi, même par rapport aux parts de ceux qui sont demeurés dans le si-

lence, le cours de la prescription est arrêté, même pour lesdites parts, par le défaut de bonne foi du possesseur, qui est requise pendant tout le temps de la prescription.

156. N'ayant été donné, pendant tout le temps de la prescription, contre le possesseur de l'héritage, aucune demande pour les rentes et hypothèques dont l'héritage est chargé ; si, avant l'accomplissement du temps de la prescription, on a donné contre lui une demande en revendication de l'héritage, cette demande empêchera-t-elle la prescription ? Ou le possesseur a succombé sur cette demande, ou il en a eu congé, ou la demande a été abandonnée, ou l'on a transigé sur la demande. Au premier cas, lorsque le possesseur a succombé sur cette demande, et a été condamné à délaisser l'héritage ; cette demande qui a arrêté la prescription à l'effet d'acquérir le domaine de propriété de l'héritage, a indirectement arrêté la prescription pour l'affranchissement des rentes et hypothèques, le possesseur n'ayant pu, par la prescription, acquérir cet affranchissement avant que d'avoir acquis la propriété de l'héritage, personne ne pouvant acquérir l'affranchissement des charges d'une chose, s'il n'en est le propriétaire.

N'y ayant pas eu lieu, en ce cas, à la prescription des rentes et hypothèques, les créanciers pourront donner leurs actions, non contre le possesseur qui, ayant été dépossédé de l'héritage, ne peut plus en être tenu, mais contre le propriétaire de l'héritage qui y est rentré.

157. Au second cas, auquel le possesseur auroit eu congé de la demande en revendication, cette demande n'aura point empêché la prescription pour l'affranchissement des rentes et hypothèques dont l'héritage est chargé ; car il est vrai, en ce cas, que le possesseur a possédé l'héritage pendant tout le temps de la prescription, *sans inquiétation desdites rentes;* la demande en revendication n'a apporté aucune interruption à sa possession vis-à-vis des créanciers desdites rentes, qui sont demeurés dans le silence : car c'est un principe que l'interruption civile, qui naît d'une demande judiciaire, n'interrompt la possession

10.   28

que vis-à-vis de celui qui a donné la demande; en quoi elle diffère de l'interruption naturelle.

158. Au troisième cas, lorsque la demande en revendication a été abandonnée, le possesseur, par la seule qualité de possesseur, étant réputé le propriétaire de l'héritage, est censé, en cette qualité de propriétaire de l'héritage qu'il a possédé pendant tout le temps de la prescription, comme libre des rentes et hypothèques dont il étoit chargé, en avoir acquis l'affranchissement par la prescription.

159. Il en est de même au quatrième cas, lorsque par la transaction l'héritage est demeuré au possesseur, moyennant une certaine somme qu'il a donnée au demandeur : sa qualité de possesseur de l'héritage l'en faisant réputer le propriétaire, tant que le contraire n'est pas établi, et la transaction, qui est, de sa nature, *de re incertâ*, ne pouvant rien établir de contraire, il est censé avoir toujours été le propriétaire de l'héritage, et avoir donné la somme qu'il a payée par la transaction, pour se rédimer d'un procès, et non comme le prix d'une vente qui lui auroit été faite de l'héritage. Il est donc censé, en qualité de propriétaire de l'héritage, et en le possédant comme franc, avoir acquis par la prescription l'affranchissement des rentes et hypothèques dont il étoit chargé.

Néanmoins si le titre dont le possesseur a eu communication sur la demande en revendication étoit produit, et que ce titre fût si clair qu'il ne laissât aucun doute sur le droit du demandeur, il en résulteroit que ce possesseur n'a acquis la propriété de l'héritage que par l'acte qu'on a qualifié de transaction, pour déguiser la vente qu'il renfermoit : il s'ensuivroit qu'il n'a pu par conséquent, avant cet acte, acquérir par la prescription l'affranchissement des rentes et hypothèques dont l'héritage est chargé; qu'il n'a pu pareillement, pour acquérir la prescription depuis cet acte, joindre la possession qu'il avoit eue auparavant; cette possession ayant, dès avant cet acte, lors de la communication du titre du demandeur, cessé d'être une possession de bonne foi, et ne pouvant pas par conséquent être jointe à la nouvelle possession que le possesseur a eue depuis la transaction, pour opérer la prescription.

160. Si par la transaction le possesseur a délaissé l'héritage au demandeur en revendication, il est évident, en ce cas, que la prescription pour l'affranchissement des rentes et hypothèques dont l'héritage étoit chargé, ne peut avoir lieu; car lorsque les créanciers desdites rentes donneront leur demande contre celui qui s'est fait délaisser l'héritage, il ne pourra pas leur opposer que le possesseur, par qui il s'est fait délaisser l'héritage, en a acquis par la prescription l'affranchissement : car n'y ayant que le propriétaire qui puisse acquérir cet affranchissement, il faudroit qu'il dît que ce possesseur a été propriétaire de l'héritage ; ce qui seroit une contradiction avec la demande en revendication qu'il a donnée contre ce possesseur, et avec l'acte par lequel il s'est fait délaisser l'héritage.

§. IV. Du temps de la possession pour acquérir l'affranchissement des rentes et hypothèques dont l'héritage est chargé; et de l'union de la possession du possesseur avec celle de ses auteurs.

161. Le temps de cette prescription par laquelle nous acquérons l'affranchissement des rentes, hypothèques, etc., par une possession de dix ans entre présents, et de vingt ans entre absents, est censé courir entre présents, lorsque le créancier de la rente ou de l'hypothèque, contre qui le possesseur prescrit, demeure dans le même bailliage que lui.

Le possesseur peut, pour l'accomplissement du temps de cette prescription, joindre à sa possession celle de ses auteurs. La coutume s'en explique par ces termes : « Quand « aucun a possédé..... par lui et ses prédécesseurs desquels « il a le droit et cause. » Tout ce que nous avons dit au chapitre précédent, de l'union de la possession du possesseur avec celle de ses auteurs, reçoit ici une entière application.

~~~~~~

SECONDE PARTIE.

Des autres espèces de prescriptions qui font acquérir par la possession.

Outre la prescription de dix ou vingt ans, dont nous avons traité en la première partie, il y a celle de trente ans; celle de quarante ans, qui a lieu contre l'église; le tenement de cinq ans, et quelques autres qui ont lieu dans quelques coutumes particulières; la prescription de trois ans pour les meubles. Nous traiterons séparément de ces différentes espèces de prescriptions; elles feront la matière des quatre premiers articles. Nous examinerons, dans un cinquième, par quelle coutume se règle la prescription. Dans un sixième, nous traiterons de la possession immémoriale ou centenaire.

ARTICLE PREMIER.

De la prescription de trente ans.

162. Les coutumes qui n'ont point adopté la prescription de dix ou vingt ans, ont établi une prescription de trente ans, par laquelle nous acquérons le domaine de propriété des héritages et autres immeubles que nous avons possédés pendant le temps de trente ans, et l'affranchissement des rentes, hypothèques et autres charges dont ils sont chargés. Les coutumes qui ont adopté la prescription de dix ou vingt ans, ont aussi établi celle de trente ans, en faveur des possesseurs qui ne rapportent point le titre de leur possession, le laps d'un aussi long temps le faisant présumer. De ce nombre est la coutume de Paris, laquelle, après avoir établi, dans les articles 113 et 114, la prescription pour le cas où le possesseur produit le titre de sa possession, établit en l'article 115 la prescription de trente ans, pour le cas auquel il ne le produit pas.

Cet article est conçu en ces termes: « Si aucun a joui,

« usé et possédé un héritage ou rente, ou autre chose pres-
« criptible, par l'espace de trente ans, tant par lui que par
« ses prédécesseurs, franchement, publiquement, et sans
« aucune inquiétation, supposé qu'il ne fasse apparoir de
« titre, il a acquis prescription entre âgés et non privilégiés. »

La coutume dit, *a joui, usé et possédé.* Le terme de
possédé se rapporte aux héritages ; ceux-ci, *joui et usé*, se
rapportent aux rentes et autres droits incorporels, susceptibles de cette prescription. Des droits ne sont pas susceptibles d'une possession proprement dite, mais seulement
d'une quasi-possession, laquelle consiste dans la *jouissance*
que quelqu'un en a, et dans l'*usage* qu'il en fait.

Cette quasi-possession que quelqu'un a eue, pendant
trente ans, d'une rente ou autre droit prescriptible, le lui
fait acquérir par droit de prescription, de même que la
possession d'un héritage pendant ledit temps, fait acquérir
l'héritage au possesseur.

§. I. Des choses qui sont susceptibles de cette prescription.

163. La coutume déclare susceptibles de cette prescription toutes les choses prescriptibles.

Par ces termes, la coutume exclut les choses qui sont
imprescriptibles, soit par leur nature, soit par la condition
des personnes à qui elles appartiennent, telles que celles
qui appartiennent au fisc ou à des mineurs, tant qu'ils sont
mineurs. On doit aussi excepter celles pour qui les lois ont
établi une prescription plus longue, telles que celles qui
appartiennent à l'église ; c'est pourquoi la coutume dit, *en-*
tre âgés et non priviligiés.

164. Toutes les choses qui sont susceptibles de la prescription de dix ou vingt ans, le sont ordinairement de celle-ci.

Il faut en excepter les droits de servitudes prédiales.
Ces droits sont susceptibles de la prescription de dix ou
vingt ans, lorsque quelqu'un en a joui en vertu d'un juste
titre et de bonne foi pendant le temps de la prescription.

Supposons, par exemple, que le possesseur d'une maison
voisine de la mienne, que je croyois de bonne foi en
être le propriétaire, quoiqu'il ne le fût pas, m'ait vendu

ou donné une servitude de vue sur cette maison : cette constitution de servitude est un juste titre, suivant les notions que nous en avons données *supra*, *n.* 59, puisque ce n'est pas par le défaut de ce titre que je n'ai pas acquis la propriété du droit de servitude, mais par le défaut de pouvoir dans celui qui a constitué la servitude, qui, n'étant pas propriétaire de la maison, n'a pu l'en charger. Si donc, en exécution de ce titre, j'ai ouvert une fenêtre sur la maison, et j'ai joui du droit de vue, je dois, lorsque j'ai accompli le temps de la prescription, acquérir par cette prescription ce droit de servitude de vue.

Au contraire, la prescription de trente ans ne peut, dans les coutumes qui admettent celle de dix ou vingt ans, avoir jamais lieu pour les droits de servitude : car ou le possesseur du droit de servitude a un titre, ou il n'en a point. S'il a un titre, il a, par la possession qui procède de ce titre, acquis le droit de servitude dans la prescription de dix ou vingt ans ; celle de trente ans lui est inutile et ne peut avoir lieu. S'il ne peut rapporter de titre, il ne peut acquérir le droit de servitude par la prescription de trente ans : car c'est un principe de notre droit françois, que, en matière de servitudes, lorsqu'on n'en rapporte aucun titre, la jouissance que quelqu'un en a eue, quelque longue qu'elle ait été, est présumée n'avoir été qu'une jouissance précaire et de pure tolérance. C'est conformément à ce principe que la coutume de Paris, *art.* 186, dit : *Droit de servitude ne s'acquiert par longue jouissance, quelle qu'elle soit, sans titre.*

Dans les coutumes qui ont rejeté la prescription de dix ou vingt ans, et qui n'admettent que celle de trente ans, soit que le possesseur ait titre ou non, les droits de servitudes sont susceptibles de la prescription de trente ans, dans le cas seulement auquel celui qui a joui de la servitude pendant ce temps, rapporte un juste titre d'où sa possession procède.

165. La coutume de Berry, *tit.* 12, *art.* 1, s'est écartée du droit commun par rapport aux choses sujettes à la prescription de trente ans ; elle y soumet les biens de l'église et des communautés comme ceux des particuliers, ceux des

mineurs comme ceux des majeurs ; en conservant néanmoins à l'église et aux mineurs le bénéfice de restitution en entier, par lettres du prince.

166. Tout ce que nous avons dit en la première partie, au chapitre premier, article second, des personnes au profit desquelles couroit la prescription de dix ou vingt ans, et qui pouvoient acquérir par cette prescription, reçoit une entière application à celle de trente.

De même que nous avons dit que je pouvois acquérir par la prescription de dix ou vingt ans un héritage, quoique je sois le seigneur de qui il relève en fief, lorsque je l'ai possédé en vertu d'un juste titre étranger à ma qualité de seigneur, on doit pareillement dire que je puis l'acquérir par la prescription de trente ans, lorsqu'il ne paroît aucun titre d'où ma possession procède ; car le seul laps de temps faisant seul et par lui-même présumer que la possession trentenaire procède d'un juste titre, tant qu'il n'en paroît point d'autre, on doit présumer que la mienne procède d'un juste titre étranger à ma qualité de seigneur, et non d'aucune saisie féodale, tant qu'il n'en paroît point : mais si on en rapportoit une, quelque ancienne qu'elle fût, la possession du seigneur seroit censée procéder de cette saisie, tant qu'il n'en paroîtroit aucune main-levée, ni aucune rentrée du vassal en possession ; et cette saisie féodale seroit un obstacle perpétuel à la prescription.

167. *Vice versâ*, de même que nous avons dit que je pouvois acquérir, par la prescription de dix ou vingt ans, une seigneurie, quoique je sois un de vos vassaux de cette seigneurie, lorsque je l'ai possédée en vertu d'un juste titre que je produis, on doit dire pareillement que je puis l'acquérir sans rapporter de titre, par la prescription de trente ans.

La maxime, qu'un vassal ne peut prescrire contre son seigneur, ne signifie autre chose, sinon qu'un vassal ne peut acquérir l'affranchissement de son héritage de la foi et des autres devoirs et droits féodaux dont il est chargé, par quelque long temps que lui et ses auteurs aient manqué à s'en acquitter, ou même par quelque long temps qu'ils l'aient possédé comme franc de ces droits. La raison est, que les droits seigneuriaux sont imprescriptibles ; mais rien n'empêche que le possesseur du corps de la seigneurie, quoiqu'il soit un des vassaux de cette seigneurie, ne puisse acquérir cette seigneurie comme toute autre chose par la prescription, cette seigneurie étant sujette à la prescription, comme toutes les autres choses.

168. Tout ce que nous avons dit en la première partie, *chap.* 1, *art.* 3, de ceux contre qui la prescription de dix ou vingt ans ne court pas, s'applique à la prescription de trente ans, qui ne court pas non plus contre ceux contre lesquels ne court pas celle de dix ou vingt ans.

§. II. Du temps de cette prescription ; et de l'union que le possesseur peut faire du temps de la possession de ses auteurs avec la sienne.

169. Il est indifférent pour le temps de cette prescription, qu'elle coure entre présents, ou qu'elle coure entre absents. En l'un et en l'autre cas, c'est le temps de trente ans qui est le temps requis pour cette prescription.

170. De même que le temps de la prescription de dix ou vingt ans est censé accompli aussitôt que le dernier jour de la dixième ou de la vingtième année a commencé, pareillement le temps de cette prescription doit être censé accompli aussitôt que le dernier jour de la trentième année a commencé : il y a même raison, cette prescription étant une prescription à l'effet d'acquérir par la possession, et par conséquent de même nature que celle de dix ou vingt ans. En cela ces prescriptions diffèrent de la prescription de trente ans, contre les obligations qui ne résultent que du non usage du créancier. Nous avons donné la raison de la différence, *suprà*, *n.* 102.

171. Le possesseur peut, pour accomplir le temps de cette prescription, joindre au temps de sa possession le temps de celle de ses prédécesseurs. La coutume s'en explique : *Si aucun a joui pendant l'espace de trente ans, continuellement, tant par lui que par ses prédécesseurs.*

Il faut, pour cette union, que tant sa possession que celle de ses prédécesseurs, qu'il veut joindre à la sienne, aient les qualités requises pour cette prescription.

La différence que nous avons observée *suprà*, *n.* 112 *et suiv.*, à l'égard de cette union du temps de la possession du possesseur au temps de celle de ses auteurs, entre l'héritier ou autre successeur universel, et le successeur à titre singulier, pour les cas de la prescription de dix ou vingt ans, a pareillement lieu pour la possession de trente ans.

Lorsque l'on produit le titre d'où procède la possession du prédécesseur, et que ce titre est vicieux, n'étant pas de sa nature translatif de propriété, tel qu'est un bail à ferme ; ou lorsqu'on établit que ce prédécesseur a eu connoissance que l'héritage qu'il possédoit ne lui appartenoit pas ; si le possesseur est son héritier, il ne peut jamais l'acquérir par prescription, quand même depuis la mort du prédécesseur il l'auroit lui-même possédé pendant trente ans et beaucoup plus ; parceque sa possession n'étant que la continuation de celle de ce prédécesseur dont il est l'héritier, sa possession est infectée des mêmes vices, et ne peut, quelque longue qu'elle soit, lui faire acquérir la prescription : mais si le possesseur n'est successeur qu'à titre singulier, il ne peut pas, à la vérité, joindre au temps de sa possession le temps de celle de son prédécesseur, qui est vicieuse ; mais il peut acquérir l'héritage par la prescription de trente ans, en le possédant lui-même pendant trente ans.

§. III. Des qualités que doit avoir la possession pour la prescription de trente ans.

172. Sur les qualités que doit avoir la possession, il y a cette différence entre la possession de dix ou vingt ans et celle-ci, que pour la prescription de dix ou vingt ans il faut que le possesseur justifie du juste titre d'où sa possession procède, et de la bonne foi de sa possession par le rapport du titre ; au contraire, pour la prescription de trente ans, il n'est pas nécessaire que le possesseur produise le titre d'où sa possession procède. La coutume s'en explique par ces termes, *supposé qu'il ne fasse apparoir de titre.* Le seul laps du temps fait présumer que la possession procède d'un juste titre dont on a perdu la mémoire, et dont l'acte s'est égaré, tant que le contraire ne paroît pas.

Le contraire paroîtroit si le titre d'où procède la possession du possesseur trentenaire étoit produit, et que ce titre fût un titre qui ne fût pas de sa nature translatif de propriété, ni par conséquent un juste titre : *putà*, si on produisoit un bail à ferme ou à loyer, fait de l'héritage à ce possesseur, ou à quelqu'un dont il est héritier ou possesseur à titre universel, médiat ou immédiat; ce bail à ferme, quelque ancien qu'il fût, seroit censé être le titre d'où procède la possession de ce possesseur : car une possession est censée continuer toujours au même titre auquel elle a commencé, tant qu'il n'en paroît pas de nouveau, suivant la maxime, *Nemo potest ipse sibi mutare causam possessionis suæ*. Ce bail à ferme qui est produit, et qui est censé être le titre d'où procède la possession de ce possesseur, n'étant pas un juste titre, il empêche la prescription : c'est le cas de la maxime, *Melius est non habere titulum, quàm habere vitiosum*.

173. Il en est de la bonne foi de même que du titre pour la prescription de trente ans; le seul laps du temps la fait présumer sans le rapport d'aucun titre, tant que le contraire ne paroît pas, c'est-à-dire, tant que celui à qui la prescription est opposée n'apporte pas des preuves suffisantes qui établissent que le possesseur a eu, avant l'accomplissement du temps de la prescription, connoissance que l'héritage ne lui appartenoit pas.

174. A ces différences près entre la prescription de dix ou vingt ans et celle de trente, la possession pour la prescription de trente ans doit avoir les mêmes qualités que celles qui sont requises pour la prescription de dix ou vingt ans; elle doit pareillement être une possession qui ait été publique. La coutume s'en explique par ces termes : *si aucun a joui publiquement*. Ce que nous avons dit en la première partie, *chap. II, art.* 2, de cette qualité de possession publique, reçoit ici une entière application : nous y renvoyons.

175. La possession pour la prescription de trente ans doit pareillement, de même que pour celle de dix ou vingt ans, être une possession qui n'ait souffert aucune interrup-

tion, ni naturelle, ni civile, pendant l'espace de trente années qu'elle a duré. C'est ce qu'enseigne la coutume par ces termes, *par l'espace de trente ans continuellement... et sans inquiétation.*

Tout ce que nous avons dit en la première partie, de l'interruption naturelle et de l'interruption civile de la possession, à l'égard de la prescription de dix ou vingt ans, reçoit une application entière à l'égard de celle-ci.

§. IV. A qui est-ce à prouver la possession trentenaire; et comment elle se prouve.

176. C'est au possesseur qui oppose la prescription qui résulte de la possession trentenaire, à faire la preuve de cette possession, suivant la règle de droit, *Ei incumbit probatio, qui dicit;* l. 2, ff. *de probat.*

Il y a deux espèces de preuves de cette possession, la littérale et la testimoniale.

La littérale se fait par le rapport des titres probatifs de possession, qui remontent à trente ans ou plus, tels que sont des baux à ferme ou à loyer de l'héritage qui fait l'objet de la prescription, faits il y a trente ans et plus, par le possesseur ou par ses prédécesseurs, aux droits desquels il justifie être; des rôles de dixième ou vingtième, des rôles pour tailles d'église ou autres impositions, faits il y a trente ans ou plus, dans lesquels le possesseur, ou ceux aux droits desquels il est, ont été imposés pour ledit héritage; des aveux, des reconnoissances de cens, de rentes ou d'autres charges que ce possesseur, ou ceux aux droits desquels il est, ont passé pour ledit héritage il y a trente ans et plus; des quittances de profits ou de francs-fiefs; des marchés d'ouvrages et autres actes semblables, qui remontent à trente ans ou plus.

La preuve testimoniale se fait par la déposition des témoins qui déposent avoir vu, il y a trente ans ou plus, le possesseur, ou ceux aux droits desquels il est, être déja en possession de l'héritage qui fait l'objet de la prescription.

177. L'une ou l'autre de ces preuves suffit au possesseur pour justifier de sa possession trentenaire; quand même il

ne pourroit rapporter aucun écrit probatif de cette possession, il doit être admis à cette preuve, quelque grande que
soit la valeur de l'héritage qui fait l'objet de la prescription.
Ce n'est point ici le cas de la disposition de l'ordonnance
de 1667, qui ne permet pas la preuve par témoins lorsque
l'objet de la contestation excède la valeur de cent livres;
cette disposition n'ayant lieu que pour les choses dont la
partie pouvoit et devoit se procurer une preuve par écrit,
telles que sont les conventions et les paiements, comme nous
l'avons établi en notre *Traité des Obligations, part. 4, ch. 2.*

178. Lorsque le possesseur a prouvé qu'il possédoit déja,
il y a trente ans et plus, soit par lui, soit par ceux aux
droits desquels il est, l'héritage qui fait l'objet de la prescription qu'il oppose, il a suffisamment fondé et établi
cette prescription, et sa possession est présumée avoir
continué depuis sans interruption, tant qu'on n'établit pas
le contraire. Si la partie à qui on oppose la prescription
soutenoit que la possession a souffert interruption, ce seroit à elle à en faire la preuve, aussi bien que des vices
qu'elle prétendroit se trouver dans cette possession.

§. V. De l'effet de la prescription de trente ans.

179. La prescription de trente ans a les mêmes effets
que celle de dix ou de vingt; elle fait, dans notre droit
coutumier, acquérir au possesseur, de même que celle de
dix ou vingt, le domaine de l'héritage, ou autre droit immobilier, qu'il a possédé pendant le temps requis pour la prescription. Plusieurs coutumes s'en sont expliquées. Notre
coutume d'Orléans, *art.* 161, dit : *Quiconque jouit......
par trente ans.......il acquiert et est fait seigneur de
l'héritage, etc.*

180. Cette prescription de trente ans a aussi l'effet, aussi
bien que celle de dix ou vingt ans, de faire acquérir au
possesseur l'affranchissement des rentes, hypothèques et
autres droits dont l'héritage est chargé, par la possession
qu'il a eue de l'héritage qu'il a possédé pendant le temps
requis pour la prescription, comme franc desdites rentes,
hypothèques ou autres droits.

Observez que le possesseur trentenaire n'a pas besoin de cet effet de la prescription qui s'acquiert par la possession de trente ans ; car, outre cette prescription, que nous nommons *prescription à l'effet d'acquérir la possession,* il y a une autre espèce de prescription que nous nommons *prescription à l'effet de libérer,* laquelle résulte uniquement de la négligence qu'ont eue les créanciers auxquels ces droits appartiennent, de se faire servir et reconnoître desdites rentes, hypothèques ou autres droits, pendant le temps de trente ans. Cette prescription privant ces créanciers de leurs actions, et les rendant non recevables à les exercer contre ceux qui en sont tenus, et contre lesquels ils ont négligé de les exercer, la fin de non recevoir que cette prescription donne au possesseur de l'héritage chargé desdites rentes, hypothèques ou autres droits, lui suffit : elle lui est même plus avantageuse que l'autre prescription qui résulte de la possession qu'il a eue de l'héritage comme franc desdites rentes, hypothèques et autres droits ; car s'il n'avoit que la prescription qui résulte de cette possession, le créancier à qui il l'opposeroit pourroit critiquer sa possession, et offrir la preuve qu'elle n'a pas été de bonne foi, et que ce possesseur a eu connoissance des rentes ou autres droits dont l'héritage étoit chargé : au lieu que la fin de non recevoir qui résulte de l'autre espèce de prescription, exclut cette discussion ; car étant uniquement fondée sur la négligence qu'a eue le créancier d'exercer ses actions, il est indifférent, pour cette prescription, que le possesseur de l'héritage chargé de la rente ou autres charges, contre qui il a négligé d'exercer ses actions, ait eu ou n'ait pas eu connoissance de ladite rente ou autres charges : la fin de non recevoir qui en résulte peut être opposée par le possesseur qui a eu connoissance, et même par celui qui en auroit été expressément chargé, puisqu'elle peut être opposée, même par le débiteur qui auroit lui-même constitué la rente, et par ses héritiers, lorsque le créancier ne s'en est pas fait servir.

181. La prescription qui résulte de la possession trentenaire que le possesseur a eue de l'héritage comme franc de

rentes, hypothèques et autres droits dont il étoit chargé, a
d'un autre côté un avantage sur l'autre espèce de prescription; c'est que le possesseur qui a accompli cette prescription, acquiert par cette prescription, pour son héritage, un
plein et entier affranchissement des rentes, hypothèques, etc.,
dont il étoit chargé; de manière que quelque connoissance
qui lui survienne, depuis l'accomplissement de cette prescription, des rentes et autres droits dont son héritage étoit
chargé avant l'accomplissement de la prescription, son héritage en ayant été pleinement affranchi par la prescription,
il n'en est nullement tenu, même dans le for de la conscience : au contraire, lorsque le possesseur qui, ayant eu
connoissance de la rente dont l'héritage est chargé, avant
l'accomplissement de la prescription qui s'acquiert par la
possession, n'a pour lui que l'autre espèce de prescription
qui résulte de la négligence du créancier, cette prescription
lui donne bien une fin de non recevoir, pour se défendre
dans le for extérieur de l'action du créancier; mais cette
fin de non recevoir laisse subsister en sa personne une
obligation naturelle de payer la rente, qu'il a contractée
par la connoissance qu'il en a eue avant l'accomplissement
du temps de la prescription qui résulte de la possession.

182. La prescription qui résulte de la possession a encore
cet avantage sur l'autre, qu'elle est accomplie aussitôt que
le dernier jour de la trentième année est commencé; au
lieu que l'autre ne l'est qu'après qu'il est révolu, comme
nous l'avons vu *suprà, n.* 102 *et* 170; de manière que le
créancier de la rente dont l'héritage est chargé, seroit encore à temps dans ce dernier jour de l'exercer contre le
possesseur dont la possession est vicieuse, et qui n'a d'autre
prescription à opposer que celle qui naît de la négligence
du créancier à exercer ses actions; au lieu qu'il ne seroit
plus à temps d'exercer son action contre le possesseur,
contre la possession duquel il n'a aucun vice à opposer.

183. La prescription de trente ans ne peut faire acquérir
au possesseur d'un héritage l'affranchissement des droits
dont son héritage est chargé, lorsque ces droits sont imprescriptibles, soit qu'ils le soient par leur nature, tels que

sont les droits seigneuriaux ; soit qu'ils le soient par la qualité du propriétaire, tels que ceux qui appartiennent au domaine de la couronne, tels que sont ceux qui appartiennent à des mineurs tant qu'ils sont mineurs : elle ne peut pas non plus lui faire acquérir l'affranchissement de ceux qui ne sont sujets qu'à la prescription de quarante ans, tels que sont ceux qui appartiennent à l'église ou aux communautés.

184. Observez, à l'égard des droits seigneuriaux, qu'ils sont, à la vérité, imprescriptibles pour le fond, mais qu'ils sont prescriptibles pour leur qualité : c'est pourquoi la prescription de trente ans, ni aucune autre, ne peut faire acquérir au possesseur d'un héritage chargé d'un cens ou de quelque autre redevance seigneuriale, l'affranchissement total de ce droit; mais lorsqu'il l'a possédé pendant trente ans, comme n'étant chargé que d'une partie de ce cens ou autre redevance seigneuriale, et qu'en conséquence il n'a payé pendant tout ce temps, par chacun an, que cette partie, il acquiert par cette prescription, pour son héritage, l'affranchissement du surplus.

La coutume de Paris, en l'article 124, en a une disposition; il y est dit : « Le droit de cens ne se prescrit par le « détenteur de l'héritage contre le seigneur censier. . . . . « mais se peut la quotité du cens et arrérages prescrire par « trente ans entre âgés et non privilégiés. »

Suivant cette disposition, le possesseur d'un héritage chargé d'un certain cens, *putà*, de dix sous de cens, pendant quelque long temps qu'il l'ait possédé comme franc, et qu'il n'ait payé aucun cens, n'acquiert aucunement l'affranchissement des dix sous : mais si, pendant le temps de trente ans, il a possédé l'héritage, non comme entièrement franc du cens, mais comme étant sujet à une moindre quotité, *putà*, comme n'étant chargé que de six sous au lieu de dix, et qu'en conséquence, pendant ledit temps, il n'ait payé que six sous; le cens, suivant la disposition de cet article, étant prescriptible pour la quotité, il acquiert pour son héritage par la prescription de trente ans, par la possession en laquelle il a été de ne payer pendant tout le temps par chacun an qu'une quotité, qu'une partie du cens annuel dont l'héritage est chargé, l'affranchissement de la quotité de la partie du cens qu'il n'a pas payée pendant tout ledit temps ; de manière que son héritage qui étoit chargé de dix sous, ne le sera plus à l'avenir que de six.

Il en est de même du cens en espèce que du cens en argent. Si mon héritage étoit chargé d'une mine de blé de cens, et que, pendant trente ans, je n'en eusse payé tous les ans qu'un boisseau ; s'il étoit chargé de trois poules, et que, pendant trente ans, je n'en eussé payé qu'une, mon héritage ne sera plus à l'avenir chargé que d'un boisseau, il ne sera plus chargé que d'une poule.

Il en est de même d'un champart seigneurial : il est, de même que le cens, imprescriptible pour le fond ; mais il est, de même que le cens, prescriptible pour la quotité : c'est pourquoi si mon héritage étoit chargé d'un champart à raison de la sixième gerbe, et que, pendant trente ans, je ne l'aie payé qu'à raison de la douzième, mon héritage ne sera plus à l'avenir chargé que d'un champart à raison de la douzième, qui est la moitié de celui dont il étoit chargé ; j'aurai acquis par la prescription l'affranchissement de l'autre moitié.

185. Le cens ne pouvant se prescrire pour le total, mais seulement pour une quotité, c'est-à-dire, pour une partie de la redevance censuelle, par la possession trentenaire en laquelle le possesseur a été de n'en payer qu'une partie, il s'ensuit que, pour qu'il y ait lieu à cette prescription, il faut que ce que le possesseur a payé soit quelque chose qui fasse partie de la redevance censuelle ; comme lorsqu'il n'a payé que vingt sous au lieu de trente dont l'héritage est chargé ; lorsqu'il n'a payé qu'une poule au lieu de trois : mais lorsque ce que le possesseur a payé est quelque chose de différent ; comme lorsque, au lieu d'un cens de trente sous, il a payé tous les ans une poule ; ou lorsque, au lieu d'un cens en grains ou en volaille, il a payé tous les ans une certaine somme d'argent, il ne peut pas plus y avoir lieu, en ce cas, à la prescription, que dans le cas auquel le pos-

sesseur n'auroit rien payé du tout; car on n'a rien payé d'un cens dont l'héritage est chargé, quand ce qui a été payé est quelque chose de différent, et qui ne fait point partie de ce cens. C'est ce qui a été jugé par des arrêts rapportés par Chopin, *de Moribus Andium*, et par Mornac, sur la loi 8, ff. *de contr. emp*. Mais si l'héritage étoit chargé de vingt sous d'argent et d'une poule, chacune de ces choses faisant partie du cens dont l'héritage est chargé, le paiement qui auroit été fait pendant trente ans de l'une de ces choses, comme de la poule seulement, ou de la somme d'argent, ou d'une partie de ladite somme seulement, seroit un paiement d'une partie du cens, qui feroit acquérir par la prescription l'affranchissement du surplus.

186. Pour que les prestations d'une moindre quotité pendant trente ans opèrent la prescription de la quotité du cens, il faut que ces prestations aient été uniformes : mais si le possesseur d'un héritage chargé, par exemple, de quarante sous de cens, en a payé, pendant le temps de trente ans, tantôt quinze sous, tantôt dix-huit, tantôt vingt, il n'y aura pas lieu à la prescription; car elle n'est fondée que sur ce qu'on présume que le possesseur a eu une juste opinion que le cens dont son héritage étoit chargé, étoit d'une certaine somme; qu'il l'a possédé comme n'étant chargé que du cens de cette somme. Mais lorsqu'il n'y a pas d'uniformité dans les prestations, il résulte de ce défaut d'uniformité, que le possesseur étoit incertain de la somme du cens dont son héritage étoit chargé, et qu'il n'a pu avoir par conséquent une juste opinion que son héritage n'étoit chargé que du cens d'une certaine somme; laquelle opinion néanmoins, lorsqu'elle peut être présumée dans le possesseur, est la bonne foi qui est le fondement de la prescription pour la quotité du cens.

187. La prescription pour la quotité du cens, mentionnée en l'article 124, est la même que la prescription ordinaire de trente ans, par laquelle le possesseur trentenaire acquiert l'affranchissement des droits prescriptibles dont son héritage est chargé, quoiqu'il ne rapporte aucun titre de possession, pourvu qu'on n'en produise pas contre lui un qui

soit vicieux, et qu'on ne justifie pas que, pendant le temps de la prescription, il a eu connoissance du droit dont son héritage est chargé : par conséquent, quoique, suivant la nature de la prescription trentenaire, il ne soit pas nécessaire, pour la prescription de la quotité du cens, que le possesseur rapporte un titre, le laps de trente ans faisant présumer qu'il y en a un; néanmoins il n'y auroit pas lieu à la prescription si on en produisoit un vicieux, tel que seroit un titre passé entre le seigneur de censive et le possesseur d'un héritage chargé de quarante sous de cens, par lequel il seroit dit que le possesseur paieroit pour le cens annuel vingt sous par chacun an par provision, et en attendant que le seigneur ait mis ses titres en ordre, et que en conséquence on eût toujours depuis, pendant trente ans et plus, payé le cens annuel à raison de vingt sous. Ce titre d'où la possession procède, ne contenant aucune réduction du cens, et n'accordant qu'une simple provision, est un titre vicieux qui résiste à la prescription que le possesseur trentenaire voudroit opposer au seigneur contre les anciens titres qui établissent que l'héritage est chargé d'un cens de quarante sous.

188. Pareillement, si le seigneur établissoit que le possesseur qui n'a payé, pendant trente ans, qu'une somme moindre que celle dont l'héritage est chargé, avoit néanmoins, pendant ce temps, connoissance de toute la somme dont il étoit chargé, le possesseur ne pourra opposer la prescription.

ARTICLE II.

De la prescription de quarante ans contre l'église et les communautés.

189. Cette prescription nous vient de la Novelle 131, chapitre 6 : nous la trouvons dans le Recueil des Capitulaires de nos rois, fait par Benedictus Levita, *lib.* 5, *cap.* 236, où il est dit : *Ne decem anni, neque vicenii, neque triginta annorum præscriptio religiosis domibus opponatur, sed sola quadraginta annorum curricula, et non solùm in cæteris rebus, sed etiam in hæreditatibus et legatis.*

190. Les lois qui défendent l'aliénation des biens d'église paroissent les soustraire à la prescription qui renferme une espèce d'aliénation : *suprà*, *n.* 8. Étant, d'un autre côté, contraire à la tranquillité publique que ces biens soient à perpétuité imprescriptibles, on a trouvé le tempérament, en les exemptant des prescriptions ordinaires, d'établir une prescription d'un temps plus long, à laquelle seule ils seroient sujets, qui est cette prescription de quarante ans.

Elle est de droit commun, et elle a lieu tant dans le pays de droit écrit que dans le pays coutumier.

La coutume de Berry, *tit.* 12, *art.* 1, la rejette, comme nous l'avons vu *suprà*, *n.* 165.

La coutume d'Anjou a restreint le privilége qu'a l'église, de n'être sujette qu'à la prescription de quarante ans, aux héritages qui lui appartiennent d'ancienneté; c'est pourquoi elle dit, *art.* 448 : « En acquêts nouveaux faits par « gens d'église depuis trente ans en matière de prescrip- « tion ou ténement, ils ne sont pas plus privilégiés que les « gens laïques. »

Dans cette coutume, lorsque le possesseur d'un héritage oppose la prescription de dix, vingt ou trente ans à des gens d'église qui s'en défendent, en soutenant n'être sujets qu'à celle de quarante, il faut que lesdits gens d'église justifient que l'héritage qui fait l'objet de la contestation leur appartenoit dès trente ans ou plus avant l'année 1508, temps de la rédaction de cette coutume.

La coutume du Maine a une disposition semblable, sauf qu'elle dit, *depuis quarante ans.*

Ces coutumes se sont écartées du droit commun, en apportant cette limitation au privilége de l'église. Les autres coutumes, comme Senlis, Chaumont, Valois, etc., disent indistinctement : *Prescription n'a lieu contre l'église sinon par quarante ans.*

La raison que nous avons apportée de ce privilége ne milite pas moins pour les biens nouvellement acquis par l'église, que pour son ancien domaine, les lois ne défendant pas moins l'aliénation des biens nouvellement acquis par l'église, que de ses anciens domaines.

191. Cette prescription a lieu non seulement contre l'église, c'est-à-dire, contre les titulaires des différents bénéfices, les fabriques, les hôpitaux et les communautés ecclésiastiques, mais pareillement contre les communautés séculières, telles que les communautés d'habitants des villes et bourgs. La prescription de dix ou vingt ans, et celle de trente ans, n'ayant pas lieu contre toutes ces personnes, comme nous l'avons vu, elles sont sujettes à cette prescription.

On peut la définir, la prescription par laquelle celui qui a possédé tant par lui que par ses prédécesseurs, pendant le temps de quarante ans consécutifs, un héritage ou autre immeuble appartenant à l'église ou à quelque communauté, en acquiert la propriété, et par laquelle il acquiert pareillement l'affranchissement des rentes, hypothèques et autres droits dont son héritage est chargé envers l'église ou la communauté, lorsqu'il l'a possédé pendant quarante ans sans avoir eu connoissance desdits droits.

Il n'importe, pour cette prescription, quelle soit la condition du possesseur : une église, une communauté ne peut, de même que les particuliers, rien acquérir contre une autre église ou contre une autre communauté, que par cette prescription de quarante ans.

Cette prescription de quarante ans contre l'église et les communautés est de même nature que celle de trente ans contre les particuliers, et lui est entièrement semblable, au temps près, qui est plus long.

De toutes les mêmes choses dont nous pouvons acquérir la propriété par la prescription de trente ans contre les particuliers, nous pouvons l'acquérir par celle de quarante ans, lorsqu'elles appartiennent à l'église ou à des communautés; et pareillement, de toutes les mêmes charges de nos héritages dont nous pouvons acquérir l'affranchissement par la prescription de trente ans, nous pouvons en acquérir l'affranchissement par celle de quarante ans, lorsque c'est envers l'église ou les communautés que nos héritages en sont chargés.

192. La prescription de quarante ans étant de même

nature que celle de trente, le possesseur n'est pas obligé, pour cette prescription, de rapporter le titre d'où sa possession procède; le laps du temps fait présumer qu'il en est intervenu un.

Mais si on produisoit un titre vicieux d'où sa possession procédât, ce titre empêcheroit la prescription; telle que seroit, par exemple, une vente de l'héritage qui auroit été faite à quelqu'un de qui le possesseur est héritier médiat ou immédiat, laquelle vente auroit été faite contre les règles qui doivent être observées pour l'aliénation des biens d'église, ce titre étant un titre vicieux; et la possession du possesseur qui est héritier de l'acquéreur qui a acquis à ce titre, n'étant que la continuation de la possession de cet acquéreur, est une possession vicieuse qui procède d'un titre vicieux, et qui ne peut par conséquent opérer la prescription; c'est le cas de la maxime, *Melius est non habere titulum, quàm habere vitiosum.*

193. Pareillement, la bonne foi de la possession se présume dans le possesseur pour cette prescription de quarante ans, de même que pour celle de trente, tant que celui à qui la prescription est opposée ne justifie pas le contraire; car s'il étoit établi que le possesseur, pendant le cours de la prescription, et avant qu'elle fût accomplie, eût eu connoissance que la chose pour laquelle il oppose la prescription à l'église, appartenoit à cette église, il n'y auroit pas lieu à la prescription.

194. Cette prescription ne court pas pendant tout le temps qu'il n'a pas été au pouvoir de l'église de réclamer la chose qui fait l'objet de cette prescription, suivant ce principe général qui a lieu pour toutes les prescriptions, *Contrà non valentem agere, non currit præscriptio.*

Supposons, par exemple, que le titulaire d'un bénéfice ait reçu le rachat d'une rente foncière non rachetable, dont l'héritage d'un particulier étoit chargé. Ce rachat, fait à ce titulaire qui l'a reçu sans droit, n'a pas déchargé l'héritage de cette rente. Peu après, ce particulier a vendu cet héritage à un autre particulier à qui il n'a pas déclaré qu'il étoit chargé de la rente. Ce nouveau possesseur et ses successeurs l'ont possédé sans avoir connoissance de la rente : il n'est pas douteux qu'ils peuvent en acquérir par cette prescription l'affranchissement par une possession de quarante ans. Mais il faut soustraire du temps de leur possession tout le temps pendant lequel le titulaire qui a reçu le rachat a continué d'être le titulaire du bénéfice ; car il n'y avoit personne pendant ce temps qui pût réclamer la rente : ce ne pouvoit être celui qui en avoit reçu le rachat. *Voyez Louet, lettre* P, *n.* 1.

195. Pareillement on doit soustraire du temps de la prescription de quarante ans celui pendant lequel le bénéfice a été vacant, n'y ayant eu personne, pendant ce temps, qui pût exercer les actions du bénéficier.

196. Lorsque, pendant le cours de la prescription de trente ans d'un héritage, qui avoit commencé à courir contre un particulier, l'église a succédé (1) à ce particulier ; pour que le possesseur puisse achever contre l'église le temps de la prescription commencée contre le particulier, le temps de la prescription de quarante ans qui a lieu contre l'église, étant d'un tiers en sus plus long que celui de la prescription de trente ans qui a lieu contre les particuliers, il faudra que le possesseur, outre le temps qui a déja couru contre le particulier, possède encore l'héritage pendant un temps qui soit plus long d'un tiers en sus que celui qui restoit à courir de la prescription de trente ans, lorsque l'église a succédé au particulier. Par exemple, si le possesseur avoit déja possédé l'héritage pendant dix-huit ans, de manière qu'il ne restât plus que douze ans du temps de la prescription de trente ans, il faudra que le possesseur continue de posséder l'héritage encore pendant seize ans, pour achever le temps de la prescription contre l'église.

Suivant la même proportion, si c'est la prescription de dix ans qui a commencé à courir contre le particulier, le

---

(1) *Finge.* Ce particulier a fait un hôpital son légataire universel de tous ses héritages : ce legs, du consentement de l'héritier, a été confirmé par lettres-patentes dûment enregistrées.

temps de la prescription de quarante ans qui a lieu contre l'église, étant quadruple du temps de cette prescription, pour que le possesseur puisse achever la prescription contre l'église, il faudra que, outre le temps qui a déja couru contre le particulier, il possède encore l'héritage pendant un temps qui soit quatre fois aussi long que celui qui restoit à courir de la possession de dix ans, lorsque l'église a succédé au particulier. Par exemple, si le possesseur avoit déja possédé l'héritage pendant six ans, il faudroit qu'il le possédât encore pendant le temps de seize ans, qui est le quadruple des quatre qui restoient à courir de la prescription de dix ans.

Si c'étoit la prescription de vingt ans qui eût commencé à courir contre le particulier, il suffiroit, suivant la même proportion, pour achever contre l'église le temps de la prescription, de doubler le temps qui restoit à courir de la prescription, lorsque l'église a succédé au particulier.

197. Dans le cas inverse, lorsque c'est un particulier qui a succédé à l'église, contre laquelle la prescription de quarante ans avoit commencé de courir, le temps de la prescription de trente ans qui a lieu contre les particuliers, étant moindre d'un quart que celui de la prescription de quarante ans qui a lieu contre l'église; pour que le possesseur achève la prescription contre le particulier qui a succédé à l'église, il suffira que, outre ce qui a couru du temps de la prescription de quarante ans contre l'église, il possède encore l'héritage pendant un temps qui soit moindre d'un quart que celui qui restoit à courir de la prescription de quarante ans, lorsque le particulier a succédé à l'église : par exemple, s'il n'en restoit plus que huit ans à courir, il suffira qu'il le possède encore pendant six ans.

Lorsque le possesseur qui a commencé le temps de la prescription contre l'église, contre laquelle il ne pouvoit prescrire que par quarante ans, est un possesseur avec titre, et qui a droit par conséquent de prescrire par un temps de dix ans contre le particulier qui a succédé à l'église, et qui est demeurant en même bailliage, le temps de la prescrip-

tion de dix ans n'étant que le quart de celui de la prescription de quarante, il suffira, pour que le possesseur achève
le temps de la prescription contre le particulier, que, outre ce qui a déjà couru du temps de la prescription de quarante ans contre l'église, il possède encore l'héritage pendant le quart du temps qui restoit à courir de cette prescription, lorsque ce particulier a succédé à l'église. Par
exemple, s'il n'en restoit plus à courir que huit ans, il suffira que le possesseur possède encore pendant deux ans :
s'il n'en restoit plus qu'un an, il suffira qu'il possède encore
pendant trois mois.

Si le particulier n'étoit pas demeurant au même bailliage, et que le possesseur en conséquence ne pût prescrire
contre lui que par la prescription de vingt ans, il faudroit
que, au lieu du quart, il continuât de posséder pendant la
moitié du temps qui restoit à courir de la prescription de
quarante ans.

198. L'ordre de Malte a prétendu n'être pas sujet à la
preseription de quarante ans, pour les biens dépendants des
commanderies qu'il a dans le royaume, lesquels il prétend
n'être sujets qu'à la prescription centenaire. Les bulles des
papes qui leur ont accordé ce privilége ne peuvent être
d'aucune autorité en France, où le pape n'a aucun pouvoir
sur les matières temporelles, telle qu'est la matière des
prescriptions. Pour qu'ils pussent être fondés dans ce privilége, il faudroit qu'ils pussent rapporter des lettres-patentes de nos rois, bien et dûment registrées, qui le leur eussent accordé. Auzanet, sur l'art. 123 de la coutume de
Paris, rapporte un arrêt qui a jugé que l'ordre de Malte
étoit sujet, comme les autres gens d'église, à la prescription de quarante ans.

ARTICLE III.

De la prescription pour acquérir les meubles corporels.

199. Par la loi des Douze-Tables, le temps pour l'usucapion des meubles corporels étoit un an : *Usus auctoritas
fundi biennium, cæterarum rerum annus usus esto.*

Par la constitution de Justinien, le temps est de trois ans.

200. Cette usucapion ou prescription triennale des meubles n'a pas seulement lieu dans les provinces régies par le droit écrit ; plusieurs de nos coutumes l'ont adoptée par des dispositions expresses. Telles sont les coutumes de Melun, Amiens, Péronne, Sedan. Les coutumes d'Anjou, *article* 419, et du Maine, *article* 434, ont aussi admis la prescription triennale des meubles, mais dans certains cas seulement. Voici comme elles s'expriment : « Si aucun à bon « titre possède publiquement et notoirement aucun meuble « par trois ans continuels, en la présence d'icelui qui pour- « roit prétendre y avoit droit, ou lui étant au pays, telle- « ment qu'il le puisse savoir, et n'en puisse vraisemblable- « ment prétendre cause d'ignorance, il acquiert le droit « de la chose. »

Il paroît que ces coutumes n'admettent pas indistinctement la possession triennale des meubles, mais seulement dans le cas auquel le propriétaire du meuble a demeuré dans le même lieu que le possesseur pendant tout le temps de la prescription ; comme aussi qu'elles ne l'admettent pas indistinctement pour toutes espèces de meubles, mais seulement pour ceux dont la possession a quelque chose de public, pour ceux qui sont en vue et en évidence, et non pour ceux qu'on possède enfermés dans l'intérieur d'une maison.

Nous avons, au contraire, quelques coutumes qui ont rejeté expressément la prescription triennale des meubles : telle est celle de Berry, qui la rejette en termes formels, *tit.* 12, *art.* 10 ; et celle de Boulonnois, qui établit une prescription de vingt ans *pour chose mobile ou immobile*.

Dans les coutumes qui ne se sont pas expliquées sur la prescription des meubles, telles que celle de Paris, celle d'Orléans et beaucoup d'autres, c'est une question, si cette prescription triennale y doit avoir lieu. Imbert et Bugaron, anciens praticiens, tiennent qu'elle n'y a pas lieu ; Mornac, au contraire, soutient qu'elle y a lieu.

201. Il peut y avoir des raisons pour admettre cette prescription dans la coutume d'Orléans, qui ne militent pas

dans celle de Paris. Celle d'Orléans, *art.* 260, dit : *Pres-cription moindre de trente ans, en héritages et choses im-mobilières, n'a lieu.* Elle suppose donc une prescription d'un moindre temps. Dans *l'article* 261, où elle établit la prescription de trente ans, elle s'explique ainsi : *Quicon-que jouit d'un héritage, rente ou droit incorporel.* Elle ne comprend pas les meubles sous la prescription de trente ans, qu'elle établit par cet article, suivant la maxime, *In-clusio unius, est exclusio alterius.* N'ayant point compris les meubles dans la prescription de trente ans; n'ayant d'ail-leurs, par aucune disposition, réglé le temps de la prescrip-tion des meubles; étant néanmoins nécessaire qu'il y ait un temps réglé pour la prescription de ces choses qui ne doivent point être imprescriptibles, on doit présumer que l'intention de la coutume d'Orléans a été de s'en rapporter sur ce point à la disposition du droit romain.

202. Au contraire, la coutume de Paris, en *l'article* 118, par lequel elle établit la prescription de trente ans, s'ex-prime ainsi : *Si aucun a possédé héritage ou rente, ou autre chose prescriptible.* Ces termes, *ou autre chose pres-criptible*, sont des termes généraux qui comprennent les meubles et les immeubles; d'où on peut conclure que la coutume de Paris, n'ayant point de disposition pour une prescription qui soit particulière aux meubles, les a com-pris par ces termes généraux dans la prescription de trente ans, et n'a pas voulu qu'ils fussent sujets à aucune autre.

Malgré cela, j'aurois de la peine à croire que la coutume ait voulu n'assujettir les meubles qu'à la prescription d'un temps aussi long que celui de trente ans. Ce temps étant aussi long ou même plus long que n'est la durée de plusieurs des choses meubles, ce seroit rendre imprescriptibles plu-sieurs de ces choses : d'ailleurs ces choses étant de nature à passer successivement en un très grand nombre de mains, si la revendication en étoit admise pendant un aussi long temps, ce seroit donner lieu à des procès interminables.

Il faut néanmoins avouer que la question, si la prescrip-tion triennale des meubles a lieu dans les coutumes qui ne s'en sont pas expliquées, est encore très problématique.

203. Quand cette prescription a lieu, les biens des mineurs et de l'église en doivent-ils être exceptés? Cette question n'est pas moins problématique que l'autre.

La coutume de Péronne, qui est une de celles qui ont adopté cette prescription triennale, les en excepte en termes formels. Elle dit : *Meubles s'acquièrent et se prescrivent* par trois ans.... *entre* AGÉS ET NON PRIVILÉGIÉS.

Si les autres coutumes qui l'ont admise par des dispositions expresses n'ont point, comme celle de Péronne, ajouté ces termes, *entre âgés et non privilégiés,* doit-on les y suppléer?

Les principales raisons pour lesquelles les héritages et autres immeubles des mineurs et de l'église ne sont pas sujets aux prescriptions ordinaires, sont, 1° parce que les lois en défendent l'aliénation. Cette raison ne milite pas pour les meubles. 2° Les mineurs étant restituables contre ce qu'ils ont manqué de faire pour leurs intérêts, *in his quæ prætermiserunt;* l. 8, *Cod. de in integ. rest. min.;* étant restituables, suivant ce principe, contre la négligence qu'ils ont eue à interrompre le cours de la prescription des choses à eux appartenantes, et en conséquence contre l'usucapion qui s'en est ensuivie; l. *un. Cod. si adv. usucap.;* on a trouvé plus court, pour éviter le circuit de cette restitution, de ne pas faire courir la prescription pendant le cours de la minorité.

Cette raison ne peut guère encore s'appliquer aux meubles des mineurs : car, suivant l'esprit de notre ancien droit françois, qui a peu de considération pour les meubles, le bénéfice de restitution, hors le cas de violence et de dol, ne s'accorde guère pour de simples meubles. C'est sur ce principe qu'est fondé l'*article* 446 de notre coutume, qui porte : « En aliénation de meubles, le bénéfice de restitu- « tion et action rescisoire n'ont lieu, quand les parties sont « capables de contracter. » Cette disposition comprend les mineurs comme les majeurs, soit que lesdits mineurs, étant émancipés, aient contracté par eux-mêmes, soit que, ne l'étant pas, ils aient contracté par le ministère de leurs tuteurs, qui sont capables de contracter pour eux.

Si la loi refuse de venir au secours des mineurs par le bénéfice de la restitution, lorsqu'ils ont aliéné de simples
meubles par quelque contrat d'aliénation, doit-on croire
qu'elle veuille leur subvenir davantage dans le cas de l'a-
liénation qu'ils feroient desdits meubles en les laissant prescrire, et qu'elle ait pour cela voulu que les meubles ne fussent pas sujets à la prescription triennale, quoiqu'elle ne
s'en soit pas expliquée?

204. Le droit romain excepte de la prescription des meubles les choses furtives, c'est-à-dire, les choses qui ont été
dérobées, tant qu'elles n'ont point encore été recouvrées
par celui à qui elles appartiennent, ou par ceux qui sont
à ses droits. Suivant le droit romain, un tiers possesseur
de ces choses, quoiqu'il les ait acquises par un juste titre
et de bonne foi, ne peut les prescrire. Cela est tiré de cet
article de la loi des Douze Tables : *Furtivæ rei æterna
auctoritas esto.*

Cette disposition qui ne permet pas qu'un possesseur de
bonne foi puisse acquérir par la prescription les choses furtives, me paroît être un droit purement arbitraire; et je
ne vois rien, dans les principes du droit naturel, qui doive
empêcher le possesseur de bonne foi d'une chose furti-
ve, de l'acquérir par la prescription. C'est pourquoi, dans
le pays coutumier, où le droit romain n'a pas par lui-même
force de loi, mais seulement en tant qu'il paroît pris dans
le droit naturel, je doute très fort que cette disposition du
droit pour les choses furtives y doive être observée.

205. La prescription des meubles par la possession triennale, étant l'ancien droit d'usucapion, dont Justinien a
seulement prolongé le temps, il faut, pour cette prescription, que le possesseur justifie d'un juste titre d'où sa possession procède, et qu'elle soit de bonne foi. Mais comme il
n'est pas d'usage de passer des actes par écrit de l'acquisition qu'on fait des choses meubles, il suffit au possesseur,
pour justifier du juste titre d'où procède sa possession de
la chose pour laquelle il oppose la prescription, qu'il fasse
reconnoître cette chose, soit par les personnes desquelles
il l'a achetée ou acquise à quelque autre juste titre, soit

par d'autres personnes qui aient connoissance de l'acquisition qu'il en a faite.

A l'égard de la bonne foi qui est requise dans le possesseur, le juste titre dont il a enseigné, la fait assez présumer, tant que celui à qui la prescription est opposée, ne justifie pas le contraire.

Au surplus, presque tout ce que nous avons dit à l'égard de la prescription de dix ou vingt ans, sur les personnes au profit desquelles et contre lesquelles court la prescription ; sur les qualités que doit avoir la possession, sur l'interruption naturelle ou civile, sur l'union du temps de la possession du possesseur et de celle de ses auteurs, sur le titre et la bonne foi, etc., reçoit application à cette espèce de prescription.

ARTICLE IV.

Du ténement de cinq ans, qui a lieu dans quelques coutumes.

206. De droit commun le propriétaire d'un héritage, à qui on n'a pas déclaré, par le contrat d'acquisition qu'il en a faite, les rentes, hypothèques et autres charges réelles dont l'héritage est chargé ; qui, n'en ayant eu d'ailleurs aucune connoissance, l'a en conséquence possédé pendant tout le temps de la prescription, comme le croyant, avec fondement, franc desdites charges, n'en acquiert l'affranchissement pour son héritage, que par les prescriptions ordinaires de dix ou vingt ans dans les coutumes qui les admettent, ou par celle de trente ans, comme nous l'avons vu dans les articles précédents. Néanmoins quelques coutumes ont établi une prescription particulière pour faire acquérir au propriétaire d'un héritage l'affranchissement de certaines rentes et hypothèques dont son héritage est chargé, par une possession de cinq ans qu'il a eue de cet héritage, comme le croyant, avec fondement, franc desdites rentes et hypothèques, dont il n'a pas été chargé par son contrat d'acquisition, et dont il n'a eu d'ailleurs aucune connoissance pendant tout le temps de cette prescription.

On donne à cette espèce de prescription le nom de *ténement de cinq ans*.

207. Les coutumes où cette espèce de prescription a lieu, sont celles d'Anjou, du Maine, de Tours et de Lodunois. Voici comme la coutume d'Anjou, *art.* 422, s'explique sur cette espèce de prescription : « Si aucun acquiert aucuns « héritages ou autres immeubles, et les tient et possède par « cinq ans consécutifs, paisiblement, à juste titre et de « bonne foi, et sans ajournement d'interruption, ou autre « inquiétation, tel acquéreur est exempt et déchargé de « toutes rentes et hypothèques constituées sur ledit héri- « tage par ledit vendeur ou autre aliénateur depuis trente « ans, si n'étoit l'héritage baillé à rente à la charge dont « est question, ou contre le seigneur de fief. »

Celle du Maine, *art.* 437, est dans les mêmes termes.

Celle de Tours, *art.* 208, dit : « Quand aucun acquiert « domaine ou héritage, et ledit acquéreur l'a tenu et pos- « sédé par cinq ans, notoirement, sans interruption, ice- « lui acquéreur se peut défendre par ledit ténement, contre « les acquéreurs de rentes constituées, dons et legs faits « depuis trente ans, et demeure exempt de ladite rente ou « charge, sinon que ledit domaine eût été baillé à la charge « de ladite rente. »

Celle de Lodunois, *tit.* 20, *art.* 1, dit : « Quand aucun « a possédé et exploité aucun héritage réellement et actuel- « lement, par le temps de cinq ans, à titre entre présents « et absents, sans être interrompu audit ténement de cinq « ans, d'une rente, ou devoir créé sur ledit héritage de- « puis trente ans, il se peut défendre par ledit ténement « contre tous acquéreurs de rentes ou hypothèques créées « sur icelui depuis trente ans, s'il n'est interrompu au de- « dans desdits cinq ans de sondit acquest ou ensaisinement, « sinon qu'il eust pris ledit héritage par lui possédé et ex- « ploité, à la charge dudit devoir, ou que ce fust devoir « féodal, ou de première baillée d'héritage fait à icelui, « ou autre dont il est cause, ou que ce fust devoir créé « paravant trente ans, et dont possession en auroit esté « faite paravant, et depuis lesdits trente ans. »

Nous verrons, sur cette espèce de prescription, 1° quelles sont les choses qui peuvent être affranchies de leurs charges par cette prescription ; 2° de quelles espèces de charges ; 3° qui sont ceux qui peuvent acquérir par cette prescription l'affranchissement des charges de leurs héritages ; 4° contre quelles personnes ; 5° quelle qualité doit avoir la possession pour cette prescription ; 6° de quand elle commence, et quand elle est accomplie.

§. I. Quelles choses peuvent être affranchies de leurs charges par cette espèce de prescription ; et de quelles espèces de charges.

208. La coutume d'Anjou, en l'article ci-dessus rapporté, dit, *Si aucun acquiert aucuns héritages* ou AUTRES IMMEUBLES. Celle du Maine s'explique de même. C'est pourquoi il ne peut être douteux, dans ces coutumes, que leur disposition embrasse non seulement *les héritages* ou immeubles réels, mais pareillement toutes les choses incorporelles qui sont réputées immeubles ; et que, par exemple, celui qui a acheté une rente chargée d'hypothèques envers les créanciers du vendeur ou autres, acquiert, par le ténement de cinq ans, l'affranchissement de ces hypothèques, de même que l'acquéreur d'un héritage acquiert, par ce ténement, l'affranchissement des hypothèques dont l'héritage est chargé.

209. Les choses incorporelles, réputées immeubles, sont-elles pareillement censées comprises dans les dispositions des coutumes de Tours et de Lodunois, qui n'ont parlé que des héritages, et n'ont point ajouté ces termes, *et autres immeubles,* qui se trouvent dans celles d'Anjou et du Maine ? Je pense qu'elles y sont comprises, et que, si ces termes, *et autres immeubles,* ne se trouvent pas dans le texte de ces deux coutumes, on doit les y sous-entendre, et les y suppléer. Ces quatre coutumes qui ont établi le ténement de cinq ans paroissent avoir, sur ce point, le même esprit ; elles doivent donc s'interpréter les unes par les autres ; on doit suppléer ce qui a été omis dans les unes, par ce qui se trouve dans les autres. D'ailleurs il y a entière parité de raison pour faire acquérir par le ténement de cinq ans, à l'acquéreur de bonne foi d'une rente, l'affranchissement des hypothèques dont sa rente est chargée, comme pour faire acquérir cet affranchissement à l'acquéreur d'un héri-

tage. Leproust, sur *l'article premier du titre* 20 de la coutume de Lodunois, rapporte un arrêt, dans l'espèce duquel l'acquéreur d'une rente constituée fut reçu à opposer la prescription du ténement de cinq ans contre une action hypothécaire.

La disposition de ces coutumes pour le ténement de cinq ans ne concerne que les immeubles; les meubles, dans notre droit françois, n'ayant pas de suite par hypothèque, il est évident que l'acquéreur ne peut avoir besoin du ténement de cinq ans.

§. II. Quelles sont les espèces de charges des héritages ou autres immeubles, dont le ténement de cinq ans affranchit.

210. La coutume d'Anjou, en l'article ci-dessus rapporté, dit, *est déchargé de toutes rentes, charges et hypothèques constituées sur ledit héritage, par ledit vendeur ou autre aliénateur, depuis trente ans, si n'étoit l'héritage baillé à rente à la charge dont est question, ou contre le seigneur de fief.*
Les autres coutumes qui ont établi le ténement de cinq ans, s'expriment à peu près de même.

211. Ces coutumes n'ayant excepté du ténement de cinq ans que les rentes créées par bail d'héritage, il s'ensuit que le ténement de cinq ans purge toutes les autres rentes dont l'héritage est chargé depuis trente ans, les viagères aussi bien que les perpétuelles; non seulement les rentes constituées à prix d'argent, mais celles qui auroient été créées par don ou legs; comme lorsque quelqu'un vous fait donation ou legs de tant de livres de rente, dont il déclare qu'il charge un tel héritage à lui appartenant. La coutume de Tours s'en est expliquée en ces termes : Se peut défendre par ledit ténement, *de rentes constituées, dons et legs.*

212. Les coutumes ont excepté de ce ténement de cinq ans les rentes qui ont été créées par le bail de l'héritage, et qu'on appelle proprement *rentes foncières.* Ces rentes étant un droit que le bailleur s'est retenu dans son héritage, lors de l'aliénation qu'il en a faite, et qui fait en quelque façon partie du domaine de propriété, qu'il n'a transféré au preneur que sous la déduction de la rente, sont un droit

beaucoup plus fort que n'est celui qui résulte d'un simple assignat dont on a chargé un héritage pour le paiement d'une rente; en conséquence, ces rentes ont plusieurs prérogatives que nous avons rapportées dans notre Traité du Bail à rente; et c'est aussi pour cette raison que ces coutumes les ont exceptées du ténement de cinq ans, et que l'affranchissement ne s'en peut acquérir que par la prescription ordinaire de dix ou vingt ans, ou par celle de trente ans.

L'exception que les coutumes ont faite pour les rentes créées par un bail d'héritage, doivent s'étendre à celles créées par partage et licitation, ces rentes étant de véritables rentes foncières, entièrement de même nature que celles créées par un bail d'héritage : celui à qui l'héritage échet par le partage, ou qui s'en rend adjudicataire par licitation, à la charge de tant de rente envers son copartageant, n'acquérant, de même qu'un preneur, l'héritage que sous la déduction de la rente dont il est chargé envers son copartageant, ces rentes doivent jouir des mêmes prérogatives que celles créées par bail d'héritage, et doivent pareillement être exceptées du ténement de cinq ans. C'est l'avis de Dumoulin, en sa note sur l'article 208 de la coutume de Tours, qui est mal-à-propos contredit par Louis.

213. Il ne faut pas confondre avec les rentes créées par bail, partage ou licitation, celles qui ont été constituées pour le prix d'une vente, ou pour le prix d'un retour de partage, comme lorsqu'un héritage a été vendu ou a été adjugé par licitation pour le prix d'une somme de 10,000 livres, pour laquelle somme, par les mêmes contrats ou par le même acte de licitation, l'acheteur a constitué au vendeur, ou à ses copartageants, 500 livres de rente : ou lorsqu'un lot de partage a été chargé envers un copartageant d'un retour de 1,000 livres, pour laquelle somme celui à qui le lot est échu, lui a, par le même acte de partage, constitué une rente de 50 livres; ces rentes sont de simples rentes constituées, qui ne doivent point avoir les prérogatives des rentes foncières, et dont on doit par conséquent

acquérir l'affranchissement par le ténement de cinq ans, de même que des autres rentes.

214. Les hypothèques dont le ténement de cinq ans fait acquérir l'affranchissement, sont généralement toutes les hypothèques dont l'héritage peut être chargé depuis trente ans, tant les générales que les spéciales; tant celles qui sont accessoires de quelques rentes, que celles qui sont accessoires de créances de sommes d'argent ou de quelques autres créances mobilières, et généralement celles qui sont accessoires de quelque obligation que ce soit, comme d'une obligation de garantie. La coutume d'Anjou en apporte un exemple en l'article 427 : « Si aucun a vendu à autre « partie de ses héritages, et s'est obligé de les garantir, et « après vend autre partie de ses héritages ; le premier ac- « quéreur peut faire adjourner en demande d'interruption « le dernier acquéreur dedans les *cinq ans* après ledit ac- « quêt fait, et possession par lui prise, afin qu'il ne se dé- « fende pas par le ténement. »

Ce que nous venons de dire ne souffre pas de difficulté dans les coutumes d'Anjou et du Maine, qui disent en termes généraux que l'acquéreur est affranchi, par le ténement de cinq ans, des hypothèques constituées sur son héritage.

215. Dans les coutumes de Tours et de Lodunois on a prétendu que le ténement de cinq ans ne purgeoit que les rentes, et ne purgeoit pas les hypothèques pour de simples créances mobilières. On tiroit argument du texte de l'article 208 de la coutume de Tours, qui porte : « L'acqué- « reur se peut défendre par ledit ténement contre les ac- « quéreurs des rentes constituées, dons et legs faits depuis « trente ans, etc. » La coutume, dit-on, accorde la prescription qui résulte du ténement de cinq ans contre les créanciers des rentes constituées, soit à prix d'argent, soit par dons et legs; elle se tait sur ceux qui ont des hypothèques pour de simples créances mobilières : donc, suivant la maxime, *Qui dicit de uno, negat de altero*, il n'y a que les rentes constituées, soit à prix d'argent, soit par dons et legs, qui se purgent par le ténement de cinq ans; les hy-

pothèques pour de simples créances mobilières ne doivent pas se purger par ce ténement. C'est l'avis de Pallu, sur ledit article.

216. On peut faire le même raisonnement pour la coutume de Lodunois. Cette coutume, en l'article premier du titre 20, s'exprime ainsi : « Quand aucun possède aucun « héritage. . . . . sans être interrupté d'aucune rente ou « devoir créé sur ledit héritage depuis trente ans. »

La coutume, dira-t-on, ayant dit, *d'aucune rente ou devoir*, n'oblige que ceux qui ont quelque rente ou redevance, à donner dans les cinq ans l'action d'interruption contre l'acquéreur de l'héritage qui en est chargé ; elle n'y oblige point ceux qui ont de simples hypothèques pour des créances mobilières : le ténement de cinq ans ne purge donc point ces hypothèques.

La cour n'a pas eu d'égard à ce raisonnement ; et Leproust, sur ledit article, rapporte deux arrêts qui ont jugé, dans la coutume de Loudun, que le ténement de cinq ans purgeoit ces hypothèques. Ces arrêts peuvent recevoir application dans la coutume de Tours, et renversent l'opinion de Pallu.

On ne voit pas de raison pour laquelle ces coutumes auroient voulu donner plus de prérogatives à des hypothèques pour des créances mobilières, en ne les assujettissant point à la prescription du ténement de cinq ans, qu'elles n'en ont donné à des rentes qui ont un assignat sur l'héritage qu'elles y assujettissent. Il est contre la raison que celui qui a un droit plus fort puisse le perdre plus facilement, et par une prescription plus courte, que celui qui a un droit plus foible.

217. Les hypothèques qui sont accessoires d'une rente créée par le bail d'héritage, laquelle n'est pas sujette au ténement de cinq ans, ne laissent pas d'y être sujettes, comme l'a observé Dumoulin, en sa note sur l'article 208 de la coutume de Touraine, ci-dessus cité.

Supposons, par exemple, que j'ai acquis un héritage par un bail à rente qui m'en a été fait, et que je me sois obligé à fournir et faire valoir cette rente sous l'hypothè-

que de tous mes biens : si depuis je vends un de mes
héritages hypothéqués à cette rente, sans déclarer cette
hypothèque, elle pourra se purger par le ténement de
cinq ans.

218. Quelque favorable que soit le douaire, Dupineau
pense qu'il se purge par le ténement de cinq ans, lorsque
la douairière a laissé écouler le temps de cinq ans depuis
la mort de son mari, qui y a donné ouverture, sans inter-
rupter l'acquéreur d'un héritage qui y est sujet.

219. Les quatre coutumes qui ont établi la prescription
du ténement de cinq ans, le restreignent en termes formels
aux rentes, charges et hypothèques dont l'héritage est
chargé depuis trente ans. Les commentateurs ne nous en
ont donné aucune raison; on n'en voit pas d'autres, sinon
que lorsque des rentes ou hypothèques ont été créées sur
l'héritage avant trente ans, le droit de ces rentes et hypothèques est fortifié par la longue possession qu'en ont eue
ceux à qui elles appartiennent. Or, suivant l'esprit de ces
coutumes, plus le droit qu'on a sur un héritage est fort, et
plus difficilement celui à qui il appartient en doit être dépouillé : c'est pour cette raison que le droit de rente foncière qu'on a dans un héritage, étant plus fort que le droit
d'une rente constituée, n'est pas sujet à la prescription de
cinq ans, à laquelle sont sujettes les rentes constituées,
créées depuis trente ans. Par la même raison, ces coutumes ont voulu que ceux qui ont des droits de rentes ou
hypothèques fortifiés par la longueur du temps de plus de
trente ans, ne fussent pas sujets à la prescription de cinq
ans, à laquelle sont sujettes les rentes et hypothèques modernes, et qu'ils ne puissent perdre leur droit que par les
prescriptions ordinaires de dix ou vingt ans, lorsqu'ils ont
un titre; ou de trente ans, lorsqu'ils n'en produisent
point.

220. Au surplus, pour que l'acquéreur d'un héritage
ou autre immeuble puisse se défendre, par la prescription,
du ténement de cinq ans, des rentes et hypothèques dont
son héritage étoit chargé, il suffit que lesdites rentes et
hypothèques n'aient été créées que depuis trente ans; et il

n'importe qu'elles aient été créées par la personne même qui lui a vendu ou aliéné à quelque autre titre l'héritage qui en étoit chargé. Ces termes de l'article 422 de la coutume d'Anjou, ci-dessus rapporté, *est déchargé de toutes rentes, charges et hypothèques constituées sur ledit héritage* PAR LEDIT VENDEUR OU AUTRE ALIÉNATEUR *depuis trente ans*, ne sont pas restrictifs, mais seulement énonciatifs; et après ces termes, *par ledit vendeur ou autre aliénateur*, on doit y suppléer ceux-ci, *ou par quelqu'un de ses auteurs.* C'est l'interprétation que Dupineau a donnée à cet article, interprétation qui ne paroît souffrir aucune difficulté.

§. III. Quels sont ceux qui peuvent acquérir, par le ténement de cinq ans, l'affranchissement des rentes et hypothèques dont leur héritage est chargé.

221. Il est évident qu'il n'y a que le propriétaire d'un héritage qui puisse, de quelque manière que ce soit, acquérir l'affranchissement des charges dont il est chargé. C'est pourquoi si une personne a acheté ou acquis à quelque autre titre un héritage de quelqu'un, qui, n'en étant pas propriétaire, n'a pu lui en transférer la propriété; cette personne, qui n'est pas propriétaire de l'héritage, n'a pu, par le ténement de cinq ans, acquérir l'affranchissement des rentes et hypothèques dont l'héritage est chargé. Si donc après les cinq ans cet acquéreur est évincé de l'héritage par le véritable propriétaire, les créanciers des rentes et hypothèques dont l'héritage est chargé conservent leur droit, quoiqu'ils n'aient pas interrupté cet acquéreur pendant le temps qu'a duré sa possession.

Mais tant que le véritable propriétaire ne se présente pas, l'acquéreur, par sa seule qualité de possesseur, étant réputé propriétaire de l'héritage, il peut opposer la prescription du ténement de cinq ans aux créanciers qui intenteroient contre lui des actions hypothécaires après l'expiration des cinq ans. *Voyez* ce que nous avons dit *suprà*, *n.* 131.

Au surplus, régulièrement tous ceux que nous avons dit

suprà pouvoir acquérir, par la prescription de dix ou vingt ans, l'affranchissement des charges réelles dont l'héritage qu'ils ont acquis étoit chargé, et dont ils n'ont point eu de connoissance, peuvent dans ces quatre coutumes acquérir, par un ténement ou possession de cinq ans, l'affranchissement des rentes et hypothèques dont l'héritage qu'ils ont acquis est chargé.

222. La coutume d'Anjou apporte une exception en l'article 423; voici comme elle s'exprime : « Si l'obligé avoit « vendu ou autrement aliéné son héritage ou immeuble à « son fils, fille, ou autre son présomptif héritier, les gens « de cette condition ne se défendront par ladite possession « de cinq ans, ou autre moindre prescription; car il seroit « vu le débiteur l'avoir fait pour défrauder les créanciers : « et si auroient lesdits créditeurs juste cause d'ignorance, « puisque l'héritage ne seroit venu en la main d'étranges « personnes; et pour ce ledit ténement de cinq ans a lieu « entre étranges personnes, et non entre l'obligé et son hé- « ritier. »

Lorsque l'acquéreur d'un héritage chargé de rentes ou hypothèques, est un des enfants, ou, à défaut d'enfants, l'héritier présomptif de celui qui, étant obligé auxdites rentes ou hypothèques, le lui a vendu ou aliéné à quelque autre titre, la coutume veut que, en ce cas, cet acquéreur enfant ou héritier présomptif du vendeur ne puisse acquérir, par la prescription de cinq ans, l'affranchissement desdites rentes et hypothèques, quoique non déclarées par le contrat d'acquisition.

Il y a plus : la coutume veut que cet acquéreur n'en puisse acquérir l'affranchissement même par la prescription de dix ou vingt ans, et que lesdites rentes ou hypothèques ne puissent être sujettes, en ce cas, qu'à la prescription de trente ans.

C'est ce que la coutume insinue par ces termes de l'article ci-dessus rapporté, *ne se défendront par ladite prescription de cinq ans*, NE AUTRE MOINDRE *prescription*. Ces termes, *ne autre moindre prescription*, doivent s'entendre en ce sens, ne autre prescription moindre que la grande prescription de trente ans, ce qui exclut celle de dix ou vingt ans. La coutume s'en explique en termes plus formels en l'article 424 : « Si aucun héritier présomptif « d'autrui, la vie durant d'icelui dont il est présomptif hé- « ritier, tient (à quelque titre que ce soit de vente, dona- « tion, etc.) aucun de ses héritages ou choses immeubles, « en ce cas, n'a aucune prescription moindre que de trente « ans contre ceux qui auroient droit de rente ou autre « charge ; car il est vu que par tolérance et pour amour na- « turelle son prédécesseur le lui a laissé. »

La coutume du Maine, *art.* 438 *et* 439, a des dispositions semblables à celles que nous venons de rapporter.

223. Ces coutumes se sont expliquées sur les motifs de leurs dispositions : elles en rapportent deux. Le premier est pour empêcher les fraudes. La coutume s'en explique par ces termes en l'article 423, *car il seroit vu le débiteur l'avoir fait pour défrauder les créditeurs.*

On peut apporter plusieurs exemples de ces fraudes, auxquelles la coutume veut obvier.

Premier Exemple. J'ai acquis un héritage qui s'est trouvé hypothéqué à une grosse rente constituée par mes auteurs, dont je n'ai point été chargé ; j'ai été obligé d'en passer déclaration d'hypothèque au créancier, et je me suis obligé à la prestation de la rente, tant que je serois déten- teur de l'héritage. Au moyen de cette obligation que j'ai contractée par cette déclaration d'hypothèque, je ne puis plus, en gardant l'héritage, décharger ni moi ni mes héri- tiers de cette rente que par la prescription de trente ans, dans le cas auquel le créancier seroit négligent de s'en faire servir pendant ce temps, à quoi on ne peut guère s'attendre : en conséquence, dans la vue d'affranchir ma famille de cette rente, et de frauder le créancier, je fais une vente de cet héritage à mon fils, sans faire décla- ration de sa rente par le contrat d'acquisition, dans la vue que si cette vente ne parvient pas assez tôt à la connoissance du créancier, mon fils puisse en acquérir l'affranchisse- ment par le ténement de cinq ans, et que j'en sois moi-même déchargé comme ne possédant plus l'héritage, ne m'étant obligé que tant que j'en serois détenteur.

SECOND EXEMPLE. Je suis débiteur personnel d'une grosse rente que j'ai constituée sur un héritage. Je prévois, par la situation de mes affaires, que, lorsque je mourrai, mon fils renoncera à ma succession. Pour lui faire passer cet héritage sans charge de la rente, je lui en fais une vente, dont je confesse faussement avoir reçu le prix, sans faire déclaration de la rente par le contrat, dans l'espérance que la rente ne parvenant pas assez tôt à la connoissance du créancier, mon fils en acquerra l'affranchissement par le ténement de cinq ans, et aura par ce moyen l'héritage sans être tenu de la rente, n'en étant tenu, ni comme possesseur, au moyen du ténement de cinq ans, ni comme héritier, au moyen de ce qu'il renoncera à ma succession.

224. Le second motif est tiré de ce qu'une vente ou autre espèce d'aliénation que l'obligé fait à son fils de l'héritage chargé de la rente, parvient beaucoup plus difficilement à la connoissance du créancier de la rente, que lorsque la vente de l'héritage a été faite à un étranger. C'est ce que la coutume veut dire par ces termes de l'article 423 : *Et si auroient lesdits créditeurs juste cause d'ignorance, puisque l'héritage ne seroit venu en la main d'étrange personne.*

En effet, lorsque c'est une personne étrangère qui a acheté ou acquis à quelque autre titre un héritage chargé de rente, le créancier de la rente s'aperçoit facilement de l'acquisition que cette personne a faite, en la voyant jouir de l'héritage, en percevoir les fruits, ou faire quelque autre acte de possession. Il n'en est pas de même lorsque c'est le fils qui a acheté de son père, ou lorsque c'est un parent qui a acheté de son parent dont il est héritier, un héritage chargé de rente : tout ce que cet acquéreur fait dans l'héritage, depuis son acquisition, ne donne pas connoissance de cette acquisition au créancier de la rente ; cet acquéreur peut paroître faire pour son père ou pour son parent tout ce qu'on lui voit faire dans cet héritage. Si on le voit disposer des fruits, on ne peut savoir si c'est pour son père, et comme faisant les affaires de son père, ou si c'est à son profit qu'il en dispose; et quand on s'apercevroit qu'il en auroit disposé à son profit, il n'en résulteroit pas qu'il eût fait l'acquisition de l'héritage, pouvant paroître ne les percevoir que par tolérance, et comme un présent que son père ou son parent lui auroit fait de ces fruits. C'est ce que la coutume donne à entendre par ces derniers termes de l'article 424, *car il est vu que par tolérance et pour amour naturelle son prédécesseur le lui a laissé.*

C'est par ce motif que la coutume dit en l'article 423 : *Et pour ce ledit ténement de cinq ans a lieu entre personnes étranges, et non entre l'obligé et son héritier;* c'est-à-dire que la prescription du ténement de cinq ans n'a lieu que lorsque c'est une personne étrange qui est l'acquéreur, et non lorsque c'est l'héritier présomptif de l'obligé.

225. J'ai vendu à un étranger un héritage chargé d'une rente constituée, à laquelle j'étois obligé, sans faire déclaration de cette rente par le contrat : depuis, mon fils a exercé sur l'acquéreur le retrait lignager, et s'est fait délaisser l'héritage. Pourra-t-il acquérir, par la prescription du ténement de cinq ans, l'affranchissement de la rente dont l'héritage est chargé? La raison de douter est, que mon fils, qui, par le retrait qu'il a exercé, est devenu acheteur de l'héritage à la place de celui sur qui il a exercé le retrait, n'est pas un acquéreur étranger : or, dira-t-on, suivant le principe que nous venons d'exposer, la prescription du ténement de cinq ans ne peut avoir lieu que lorsque l'acquéreur est un acquéreur étranger, et non lorsqu'il est l'héritier présomptif de l'obligé qui a vendu l'héritage chargé de la rente à laquelle il étoit obligé. Il faut néanmoins décider, dans cette espèce, que mon fils peut acquérir, par la prescription du ténement de cinq ans, l'affranchissement de la rente dont l'héritage est chargé.

Le principe qu'on oppose pour raison de douter n'a pas d'application à cette espèce; il n'a lieu que lorsque la vente ou autre espèce d'aliénation a été faite immédiatement par l'obligé à son héritier présomptif, par un contrat entre l'obligé et son héritier présomptif, lorsque l'héritage a passé immédiatement de l'obligé à son héritier présomptif. C'est ce qui résulte du texte même de l'article 423, ci-dessus rapporté, qui prive l'héritier présomptif de l'obligé, qui a acquis de lui l'héritage, du pouvoir d'acquérir, par le ténement de cinq ans, l'affranchissement de la rente dont l'héritage est chargé, et qui en apporte cette raison : *puisque l'héritage ne seroit venu en la main d'étrange personne.* Or, dans cette espèce, l'héritage a passé dans la main d'une étrange personne sur laquelle mon fils a exercé le retrait; mais il n'a pas passé immédiatement de moi à lui : ce n'est pas par un contrat passé entre lui et moi, c'est par la loi qu'il est devenu acquéreur de l'héritage. Il n'est donc pas dans le cas de l'exception portée par l'article 423. Il n'y a pas lieu de craindre la clandestinité dans l'acquisition que mon fils a faite en exerçant le retrait, une demande en retrait, l'adjudication ou la reconnaissance qui en est faite en justice, n'étant rien moins que des actes clandestins. C'est l'avis de Dupineau sur cet article.

226. La coutume, par ces termes de l'article 423, *si l'obligé avoit vendu....* A SON FILS, FILLE OU AUTRE HÉRITIER PRÉSOMPTIF, comprend-elle un petit-enfant de l'obligé, qui ne seroit pas son héritier présomptif, étant précédé dans la famille par son père ou sa mère, auquel petit-enfant l'obligé auroit vendu l'héritage ? Je ne fais pas de doute qu'il y est compris. Quoique le terme de *fils* ne comprenne pas toujours les petits-enfants, il les comprend néanmoins souvent, et toutes les fois que la matière y est disposée. C'est ce qu'enseigne Paul : *Filii appellatione omnes liberos intelligimus;* l. 48, ff. *de verb. signif.* Callistrate nous dit pareillement : *Filii appellatione sæpè et nepotes accipi multifariàm placere;* l. 222, §. 1, ff. *d. tit.* Or, dans l'espèce de l'article 423, la matière est des plus disposées à comprendre sous le terme de *fils* les petits-enfants : les mêmes raisons sur lesquelles la disposition de cet article est fondée, qui militent à l'égard du fils, militent également à l'égard des petits-enfants; les mêmes relations intimes qui sont entre un fils et son père, se rencontrent entre un petit-enfant et son aïeul. Si ce petit-enfant, qui est précédé dans

la famille par son père ou sa mère, n'est pas l'héritier présomptif immédiat de l'obligé qui lui a vendu l'héritage, il est toujours en quelque façon son héritier présomptif, puisque c'est à lui que son aïeul, suivant le vœu de la nature, se propose de faire un jour passer ses biens, quoique par le canal de son père ou de sa mère. Enfin la coutume, par cet article, n'ayant permis à celui qui a acquis de l'obligé l'héritage chargé d'une rente, d'en acquérir l'affranchissement par le ténement de cinq ans, que lorsque cet acquéreur est *une personne étrange*, on ne peut pas comprendre un petit-enfant sous ce terme de *personne étrange*.

227. La coutume, en l'article 423, par ces termes, *ou autre son héritier présomptif*, assimile le cas auquel l'obligé auroit vendu à un de ses parents collatéraux, qui, à défaut d'enfant, est son héritier présomptif, au cas auquel il auroit vendu à quelqu'un de ses enfants : elle exclut ce parent collatéral, héritier présomptif de l'obligé, du droit d'acquérir, par la prescription de cinq ans, l'affranchissement de la rente dont est chargé l'héritage qu'il a acquis de l'obligé, comme elle en exclut les enfants, lorsque l'obligé en a. L'affection naturelle que nous avons pour une personne que nous regardons comme devant un jour être notre héritière, a paru à la coutume avoir quelque chose d'approchant de celle que nous avons pour nos enfants, et lui a fait craindre, dans la vente qui seroit faite par l'obligé à son héritier présomptif, les mêmes concerts de fraude et le même défaut de publicité qu'elle a craints dans celle que l'obligé fait à quelqu'un de ses enfants.

228. Dans quel temps faut-il que celui qui a acquis de l'obligé, ait été son héritier présomptif, pour qu'il soit dans le cas de l'article 423, et qu'il ne puisse acquérir, par le ténement de cinq ans, l'affranchissement de la rente dont est chargé l'héritage qu'il a acquis? Il faut qu'il ait eu cette qualité dans le temps du contrat d'acquisition. Si lorsqu'un parent collatéral de l'obligé a acquis de lui l'héritage, ce parent n'étoit pas alors l'héritier présomptif de l'obligé qui lui a vendu l'héritage; ce parent étant alors réputé

personne étrange, la vente qui lui a été faite est une vente faite à personne étrange, une vente que rien ne rendoit suspecte de fraude, et par conséquent un titre capable de lui donner le droit d'acquérir, par le ténement de cinq ans, l'affranchissement des rentes et hypothèques dont l'héritage qu'il a acquis est chargé : la qualité d'héritier présomptif de la personne qui lui a vendu l'héritage, qui ne lui survient que depuis, ne doit pas le dépouiller du droit que la vente qui lui a été faite lui a donné, de prescrire par le ténement de cinq ans.

Vice versâ, lorsque celui qui a acquis de l'obligé étoit, au temps du contrat, son héritier présomptif; quoiqu'il ait depuis cessé d'avoir cette qualité, il ne peut acquérir, par le ténement de cinq ans, l'affranchissement de la rente à laquelle étoit obligé celui qui lui a vendu l'héritage; car il suffit qu'il ait eu, au temps du contrat, cette qualité d'héritier présomptif de l'obligé, pour que la vente ait été *une vente faite à l'héritier de l'obligé*, et par conséquent un titre incapable de donner à l'acquéreur le droit de prescrire par le ténement de cinq ans.

229. Pour que les enfants ou autres héritiers présomptifs de l'obligé, qui ont acquis de lui un héritage, ne puissent purger, par le ténement de cinq ans, la rente à laquelle étoit obligé celui qui le leur a vendu, il n'importe qu'ils fussent demeurants en même maison, ou qu'ils fussent demeurants en des maisons séparées : la coutume n'ayant fait à cet égard aucune distinction, nous n'en devons point faire : *Ubi lex non distinguit, nec nos distinguere debemus.*

230. Ces dispositions coutumières qui ne permettent pas qu'il y ait lieu à la prescription du ténement de cinq ans, lorsque l'obligé a vendu l'héritage à son héritier présomptif, seroient facilement éludées, s'il n'en étoit pas de même lorsqu'elle est faite aux enfants de l'héritier présomptif : c'est pourquoi il faut tenir que, soit que la vente ait été faite à l'héritier présomptif de l'obligé qui a vendu l'héritage, soit qu'elle ait été faite aux enfants de l'héritier présomptif, il n'y a pas lieu à cette prescription.

231. Lorsque pendant le mariage un homme, en exé-

cution d'une sentence de séparation, a donné à sa femme,
en paiement de ses reprises, un héritage chargé d'une rente
à laquelle il étoit obligé, la femme, à laquelle il n'a pas déclaré cette rente, pourra-t-elle en acquérir l'affranchissement
par le ténement de cinq ans ? On peut dire pour l'affirmative, que l'article dit, *si l'obligé avoit vendu. . . . à son
fils, fille ou autre son héritier présomptif*, sans parler de
la femme de l'obligé. N'en ayant point parlé, la coutume,
dira-t-on, n'a point compris la femme dans l'exception
portée par l'article 423, et elle l'a laissée dans le droit
commun, suivant lequel tout acquéreur peut acquérir, par
le ténement de cinq ans, l'affranchissement des rentes et
hypothèques dont on ne justifie pas qu'il ait eu connoissance. Il faut néanmoins décider que la femme, en ce cas,
ne peut prescrire par le ténement de cinq ans. La coutume
a suffisamment compris la femme dans la disposition de
l'article 423, en disant en termes généraux, à la fin de
l'article, que la prescription n'avoit lieu que lorsque l'obligé
avoit vendu à des personnes étranges, par ces termes : *Ledit
ténement de cinq ans a lieu entre étranges personnes.* Or,
il n'y a personne qui soit moins *personne étrange* que la
femme de l'obligé. Les relations entre un homme et sa
femme, quoique séparée de biens, sont encore plus intimes
qu'entre un homme et ses héritiers présomptifs. Les mêmes
raisons sur lesquelles est fondée la disposition de l'article 423, par rapport aux enfants et aux héritiers présomptifs de l'obligé qui ont acquis de lui, se trouvent encore en plus forts termes par rapport à la femme de
l'obligé qui a acquis de lui : elle doit donc y être censée
comprise.

232. Toutes les autres personnes, en quelque prochain
degré de parenté collatérale qu'elles soient avec l'obligé
qui leur a vendu, pourvu qu'elles ne soient pas du nombre
de ses héritiers présomptifs, sont réputées personnes étranges, et peuvent prescrire par le ténement de cinq ans.

§. IV. Contre quelles personnes court la prescription du ténement
de cinq ans.

233. Cette prescription, de même que toutes les autres prescriptions, ne court point contre les créanciers qui, par quelque empêchement légitime, ont été empêchés d'intenter leurs actions; elle ne court pas, dis-je, pendant tout le temps qu'ils en ont été empêchés, suivant cette maxime générale : *Contrà non valentem agere, nulla currit præscriptio.* Tout ce que nous avons dit à cet égard, *suprà, n. 22 et suiv.*, reçoit ici application à l'égard de cette prescription.

Les coutumes qui ont établi la prescription du ténement de cinq ans, ne s'étant point expliquées si cette prescription devoit courir contre les mineurs créanciers de rentes ou hypothèques qui n'ont point été déclarées à l'acquéreur de l'héritage qui en est chargé, on a élevé la question, si cette prescription devoit courir contre les mineurs.

Il n'y a lieu à cette question que lorsque les mineurs étoient pourvus de tuteurs ou de curateurs qui pouvoient intenter les actions desdits mineurs; car tant qu'ils en sont destitués, n'y ayant personne qui puisse pour eux intenter leurs actions, il ne peut être douteux que la prescription ne peut courir contre eux, suivant la règle générale, *Contrà non valentem agere, nulla currit præscriptio.*

234. Mais, en supposant que les mineurs sont pourvus de tuteurs et de curateurs, la prescription du ténement de cinq ans court-elle contre eux ? On dira pour l'affirmative, que ces coutumes ayant déchargé en termes généraux l'acquéreur d'un héritage qu'il avoit possédé pendant cinq ans, des rentes et hypothèques dont il est chargé, sans faire à cet égard aucune distinction des personnes auxquelles les créances appartiennent, sans faire aucune distinction si elles sont mineures ou majeures, nous n'en devons pas faire : *Ubi lex non distinguit, nec nos distinguere debemus.* Néanmoins Pallu, sur la coutume de Tours, rapporte un arrêt de 1654, qui a jugé que la prescription du ténement de cinq ans n'avoit pas couru au profit de l'acquéreur d'un héri-

tage chargé d'une rente constituée pendant la minqrité de la personne qui en étoit créancière. La raison de cet arrêt est, qu'il n'étoit pas besoin que ces coutumes exceptassent expressément de cette prescription du ténement de cinq ans les rentes dont l'héritage étoit chargé envers des mineurs, parceque, de droit commun, les mineurs n'étoient pas sujets à cette prescription, ni à aucune autre. Nous en avons dit la raison *suprà*, *n*. 8, qui est que la prescription étant une espèce d'aliénation que fait de la chose celui qui la laisse perdre par la prescription, les choses dont les lois ne permettent pas l'aliénation ne doivent pas être sujettes à prescription. Or les rentes qui appartiennent à des mineurs sont des immeubles dont les lois ne permettent pas plus l'aliénation que des autres biens immeubles des mineurs; elles ne doivent donc pas être sujettes aux prescriptions.

L'arrêt que nous avons rapporté est dans l'espèce d'une rente.

235. Que devroit-on décider, si l'héritage étoit seulement chargé d'une hypothèque que le mineur auroit pour une simple créance mobilière? La question souffre beaucoup plus de difficulté : les mêmes raisons ne se rencontrent pas. Les lois n'ayant pas défendu l'aliénation des meubles des mineurs, il semble qu'on en peut conclure qu'elles n'en empêchent pas la prescription. Cette question a rapport à celle que nous traitons en l'article 3, si la prescription triennale des meubles a lieu contre les mineurs : j'y renvoie.

236. Le ténement de cinq ans; dans les coutumes d'Anjou, du Maine et de Lodunois, purge les rentes et hypothèques dont l'héritage est chargé depuis trente ans envers l'église, de même que celles dont il est chargé envers des particuliers laïques ; ces coutumes ayant des dispositions expresses par lesquelles elles restreignent le privilége qu'ont les biens de l'église de n'être sujets qu'à la prescription de quarante ans, aux seuls biens de son ancien domaine, et veulent que tous les nouveaux acquêts de l'église soient sujets aux mêmes lois et aux mêmes prescriptions que les

biens des particuliers laïques. *Voyez* Anjou, *art.* 447, 448 ; le Maine, *art.* 459, 460 ; Lodunois, *tit.* 20, *art.* 7 et 9.

Dans la coutume de Touraine, qui n'a pas pareille disposition, je pense que le ténement de cinq ans ne peut purger les rentes constituées dont l'héritage est chargé envers l'église ; car c'est un privilége que l'église a de droit commun, que tous ses biens immeubles, les modernes aussi bien que les anciens, ne soient sujets qu'à la prescription de quarante ans, comme nous l'avons vu *suprà*.

A l'égard des hypothèques que l'église a sur un héritage pour de simples créances mobilières, j'inclinerois assez à penser que le ténement de cinq ans les peut purger.

237. On a fait la question, si le temps de la prescription de cinq ans couroit contre les absents, c'est-à-dire, contre les créanciers qui ont des rentes ou des hypothèques sur l'héritage, et qui demeurent en une autre province que celle où demeure l'acquéreur de l'héritage. Nous apprenons de Pallu, sur la coutume de Tours, que plusieurs avoient prétendu que, à l'exception de la coutume de Lodunois, qui dit, en termes formels, que la prescription du ténement de cinq ans court tant contre les absents que contre les présents, dans les autres coutumes qui ne s'en sont point expliquées, on devoit au moins doubler le temps de la prescription à l'égard des absents ; de manière qu'au lieu que l'acquéreur acquiert, par un ténement ou une possession de cinq ans, l'affranchissement des rentes dont l'héritage est chargé, lorsque les créanciers de ces rentes sont présents, il ne peut l'acquérir que par une possession de dix ans lorsqu'ils sont absents. Ils tiroient argument de ce que, dans la prescription de dix ou vingt ans, le temps étoit doublé à l'égard des absents : mais Pallu ajoute que cette opinion a été proscrite par un arrêt du 16 décembre 1650, rendu en la coutume d'Anjou, qui a jugé que le sieur Barillon, demeurant en Anjou, avoit acquis, par le ténement de cinq ans, l'affranchissement d'une rente dont l'héritage par lui acquis étoit chargé, quoique le créancier de la rente demeurât dans la province de Poitou, et que ledit acquéreur n'eût fait l'acquisition que depuis huit ans

et demi. Cet arrêt se trouve aussi dans le Journal des Audiences. L'argument qu'on tiroit de la prescription de dix ou vingt ans en faveur de l'opinion qui a été proscrite par cet arrêt, étoit un fort mauvais argument. Si, dans le cas de la prescription de dix ou vingt ans, on double le temps de la prescription, lorsque la personne contre laquelle un acquéreur prescrit est absente, c'este-à-dire, demeure dans un autre province que lui, c'est parceque la loi qui a établi cette prescription s'en est formellement expliquée : au contraire, les coutumes de Tours, d'Anjou et du Maine, en établissant la prescription du ténement de cinq ans pour l'affranchissement des rentes et hypothèques dont un héritage est chargé, n'ayant fait aucune distinction entre les créanciers qui sont présents, et ceux qui sont absents, on ne doit pas faire une distinction que la loi n'a pas faite : *Ubi lex non distinguit, nec nos debemus distinguere.*

§. V. Quelles qualités doit avoir la possession pour acquérir par le ténement de cinq ans.

238. Pour que l'acquéreur d'un héritage ou autre immeuble puisse acquérir, par le ténement de cinq ans, l'affranchissement des rentes et hypothèques dont il est chargé, il faut, 1° que sa possession procède d'un juste titre. Les coutumes d'Anjou, *art.* 422, du Maine, *art.* 437, et de Lodunois, *chap.* 20, *art.* 1, s'en expliquent en termes formels. La raison en est évidente. Un possesseur qui ne rapporte aucun titre de sa possession, à moins qu'un temps très long de trente ans et plus ne le fasse présumer, est un possesseur injuste, qui est appelé en droit, *prædo*, comme nous l'avons vu dans notre Traité de la Possession, *n.* 8. Or c'est un principe certain, qu'une possession injuste ne peut servir de fondement à une prescription par laquelle nous acquérons quelque droit par la possession.

On appelle *justes titres*, tous les contrats et autres actes, lesquels, par la tradition qui se fait en exécution, transfèrent à quelqu'un la propriété d'une chose, tels que les contrats de vente, d'échange, les donations ou les legs.

Pourvu que la possession de l'acquéreur procède d'un

juste titre, il n'importe que ce soit un titre onéreux, comme une vente, ou un titre lucratif, tel qu'une donation; les coutumes n'ayant fait à cet égard aucune distinction, nous n'en devons pas faire.

Quoiqu'il se rencontre quelque défaut de forme dans le titre d'acquisition de l'héritage, si, en exécution de ce titre, la tradition de l'héritage a été faite à l'acquéreur, cet acquéreur n'en est pas moins censé posséder à juste titre, et il peut en conséquence acquérir, par le ténement de cinq ans, l'affranchissement des rentes et hypothèques dont son héritage est chargé.

Supposons, par exemple, qu'on m'a légué un héritage par un testament qui a quelque défaut dans la forme. L'héritier, par respect pour la volonté du testateur, n'a pas eu égard au défaut de forme, et m'en a fait délivrance. Ce défaut de forme dans le testament, qui est mon titre, n'empêche pas que je ne sois censé possesseur de l'héritage à juste titre; et je puis en conséquence acquérir, par le ténement de cinq ans, l'affranchissement des rentes et hypothèques dont l'héritage est chargé, sans que les créanciers puissent se défendre de cette prescription par le défaut de forme du testament : la forme des testaments n'étant établie qu'en faveur de l'héritier, il n'y a que l'héritier qui soit recevable à en opposer le défaut; lesdits créanciers n'y sont pas recevables.

Il y a plus : quand même le legs d'un héritage qui m'avoit été fait, auroit été révoqué, si l'héritier, qui a trouvé ce legs équitable, quoiqu'il eût connoissance de la révocation, a bien voulu m'en faire délivrance, je suis censé l'avoir possédé en vertu d'un juste titre : si ce n'est, en ce cas, le titre *pro legato*, c'est le titre *pro suo*. *Voyez* ce que nous avons dit *suprà, n.* 76.

239. Pour acquérir par le ténement de cinq ans, il faut, en second lieu, que la possession de l'acquéreur ait été une possession de bonne foi, c'est-à-dire qu'il n'ait pas eu connoissance, pendant tout ce temps, des rentes et hypothèques dont l'héritage qu'il a acquis est chargé, et qu'il ait possédé pendant ledit temps l'héritage, comme le croyant

franc desdites rentes et hypothèques. Les coutumes d'Anjou et du Maine, aux articles ci-dessus cités, exigent en termes formels la bonne foi.

240. Il faut, en troisième lieu, que la possession de l'acquéreur ait été continuelle et paisible pendant tout le temps de cinq ans, c'est-à-dire qu'elle n'ait souffert, pendant ledit temps, aucune interruption, ni naturelle, ni civile.

L'interruption naturelle est lorsque l'acquéreur, avant l'accomplissement du temps des cinq ans, a réellement perdu la possession de l'héritage, et a cessé de le posséder.

Quoique cet acquéreur ait depuis recouvré la possession de l'héritage, sa possession ayant été interrompue, le temps de la possession qu'il a eue jusqu'à l'interruption ne peut lui servir, et il ne peut prescrire qu'en possédant encore l'héritage pendant le temps de cinq ans, à compter du jour qu'il en a recouvré la possession.

C'est ce qui résulte de ces termes des coutumes d'Anjou, du Maine et de Tours, *tient et possède par cinq ans* CONTINUELS. Cela est d'ailleurs conforme à la nature de toutes les prescriptions qui font acquérir quelque droit par la possession, lesquelles exigent toutes un temps de possession qui soit continuel et sans interruption.

Voyez suprà, n. 39 et suiv., ce que nous avons dit sur l'interruption naturelle de la possession.

L'interruption civile est celle qui se fait par une demande en action hypothécaire, ou en action d'interruption, donnée par un créancier contre l'acquéreur, avant l'accomplissement du temps de la prescription. C'est ce qui résulte de ces termes des coutumes d'Anjou et du Maine, *sans ajournement d'interruption, ou autre inquiétation*, telle, par exemple, qu'une opposition formée par un créancier au décret de l'héritage que l'acquéreur poursuivoit, et telle qu'est aujourd'hui une opposition formée au bureau du conservateur des hypothèques.

Observez une différence entre l'interruption naturelle et l'interruption civile. L'interruption naturelle interrompt la prescription du ténement de cinq ans, à l'égard de tous les créanciers qui ont quelques rentes ou quelques hypo-

thèques sur l'héritage; l'interruption civile ne l'interrompt
qu'à l'égard du créancier qui a donné la demande : le temps
de la prescription du ténement de cinq ans ne laisse pas,
nonobstant cette demande, de courir et de s'accomplir
contre les autres créanciers qui n'en ont point donné.
Voyez *suprà, n. 48 et suiv.,* ce que nous avons dit sur
l'interruption civile.

241. Pour acquérir par le ténement de cinq ans, il faut,
en quatrième lieu, que la possession de l'acquéreur ait été
publique et notoire. Elle doit être d'autant plus notoire
pour cette prescription, que le temps en étant plus court,
les créanciers qui ont des rentes et hypothèques sur l'héritage ont moins de temps pour en être informés.

Les coutumes d'Anjou et du Maine s'en sont expliquées
en termes formels : *Et est à entendre,* dit celle d'Anjou,
art. 430, *qu'à ce que ledit acquéreur se puisse défendre
par ledit ténement et possession de cinq ans, il est requis
qu'il ait possédé par ledit temps continuellement par possession publique, et non clandestinement; mais qu'il convient qu'elle soit telle que les autres acquéreurs ou cré-
ditaurs vraisemblablement en aient eu ou pu avoir connoissance.*

De ce principe les coutumes tirent elles-mêmes cette
conséquence : *Et pour ce* (continuent-elles), *si celui qui a
vendu et aliéné, demeure fermier ou détenteur des choses
après qu'il a aliéné, jaçoit que ce soit au nom de l'acquéreur, toutesfois telle possession ne seroit suffisante pour
porter préjudice à autres tierces personnes, sinon que dudit contract lesdites tierces personnes aient été dûment
acertainées, auquel* (cas) *ladite prescription de cinq ans
auroit lieu.*

La coutume de Lodunois a une semblable disposition;
il y est dit, *ch.* 20, *art* 2 : *Et est à entendre ledit ténement
réel et naturel, quand l'acquéreur dudit héritage a tenu
et exploité ledit héritage par lui ou par un autre, pour et
au nom de lui, autre que le vendeur d'icelui héritage, de
manière que l'on puisse connoître que la seigneurie et pos-
ession dudit héritage ait même main.*

Quoique celle de Tours ne se soit pas expliquée, cette disposition y doit avoir lieu. Il résulte de la disposition de cet article, que lorsque celui qui ayant vendu, ou donné, ou aliéné à quelque autre titre que ce soit un héritage, a continué, depuis que l'aliénation en a été faite, de demeurer dans ledit héritage, soit en vertu d'une clause de rétention d'usufruit, soit par un bail à ferme ou à loyer que l'acquéreur lui en avoit fait par le contrat d'aliénation; quoique ce vendeur ou donateur demeure dans l'héritage et ne le détienne qu'au nom de l'acquéreur, et que l'acquéreur en soit le véritable possesseur, néanmoins l'acquéreur ne peut, en ce cas, acquérir, par le ténement de cinq ans, l'affranchissement des rentes et hypothèques dont l'héritage est chargé, parceque sa possession n'est pas assez notoire pour donner aux créanciers la connoissance de l'acquisition qu'il a faite de l'héritage : ces créanciers, qui voient le vendeur ou donateur continuer de demeurer dans l'héritage, ont sujet de croire qu'il continue d'en être le propriétaire, et d'ignorer l'aliénation qu'il en a faite.

242. Comme ce n'est qu'en conséquence de la juste ignorance que les créanciers peuvent avoir de l'acquisition de l'héritage, qu'il n'y a pas lieu, en ce cas, à la prescription du ténement de cinq ans, c'est une conséquence que s'il est établi que les créanciers qui ont des rentes ou des hypothèques sur l'héritage, ont eu ou pu avoir facilement connoissance de l'acquisition, il y a lieu à la prescription de cinq ans, dont le temps doit commencer à courir contre lesdits créanciers, du jour qu'ils ont eu ou pu avoir facilement cette connoissance. C'est le sens de ce qui est à la fin dudit article 429 ci-dessus rapporté.

Lorsque l'acquéreur d'un héritage est un donataire à qui le donateur en a fait donation sous la rétention de l'usufruit; quoique le donateur ait en conséquence continué de demeurer dans l'héritage, si le donataire a fait insinuer sa donation, je pense que, en ce cas, le temps de la prescription du ténement de cinq ans doit commencer à courir du jour de l'insinuation, contre tous les créanciers qui ont des rentes ou hypothèques sur l'héritage; car l'insinuation des donations étant une voie légale par laquelle les donations sont censées rendues publiques, lesdits créanciers sont censés avoir été, par l'insinuation, *dûment acertainés* de la donation, et ils sont par conséquent sujets à la prescription de cinq ans.

245. Les coutumes ayant décidé que lorsque celui qui a aliéné l'héritage, a, depuis l'aliénation qu'il en a faite, continué de demeurer dans l'héritage à titre d'usufruitier ou fermier, la possession que l'acquéreur a, dans ce cas, de l'héritage, n'est pas assez notoire pour le ténement de cinq ans : que doit-on décider dans le cas inverse, lorsque c'est le fermier ou usufruitier de l'héritage, qui y demeuroit en cette qualité, qui a fait l'acquisition de l'héritage ? Dupineau estime que, quoique les coutumes ne se soient pas expliquées sur ce cas de même que dans l'autre, il ne doit pas y avoir lieu à la prescription du ténement de cinq ans. Il y a une entière parité de raison entre ce cas et l'autre. La possession de l'acquéreur n'est pas plus notoire dans ce cas-ci que dans l'autre : car, de même que dans l'autre cas, les créanciers qui voient celui qui a vendu ou aliéné à quelque autre titre l'héritage, continuer de demeurer dans l'héritage, ont sujet de croire qu'il continue d'en être propriétaire, et d'ignorer l'aliénation qu'il en a faite; pareillement lorsque les créanciers voient l'acquéreur de l'héritage, qu'ils ont connu pour en être l'usufruitier ou le fermier, continuer de demeurer dans cet héritage, ils ont sujet de croire qu'il continue d'y demeurer dans la même qualité qu'il avoit d'usufruitier ou de fermier, et d'ignorer l'acquisition qu'il en a faite. On doit donc, par parité de raison, décider, dans ce cas-ci comme dans l'autre, que la possession de l'acquéreur n'est pas assez notoire pour donner lieu à la prescription du ténement de cinq ans : *Ubi eadem ratio et æquitas occurrit, idem jus statuendum est.*

Dumoulin, dans une note sur l'article 429 ci-dessus rapporté, propose le cas d'un acquéreur qui auroit commencé par se faire faire un bail à ferme d'un héritage, et qui deux jours après paroîtroit en avoir fait l'acquisition : il décide que dans ce cas ce bail à ferme n'empêche pas le temps du retrait de courir, et donne seulement lieu à la question, s'il y a eu fraude. Dupineau rejette avec raison cette opinion de Dumoulin. Il est visible que le bail à ferme n'est fait que pour cacher l'acquisition de l'héritage, en s'en faisant, par ce bail, regarder comme en étant le fermier ; et quand il seroit possible de ne pas supposer dans l'acquéreur la fraude et le dessein de cacher son acquisition, il suffit que dans le fait ce bail, qui le faisoit regarder comme fermier, ait empêché l'acquisition d'être suffisamment notoire.

§. VI. De quand commence à courir la prescription du ténement de cinq ans ; et quand elle est censée accomplie.

244. Le temps de la prescription du ténement de cinq ans, de même que celui des autres prescriptions, commence à courir du jour que l'acquéreur a été mis en possession de l'héritage, en exécution du contrat de vente qui lui en a été fait, ou de quelque autre espèce de titre d'acquisition.

245. Sauf néanmoins que si le contrat de vente ou autre titre d'acquisition étoit fait sous quelque condition suspensive, l'acquéreur, quand même il auroit été mis en possession de l'héritage incontinent, et avant l'accomplissement de la condition, ne pourroit commencer le temps de la prescription que du jour de l'accomplissement de cette condition, par les raisons que nous en avons apportées *suprà, n.* 90.

Par la même raison, lorsque quelqu'un a vendu comme se faisant fort d'un tel, quoiqu'il ait mis l'acquéreur en possession incontinent, l'acquéreur ne peut commencer le temps de la prescription que du jour de la ratification, par les raisons que nous en avons apportées, *ibid. n.* 92.

Lorsque c'est une rente qui a été acquise, l'acquéreur étant censé en acquérir la possession par la signification qu'il a faite par un sergent, de son transport au débiteur de la rente, ou par l'acceptation que le débiteur en a faite par acte devant notaire ; c'est du jour de cette signification ou de cette acceptation que commence à courir le temps de la prescription.

246. Pour accomplir le temps de la prescription du

ténement de cinq ans, l'acquéreur peut ajouter au temps de sa possession celui de la possession de ses auteurs, qui ont comme lui possédé l'héritage, dans la juste opinion qu'il étoit franc des rentes et hypothèques dont il étoit chargé. *Voyez*, à cet égard, tout ce que nous avons dit *suprà*.

Le temps de cette prescription, de même que celui de toutes les autres qui font acquérir par la possession, est accompli aussitôt que le dernier jour de la dernière année est commencé; *suprà, n.* 102.

ARTICLE V.

Quelle loi doit régler les prescriptions par lesquelles nous acquérons le domaine de propriété des choses, et l'affranchissement de leurs charges.

247. Les lois qui concernent les prescriptions par lesquelles nous acquérons la propriété des choses, étant des lois qui ont pour objet les choses, ces lois sont des statuts réels, lesquels, suivant la nature des statuts réels, exercent leur empire sur toutes les choses qui y sont sujettes, à l'égard de toutes sortes de personnes.

Toutes les choses qui ont une situation, telles que sont tous les héritages, tant les maisons que les fonds de terre, sont soumises à l'empire de la loi du lieu où est leur situation.

Les droits réels que nous avons dans un héritage, tels qu'un droit de rente foncière, un droit d'usufruit, etc., sont censés avoir la même situation que l'héritage, et sont pareillement soumis à l'empire de la loi du lieu où il est situé.

La loi qui doit régler la prescription qui nous fait acquérir la propriété d'un héritage ou d'une rente foncière, doit donc être la loi du lieu où l'héritage est situé : il n'importe où soit le domicile tant du possesseur qui acquiert, que du propriétaire qui est dépouillé par la prescription.

Par exemple, si j'ai possédé pendant dix ans, avec titre et bonne foi, votre héritage situé sous la coutume de Blois, qui admet la prescription de dix ans entre présents, et de vingt ans entre absents ; quoique nous demeurions l'un et l'autre sous celle d'Orléans, qui n'admet que celle de trente ans, je l'aurai acquis par la prescription de dix ans, à laquelle il est sujet par la loi du lieu de sa situation.

Vice versâ, si votre héritage que je possède avec titre et bonne foi est situé sous la coutume d'Orléans; quoique nous demeurions l'un et l'autre sous la coutume de Blois, qui admet la prescription de dix ans entre présents, je ne pourrai l'acquérir que par une possession de trente ans, la coutume d'Orléans n'admettant d'autre prescription que celle de trente ans.

Si les terres dépendantes de votre héritage que j'ai possédé pendant dix ans, avec titre et bonne foi, étoient situées sous différentes coutumes, les unes sous la coutume de Blois, qui admet la prescription de dix ans, les autres sous celle d'Orléans, qui n'admet que celle de trente ans, j'aurai acquis, par la prescription de dix ans, les terres situées sous la coutume de Blois, et vous conserverez celles situées sous la coutume d'Orléans. Ces terres, quoiqu'elles composassent par la destination du père de famille un même héritage, sont néanmoins différentes les unes des autres; elles ont chacune leur situation différente; elles sont par conséquent soumises chacune aux différentes lois de leur différente situation, et rien n'empêche que vous ne puissiez être dépouillé, par la prescription de dix ans, des terres de cet héritage qui sont situées sous la coutume de Blois, et conserver celles qui sont sous la coutume d'Orléans, de même que vous auriez pu disposer, par vente ou par donation, des unes, en conservant les autres.

248. Les rentes foncières étant censées avoir la même situation que l'héritage; si une rente foncière est à prendre sur un héritage dont les terres qui en dépendent sont situées sous différentes coutumes, la rente foncière sera censée avoir sa situation, pour raison des différentes parties de l'héritage sur lesquelles elle est à prendre, sous les différentes coutumes sous lesquelles les différentes parties dudit héritage sont situées, et en conséquence cette rente sera soumise à l'empire de ces différentes coutumes, pour raison des différentes parties de l'héritage sur lesquelles elle est à prendre. Par exemple, si quelqu'un demeurant

en même province que vous, possède, avec titre et bonne foi, une rente foncière à vous appartenante, laquelle rente foncière est à prendre sur un héritage dont le tiers des terres est situé sous la coutume de Blois, et les deux autres tiers sous celle d'Orléans; lorsque ce possesseur aura possédé votre rente pendant dix ans, il deviendra propriétaire de votre rente foncière sur les terres sur lesquelles elle est à prendre, qui sont situées sous la coutume de Blois, qui admet la prescription de dix ans, et vous continuerez d'être propriétaire de la rente sur les terres sur lesquelles elle est à prendre, qui sont situées sous la coutume d'Orléans, qui n'admet point d'autre prescription que celle de trente ans.

Mais comme deux personnes ne peuvent pas être propriétaires chacune pour le total d'une même chose, *Duo non possunt esse domini in solidum*, le domaine de cette rente se divisera nécessairement entre ce possesseur et vous, à proportion de la partie de l'héritage sur laquelle il a acquis la rente, et de la partie de l'héritage sur laquelle vous l'avez conservé; c'est-à-dire que, dans notre hypothèse, il sera propriétaire de la rente pour un tiers, et vous demeurerez propriétaire pour les deux tiers.

Au moyen de cette division de la rente, les différentes parties de l'héritage qui avant la division étoient chargées, chacune pour le total, de la rente envers vous, sont déchargées de cette solidité; les parties situées sous la coutume de Blois ne seront plus chargées que du tiers de la rente, et les autres ne seront plus chargées que des deux tiers.

Cette division a lieu lorsque le possesseur de la rente, après l'avoir acquise pour partie par la prescription, savoir pour la partie des terres situées sous la coutume de Blois, a été évincé depuis par vous du surplus de ladite rente sur les terres situées sous la coutume d'Orléans, qui y sont sujettes.

Mais lorsque le possesseur qui, ayant possédé la rente pendant trente ans entiers, a acquis la rente sur toutes les parties de l'héritage qui en est chargé, tant sur celles situées sous la coutume d'Orléans, que sur celles situées sous la coutume de Blois sujettes à la rente, et le possesseur des terres situées sous celle d'Orléans, sont des personnes différentes, pourront-elles, pour se défendre de la solidité de la rente, opposer au propriétaire de la rente, que celui de qui il l'a acquise n'en étoit pas le propriétaire, et n'a pu par conséquent lui en transférer la propriété; qu'il n'en est devenu propriétaire que par la prescription ; que ne l'étant devenu que successivement et par parties, il s'étoit fait une division de la rente lorsqu'il étoit devenu propriétaire de la rente sur les terres situées sous la coutume de Blois avant que de l'être devenu sur celles situées sous la coutume d'Orléans, laquelle division en avoit détruit la solidité ? Je ne pense pas que les débiteurs de la rente soient recevables dans ce moyen. Le possesseur d'une chose en est présumé de droit le propriétaire, tant que le véritable propriétaire ne la réclame pas, et ne justifie pas de son droit; c'est pourquoi le possesseur de cette rente est présumé en avoir été le propriétaire pour le total, dès qu'il a commencé de la posséder. C'est de la part du débiteur de la rente exciper du droit d'autrui, que d'opposer que la rente appartenoit à un autre sur qui le possesseur l'a acquise par la prescription; or personne n'est recevable à exciper du droit d'autrui.

249. Il n'en est pas d'un droit de seigneurie, de fief ou de censive, comme d'un simple droit de rente foncière. Quoique ces seigneuries consistent dans un domaine de supériorité, qui est aussi un droit réel que le seigneur a dans les héritages qui relèvent de lui en fief ou en censive, néanmoins comme le seigneur en ce droit de seigneurie sur les héritages, lors de l'aliénation qu'il en a faite à titre de fief ou de censive, a attaché ce droit de seigneurie à une certaine tour, à un certain château qui est le chef-lieu de sa seigneurie et le lieu où elle s'exerce; comme c'est de cette tour, de ce château que tous les héritages dépendants de la seigneurie sont dits être mouvants en fief ou en censive ; il y a lieu de penser que cette seigneurie doit être censée avoir sa situation dans le lieu où est situé le chef-lieu auquel

elle est attachée, plutôt que dans les différents lieux où
sont situés les héritages sur lesquels elle s'étend : en conséquence elle doit être soumise à l'empire de la loi du lieu
où est situé le chef-lieu, et c'est cette loi qui doit régler la
prescription qui l'a fait acquérir au possesseur. Par exemple, si quelqu'un demeurant en même province que vous,
avoit possédé, avec titre et bonne foi, pendant dix ans une
seigneurie dont le chef-lieu est situé sous la coutume de
Blois, qui admet la prescription de dix ans, il auroit acquis
cette seigneurie par la prescription, même sur les héritages relevants en fief ou en censive de votre seigneurie,
quoique situés sous la coutume d'Orléans, qui n'admet que
la prescription de trente ans : et *vice versâ*, si le chef-lieu
est situé sous la coutume d'Orléans, il ne pourra acquérir
votre seigneurie que par la prescription de trente ans,
même sur les héritages qui en relèvent, quoique situés
sous la coutume de Blois.

On nous opposera peut-être ce que nous avons dit, que
le droit de rente foncière à prendre sur des héritages dont
les différentes parties sont situées sous différentes coutumes, est censé avoir sa situation, par rapport à ces
différentes parties, sous les différentes coutumes sous lesquelles ces différentes parties d'héritages sont situées, parceque le droit de rente foncière étant un droit réel que le
créancier de rente foncière a dans les différentes parties
d'héritages qui sont sujettes à sa rente, il est censé avoir
la même situation qu'ont ces différentes parties d'héritages.
Or, dit-on, le droit de seigneurie est pareillement un droit
réel, un droit de domaine de supériorité que le seigneur
a dans les différents héritages qui relèvent, soit en fief, soit
en censive, de sa seigneurie ; ce droit de seigneurie doit
donc pareillement être censé avoir sa situation par rapport
à ces différents héritages, dans les différents lieux où ils
sont situés. Je réponds que la raison de différence est, que
les héritages chargés d'une simple rente foncière, n'en étant
chargés qu'envers la personne à laquelle la rente est due,
et n'y ayant aucun lieu auquel ce droit de rente foncière
soit attaché, et duquel les héritages qui sont chargés de la

rente soient mouvants, le droit de rente ne peut avoir d'autre situation que celle qu'ont les héritages sur lesquels elle est à prendre : au contraire, un droit de seigneurie étant attaché à un chef-lieu duquel les héritages relevants de la seigneurie sont mouvants, c'est où est situé le chef-lieu que le droit de seigneurie qui y est attaché doit être censé avoir sa situation, plutôt que dans les différents lieux où les héritages relevants de cette seigneurie sont situés.

On opposera peut-être encore que ce sont les lois des différents lieux où sont situés les héritages relevants d'une seigneurie, qui règlent les différents droits seigneuriaux dont ils sont chargés, et non la loi du lieu où le chef-lieu de la seigneurie est situé. Donc, dira-t-on, ce sont pareillement les lois des lieux où sont situés les héritages relevants d'une seigneurie, qui doivent régler la prescription de cette seigneurie. La conséquence est très mal tirée. Les droits seigneuriaux sont des charges que la loi a imposées sur les héritages qui relèvent en fief ou en censive : il n'y a que la loi à l'empire de laquelle ils sont soumis, je veux dire celle du lieu où ils sont situés, qui ait pu leur imposer ces charges : il n'y a donc que cette loi qui puisse régler ces charges, non pas celles du lieu où est situé le chef-lieu de la seigneurie. Mais la prescription qui fait acquérir la propriété de la seigneurie au possesseur de cette seigneurie, est quelque chose qui n'influe en rien sur les héritages qui relèvent de cette seigneurie. La condition des propriétaires de ces héritages ne change point par la prescription qui fait passer la propriété de la seigneurie au possesseur; ce ne sont donc pas les lois qui régissent les héritages relevants de la seigneurie, mais plutôt la loi du lieu qui régit le chef-lieu auquel est attaché le droit de seigneurie, qui en doit régler la prescription.

Il n'importe quel soit ce chef-lieu, ne fût-ce qu'une masure, ne fût-ce qu'un orme sous lequel le seigneur reçoit les hommages de ses vassaux, et les cens de ses censitaires : cette masure, cet orme est le chef-lieu de la seigneurie auquel le droit de seigneurie est attaché, et c'est la loi du lieu où il est situé, qui en doit régler la prescription.

250. A l'égard des seigneuries qui n'auroient point de chef-lieu, elles ne peuvent, de même que les droits de rentes foncières, être censées avoir d'autre situation que celle des différents lieux où sont situés les différents héritages dans lesquels le seigneur a le droit de domaine de supériorité qui constitue sa seigneurie.

251. Passons aux choses qui n'ont point de situation, telles que sont les rentes constituées et les meubles. Ces choses sont régies par la loi qui régit la personne de celui qui en est le propriétaire, c'est-à-dire, par la loi du lieu où est son domicile : c'est donc la loi de ce lieu qui en doit régler la prescription; et le propriétaire ne peut être dépouillé des choses qui lui appartiennent, que par une loi à l'empire de laquelle il soit soumis.

252. Lorsque, pendant le cours de la prescription de ces choses, qui se règle par la loi du lieu du domicile de celui qui en est le propriétaire, ce propriétaire vient à changer de domicile, comment doit-on régler le temps qui doit rester à courir pour parachever la prescription? Je pense que le possesseur doit, en ce cas, pour parachever le temps de la prescription, posséder la chose pendant une portion du temps que la loi du nouveau domicile du propriétaire demande pour la prescription; et cette portion doit être pareille à la portion qui restoit à courir lors du changement de domicile, du temps que la loi de l'ancien domicile demande pour la prescription. Par exemple, si, après que quelqu'un demeurant comme vous dans le bailliage de Blois, a possédé pendant huit ans, avec titre et bonne foi, une rente constituée dont vous êtes le propriétaire, vous avez transféré votre domicile à Orléans, ne restant plus à courir, lors de votre changement de domicile, que deux ans, qui est la portion du temps de dix ans, que la coutume de votre ancien domicile demande pour la prescription, il faudra que, depuis votre translation de domicile à Orléans, le possesseur de votre rente la possède encore pendant le temps de six ans, qui est la cinquième partie de celui de trente

ans que la coutume de votre nouveau domicile demande pour la prescription. *Vice versâ*, si vous aviez votre domicile à Orléans, et que, après que quelqu'un a possédé pendant vingt-quatre ans, avec titre et bonne foi, une rente constituée qui vous appartient, vous transfériez votre domicile à Blois, où est celui du possesseur de votre rente, ne restant plus, lors de votre translation de domicile, du temps de trente ans que la coutume de votre ancien domicile demande pour la prescription, que celui de six ans, qui en est la cinquième portion, il suffira, pour parachever le temps de la prescription, que le possesseur de votre rente la possède encore, depuis votre translation de domicile, pendant le temps de deux ans, qui est la cinquième portion de celui de dix ans que la coutume de votre nouveau domicile demande pour la prescription.

253. De même que la prescription qui nous fait acquérir le domaine de propriété des choses, se règle par la loi qui régit lesdites choses, pareillement la prescription qui nous fait acquérir l'affranchissement des droits réels que quelqu'un a sur notre héritage, doit se régler par la loi qui les régit ; ces droits réels étant censés avoir la même situation que celle de notre héritage sur lesquels ils sont à prendre et qui en est chargé, ils sont régis par la loi du lieu où est situé notre héritage, et c'est la loi de ce lieu qui doit régler la prescription qui en fait acquérir l'affranchissement. Par exemple, si un Orléanois, propriétaire d'un héritage situé sous la coutume de Paris, l'a possédé pendant dix ans, sans avoir connoissance d'une rente foncière dont ledit héritage étoit chargé envers un autre Orléanois, il aura acquis pour son héritage, par la prescription, l'affranchissement de cette rente ; car quoique le propriétaire de cette rente eût son domicile sous la coutume d'Orléans, qui n'admet pas cette prescription de dix ans, néanmoins étant soumis, par rapport à ses biens, aux lois qui les régissent, qui sont celles des lieux où ils sont situés ou censés situés, il est, par rapport à la rente foncière qu'il avoit sur mon héritage situé sous la coutume de Paris, soumis à cette coutume qui régit la rente foncière qui y est censée située, et il en a été

dépouillé par cette coutume, qui admet la prescription de dix ans.

254. Il y a plus de difficulté par rapport à l'affranchissement de l'hypothèque que le créancier d'une rente constituée à prix d'argent a pour sa rente sur un héritage. Est-ce la coutume qui régit l'héritage chargé de cette hypothèque, qui est celle du lieu de sa situation; ou est-ce celle qui régit la rente, c'est-à-dire, celle du lieu où est le domicile du créancier, qui doit régler la prescription qui fait acquérir au propriétaire l'affranchissement de l'hypothèque? Pour résoudre cette question, il faut examiner quelle est la chose qui est l'objet de cette prescription. Ce n'est pas la rente elle-même qui est l'objet de cette prescription; le créancier de la rente ne perd, par cette prescription, que l'hypothèque qu'il a pour sa rente sur l'héritage, mais cette prescription ne lui fait pas perdre sa rente : ce n'est donc pas la rente, c'est l'hypothèque que le créancier a pour sa rente sur l'héritage, qui fait l'objet de la prescription; et par conséquent ce n'est pas la loi qui régit sa rente, mais celle qui régit l'hypothèque que le créancier a sur l'héritage, qui doit régler cette prescription. On dira peut-être que les hypothèques n'étant que des accessoires de la rente, c'est la loi qui régit la rente, c'est-à-dire, celle du lieu du domicile du créancier, qui doit être censée régir les hypothèques qui n'en sont que les accessoires; que c'est donc la loi du lieu du domicile du créancier qui doit régler cette prescription, et non celle du lieu où est situé l'héritage hypothéqué à la rente.

Je réponds que dans les cas auxquels les droits d'hypothèques qui sont les accessoires d'une rente, ne sont point considérés séparément de la rente, mais comme faisant un même tout avec la rente, la loi qui régit la rente est censée régir tout ce qui en dépend, et par conséquent les droits d'hypothèques qui en font les accessoires. Par exemple, dans le cas d'une succession, la loi qui régit la rente est censée régir pareillement tous les droits d'hypothèques qui en sont les accessoires, et elle transmet la rente avec tous les droits d'hypothèques qui en dépendent, à celui qu'elle appelle à la succession de cette rente, en quelque lieu que soient situés les héritages qui y sont hypothéqués.

Mais lorsqu'un droit d'hypothèque que le créancier d'une rente a pour cette rente sur quelque héritage, est considéré séparément de la rente, comme dans le cas de cette prescription, dont l'objet est de séparer de la rente le droit d'hypothèque que le créancier a sur un héritage pour sa rente, d'éteindre ce droit d'hypothèque en laissant subsister la rente; en ce cas, ce n'est pas la loi qui régit la rente, qui doit régir le droit d'hypothèque que le créancier a sur un héritage pour cette rente; ce droit doit être régi par une loi qui lui soit propre; c'est la loi du lieu où est situé l'héritage, la loi qui régit l'héritage auquel le droit d'hypothèque est attaché.

Il en est de même de tous les autres droits d'hypothèques que des créanciers auroient sur mon héritage pour des créances mobilières, ou pour quelques autres espèces de créances que ce soit. Ce n'est pas la loi qui régit leurs créances, mais celle qui régit mon héritage auquel leurs droits d'hypothèques sont attachés, qui doit régler la prescription qui m'en fait acquérir l'affranchissement.

ARTICLE VI.

De quelques espèces de prescriptions qui ont lieu dans quelques coûtumes particulières.

§. I. Des prescriptions de sept ans, qui ont lieu dans la coûtume de Bayonne.

255. La coutume de Bayonne, au titre 13, *des Prescriptions*, art. 1, établit une prescription de sept ans, par laquelle celui qui a possédé pendant ce temps un héritage ou autre immeuble, en acquiert le domaine de propriété, lorsque celui de qui il l'a acquis n'en étoit pas le propriétaire, et par laquelle celui qui a possédé pendant ledit temps acquiert l'affranchissement des hypothèques et autres charges réelles dont son héritage étoit chargé, et dont il n'a pas eu de connoissance.

Voici comme elle s'en explique : « Celui qui comme vrai « seigneur a tenu et possédé aucune chose immeuble présent,

« sachant et non contredisant celui à qui la chose est obligée,
« qui est majeur de vingt-cinq ans, qui jouit par ledit temps,
« a prescrit la chose, tant contre le seigneur que contre le
« créditeur. »

Cette prescription paroît être la même espèce de prescription que celle de dix ans entre présents, qui a été établie par le droit romain, et adoptée dans la plupart des coutumes, et dont nous avons traité *suprà*; sauf que cette coutume en a fixé le temps à sept ans, au lieu de dix.

256. Cette prescription, de même que celle de dix ans entre présents, demande que le possesseur ait possédé avec titre et bonne foi. Cette coutume le fait assez entendre par ces termes, *qui comme* VRAI seigneur a joui et possédé, etc. Posséder un héritage comme vrai seigneur, c'est posséder un héritage dont on est propriétaire, ou dont on a au moins un juste sujet de croire l'être; ce qui ne peut convenir qu'à celui qui produit un juste titre d'où sa possession procède, ou dont la possession a duré pendant un temps assez long pour le faire présumer.

257. La coutume, par ces termes, *sachant et non contredisant*, ne veut dire autre chose que ce que les autres coutumes disent en parlant de la possession de dix ans, que le possesseur doit avoir possédé publiquement.

258. Enfin, par ces derniers termes, *a prescrit la chose, tant contre le seigneur que contre le créditeur*, la coutume déclare le double effet qu'a cette prescription, de même que celle de dix ans, savoir de faire acquérir au possesseur le domaine de propriété de l'héritage, et d'en dépouiller l'ancien propriétaire; comme aussi de faire acquérir au possesseur l'affranchissement des hypothèques et autres droits réels que des créanciers auroient eus sur son héritage, dont il n'avoit pas de connoissance.

Tout ce que nous avons dit *suprà*, de la prescription de dix ans entre présents avec titre et bonne foi, reçoit donc une application à cette prescription.

259. De ce que la coutume de Bayonne à restreint à sept ans le temps de la prescription de dix ans, qui a lieu,

avec titre et bonne foi, entre présents, il ne faut pas en conclure que, en suivant la même proportion, la prescription de vingt ans avec titre et bonne foi, qui a lieu contre les absents, doive pareillement être réduite à quatorze ans. La raison est, que les prescriptions qui tendent à dépouiller des propriétaires et des créanciers de leurs droits, étant d'un droit très étroit, elles ne peuvent s'établir que par une loi expresse, et non par de simples conséquences. La coutume ayant donc établi une prescription de sept ans à la place de celle de dix ans qui a lieu de droit commun entre présents, mais ne s'étant point expliquée sur celle qui doit avoir lieu entre absents, elle doit être censée n'avoir rien innové à cet égard.

260. La coutume de Bayonne établit une autre espèce de prescription septénaire, en l'article 5 du même titre, qui est conçu en ces termes : « Si aucun habitant de ladite « ville et cité (de Bayonne), qui a bâti, planté vigne ou « verger, ou autrement peuplé au fonds d'autrui majeur de « vingt-cinq ans, présent, sachant le seigneur du fonds et « non contredisant, tient et possède la chose bâtie ou au- « trement peuplée par l'espace de sept ans continuels et « consécutifs, sans être inquiété en jugement par le sei- « gneur de fonds, ne peut après ledit temps être inquiété « obstant exception de prescription. »

Le cas de la prescription établie par cet article 5, est différent de l'article 1. Le cas de l'article 1 est le cas d'un possesseur qui a possédé pendant sept ans un héritage en vertu d'un juste titre, comme d'une vente ou donation qui lui en avoit été faite par quelqu'un qu'il croyoit en être le propriétaire, quoiqu'il ne le fût pas. Le cas de l'article 5 est celui d'un possesseur qui ne possède point en vertu d'un juste titre, mais qui, trouvant un terrain qu'on ne cultivoit point, et dont on ne faisoit aucun usage, s'en est emparé, et y a construit des édifices ou fait des plantations : la coutume présume, en ce cas, que le proprié-taire de l'héritage, majeur et présent, qui a laissé ce pos-sesseur bâtir ou planter sur son héritage, et le lui a laissé posséder pendant sept ans, lui a bien voulu concéder ce terrain.

Cet article porte, *les habitants de ladite ville.* Il paroît, par ces termes, que cette espèce de prescription est un privilége accordé aux bourgeois de Bayonne, et qu'il n'y a qu'eux qui soient reçus à opposer cette prescription pour les terrains où ils ont bâti ou planté.

261. Cette prescription a pour fin d'encourager les bourgeois de Bayonne à rendre utiles les terrains incultes, en y construisant des bâtiments, ou en y faisant des plantations. Comme c'est en considération des bâtiments qu'on y construit, ou des plantations qu'on y fait, que la coutume accorde cette prescription; lorsqu'un bourgeois de Bayonne s'est mis sans titre en possession d'un terrain, ce n'est que depuis qu'il y a bâti ou qu'il y a fait faire des plantations, que le temps de cette prescription doit commencer à courir. C'est ce qui résulte de ces termes, *tient et possède la chose bâtie ou autrement plantée par l'espace de sept ans.* Ce n'est donc que la possession d'une *chose bâtie* ou *plantée* qui donne lieu à cette prescription ; le temps ne peut donc commencer à courir que du jour que le terrain qui fait l'objet de cette prescription a été bâti ou planté.

262. Est-ce du jour que le possesseur a commencé le bâtiment, que commence à courir le temps de la prescription, ou seulement du jour que le bâtiment a été parachevé ? Je penserois que le temps de la prescription ne doit commencer à courir que du jour que le bâtiment a acquis la forme de bâtiment, et est parvenu à avoir toutes les parties essentielles pour composer un bâtiment, c'est-à-dire qu'on a achevé la couverture; car jusqu'à ce temps le terrain est bien un terrain sur lequel on a bâti, mais ce n'est pas encore une chose bâtie. Or, la coutume demande, pour la prescription, qu'on ait possédé *la chose bâtie* pendant sept ans.

Au reste, je pense que, aussitôt que le bâtiment a acquis la forme de bâtiment, le temps de la prescription doit commencer à courir, quoiqu'on n'ait pas fait dans le dedans ce qu'on se propose d'y faire.

§. II. De la prescription de vingt ans, sans titre, qui a lieu dans quelques coutumes.

263. Par le droit commun, le possesseur qui ne peut produire le titre en vertu duquel il possède quelque héritage ou autre immeuble, ne peut en acquérir la propriété, ni l'affranchissement des droits réels et hypothèques dont il est chargé, que par la prescription de trente ans, dont nous avons traité *suprà, art.* 1.

La coutume de Ponthieu et celle de Boulonnois ont abrégé le temps de la prescription de trente ans, et l'ont réduit à vingt ans, soit que la prescription coure contre des présents, soit qu'elle coure contre des absents.

La coutume de Ponthieu, *art.* 116, dit : *Quiconque jouit et possède aucune chose.... à titre ou sans titre.... par vingt ans...., entre gens laïques et non privilégiés, présents ou absents, tel possesseur acquiert droit en la chose... nul n'est recevable.... à lui demander aucune chose de ce dont il est demeuré paisible, pendant le temps dessus dit.*

Celle de Boulonnois, *art.* 121, dit pareillement que celui qui possède chose *mobile ou immobile, à titre ou sans titre, entre présents ou absents, le temps et espace de vingt ans, acquiert, etc.* Elle ajoute que *celui qui voudra s'aider de ladite prescription de vingt ans, sera tenu alléguer titre suffisant.... sans toutefois qu'il soit tenu le vérifier.*

La coutume d'Artois, *art.* 72, a aussi réduit à vingt ans, avec titre ou sans titre, la prescription de trente ans, avec cette différence, que c'est seulement dans le cas auquel la prescription court entre présents; elle a conservé la prescription de trente ans, lorsqu'elle court entre absents.

Les coutumes de Cambrai, de Saint-Paul et de Valenciennes ont aussi admis la prescription de vingt ans sans titre, entre présents seulement.

Tout ce que nous avons dit *suprà, art.* 1, de la prescription de trente ans, reçoit une entière application à la prescription de vingt ans, qui est de même nature que celle de trente ans.

§. III. De la prescription de quarante et un ans, qui a lieu au pays de Sole.

264. La coutume de la vicomté de Sole a établi une prescription de quarante et un ans, par laquelle celui qui a possédé un héritage pendant ce temps, soit avec titre ou sans titre, en acquiert la propriété, et l'affranchissement de tous les droits réels dont il est chargé : elle rejette expressément toute prescription d'un temps moindre, à l'égard des fonds de terre.

Cette prescription, au temps près, est de même nature que celle de trente.

ARTICLE VII.

De quelques prescriptions particulières, pour l'acquisition de certains droits.

§. I. De la prescription par laquelle un seigneur prescrit, contre un autre seigneur, le domaine de supériorité sur des héritages.

265. Le droit de domaine de supériorité, tel que l'ont les seigneurs de fief, de censive, de champart seigneurial, ou de rente seigneuriale, est imprescriptible, en ce sens que les propriétaires des héritages qui y sont sujets ne peuvent en acquérir l'affranchissement par aucune prescription, par quelque long temps qu'ils possèdent leurs héritages sans reconnoître le droit de seigneurie auquel ils sont sujets.

Mais si le domaine de supériorité est imprescriptible *extinctivè*, en ce sens qu'il ne peut s'éteindre par la prescription, il est prescriptible *translativè*, en telle sorte qu'il peut passer, par la prescription, à un autre seigneur.

La coutume de Paris, en l'article 123, établit cette prescription. L'article est conçu en ces termes : « Cens portant « directe est prescriptible par seigneur contre seigneur, et « se peut prescrire par trente ans contre âgés et non pri- « vilégiés, et par quarante ans contre l'église, s'il n'y a « titre ou reconnoissance dudit cens, ou que le détenteur « ait acquis l'héritage à la charge dudit cens. »

Cet article est dans l'espèce d'un seigneur qui, pendant l'espace de trente ans, s'est fait reconnoître pour seigneur par les propriétaires ou possesseurs d'un héritage qui ne relevoit point de sa seigneurie, mais de celle d'un autre seigneur, qui, de son côté, ne s'est point fait reconnoître par les propriétaires ou possesseurs dudit héritage.

266. Pour que les reconnoissances censuelles qu'on a passées à celui qui n'étoit pas le véritable seigneur, établissent une quasi-possession trentenaire du domaine de supériorité de l'héritage, par laquelle il le puisse acquérir par droit de prescription, il faut qu'il y ait au moins deux reconnoissances qui lui aient été passées par acte devant notaires, et qu'il y ait un intervalle au moins de trente ans entre la première et la dernière.

Si celui qui prétend avoir une possession trentenaire d'un droit de seigneurie censuelle sur un héritage, ne rapporte point de reconnoissances censuelles pour l'établir, mais rapporte tous les cueillerets ou papiers de recette qu'il a tenus tous les ans des cens qui lui ont été payées, dans tous lesquels il est dit que le cens a été payé pour ledit héritage; ces papiers de cueillerets n'étant que des écritures privées, ne peuvent pas faire une foi suffisante contre des tiers, de ce qu'ils contiennent, comme nous l'avons établi en notre Traité des Obligations, *part.* 4, *n.* 752. Ils ne peuvent donc établir la prestation du cens, ni par conséquent la possession prétendue du droit de seigneurie censuelle.

267. Pour cette prescription, de même que pour la prescription trentenaire ordinaire, il n'est pas nécessaire que celui qui s'est fait, pendant trente ans, reconnoître pour seigneur d'un héritage qui relevoit d'un autre seigneur, produise un titre d'où sa possession procède, ou qu'il justifie de sa bonne foi; elle est présumée, tant qu'on ne justifie pas du contraire, c'est-à-dire, tant qu'on ne justifie pas qu'il avoit connoissance que l'héritage pour lequel il s'est fait reconnoître relevoit d'un autre seigneur.

268. Mais pour que celui à qui on a passé des reconnoissances censuelles, ou payé des cens pour un héritage, soit censé avoir possédé la seigneurie directe de cet héritage, il faut que les propriétaires ou possesseurs de cet héritage, qui les lui ont passées, n'aient pas aussi reconnu le véritable

seigneur, soit par une reconnoissance formelle, soit en acquérant à la charge du cens envers lui; car tant que le véritable seigneur est reconnu, celui qui se fait reconnoître pour seigneur ne peut pas avoir, par les reconnoissances qu'on lui passe, une possession véritable et paisible de la seigneurie directe de l'héritage.

Cette possession ne peut commencer que par la première reconnoissance que lui aura passée le propriétaire ou possesseur de l'héritage, qui n'aura reconnu ni avant ni depuis le véritable seigneur; et elle continuera par les reconnoissances que lui passeront les successeurs de ces propriétaires, qui n'auront pareillement reconnu ni le véritable seigneur, ni aucun autre.

C'est le véritable sens de ce qui est dit à la fin de l'article ci-dessus, *s'il n'y a titre ou reconnoissance dudit cens, ou que le détenteur ait acquis à la charge dudit cens*: c'est-à-dire que le tiers qui prétend avoir acquis, par droit de prescription, la seigneurie censuelle d'un héritage, par la possession qu'il prétend en avoir eue pendant trente ans, par la prestation qui lui a été faite du cens pendant ledit temps, et par les reconnoissances qui lui ont été passées par les propriétaires et possesseurs de l'héritage; n'est fondé dans sa prétention qu'en tant que le véritable seigneur, contre lequel il prétend avoir prescrit, ne peut justifier avoir lui-même, de son côté, pendant ledit temps, exercé sa seigneurie, par le rapport de quelque titre, comme d'une saisie censuelle; ou en avoir été reconnu pendant ce temps, par le rapport des reconnoissances que lui en ont passées les propriétaires ou les possesseurs de l'héritage, ou de l'acquisition qu'ils ont faite dudit héritage, à la charge du cens envers lui.

Quelques commentateurs de la coutume de Paris ont donné d'autres interprétations de la fin de cet article, que j'ai cru inutiles de rapporter. *Voyez Lemaître, en son Commentaire sur ce même article.*

Au reste, si, suivant ce qui est porté par la fin de cet article, celui qui allègue la prescription ne peut la fonder sur les reconnoissances qui lui ont été passées par les propriétaires ou possesseurs de l'héritage, qui en ont pareillement passé au véritable seigneur, ou qui ont acquis à la charge du cens envers lui, ce n'est point par la raison que Lemaître et Lauriere en donnent, qui est, qu'on doit présumer, en ce cas, de la mauvaise foi et de la collusion. Il n'est point nécessaire de présumer cela : c'est par la seule raison que nous avons donnée, qui est, qu'il ne peut y avoir eu une possession véritable et paisible de la seigneurie directe de l'héritage, pendant que le véritable seigneur en étoit pareillement reconnu.

Lauriere prétend que le tiers qui prétend avoir acquis, par prescription, la seigneurie directe d'un héritage, ne peut la fonder non seulement sur les reconnoissances qui lui ont été passées par les propriétaires de l'héritage qui ont reconnu le véritable seigneur, ou qui ont acquis à la charge du cens envers lui, mais même sur les reconnoissances qui lui auroient été passées par les héritiers de ces propriétaires, parcequ'ils les ont passées, dit-il, contre leur titre. Je ne crois pas cette raison valable. Quand même ces héritiers lui auroient passé, de mauvaise foi, ces reconnoissances, il suffit qu'il ait été de bonne foi en les recevant, et que le véritable seigneur n'ait point été reconnu, pour qu'il soit censé avoir eu, par ces reconnoissances, la possession de la seigneurie directe, et pour qu'il puisse l'acquérir par prescription.

269. Quoique cet article 123 de la coutume de Paris soit dans l'espèce de deux seigneurs de censive, sa disposition a pareillement lieu à l'égard de deux seigneurs de fiefs : l'un d'eux peut pareillement acquérir, par prescription, la seigneurie directe sur un héritage qui relève en fief d'un autre seigneur, en se faisant passer, pendant trente ans, des aveux par les propriétaires et possesseurs desdits héritages ; pourvu que lesdits propriétaires n'aient pas reconnu aussi leur véritable seigneur, ou n'aient pas acquis à la charge des droits seigneuriaux envers lui.

270. La coutume de Berry et celle de Nivernois veulent que, pour que le seigneur qui allègue la prescription puisse établir la possession trentenaire qu'il prétend avoir eue de

la seigneurie directe du fief servant, il faut qu'il y ait eu au moins deux ouvertures de fief, et qu'il ait fait des saisies féodales dûment notifiées au fief servant. Dans les coutumes qui ne s'en sont pas expliquées, il n'est pas nécessaire de rapporter des saisies féodales. Le seigneur qui prescrit établit suffisamment sa possession trentenaire par des aveux qui lui ont été passés par les propriétaires et possesseurs de l'héritage, pourvu qu'il y en ait au moins deux, et qu'il se soit écoulé un temps de trente ans, ou plus, depuis le premier aveu jusqu'au dernier ; comme aussi pourvu que ceux qui les lui ont passés, n'aient pas pareillement reconnu leur véritable seigneur, comme nous l'avons dit.

271. Un seigneur, pour acquérir par prescription le droit de seigneurie directe sur un héritage qui relevoit d'un autre seigneur, devant avoir eu, pendant trente ans, par les aveux ou reconnoissances que lui ont passés les propriétaires de cet héritage, une possession de ce droit de seigneurie directe, qui n'ait point été contredite pendant tout ce temps, par des actes contraires, de la part du véritable seigneur, il s'ensuit que si pendant ce temps le véritable seigneur de qui relève l'héritage, a passé à son seigneur un aveu, dans lequel il ait compris cet héritage comme relevant de sa seigneurie, pour laquelle il porte la foi à ce seigneur; cet aveu étant un acte qui contredit les aveux et reconnoissances passés par les propriétaires de l'héritage au seigneur qui allègue la prescription, la possession qu'il prétend de la seigneurie directe de l'héritage par ces aveux et reconnoissances, n'est point une possession qui ait été sans contradiction pendant le temps qu'elle a duré, ni par conséquent une possession qui ait été capable de faire acquérir par droit de prescription la seigneurie directe sur cet héritage.

272. Observez, à l'égard de l'effet de la prescription qui fait acquérir la seigneurie directe d'un héritage à un seigneur contre un autre seigneur, que cet effet n'est pas de transférer le même droit de seigneurie directe qu'avoit le seigneur contre qui la prescription est acquise, de sa per-

sonne en celle du seigneur qui a prescrit, mais de créer et de former par la possession trentenaire, un nouveau droit de seigneurie directe de l'héritage au profit du seigneur qui a prescrit, tel et de la nature qu'il a été reconnu pendant ce temps, par les aveux ou reconnoissances passés pendant ledit temps par les propriétaires de l'héritage; lequel nouveau droit de seigneurie directe de l'héritage, acquis par la prescription au seigneur qui a prescrit, prévaut, et détruit l'ancien droit de seigneurie directe qu'avoit l'ancien seigneur contre qui la prescription a été acquise; la seigneurie directe ou domaine de supériorité d'un même héritage ne pouvant pas être par-devers deux différents seigneurs, de même que deux différentes personnes ne peuvent avoir chacune pour le total le domaine de propriété d'une même chose : *Duo non possunt esse domini in solidum.*

273. Le nouveau droit de seigneurie directe de cet héritage qui est acquis au seigneur qui a prescrit, est uni et incorporé à sa seigneurie, de laquelle les propriétaires de l'héritage ont reconnu qu'il relevoit; il en devient une partie intégrante, et il relève, comme la seigneurie à laquelle il est uni, du seigneur de qui relève cette seigneurie, et non de celui duquel relevoit l'ancien droit de seigneurie directe qui a été éteint par la prescription.

Par exemple, si les propriétaires de l'héritage Z, qui relevoit en fief du seigneur de Villepion, vassal du chapitre de Sainte-Croix d'Orléans, ont reconnu en fief, pendant le temps requis pour la prescription, le seigneur de Montpipeau, vassal de l'évêché d'Orléans, la seigneurie directe que le seigneur de Montpipeau a acquise par la prescription sur l'héritage Z, et qui a été unie et incorporée à sa seigneurie de Montpipeau, relevera, comme ladite seigneurie de Montpipeau, de l'évêché d'Orléans; et ledit héritage Z, qui étoit auparavant un arrière-fief du chapitre de Sainte-Croix, deviendra désormais un arrière-fief de l'évêché. Le chapitre de Sainte-Croix doit s'imputer de ne s'être pas fait servir par les seigneurs de Villepion, et de n'avoir pas fait comprendre dans les aveux qu'ils devoient lui porter, l'héritage parmi ses arrière-fiefs.

274. Le nouveau droit de seigneurie directe qu'acquiert, par la prescription, le seigneur sur un héritage qui relevoit d'un autre seigneur, est si bien un droit différent de celui qu'avoit le seigneur contre qui la prescription a été acquise, qu'il est souvent d'une nature toute différente. Par exemple, si un seigneur s'est fait reconnoître en fief pendant le temps requis pour la prescription, par les propriétaires d'un héritage qui relevoit en censive d'un autre seigneur, il acquiert, par la prescription, un droit de seigneurie féodale sur cet héritage, au lieu du droit de seigneurie censuelle qu'avoit le seigneur contre qui la prescription a été acquise: et, *vice versâ*, si un seigneur s'est fait reconnoître à cens, pendant le temps requis pour la prescription, par les propriétaires d'un héritage qui relevoit en fief d'un autre seigneur, il acquiert, par la prescription, un droit de seigneurie censuelle, à la place du droit de seigneurie féodale qu'avoit l'ancien seigneur, et que la prescription a éteint.

Notre coutume d'Orléans, *art.* 86, a cela de particulier par rapport à cette prescription, qu'elle demande un temps de quarante ans.

§. II. De la prescription par laquelle les gens de main-morte acquièrent l'affranchissement du droit qu'ont les seigneurs de leur faire vider les mains des héritages qu'ils acquièrent dans leur seigneurie.

275. On appelle gens de main-morte, les titulaires de bénéfices, les hôpitaux, les fabriques, et toutes les communautés, tant ecclésiastiques que séculières. Ils sont ainsi appelés, parceque, ne leur étant pas permis d'aliéner leurs héritages, les héritages qui tombent entre leurs mains sont morts pour le commerce.

C'est pour cette raison que les coutumes donnent aux seigneurs le droit de contraindre les gens de main-morte qui ont acquis des héritages dans leur seigneurie, d'en vider leurs mains, parceque s'il leur étoit permis de les retenir, les seigneurs seroient privés des droits utiles de leurs seigneuries par rapport à ces héritages, lesdits droits consistant dans les profits féodaux ou censuels auxquels donnent ouverture les mutations de propriétaires qui surviennent dans lesdits héritages, lorsqu'ils sont dans le commerce.

Les gens de main-morte qui ont acquis quelque héritage, acquièrent, par la prescription trentenaire, l'affranchissement du droit qu'a le seigneur de leur en faire vider les mains, lorsqu'ils l'ont possédé pendant trente ans consécutifs, sans être interpellés par le seigneur d'en vider leurs mains : le seigneur ne peut plus même leur demander aucune indemnité, le laps du temps la faisant présumer acquittée.

276. Il faut, pour cette prescription, que la possession n'ait pas été interrompue. Si les gens de main-morte avoient, avant l'expiration du temps de la prescription, aliéné sous quelque condition résolutoire l'héritage qu'ils ont acquis, dans lequel ils fussent depuis rentrés par l'accomplissement de la condition résolutoire, ils ne pourroient compter pour le temps de la prescription, le temps de la possession qu'ils ont eue de cet héritage avant l'aliénation qu'ils en ont faite : cette possession ayant été interrompue par cette aliénation, il faut, pour acquérir la prescription, qu'ils le possèdent de nouveau pendant trente années.

Si les gens de main-morte n'avoient aliéné de cette manière l'héritage qu'ils ont acquis, qu'après l'accomplissement du temps de la prescription, et qu'ils y fussent rentrés par la résolution de cette aliénation, les seigneurs ne pourroient plus leur en faire vider les mains ; car, en rentrant dans cet héritage, ils n'en font pas une nouvelle acquisition : ils le tiennent en vertu de l'acquisition originaire qu'ils en ont faite, dans laquelle l'accomplissement du temps de la prescription les a maintenus contre le droit qu'avoient les seigneurs de les empêcher de jouir de cette acquisition, et de leur en faire vider les mains.

277. L'interruption civile arrête aussi le cours de cette prescription : c'est pourquoi si, avant l'accomplissement du temps de la prescription, le seigneur a fait sommation aux gens de main-morte de vider leurs mains de l'héritage ; quoique le seigneur n'ait fait aucune poursuite en exécu-

tion de la sommation, la possession des gens de main-
morte ayant été interrompue par cette sommation, ils ne
peuvent acquérir la prescription qu'en continuant de posséder l'héritage encore pendant trente ans depuis la sommation, sans que le seigneur, pendant tout ce temps,
fasse contre eux aucune poursuite en exécution de la sommation.

Notre coutume d'Orléans, *art.* 41 et 120, a une disposition, par rapport à cette prescription, qui lui est particulière, en ce qu'elle exige pour le temps de cette prescription
un temps de soixante ans.

ARTICLE VIII.

De la possession centenaire, ou immémoriale.

278. Lorsque quelqu'un a pu justifier avoir possédé une
certaine chose ou avoir joui d'un certain droit pendant cent
ans et plus, cette possession centenaire, qu'on appelle
aussi *possession immémoriale,* équivaut à un titre, et établit le domaine de propriété qu'il a de cette chose aussi
pleinement et aussi parfaitement que s'il rapportoit un titre
d'acquisition en bonne forme, par lequel quelqu'un de ses
auteurs auroit acquis la chose de ceux qui avoient le droit
d'en disposer.

C'est ce qu'enseigne Dumoulin, *in Consuet. Par.* §. 12,
gl. 7, *n.* 14, en ces termes : *Hujusmodi præscriptio (cen-
tum annorum sive temporis immemorialis) habet vim
constituti.* Il se fonde sur ce qui est dit en la loi 3, §. 4,
ff. *de aq. quotid. Ductus aquæ cujus origo memoriam
excessit, jure constituti loco habetur :* c'est-à-dire que
la possession immémoriale, en laquelle quelqu'un est d'a-
voir un aqueduc sur l'héritage voisin, pour y passer les
eaux dont il a besoin, tient lieu de titre constitutif de ce
droit.

Ce principe a lieu à l'égard de certaines choses et de
certains droits que les lois déclarent n'être sujets à aucune prescription, par quelque laps de temps que ce soit.
Ces lois ne s'étendent point à la possession centenaire ou

immémoriale, et n'empêchent point que celui qui peut établir cette possession, ne soit fondé à se prétendre propriétaire desdites choses ou desdits droits, de même que s'il en rapportoit le titre d'acquisition. C'est ce qu'enseigne Dumoulin, au lieu cité, en ces termes : *Undè nunquam censetur exclusa, etiam per legem prohibitivam, et per universalia negativa et geminata verba, quamcunque præscriptionem excludentia*. La raison est, dit cet auteur ailleurs, en son conseil 26, que la possession centenaire doit être regardée plutôt comme un titre, que comme une prescription : *Non tàm est præscriptio quàm titulus*.

279. On peut faire l'application de ce principe aux droits de bannalité, soit de moulin, soit de four, soit de pressoir, et aux droits de corvées. La coutume de Paris, *art.* 71 *et* 72, veut qu'un seigneur ne puisse établir ces sortes de droits que par le rapport d'un titre valable. Notre coutume d'Orléans, *art.* 100, ajoute ces termes, *par quelque temps que ce soit*. Néanmoins comme, suivant le principe que nous venons d'exposer, la possession centenaire équivaut à un titre; si un seigneur justifie qu'il est en possession, depuis cent ans et plus, de quelques uns de ces droits, il est censé l'avoir suffisamment établi, quoiqu'il n'en rapporte pas d'autre titre; cette possession étant regardée comme un titre, et ayant la même force que si le titre constitutif du droit étoit rapporté : *habet vim constituti*.

280. Observez que pour qu'un seigneur justifie la possession centenaire en laquelle il est d'un droit de bannalité, il ne suffit pas qu'il justifie qu'il y a plus de cent ans que ses justiciables portent leurs grains à son moulin, leur pâte à son four, leur vendange à son pressoir; car ayant pu les y porter volontairement, de ce qu'il les y ont portés, on n'en peut pas conclure que le seigneur ait joui du droit de les y contraindre, en quoi consiste le droit de bannalité. Il faut donc, pour établir cette possession, que le seigneur rapporte des actes par lesquels il paroisse qu'il jouissoit du droit de les y contraindre, tels que des jugements rendus contre quelques justiciables qui auroient contrevenu

à la bannalité, des saisies faites en cas de contravention, ou d'autres actes semblables, qui remontent à cent ans et plus.

Les anciens aveux et dénombrements rendus par le seigneur au seigneur de qui il relève, dans lesquels il auroit compris ces droits de bannalité, s'ils ne sont soutenus par d'autres actes probatoires de la possession de ce droit, ne me paroissent pas suffisants; car il peut fort bien arriver qu'un seigneur, afin de se faire des titres pour l'avenir, comprenne, dans ses aveux et dénombrements, des droits dont il ne jouit pas : les justiciables, lorsqu'il les passe, n'y sont pas pour les contredire.

281. Le principe que la possession centenaire équivaut à un titre, et suppose le titre, peut aussi s'appliquer aux dîmes inféodées. Les laïques n'étant pas capables de posséder d'autres dîmes que celles qui sont inféodées, un laïque ne peut acquérir le droit de dîme sur une paroisse, par quelque long temps qu'il l'ait possédé, s'il ne justifie de son inféodation : mais s'il peut établir, par le rapport d'aveux, dont il y en ait quelqu'un qui remonte à plus de cent ans, qu'il possède cette dîme comme dîme inféodée, cette possession centenaire équivaut au titre d'inféodation, et dispense le possesseur de le rapporter.

282. La possession centenaire qui équivaut à un titre, doit être une juste possession, une possession civile, c'est-à-dire, la possession d'une personne qui, tant par elle que par ses auteurs, ait possédé la chose *tanquam rem propriam* : et cette possession est toujours présumée avoir cette qualité, tant que le contraire ne paroît pas, et tant qu'on ne produit de part et d'autre aucun titre qui fasse connoître l'origine de la possession.

283. Mais si le titre d'où procède cette possession est produit, et que ce titre soit un titre vicieux, c'est-à-dire qu'il ne soit pas de nature à transférer la propriété; comme, par exemple, si on produit un bail à ferme de l'héritage fait à quelqu'un des auteurs du possesseur centenaire, ou un contrat d'engagement par lequel l'héritage auroit été donné à titre d'engagement à cet auteur, ou un titre par

lequel cet auteur auroit été mis en possession de l'héritage
pour en percevoir les revenus en déduction de ses créances, ou un acte par lequel il en auroit été mis en possession
en qualité de séquestre ou de précaire; dans tous ces cas,
ce titre de la possession étant un titre vicieux, étant un titre
qui n'est pas de nature à attribuer au possesseur la propriété
de la chose, la possession qu'a le possesseur n'étant point
en conséquence une possession civile, une possession de
propriétaire, elle ne peut, quelque longue qu'elle soit, et
quoiqu'elle excède cent ans, procurer aucun moyen de
défense au possesseur contre la demande donnée contre lui
par le propriétaire pour lui faire délaisser l'héritage : c'est
le cas de la maxime. *Melius est non habere titulum, quàm
habere vitiosum.*

C'est sur le fondement de ces principes, que, par un arrêt
que nous avons déja rapporté *suprà*, l'évêque de Clermont
fut condamné à vendre à la reine Catherine de Médicis la
seigneurie de la ville de Clermont, quoiqu'il y eût plusieurs
siècles que les évêques de Clermont en fussent en possession;
parcequ'on produisit le titre originaire de cette possession,
qui étoit un acte par lequel cette seigneurie avoit été donnée en garde à un évêque de Clermont, par Jean de Bour-
bon, au droit duquel étoit la reine.

284. Il faut faire une grande différence entre les titres
absolument vicieux, tels que ceux qu'on vient de rapporter,
dont la nature est contraire à la translation de la propriété,
et ceux qui sont seulement imparfaits et insuffisants pour
la translation de la propriété, s'ils ne sont revêtus de certaines formalités. La possession qui procède des titres de
la première espèce, fût-elle de plusieurs siècles, ne peut
jamais établir la propriété du possesseur, le titre d'où elle
procède y résistant. Il n'en est pas de même de ceux de la
seconde espèce, tels que sont des contrats de vente, d'é-
change, des baux à rente de biens d'église, ou autres actes
semblables, qui ne paroissent point revêtus ni accompagnés
des formalités nécessaires pour l'aliénation des biens d'é-
glise, tels que sont des actes d'homologation en justice
de ces contrats sur des enquêtes *de commodo et incom-*

modo. Ces contrats ne sont pas, comme les premiers, des titres qui soient contraires à la translation de propriété; au contraire, ils y tendent; ils sont seulement insuffisants pour la transférer, faute des formalités dont ils doivent être accompagnés : ils font en conséquence obstacle à la prescription de quarante ans que le possesseur opposeroit à l'église lorsqu'ils seroient rapportés; mais ils ne font pas obstacle à la possession centenaire, l'effet de cette possession étant de suppléer à ce qui manque à la perfection du titre, en faisant présumer que toutes les formalités requises pour la confirmation du titre, sont intervenues, et que ce n'est que l'injure des temps qui empêche de les rapporter.

285. Il y a certaines choses qu'on ne peut acquérir par la possession, même centenaire; tels sont les droits seigneuriaux dont un héritage est chargé, dont le possesseur de l'héritage ne peut acquérir l'affranchissement par la possession plus que centenaire en laquelle il seroit de ne reconnoître aucun seigneur pour cet héritage. La coutume de Paris, en l'*art.* 12, en a une disposition; elle dit que le vassal ne peut prescrire l'affranchissement de la foi qu'il doit à son seigneur pour son fief, *pour quelque long temps qu'il en ait joui,* encore que ce fût par cent ans et plus.

Cette coutume a une semblable disposition pour le cens, en l'*art.* 124, qui dit : Le droit de cens ne se peut prescrire par le détenteur de l'héritage contre le seigneur censier, encore qu'il y ait cent ans.

La plupart des coutumes ont de semblables dispositions. La raison est, que pour acquérir par la possession l'affranchissement de quelque droit dont notre héritage est chargé, il faut que ce soit une possession par laquelle nous le possédions comme franc de ce droit, et comme ayant lieu de croire qu'il n'en est pas chargé; laquelle opinion se présume toujours, tant que le contraire ne paroît pas. Mais la maxime, *Nulle terre sans seigneur,* qui a prévalu dans ces provinces, ne permet pas que nous puissions posséder nos héritages comme les croyant francs des droits seigneuriaux : c'est pourquoi, quand nous avons possédé un héritage par cent ans et plus, sans reconnoître le seigneur de qui il relève, nous ne pouvons, par cette possession, acquérir l'affranchissement des droits seigneuriaux dont il est tenu, parceque nous ne le possédions pas comme le croyant franc des droits seigneuriaux.

286. Dans la coutume de Paris, les droits de servitude prédiale ne s'acquièrent point sans titres par la possession centenaire : elle en a une disposition en l'article 186, où il est dit : « Droit de servitude ne s'acquiert par longue jouis- « sance, quelle qu'elle soit, sans titre, encore que l'on ait « joui par cent ans. »

Plusieurs coutumes ont une semblable disposition. La raison est, que la possession centenaire, qui équivaut à un titre, et qui établit la propriété de la chose ou du droit, qu'on a possédé pendant ce temps, doit être une véritable possession : mais dans ces coutumes, la jouissance que quelqu'un a d'une servitude dont il ne paroît aucun titre, ni constitutif, ni au moins recognitif, est présumée n'être qu'une jouissance de tolérance, une complaisance : or, une jouissance de tolérance n'est pas une véritable possession ; celui qui jouit de cette manière ne compte pas posséder, et ne possède pas effectivement un droit de servitude. Cette jouissance ne peut donc, quelque long temps qu'elle ait duré, fût-ce par cent ans et plus, faire acquérir le droit de servitude à celui qui en a eu la jouissance.

287. C'est une question, si dans les coutumes qui se sont contentées de dire que les droits de servitude ne peuvent s'acquérir par prescription, par quelque temps que ce soit, et qui n'ont pas ajouté, comme celle de Paris, *même par cent ans*, les droits de servitude peuvent s'acquérir par la possession centenaire. Pour la négative, on dit que dans ces coutumes, de même que dans celle de Paris, la jouissance qu'un voisin a d'une servitude sur l'héritage voisin, est présumée n'être qu'une jouissance de tolérance, et que ce n'est que par cette raison que les droits de servitude ne s'acquièrent pas dans ces coutumes par la prescription ordinaire de trente ans, par laquelle tous les autres droits s'acquièrent. Or, dit-on, une jouissance de tolérance n'étant point une possession de droit, elle ne peut, même

dans ces coutumes, le faire acquérir, quelque long temps qu'ait duré cette jouissance, eût-elle duré plus de cent ans. Je réponds, en convenant du principe, qu'en supposant pour constant le fait que la jouissance de la servitude eût commencé par la tolérance, elle ne pourroit jamais faire acquérir le droit, quelque long temps qu'elle eût duré, fût-ce plus de cent ans; car une possession ou jouissance est censée avoir toujours continué dans la même qualité dans laquelle elle a commencé, tant qu'il ne paroît aucun nouveau titre; personne ne pouvant se changer par le seul laps de temps la cause et la qualité de sa possession : *Nemo potest mutare sibi causam possessionis.* C'est pourquoi si on rapportoit une concession précaire de la servitude faite à quelqu'un des auteurs de celui qui en jouit, on convient que celui qui en jouit ne seroit pas fondé à prétendre avoir acquis le droit de servitude par la possession centenaire, sa possession n'étant censée être, en ce cas, qu'une possession précaire de la tolérance, telle qu'elle a commencé. Mais lorsqu'il est incertain comment a commencé la jouissance de la servitude, et qu'on n'en rapporte aucun titre; quoique nos coutumes présument que la jouissance de cette servitude n'est qu'une jouissance de tolérance, lorsqu'elle a duré un certain temps, on ne doit pas en conclure qu'elles doivent présumer la même chose lorsque la jouissance de la servitude a duré plus de cent ans, n'étant pas vraisemblable qu'une tolérance dure aussi long-temps : c'est pourquoi il y a lieu de soutenir que dans les coutumes qui se sont bornées à dire que les droits de servitude ne s'acquièrent sans titre, par quelque temps que ce soit, sans ajouter, comme a fait celle de Paris, *même par cent ans*, ces droits s'acquièrent par la possession centenaire, qui tient lieu de titre. Ricard, en son Commentaire sur la coutume de Senlis, rapporte un arrêt du 11 février 1658, qui l'a jugé pour la coutume de Crépy, qui porte : *Nulle servitude sans titre, par quelque temps que ce soit.* Il faut néanmoins convenir que la question souffre difficulté, la nouvelle jurisprudence inclinant beaucoup aujourd'hui à rapprocher les autres coutumes de celle de Paris.

288. Il y a déja long-temps qu'on a élevé la question, si on peut opposer au roi la possession centenaire. Cette question ne tombe pas sur les droits attachés essentiellement à la souveraineté, et qui sont incommunicables, tels que le droit de légitimer des bâtards, d'accorder des lettres d'abolition et de pardon pour des crimes, d'accorder des lettres d'émancipation à des mineurs, et autres semblables. Il est évident qu'un seigneur qui se seroit arrogé quelqu'un de ces droits dans l'étendue de sa justice, ne pourroit se défendre par la possession centenaire, de la demande du procureur du roi, pour qu'il lui fût fait défenses de se les attribuer : la jouissance qu'un seigneur auroit eue de quelqu'un de ces droits, quelque long temps qu'elle eût duré, seroit un abus *vetusti erroris*, plutôt qu'une possession.

La question ne tombe que sur des biens et droits utiles que le procureur du roi revendiqueroit comme appartenants au domaine, contre des particuliers qui s'en trouvent en possession. Ces particuliers sont-ils fondés à opposer et à établir, à défaut de titre, la possession centenaire en laquelle ils sont desdits biens et droits, tant par eux que par leurs auteurs, pour en exclure la demande du procureur du roi? ou, au contraire, le procureur du roi est-il fondé à soutenir qu'il lui suffit d'établir que lesdits biens et droits ont appartenu autrefois au domaine, pour que lesdits biens et droits soient censés lui appartenir encore, et pour qu'il soit fondé à en demander le délaissement, par quelque long temps que ces possesseurs les eussent possédés, fût-ce par cent ans, les biens du domaine étant inaliénables et imprescriptibles?

Par une déclaration du roi François Ier, du 30 juin 1539, registrée en parlement le 3 juillet suivant, le roi déclare que son domaine étant réputé sacré, il est hors du commerce des hommes; qu'en conséquence on n'en a jamais pu rien détacher ni aliéner légitimement, et que tout ce qui l'a été, y doit être remis, sans que dans les causes où il en sera question, les juges puissent avoir aucun égard à quelque possession.... que ce fût, par quelque laps de temps qu'elle ait duré, ores qu'elle excédât cent ans, etc.

Néanmoins Chopin, *de Domanio, lib.* 3, *cap.* 9, *n.* 3, atteste que le parlement a plus d'une fois jugé contre les termes de la déclaration du roi de 1539, que les particuliers possesseurs de biens qu'on prétendoit appartenir au domaine, y doivent être maintenus lorsqu'ils établissoient une possession centenaire.

Bacquet, en son *Traité du Droit de Déshérence, ch.* 7, *n.* 8, dit en termes formels : *Il est certain que la possession immémoriale est reçue contre le roi en tous héritages et droits domaniaux, nonobstant l'édit de* 1539.

Cet auteur apporte pour preuve de son opinion, un arrêt de la cour, du 10 décembre 1548, par lequel la cour a vérifié un édit qui enjoint à tous prétendants droits de péage en la rivière de Loire, de vérifier leurs titres; par lequel arrêt de vérification la cour déclare qu'elle n'entend déroger aux permissions de la preuve de temps immémorial octroyées par édit du roi Louis XII, concernant les péages de ladite rivière.

Salvains, en son *Usage des Fiefs, l.* 1, *ch.* 14, pour prouver pareillement que la déclaration de 1539, qui rejette la possession centenaire, n'a pas été observée, rapporte une déclaration du roi Henri II, pour le Dauphiné, du 14 août 1556, par laquelle, sur les plaintes des habitants de cette province, que les officiers chargés de la recherche des domaines inquiétoient les possesseurs qui avoient en leur faveur la possession centenaire, contre la disposition du droit écrit, observé dans la province, le roi ordonne que les procès seront jugés suivant le droit, ainsi que par ci-devant.

Loisel en a fait une maxime, *l.* 5, *tit.* 3, *n.* 16, en ces termes : *Contre le roi n'y a prescription que de cent ans.*

M. Lefevre de Laplanche, en son *Traité du Domaine, liv.* 12, *chap.* 7, soutient, au contraire, que la déclaration du roi qui rejette la prescription centenaire en matière de domaine, a toujours dû être exécutée. Il prétend que si les auteurs que nous venons de rapporter ont admis cette prescription, il y en a, d'un autre côté, plusieurs autres qu'il cite, qui ont été d'avis contraire. Il cite, entre autres,

Lebret, *Traité de la Souveraineté, l. 3, ch. 2.* Cet auteur, au lieu cité, convient *qu'il a toujours été tenu pour constant dans le palais..... que toutes les lois qui défendent l'aliénation d'un domaine de la couronne,* n'ont point rejeté la prescription de cent ans ; jusque-là que l'un des plus savans particiens de ce temps, parlant de l'ordonnance de 1539, qui exclut nommément la prescription de cent ans en matière de domaine, dit qu'elle n'a jamais été observée, *nec in consulendo, nec in judicando.* Cet auteur ajoute tout de suite : J'ai vu toutefois juger au contraire dans le conseil du roi, suivant cette ordonnance, qui, bien qu'elle semble en apparence être trop rude.... néanmoins puisque la loi est écrite, et que sa rigueur se compense par l'utilité que le public en reçoit, il semble que nous sommes tenus de l'observer.

Quant à ce qu'ajoute M. Lebret, *Je serai toujours de cet avis pour le regard des terres qui ont été usurpées par force ou par surprise,* les partisans de la prescription centenaire conviendront volontiers, avec M. Lebret, qu'elle doit cesser lorsqu'il paroît quelque vestige d'usurpation, ou même quelque autre vice dans l'origine de la possession ; et c'est dans ces espèces qu'on doit croire qu'étoient les arrêts qu'on rapporte, qui ont rejeté la prescription centenaire.

M. Lefevre, pour achever de prouver que l'opinion des auteurs qui ont admis la prescription centenaire en matière de domaine, ne doit point être suivie, se fonde sur l'édit du mois d'avril 1667. Il est porté par cet édit, que tous les domaines aliénés à quelques personnes, pour quelques causes ET DEPUIS QUELQUE TEMPS que ce soit, à l'exception des dons faits aux églises, apanages et échanges....., seront réunis, nonobstant toute prétention de prescription et espace de temps pendant lequel les domaines et droits en pourroient avoir été séparés.

Il reste encore une difficulté, qui est qu'on pourroit dire que l'édit n'a pas exclus en termes formels la possession centenaire. Il est bien dit, nonobstant toute prétention de prescription, et espace de temps, etc. ; mais l'édit n'ajoute

pas, *même de cent ans*. Or, selon la doctrine de Dumoulin, rapportée *suprà*, *n.* 278, la possession de cent ans
*nunquam videtur exclusa per legem prohibitivam et per
universalia negativa et geminata verba quamcunque
præscriptionem excludentia.*

FIN DU TRAITÉ DE LA PRESCRIPTION,
ET DU TOME DIXIÈME.

www.ingramcontent.com/pod-product-compliance
Lightning Source LLC
Chambersburg PA
CBHW060910220326
41599CB00020B/2907